SEPTENTRIO
IMPERIUM RUSSIÆ
TARTARIA
Nagayensis
PALUS MÆOTIS
MARE AZOW
CREMIA
MARE NIGRUM
PONTUS EUXINUS
TARTARIA MINOR CIRCASSIA
CUBAN
Dzikia Pole Desertum
Azow
Astracan
NAGAIA Major
MARE CASPIUM
Desertum Turcomanense
CHIWA
Awari
DAGESTAN
MINGRELIA
IMIRETE
GURGISTAN
GEORGIA
Tifflis
Kachet
SCIRVAN
Schamaki
Bacou
Derbent
ERIVAN
KARABACH
ARMENIA
Respublica Curdorum
Erzerum
AMASIA
ADHERBEIZAN
Taurus
Ardebil
GHILAN
MASANDERAN
Astrabat
IRAC
CAGEMI
Casbin
Sultania
Hamadan
Ispahan
COUHESTAN
Desert. Beyad
CURDISTAN
DIARBEC
Diarbekir
Mosul
Bagdad
Bagdad
Basfora
CHUSISTAN
Laurestan
FARSISTAN
Schiras
SINUS PERSICUS
ARABIA DESERTA
Desertum Gezirae
s. Diarbeck
Syri-
Desertum Iraccae
Regio Bani s. Teman
Terra Naged Najda
Amer rabia
SYRIA
Alep
Damas
JERUSALEM
PALESTINA
ARABIA PETRÆA
Cyprus
Kufa
Sinope
Trebisond
Tocat
Malatia
Orfa
Mardin
Betlis
Van
Lac. Van salsus
Tauris
Marand
Caschan
Com
Bostan
Iorjan
Naphtha

HIOB
DULDER ODER REBELL?

Paul Huber

HIOB

DULDER ODER REBELL?

Byzantinische Miniaturen
zum Buch Hiob
in Patmos, Rom, Venedig, Sinai, Jerusalem und Athos

Patmos

Meinen Ärzten Peter Huber, Heinz Peter Keller, Max Pierre Koenig, Hanns-Jürgen Reulen und Peter Conradin Veraguth gewidmet in Dankbarkeit

Umschlagvorderseite:
Hiobs Höllenqualen. Ein dreiköpfiger Drache schlägt Hiob mit Aussatz.

Umschlagrückseite:
Hiobs Klage. Nach dem Verlust von Hab und Gut und dem Tod seiner Söhne und Töchter schreit der Geprüfte zu Gott.

Byzantinische Miniaturen aus dem 9. Jahrhundert. Rom, Vatikanische Bibliothek, Codex Vaticanus Graecus N° 749, folio 25 recto (Höllentier) und folio 21 verso (Hiob betet).

Vorsatz:
Imperium Turcicum in Europa, Asia et Africa,
gezeichnet 1737 nach Angaben des
Wittembergischen Geographen Johann Matthias Haas,
herausgegeben von den Homännischen Erben
in Nürnberg

Alle Fotoaufnahmen aus dem Johanneskloster auf Patmos, aus dem Katharinenkloster auf dem Sinai und aus dem Griechischen Patriarchat in Jerusalem, ebenso die Außenaufnahmen von Rom und Venedig sowie die Bilder von den Kunstschätzen im Dom von San Marco stammen vom Verfasser. Die Hiobminiaturen in der »Vaticana« werden mit Genehmigung des Präfekten Kardinal Alfons M. Stickler, diejenigen in der »Marciana« mit Erlaubnis des Direktors Dr. Gian Albino Ravalli Modoni und die Miniaturen aus den Athosklöstern Vatopédi und Große Lávra mit Zustimmung von Dr. Katerína Kalamartzî-Katsaroû vom Patriarchalen Institut für patristische Studien in Thessaloniki publiziert. Die Erlaubnis zur Publikation einiger Parallelbilder aus der Bibliothèque Nationale in Paris und aus der Öffentlichen Bibliothek in Leningrad liegt ebenfalls vor.

CIP-Kurztitelaufnahme der Deutschen Bibliothek

Huber, Paul:
Hiob – Dulder oder Rebell? : Byzantin. Miniaturen
zum Buch Hiob in Patmos, Rom, Venedig, Sinai, Jerusalem u. Athos
Paul Huber. – Düsseldorf : Patmos Verlag, 1986.
ISBN 3-491-77639-2

 1. Auflage 1986
Gestaltung: Walter Voser
Fotolithos: Farbkreis Bochum
Papier: Biber-GS matt von der Papierfabrik Biberist
Satz und Druck: Rasch, Bramsche

ISBN 3-491-77639-2
Printed in Germany

Inhalt

Vorwort

Wie stimmen Krankheit oder Schicksalsschläge, die Hiob getroffen haben und die auch wir am eigenen Leib, im Bekanntenkreis und weltweit erfahren, mit der *Liebe Gottes* überein? Und die andere existentielle Frage: Wo ist im Unglück des Hiob und im Elend der Welt die *Gerechtigkeit Gottes* zu finden, wenn es einen Unschuldigen trifft oder wenn wehrlose Menschen verfolgt und gefoltert werden? Auf diese brennenden Fragen versucht das Hiobbuch Antwort zu geben.

Zunächst reagiert Hiob auf die vier Unglücksbotschaften von der Ermordung seiner Knechte, vom Feuer aus dem Himmel, vom Überfall der Chaldäer und vom Einsturz des Hauses, das seine zehn Kinder begräbt, mit beispielloser Fassung. Hiob, der glaubensstarke Dulder, bekennt:

»Der Herr gibt alles,
er kann es auch nehmen.
Ich will ihn preisen, was immer er tut!«

Hiob 1,21

Doch als Satan den Dulder mit Eiterbeulen schlägt, bäumt sich dieser wie ein Rebell gegen sein Schicksal auf und klagt den ungerechten Gott und die rechthaberischen Freunde an, die Hiobs Unglück als gerechte Strafe für verborgene Sünden bezeichnen. In seiner Verzweiflung verflucht er den Tag seiner Geburt:

»Versunken und vergessen soll er sein,
der Tag, an dem ich einst geboren wurde,
und auch die Nacht, die sah, wie man mich zeugte!«

Hiob 3,3

Noch eindringlicher beklagt der Schmerzgeplagte sein Elend:

»Mein Körper fault und ist bedeckt mit Krusten,
die Haut bricht auf und eitert überall.«

Hiob 7,5

Über die Art von *Hiobs Erkrankung* ist schon viel gerätselt worden. Medizinisch betrachtet, kommen zwei Diagnosen in Frage: Entweder wurde Hiob von der »Lepra tuberculosa« mit juckenden Geschwüren auf schwarzfleckiger Haut befallen, oder er litt an der sogenannten »Elephantiasis Graecorum«, die sich durch schmerzhafte, knollenförmige und fiebererregende Verstümmelungen der Gliedmaßen manifestiert. Beide Aussatzarten führen meistens zum Tod. Niedergeschlagenheit, Depression und Lebensüberdruß bedrängen den Kranken:

»Ich bin es satt, ich mag nicht weiter kämpfen.
Mein ganzes Leben ist doch ohne Sinn.«

Hiob 7,16

Das Besondere an Hiobs Schicksal ist die Sinndeutung, die dem Leser des Hiobbuches angeboten wird. Der antiken mythologischen Auffassung entsprechend, hat hier der Teufel die Hand im Spiel, das heißt, Gott geht mit Satan eine Wette ein und erlaubt diesem, Hiob auf die Glaubensprobe zu stellen:

»Der Satan ließ an Ijobs Körper eiternde Geschwüre ausbrechen,
von Kopf bis Fuß war er davon bedeckt.«

Hiob 2,7

Diese dramatische Szene hält der mittelalterliche Maler auf seiner eindrücklichen Miniatur von *Hiobs Höllenqualen* fest: Ein dreiköpfiges, feuerspeiendes Ungeheuer, sozusagen die »Ausgeburt der Hölle«, bedroht den Aussätzigen und erschreckt dessen Frau (siehe Titelbild auf dem Umschlag!).

Das Hiobdrama endet mit der verlorenen Wette des Satans. Hiob, Dulder und Rebell zugleich, wird wieder gesund und von Gott rehabilitiert. Der Vielgeprüfte ist dem lebendigen Gott begegnet (Hiob 38 bis 42).

Auf den Spuren der ältesten Hiobhandschriften

in Patmos, Rom, Venedig, Sinai, Jerusalem und Athos

Die merkwürdig anmutende Reihenfolge Patmos, Rom, Venedig, Sinai, Jerusalem und Athos drängt sich auf, wenn man die wichtigsten byzantinischen Hiobhandschriften nach ihrem Alter aufführen will. Das älteste illustrierte Hiobmanuskript befindet sich auf der ägäischen Insel *Patmos,* dort, wo nach ostkirchlicher Überlieferung der Seher Johannes seine Offenbarungen empfangen hat. Es war mir vergönnt, mit meinem Schwiegersohn Nikítas Stamoúlis auf einer Pilgerreise die »Heilige Insel« und ihre berühmte Bibliothek näher kennenzulernen. Als Grieche versicherte er den skeptischen Klostermönchen, ich sei als Freund der Ostkirche ein halber Orthodoxer und würde im Abendland die Schönheit der byzantinischen Kulturgüter bezeugen. So erhielt ich die Erlaubnis, den prächtigen, unter Verschluß gehaltenen Hiobkodex aus dem 9. Jahrhundert zu studieren und zu photographieren. Ich danke dem Bibliothekar Chrysóstomos für sein Entgegenkommen, das er aus Angst vor Beschädigung und Entwendung einzelner Miniaturseiten nur selten gewährt. Unbegründet ist die große Zurückhaltung der Mönchsbibliothekare keineswegs. Denn auch im Katharinenkloster auf dem *Sinai,* wo ich mit Hilfe meines langjährigen Freundes Pávlos den aus dem 11. Jahrhundert stammenden Hiobkodex photographieren konnte, hat ein Banause eine Miniatur herausgeschnitten. Zudem sind die Sinaimönche gegenüber abendländischen Forschern seit dem angeblichen Diebstahl des berühmten »Codex Sinaiticus« (4. Jh.) durch den Leipziger Theologieprofessor Konstantin von Tischendorf vor hundert Jahren immer noch von Mißtrauen erfüllt. Auf eine ähnliche Reserviertheit stieß ich anfänglich beim Bibliothekar Kállistos im Grabeskloster von *Jerusalem.* Dort hat nämlich auch ein geistlicher Herr namens Porfirij Uspenskij Ende des 19. Jahrhunderts eine der schönsten Miniaturen von der Auferstehung Christi aus dem reichillustrierten Manuskript herausgeschnitten und gleichsam als Trophäe in seine Handschriftensammlung in St. Petersburg aufgenommen. Es ist mir gelungen, eine Aufnahme von diesem lange für verschollen gehaltenen Pergamentblatt aus der Öffentlichen Bibliothek von Leningrad zu erhalten, wofür ich Louis Hayoz vom Internationalen Leihverkehr der Schweizerischen Landesbibliothek zu Dank verpflichtet bin. In der Jerusalemer Grabesbibliothek, die dem Griechisch-Orthodoxen Patriarchat angeschlossen ist, herrscht seit Uspenskijs Besuch gegenüber jedem Handschriftenforscher ein latenter Argwohn. Nur mit Unterstützung des Kanzlers Jásōn Lavriótis, eines ehemaligen Athosmönchs aus der Großen Lávra, mit dem ich auf früheren Athosexpeditionen Freundschaft geschlossen hatte, erhielt ich schließlich Zugang zur Patriarchatsbibliothek. Dort befindet sich eine Handschrift mit nicht weniger als 117 Hiobminiaturen, die ich alle aufnehmen durfte. Sie stammen aus dem 13. Jahrhundert.

Ursprünglich wollte ich nur diese drei illustrierten Hiobhandschriften von Patmos, vom Sinai und aus Jerusalem publizieren, da diese in der wissenschaftlichen Literatur fragmentarisch behandelt und durch unbefriedigende Abbildungen dargestellt werden. Da stieß ich in *Venedig* in der »Biblioteca Nazionale Marciana« auf einen wunderschönen Kodex mit ganzseitigen Hiobminiaturen, die mich faszinierten. Nach zwei Aufenthalten in der Markusbibliothek hatte ich die nötigen Unterlagen beisammen. Dabei gingen mir der Direktor Gian Albino Ravalli Modoni und die Konservatorin der Manuskripte, Stefania Rossi, in dankenswerter Weise an die Hand und verschafften mir die gewünschten Aufnahmen durch ihr bibliotheksinternes Photoatelier. Leider mußte ich auch hier die Feststellung machen, daß nicht weniger als 25 Miniaturen aus dem Hiobkodex weggeschnitten worden sind. Das Manuskript in Venedig datiert laut Inschrift von 904/905.

Zur Vervollständigung meiner Arbeit benötigte ich noch Aufnahmen aus *Rom,* wo sich ebenfalls eine sehr alte Hiobhandschrift befindet. Auf die Schönheiten dieses Kodex wurde ich durch den Aufsatz »Mittelalterliche Miniaturen aus Rom zum Buch Hiob« von Christoph Eggenberger aufmerksam. In der Folge setzte ich mich mit dem Skriptor der »Biblioteca Apostolica Vaticana«, Monseigneur Paul Canart, in Verbindung, da er mir schon bei der Beschaffung von Filmmaterial für das Buch »Bild und Botschaft« behilflich war. Ihm verdanke ich auch diesmal die Bilder aus dem Vatikanischen Hiob des 9. Jahrhunderts. Anläßlich meines letzten Aufenthalts in der altehrwürdigen

Bibliothek des Vatikans zeigte mir Paul Canart noch ein etwas jüngeres illustriertes Hiobmanuskript, das in der Fachliteratur bis heute kaum Beachtung gefunden hat. Bei näherem Betrachten machte ich jedoch die Entdekkung, daß ich eine genaue Wiedergabe des mir schon lange bekannten Jerusalemer Hiob in Händen hielt. Dieser außergewöhnliche Kodex besitzt nicht weniger als 145 Miniaturen und ist demzufolge die bilderreichste Hiobhandschrift, die wir kennen. Sie datiert, wie die Jerusalemer Parallelhandschrift, aus dem 13. Jahrhundert. Da die meisten Bilder oft bis in kleinste Einzelheiten denjenigen von Jerusalem gleichen, kann angenommen werden, daß entweder beide Hiobhandschriften auf eine gemeinsame Vorlage zurückgehen oder daß der Zweite Vatikanische Hiob eine Kopie des Jerusalemer Hiob ist.

Es werden uns demgemäß die folgenden Kodizes beschäftigen, die hier dem Alter nach aufgeführt sind:

Hiobhandschrift von Patmos (9. Jh.), Rom/Vatikan (9. Jh.), Venedig (Anfang 10. Jh.), Sinai (Ende 11. Jh.), Jerusalem (13. Jh.) und die Zweite Vatikanische Hiobhandschrift (13. Jh.). Hinzu kommen zum Vergleich die beiden illustrierten Hiobmanuskripte aus den Athosklöstern Vatopédi (12. Jh.) und Große Lávra (13. Jh.) sowie noch zwei Kodizes mit Hiobbildern in der »Bibliothèque Nationale« von Paris (13. und 14. Jh.).

Wichtig für unsere Untersuchung ist der Umstand, daß alle hier aufgeführten Hiobhandschriften den gleichen Bibeltext (auszugsweise) und denselben Kommentar des alexandrinischen Kirchenschriftstellers *Olympiódoros* enthalten. Sein Hiobkommentar ist mit zahlreichen Zitaten von namhaften Kirchenvätern aus frühchristlicher Zeit durchsetzt, weshalb das umfangreiche Werk auch eine Fundgrube für die patristische Forschung darstellt. Denn verschiedene altkirchliche Schriften, die verlorengegangen sind, tauchen wenigstens fragmentarisch im Hiobkommentar des Olympiódoros wieder auf. Dieser hat seine exegetischen Bibelwerke – es sind neben seiner Hiobauslegung auch noch ein Kommentar zum Propheten Jeremia (inklusive Buch Baruch und Klagelieder) sowie einer zum Prediger Salomo bekannt – während der Amtszeit des Patriarchen Johannes III. Nikiótes von Alexandrien (505 bis 515/516) verfaßt. In Alexandria ist auch einige Jahrhunderte zuvor die berühmte Übersetzung des hebräischen Alten Testamentes ins Griechische entstanden, die sogenannte *Septuaginta,* nach welcher Olympiodor seine Hioberklärungen geschrieben hat. Dies ist zu bedenken, wenn wir bei der Betrachtung der einzelnen illustrierten Hiobhandschriften gelegentlich auf textliche Abweichungen gegenüber dem hebräischen Urtext stoßen werden.

Die Unterscheidung zwischen dem auszugsweise wiedergegebenen Bibeltext und dem Kommentar des alexandrinischen Exegeten ist leicht feststellbar. Der Hiobtext ist stets in größeren Buchstaben (meistens in Majuskeln oder in Auszeichnungsschrift) abgefaßt, während die entsprechende Olympiodor-Auslegung jeweils in kleineren Buchstaben rings um den »heiligen Text« erscheint. Wegen der überall gleichlautenden Textkolonnen kann auf eine gemeinsame alexandrinische Urhandschrift geschlossen werden. Da dieser »Archetyp« aus dem frühen 6. Jahrhundert verloren ist, müßte einerseits ein Handschriften-Stammbaum, ein sogenanntes »Stémma«, für den Text und anderseits für die Bilderzyklen entworfen werden. Die byzantinische Stammbaum-Forschung ist ein sehr schwieriges Unterfangen, das wir den zuständigen Paläographen und Kunsthistorikern überlassen müssen. Wir möchten lediglich eine in der sinaitischen Klosterbibliothek gemachte Beobachtung weitergeben: Es ist mir bei der Betrachtung des dortigen Bilderzyklus aufgefallen, daß dieser nur das erste und das zweite Kapitel des Hiobbuches illustriert. Da die Miniaturen aber sehr antikisierend wirken, also den Bildern der Urhandschrift nahestehen dürften, kann erwogen werden, ob wohl der Archetyp überhaupt nur die Himmelsszenen und die Hiobplagen enthalten hat. Die in andern Hiobmanuskripten dargestellte Genesung des leprakranken Dulders und die Verdoppelung von Hab und Gut, wie sie am Buchende geschildert werden, sind vielleicht erst später als neue Bildschöpfung hinzugekommen. Wann aber wäre eine solche eigenständige Weiterentwicklung der byzantinischen Ikonographie anzusetzen? Und bei welchen byzantinischen Handschriften-Familien wären wohl die im Text zwar gleichlautenden Kodizes, in paläographischer und ikonographischer Hinsicht jedoch meist verschieden gestalteten Hiobmanuskripte einzuordnen? Fragen über Fragen, die möglicherweise Fachgelehrte aufgrund der hier vorgestellten Schriftbilder und Bilderzyklen beantworten können.

Es sei mir abschließend noch eine Bemerkung »in eigener Sache« gestattet. Auf meinen vielen Studienreisen hat mich von Mal zu Mal das byzantinische Kunstschaffen immer mehr fasziniert. Ich möchte deshalb meine Hiobstudien nicht losgelöst von den übrigen byzantinischen Kunstwerken präsentieren. Die Buchmalerei ist ja nur ein Teil der ostkirchlichen Kunst, zu welcher auch die Ikonenmalerei, die Fresken und Mosaiken, nicht zu vergessen die kostbaren Kleinkunstgegenstände aller Art gehören. Ich habe mir darum erlaubt, bei meinen Erläuterungen auch das *kulturelle Umfeld* einer jeden zur Diskussion stehenden Hiobhandschrift zu beschreiben und die besten Zeugen des ostkirchlichen Kunstschaffens aus der betreffenden

Umgebung mit abzubilden. Dieses Vorgehen mag nicht den streng wissenschaftlichen Maßstäben entsprechen. Dennoch scheint mir, die Präsentation einiger byzantinischer Kostbarkeiten diene zur Auflockerung der sonst leicht monoton wirkenden, sich wiederholenden Glücks- und Unglücksszenen im Hiobbuch. Ich hoffe sehr, daß auch solche peripheren Bilder Interesse und Freude an den Kulturgütern und der Geisteswelt von Byzanz zu wecken vermögen, in welcher die besagten Hiobhandschriften verwurzelt sind.

Im einzelnen denke ich an die im Abendland kaum bekannte Kunst auf der abgelegenen Felseninsel *Patmos*. Dort habe ich neben dem ältesten Hiobkodex auch die schönsten Ikonen in der Schatzkammer, die Wandmalereien in der Hauptkirche des Johannesklosters und die legendenumwobene Offenbarungshöhle photographiert. Auch in *Venedig* wollte ich einige erlesene Kunstwerke aus byzantinischer Zeit im Bild festhalten. Wer von Venedig spricht, denkt an den Markusdom, der eine Fundgrube von byzantinischen Goldschmiedearbeiten und wundertätigen Ikonen sowie von Mosaiken und Marmorplatten darstellt. Einige Aufnahmen davon ergänzen den Bilderzyklus des Hiobkodex in der berühmten Markusbibliothek.

Freilich soll die Freude an der bildenden Kunst das Interesse am bebilderten *Bibeltext* in keiner Weise schmälern. Gerade die Verbindung von Wort und Bild, das heißt die Interpretation der biblischen Botschaft durch die bildhafte Veranschaulichung, macht die Stärke der ostkirchlichen Kunst aus. Es sind ja vor allem das Alte und das Neue Testament sowie deren Auslegung, welche den Anstoß zur Buchmalerei gegeben haben. Wir werden auf diesen Sachverhalt bei der Präsentierung der einzelnen Hiobhandschriften immer wieder aufmerksam machen.

Noch ein Wort zur Person des Hiob: Einmal erscheint er als der fromme, demütige Gottesmann. Hinwiederum tritt er vor Gott als Herausforderer, der gegen das ihm angetane Unrecht rebelliert. Am Anfang des Buches lernen wir den großen *Dulder* kennen, während uns im langen Disputationsteil der *Rebell* Hiob begegnet. Wie ist das widersprüchliche Verhalten zu deuten? Die Antwort soll jetzt nicht vorweggenommen werden. Hier sei lediglich erwähnt, daß ich eine Lösung der komplexen Frage anzubieten versuche, nachdem ich die 42 Kapitel des Hiobbuches mit meiner Gemeinde durchgearbeitet habe. Denn zum wissenschaftlichen Bemühen trat auch das Verlangen, die Hiobtexte für meine Gemeindeglieder fruchtbar zu machen. So habe ich nach Befragung der einschlägigen Hiobliteratur mit einer Predigtreihe für die Gemeinde begonnen. Es war ein Wagnis, da niemand wissen konnte, ob den Predigthörern oder dem Prediger bei der fortlaufenden Auslegung eines so umfangreichen kontroversen Buches der Atem ausgehen würde. Doch das Unterfangen ist gelungen. In vierzehn Predigten habe ich während anderthalb Jahren in der Matthäuskirche in Bern den »Hiob« ausgelegt, wobei die Patienten im benachbarten Spital durch eine Lautsprecheranlage mit der Gemeinde verbunden waren. Dabei haben wir gemeinsam die seelsorgerliche Komponente des Hiobbuches entdeckt. Über die Predigtthemen im einzelnen gibt der Anhang nähere Auskunft[1].

Die Aktualisierung der alten Hiobtexte sollte eigentlich die »üble Nachrede«, das biblische Buch sei schwer verständlich, langatmig, widersprüchlich und zu wortreich abgefaßt, widerlegt haben. Es bietet unseres Erachtens auch dem heutigen Menschen *Lebenshilfe* an. Zeitbedingt ist nur der äußere Rahmen der hebräischen Dichtung, doch zeitlos bleibt der Inhalt dieses erstaunlichen Buches.

ERSTER TEIL

DAS BUCH HIOB

Das Buch Hiob zählt zu den Meisterwerken der Weltliteratur. Es »gehört zu den erregendsten und ergreifendsten Büchern der Bibel« und wird als Dichtung »mit Recht neben Dantes Göttliche Komödie und Goethes Faust gestellt«. Mit diesen Worten würdigt der bekannte Erlanger Theologe *Georg Fohrer* das Hiobbuch. Freilich schließt Fohrer seinen gewichtigen Hiobkommentar mit der betrüblichen Feststellung: »Wie andere große Werke der Weltliteratur wird das Buch Hiob viel gerühmt, aber wenig gelesen, obwohl es auch dem Menschen unserer Zeit einen Weg aus seinen Nöten weisen kann.«[2]

Der Bibeltext

Seit Pfingsten 1982 liegt *»Die Bibel in heutigem Deutsch – Die Gute Nachricht des Alten und Neuen Testaments«* in der Hand des Bibellesers. Ihm wird dadurch eine leichtverständliche Übersetzung angeboten, die ihm das viel gerühmte, aber wenig gelesene Hiobbuch erschließen kann. Dabei fällt ihm die neue Schreibweise *»Ijob«* auf. Sie ersetzt die geläufige Version »Hiob« der Lutherbibel und auch die in katholischen Kreisen übliche Bezeichnung »Job«. Sie richtet sich nach dem ökumenischen Namenverzeichnis, das 1971 in Loccum (Niedersachsen) erarbeitet worden ist. Die Loccumer Richtlinien halten sich an den hebräischen Namen »Ijob« (eigentlich »Ijjôb«), welcher gegenüber dem griechischen 'Ιώβ und dem lateinischen »Iob« den Vorzug erhalten hat. Wenn im folgenden Bibeltexte zitiert werden, richten sich diese stets nach dem Loccumer Namenverzeichnis. Dagegen nehme ich mir die Freiheit, im Buchtitel »HIOB – Dulder oder Rebell?« sowie bei meinen eigenen biblischen und kunsthistorischen Bemerkungen den vertrauten Namen »Hiob« zu verwenden.

Die ursprüngliche hebräische Form »Ijjôb« geht auf die akkadische (babylonisch-assyrische) Namengebung zurück, wie sie im zweiten Jahrtausend vor Christus üblich war. »Ijjôb« bedeutet wörtlich »Wo ist meine Vater-Gottheit?« Dieser Name ist aus der altbabylonischen Königsstadt Mari, aus Südarabien, Syrien und der altsyrischen Küstenstadt Ugarit sowie aus Ganzpalästina bezeugt. Es gibt also verschiedene Träger dieses gottbezogenen Namens.

Hiob wohnte »im Lande Uz«. Er übertraf an Wohlstand und Ansehen alle Männer des »Steppenlandes im Osten« (Hiob 1,3). Offenbar hatte er seine Heimat im Ostjordanland, am Rand der Syrisch-Arabischen Wüste, wo er als wohlhabender *aramäischer Nomadenfürst* lebte. Die Aramäer waren semitische Einwanderer aus der Arabischen Wüste und gründeten ums Jahr 1000 v. Chr. am Rand des sogenannten Fruchtbaren Halbmondes einen Kleinstaat. Es erstaunt, daß ausgerechnet ein Nichtisraelit im Mittelpunkt des Himmel und Erde umspannenden Dramas steht. Der Verfasser der Hiobdichtung hingegen ist mit Sicherheit ein Israelit gewesen. Als jüdischer Dichter sammelt er die notvollen Klagen seiner Zeitgenossen und »ver-dichtet« sie zu einem herzzerreißenden Klagelied von übernationaler und zeitloser Bedeutung.

Die ursprüngliche Hiobdichtung ist also in hebräischer Sprache verfaßt worden. Die vorliegenden illustrierten Hiobhandschriften gehören dagegen dem griechischen Kulturkreis an. Der Unterschied zwischen dem hebräischen Urtext (Masora) und der griechischen Übersetzung (Septuaginta, LXX) ist darum nicht zu übersehen. Schon rein formal ist die Fassung der Septuaginta gut um ein Sechstel kürzer als der Masora-Text. Da der Urtext ab und zu unverständliche oder gar sinnwidrige Wendungen enthält, haben spätere Septuaginta-Redaktoren den Text nach freiem Ermessen, das heißt nach bestem Wissen und Gewissen, korrigiert. Noch heute bietet der Hiobtext den alttestamentlichen Forschern erhebliche Schwierigkeiten, da der hebräische Text an einigen Stellen verderbt überliefert worden ist. Diesem Umstand mußten natürlich auch die Übersetzer Rechnung tragen.

Abgesehen von den erwähnten textlichen Unebenheiten unterscheidet sich die Septuaginta-Fassung von der Masora insofern, als sie verschiedene Einschübe und Zusätze aufweist, die der kanonische hebräische Text nicht kennt. Wir verweisen auf die ausführliche Rede von Hiobs Frau, die in ihrer Verzweiflung den aussätzigen Gatten auffordert, Gott die Treue aufzukündigen. Im Hebräischen ist davon in einem einzigen Vers die Rede (Hiob 2,9), während im griechischen

Text (LXX) und in der entsprechenden lateinischen Übersetzung (Vulgata) Hiobs Frau ihrer Verzweiflung längere Zeit freien Lauf läßt. Auch der Schluß des Hiobbuches ist um fünf Zusatzverse erweitert worden (Hiob 42,17a–17e). Dieser Anhang enthält hellenistisch-jüdisches Gedankengut aus dem *Aristéas-Brief* (um 130/100 v. Chr., legendärer Bericht über die Entstehung der LXX) sowie aus dem *Hiob-Testament* (ein Pseudepigraph aus dem 2./3. Jh.). In der letztgenannten Schrift verkündet Hiob stolz: *»Ich selbst bin einer von den Söhnen Esaus, der Jakobs Bruder war«* (Hiobtestament 1,6). Diese Erklärung stützt sich auf einen der obenerwähnten Zusatzverse in der LXX: *»Hiob war der Fünfte seit Abraham«* (Hiob 42,17c). Hinter beiden Zitaten verbirgt sich die Absicht, den gottesfürchtigen Hiob in die zeitliche Nähe der Erzväter Abraham, Isaak und Jakob (zwischen 1700 und 1200 v. Chr.) zu rücken, was historisch gesehen völlig unhaltbar ist. Im erwähnten »Testamentum Iobi« wird zudem der Versuch unternommen, den »König von Edom« namens »Jobab« (vgl. 1 Mose 36,33) mit dem gerechten Hiob (griech. Job) zu identifizieren. Hier Hiobs Selbstaussage laut Testament:

»Bevor der Herr mich Job benannte, da hieß ich *Jobab*. Als ich noch Jobab hieß, da wohnte ich zuerst ganz nah bei einem viel verehrten Götzenbild«.

Selbstverständlich wird dem Götzenbild der Kampf angesagt, und die heidnischen Dämonen ergreifen die Flucht. Doch nicht nur Jobab/Job wird im apokryphen »Testamentum« als edomitischer König vorgestellt, auch seine drei Freunde erscheinen als gekrönte Häupter hoch zu Roß und bieten dem Aussätzigen auf dem Aschenhaufen die Heilkunst ihrer Hofärzte an:

»Was sollen wir für dich tun? Die Ärzte unserer drei Königreiche sind bei uns. Willst du von ihnen dich behandeln lassen?« – Doch Hiob wehrt ab mit dem trefflichen Wort: »Mich heilt und pflegt der Herr, der auch die Ärzte schuf.«

Diesen außerkanonischen Texten im »Hiob-Testament« schenken nicht nur die Septuaginta-Redaktoren ihre Aufmerksamkeit, sondern auch die byzantinischen Miniatoren nehmen davon Notiz. Die Vorstellung von den königlichen Freunden zieht sich nämlich durch die ganze Septuaginta. Schon bei ihrem ersten Auftritt werden Elifas aus Teman, Bildad aus Schuach und Zofar aus Naama als »Könige« bezeichnet (Hiob 2,11), und der Kommentator Olympiódoros doppelt nach: »denn sie waren Könige« (griech. »basileîs óntes«, lat. »cum reges essent«). Es verwundert darum nicht, wenn in einigen illustrierten Handschriften Hiobs Freunde mit Königskronen und Purpurmänteln auftreten. (Näheres bei *Paul Riessler*, Altjüdisches Schrifttum außerhalb der Bibel[3].)

Was den Nachtrag von Hiobs Tod und Auferwekkung am Ende der Septuaginta-Fassung anbelangt (Hiob 42,17a), so werden wir in einem besonderen Abschnitt auf diesen »christianisierten« Schluß des Hiobbuches eintreten (s. S. 30ff.: »Die Totenauferweckung«).

Der Aufbau des Hiobbuches

Prolog: Die Legende vom frommen Hiob beginnt im Paradies, wo »die Gotttessöhne zur himmlischen Ratsversammlung, unter ihnen auch der Satan« (1,6), zusammentreten, um über Hiobs Schicksal zu befinden. Satan darf den reichen Hiob auf die Probe stellen, so daß dieser Hab und Gut, die Söhne und Töchter verliert. Zweite Ratsversammlung: Satan verlangt von Jahwe, Hiob mit Krankheit zu schlagen: »Wetten, daß er dich dann öffentlich verflucht« (2,5). Die Wette gilt, »und Satan ließ an Ijobs Körper eiternde Geschwüre ausbrechen« (2,7). Krankenbesuch der drei Freunde (2,11–13).

Hiobs Klage: Ein erschütternder Aufschrei dringt aus Hiobs verwundeter Seele. Er verwünscht des Vaters Zeugung und seiner Mutter Geburt (3,1–26).

Besuch der drei Freunde und erste Wechselrede: Erster Dialog mit Elifas aus Teman (4,1 bis 7,21); erster Dialog mit Bildad aus Schuach (8,1 bis 10,22); erster Dialog mit Zofar aus Naama (11,1 bis 14,22). Alle drei Freunde proklamieren die Vergeltungslehre, wonach jedes Unglück die Strafe Gottes für ein Unrecht sei. Dagegen protestiert Hiob energisch.

Zweites Rundgespräch mit den Freunden: Zweite Rede des Elifas (15,1–35) und Hiobs Antwort (16,1 bis 17,16) mit dem erstaunlichen Appell an Gott gegen Gott: »Gott, der mein *Freund* ist, muß mir Recht verschaffen und ›Gott, den *Feind*‹, in seine Schranken weisen« (16,21); zweite Rede des Bildad (18,1–21) und Hiobs Antwort (19,1–29) mit dem nachdrücklichen Wunsch nach baldiger Rechtfertigung durch den göttlichen »Anwalt« (Goël), den er »mit eigenen Augen schauen« will (19,25–27); zweite Rede des Zofar und Hiobs Antwort (20,1 bis 21,34).

Drittes Streitgespräch mit den Freunden: Dritte Rede des Elifas und Hiobs Antwort (22,1 bis 24,25); dritte Rede des Bildad und Hiobs Antwort (25,1 bis 26,14); die letzte Rede des Zofar fehlt, dafür läßt der Dichter eine weitere Rede Hiobs folgen (27,1–23). Abermals beteuert Hiob vor den rechthaberischen Freunden seine Unschuld: »Ich denke nicht daran, euch recht zu geben; bei meiner Unschuld bleib ich, bis ich sterbe! Daß ich im Recht bin, geb ich niemals auf; denn mein Gewissen weiß von keiner Schuld!« (27,5f).

Lied über die Weisheit: Einschub aus der jüdischen Weisheitsliteratur, in welcher die »Weisheit« (hebr. »Chokma«, griech. »Sophía«) als personifizierte Kraft Gottes oder gar als göttliches Wesen (Hypostase) auftritt. Sicher hat der Dichter des Hiobbuches oder ein späterer Redaktor das Weisheitslied übernommen (28,1–28).

Hiobs Schlußrede: Sehnsucht nach dem einstigen Glück (29,1–25); Hiobs dreifache Klage: Krankheitsnot (Claus Westermann: elendes »Selbstsein«) – Verspottung durch die Freunde (verachtetes »Mitsein«) – Gottverlassenheit (hoffnungsloses »Sein gegenüber Gott«); diese drei existentiellen Nöte, die Hiobs Dasein belasten, entsprechen der dreifachen Klage, die für Israels individuelle Klagelieder bezeichnend ist (30,1 bis 31,37).

Reden des Elihu (32,1 bis 37,24): Man nimmt an, daß die vier Elihu-Reden (anderer Wortschatz, anderer Stil) von einem späteren Verfasser stammen, der als jüdischer Weisheitslehrer sich bemüßigt fühlt, die Hiobdichtung zu korrigieren und die harten Streitgespräche zwischen Hiob und den Freunden beziehungsweise Hiobs Klagen und Anklagen gegen Jahwe zu entschärfen: »Der Verfasser der Reden wendet sich offen gegen den häretischen Hiob und die unzureichende Stellungnahme der Freunde, in der er die herkömmliche Weisheitslehre entwürdigt sieht« (G. Fohrer[4]).

Theophanie (Gotteserscheinung): Jahwe erscheint dem Herausforderer und spricht mit ihm unter zweien Malen »aus dem Sturm heraus« (38,1ff und 40,6ff). In den Psalmen gibt es ähnliche geheimnisvolle Zwiesprachen mit dem sich offenbarenden Gott (sog. Heilsorakel).

Erste Gottesrede: Jahwe antwortet nur indirekt auf Hiobs Herausforderung; er weist den sich aufbäumenden Rebellen in die Schranken und zeigt ihm die Wunder der Natur. An der Schöpfungsordnung hat kein Mensch zu rütteln: »Wer bist du, daß du meinen Plan anzweifelst, von Dingen redest, die du nicht verstehst?« (38,2). Zum geordneten Naturablauf gehört auch die Erschaffung der Tiere, ihre Ernährung und Fortpflanzung seit Anbeginn: »Kannst du mir sagen, wann die Gemse wirft? Sahst du der Hirschkuh beim Gebären zu?« (39,1).

Zweite Gottesrede: »Sieh dir als Beispiel doch das Nilpferd an, das mein Geschöpf ist gradeso wie du! Fängst du das Krokodil mit einer Angel, daß ihm die Schnur die Zunge niederdrückt? Faß es doch an – du tust es nicht noch einmal; an diesen Kampf denkst du ein Leben lang!« (40,15.25.32). – Über die beiden Gottesreden hat der Alttestamentler *Othmar Keel* aus Fribourg eine ausführliche Studie verfaßt. Es ist sein Verdienst, die mannigfachen Beziehungen zwischen der altorientalischen Bildsymbolik und dem Alten Testament aufgezeigt zu haben, nicht nur umfassend für das Buch Hiob, sondern ebenso anschaulich im Psalter[5]. Wir zitieren aus Keels Hiobkommentar den interessanten Abschnitt über den Urweltdrachen: »Die Beschreibung des Tieres rechtfertigt die Identifizierung Leviatan = Krokodil. Es ist nicht zu übersehen, daß *Leviatan* im Alten Testament wie schon in Ugarit ein Chaosungeheuer bezeichnet, das zwar zu Beginn der Schöpfung grundsätzlich überwunden worden ist, aber immer wieder neu zu überwinden bleibt. In der zweiten Gottesrede geht es darum, dem Vorwurf, Gott beziehungsweise die Welt sei böse, entgegenzutreten. Das geschieht mit dem Hinweis auf die Überwindung der diabolischen Wesen (Behemot und Leviatan), die Ijob nicht leisten kann, die Gott aber immer neu leistet. Wenn er aber schon den Kampf mit dem Leviatan-Krokodil nicht aufnehmen will, dann sollte er sich noch viel weniger an Gott heranwagen.«[6] Hiob ist von Gottes Allmacht überwältigt. Er hat mit Gott sprechen dürfen und hat Jahwe geschaut. Die Erfahrung einer neuen Gottesgemeinschaft entschädigt ihn für alles erlittene Unrecht. So schließt der frühere Rebell seine allerletzte Rede mit einem demütigen Bekenntnis: »Ich kannte dich ja nur vom Hörensagen; jetzt aber hat mein Auge dich geschaut. Ich schäme mich für alles, was ich sagte; in Staub und Asche nehm ich es zurück« (42,5f).

Epilog: Am Ende der dramatischen Erzählung bringen die drei Freunde im Verein mit Hiob ein Brandopfer dar, um Gott zu versöhnen. Hiob wird wieder gesund, »und der Herr gab ihm zweimal soviel, wie er vorher besessen hatte« (42,7–17).

Dieser kurze Überblick kann nur andeutungsweise die unerschöpfliche Fülle des Hiobbuches wiedergeben, über welches einer der bekanntesten englischen Schriftsteller des 19. Jahrhunderts, *Thomas Carlyle* (1795–1881), geschrieben hat: »Ich glaube, es gibt nichts, weder in der Bibel noch außerhalb, von gleichem literarischem Wert.«

Rahmenerzählung und Dichtung

Der Hiobtext in der »Guten Nachricht« bietet am Anfang und am Ende eine Erzählung in ungebundener Sprachform, während sich der umfangreiche mittlere Teil als Dichtung präsentiert. Das Bestreben der Übersetzer ist lobenswert, wenn sie die Schönheit des hebräischen Urtextes auch in der deutschen Übersetzung aufleuchten lassen. So fällt dem Bibelleser auf, daß die beiden ersten Hiobkapitel in Prosa, der Hauptteil in Versform und der Schluß wieder in Prosa abgefaßt sind. Dieser Umstand hat in der langen Geschichte der Auslegung zu unterschiedlichen Erklärungen geführt. Wir können hier nicht auf alle möglichen und unmöglichen Deutungsversuche eingehen; doch einen besonders originellen wollen wir dem Leser nicht vorenthalten.

Im *Talmud*, das ist die wahre »Lehre« des nachbiblischen Judentums, die etwa um 500 n. Chr. abgeschlossen war, wird Mose nicht nur als Urheber der »Fünf Bücher Mose«, sondern auch als Verfasser des Hiobbuches bezeichnet. Denn »Mose hat das Buch Hiob seinen in Ägypten gedrückten Volksgenossen geschenkt, damit sie am Beispiele des Helden sich zur Geduld im Leiden aufrichteten«[7]. Wenn auch eine solche Vordatierung heute nicht mehr haltbar ist, so bezeugt doch die talmudische Tradition immerhin, in wie hohem Ansehen das Buch Hiob gestanden und daß es gleich neben den Fünf Büchern Mose (Pentateuch) figuriert. Heute nimmt man allgemein an, daß die *Rahmenerzählung* – auch »Volksbuch« genannt – und die eigentliche *Hiobdichtung* auf zwei verschiedene Verfasser zurückgehen. Die Rahmenerzählung umfaßt den »Prolog« (Hiob 1 und 2) und den »Epilog« (Hiob 42,7–17), während die langen poetischen Dialoge dazwischen eingebettet sind (Hiob 3,1 bis 42,6).

Was die Datierung des mit mythischem Stoff durchsetzten Volksbuches betrifft, so wird die Rahmenerzählung in *vorexilischer Zeit* entstanden sein, also vor der großen Katastrophe im Jahr 587 v. Chr., als Jerusalem zerstört und das Volk Gottes in die babylonische Gefangenschaft deportiert worden ist. Sicher war der Erzählstoff schon um 600 v. Chr. in Israel bekannt, da der Prophet *Ezechiel* zu jener Zeit Gottes Strafgericht über Jerusalem wie folgt ankündete: »Wenn dann die drei großen Männer Noach, Daniel und *Ijob* unter diesem Volk lebten, so würden nur sie aufgrund ihrer Rechtschaffenheit ihr Leben retten. Ich, der Herr, sage es« (Ez 14,14). Wir nehmen darum an, die Rahmenerzählung sei spätestens im 6. vorchristlichen Jahrhundert, wahrscheinlich aber schon früher entstanden. Literarisch erfaßbar wird die mündlich überlieferte Tradition erst in der »persischen Zeit«, das heißt nach der Befreiung Israels aus der babylonischen Gefangenschaft durch den Perserkönig Kyrus (538 v. Chr.). In jener *nachexilischen Zeit*, wahrscheinlich zwischen dem 5. und 3. Jahrhundert v. Chr., hat der uns unbekannte jüdische Dichter die alte Volkserzählung von der himmlischen Ratsversammlung und der göttlichen Wette mit dem Satan übernommen und verarbeitet. Wer sich in die »Symbolik der Himmelsszenen« vertiefen und mit der »Charakteristik des Satans« auseinandersetzen will, greife zur neusten wissenschaftlichen Studie über »Hiob« von *Victor Maag* (1982)[8].

Das Motiv vom »himmlischen Hofstaat« ist sehr alt. Wir finden es in allen orientalischen Mythen. Interessant ist in diesem Zusammenhang *Hermann Gunkels* Unterscheidung von Mythos, Sage, Legende und Märchen, die natürlich auch auf den Prolog im Himmel anzuwenden wäre: »Wir verstehen unter ›Mythus‹ eine Erzählung, in der die hohen Gestalten der großen Götter die Hauptrolle spielen; unter ›Sage‹ eine solche, in der geschichtliche oder für geschichtlich gehaltene Personen die eigentlich Handelnden sind; unter ›Legende‹ eine Erzählung von eigentümlich geistlichem Ton – wir denken dabei etwa an die Heiligenlegenden der katholischen Kirche – und unter ›Märchen‹ die Erzählungen urwüchsiger Völker und Kreise, auch unserer Kinder.«[9] Nach dieser Definition würde die Rahmenerzählung im Buch Hiob am ehesten unter die Rubrik »Legende« fallen. In der Tat bezeichnet Georg Fohrer das überlieferte Erzählgut durchwegs als *»Hioblegende«* im Unterschied zur *»Hiobdichtung«*. (Victor Maag unterscheidet zwischen »Hiobnovelle« und »Dialogdichtung«).

Freilich sind die Grenzen zwischen den vier genannten Erzählarten fließend. So besteht keine Notwendigkeit, das alte Volksbuch ausschließlich auf eine Legendenbildung zurückzuführen, man kann ebensogut von einer Mythenbildung sprechen. Dabei denken wir an die mythische Schilderung des »himmlischen Hofstaates«. Dort treffen sich »die Gottessöhne, unter ihnen auch Satan« (Hiob 1,6), und verhandeln unter Jahwes Vorsitz über das Schicksal des »Knechts Hiob«. Man beachte Satans Position in der himmlischen Versammlung. Hiobs Verleumder und Verkläger ist noch nicht die eigenständige, widergöttliche Macht, welche Gottes Pläne auf Erden durchkreuzt. Diese Bedeutung erhält Satan erst in der nachexilischen, persischen Zeit. Der Dualismus von Licht und Finsternis, von Gott und Gegengott, da die himmlischen und die höllischen Mächte miteinander im Kampfe stehen, spielt im Prolog noch keine Rolle. Dort regiert Jahwe allein; die »Gottessöhne«, das heißt die Engelwesen, zu denen auch Satan gehört, dienen ihrem Herrn. Satan ist auch nicht aus der himmlischen Ratsversammlung ausgestoßen; er ist noch nicht der gefallene Lichtengel »Luzifer«, sondern eher eine Art von Sorgenkind im Kreis der Gottessöhne. Dies spricht für eine sehr alte mythologische Tradition, die sich im Buch Hiob niederschlägt.

Johann Wolfgang von Goethe hat diesem Mythos eine hohe dichterische Form verliehen, die wir dem Leser nicht vorenthalten wollen. Die Faust-Tragödie beginnt bekanntlich mit dem »Prolog im Himmel«:

> Der Herr: Kennst du den Faust?
> Mephistopheles: Den Doktor?
> Der Herr: Meinen Knecht!

Dann wird zwischen Gott und Satan beziehungsweise Mephisto eine Wette abgeschlossen:

> Mephistopheles: Mir ist für meine Wette gar nicht bange. / Wenn ich zu meinem Zweck gelange, / Erlaubt Ihr mir Triumph aus voller Brust.

Doch am Ende, im zweiten Teil der Faustdichtung, verliert der Teufel die himmlische Wette; er klagt kleinlaut:

> Mephistopheles: Wie wird mir! Hiobsartig, Beul' an Beule ... / Mir ist ein großer Schatz entwendet: / Die hohe Seele, die sich mit verpfändet.

Goethe hat, wie wir sehen, den mythischen Stoff aus dem Buch Hiob entlehnt und »ver-dichtet«. Er hält es nicht für unter seiner Würde, den entsprechenden Bibeltext anzuführen. Das besondere Thema der verpfändeten Seele, das bei Goethe erscheint, ist dem biblischen Buch Hiob allerdings fremd.

Zum Schluß eine vereinfachende Übersicht mit Gegenüberstellung von Hioblegende/Volksbuch/Rahmenerzählung/Mythos auf der einen sowie Hiobdichtung/Dialogteil auf der andern Seite:

Hioblegende	*Hiobdichtung*
Vorexilisch	nachexilisch
vor 6. Jh. v. Chr.	5.–3. Jh. v. Chr.
altorientalisches Volksbuch mit mythologischer Tradition	israelitische Redaktion
Rahmenerzählung in Prosa, Novelle	Dichtung in Versform
Bericht von Hiob in dritter Person	Dialoge Hiobs mit Gott und den Freunden in erster und zweiter Person
Gottesname Jahwe	Gottesbezeichnungen El, Eloah und El-Schaddaj (= der Allmächtige)
Satan verursacht die Hiobsplagen, Jahwe läßt das Böse nur zu	Gott übernimmt direkt die Verantwortung für Hiobs Unglück, Satan tritt bis zum Buchende nicht mehr auf
Freunde stumm mittrauernd	Freunde rechthaberisch, aggressiv
Hiob der Dulder	Hiob der Rebell

Klagelied oder Lehrgedicht?

In der alttestamentlichen Wissenschaft wird heute allgemein angenommen, daß dem Buch Hiob eine wirkliche Lebensgeschichte zugrunde liegt. Vermutungen, Hiob habe nie gelebt, die Gestalt sei eine Dichter-erfindung oder Hiob sei eine Symbolfigur für das geplagte Volk Israel – wie die engagierte jüdische Schriftstellerin Margarete Susman nach Bekanntwerden der Greueltaten von Auschwitz in ihrem Bekenntnis »Das Buch Hiob und das Schicksal des jüdischen Volkes« verkündet[10] –, halten der bibelwissenschaftlichen Auslegung (Exegese) nicht stand. Obgleich auch die folgende Erklärung nicht von allen Kommentatoren gebilligt wird, scheint sie uns von den derzeit angebotenen Hiob-Deutungen die einleuchtendste zu sein.

Die alttestamentliche Forschung stützt sich heute vorwiegend auf die Publikationen von *Claus Westermann,* Heidelberg, welcher das Buch Hiob der Gattung der *»individuellen Klagelieder»* zuordnet. Es gibt zahlreiche Parallelen zwischen den individuellen Klageliedern in den Psalmen und den erschütternden Hiobsklagen. Joachim Begrich, ein Vertreter der älteren Generation und Schüler von Hermann Gunkel, hat über 70 Hiobworte gezählt, die an ähnliche Psalmworte erinnern. Doch wurden seine Ausführungen wenig beachtet, bis Claus Westermann mit Nachdruck und, wie uns scheint, überzeugend die Hiob-Dichtung als Teil der Klagelieder Israels nachgewiesen hat. Er spricht von einer festen Struktur der israelitischen Klagepsalmen, die sich auch auf das Buch Hiob erstreckt, und unterscheidet zwischen »Ich-Klage, Feind-Klage und Gott-Klage«. Die leidvolle Hiobklage beschreibt also das eigene Elend, wendet sich dann gegen die falschen Freunde und schließlich gegen den unberechenbaren Gott. Westermann resümiert: »So wie die Klage, die Sprache des Leides, sich in den drei Erstreckungen bewegt, die das Menschsein als ganzes bestimmen: dem *Selbstsein,* dem *Mitsein* und dem *Sein gegenüber Gott,* so stellt der Dichter des Hiobbuches das Leiden des Hiob dar in den drei Repräsentanten dieser drei Aspekte des Menschseins: Hiob, seinen Freunden (die zu seinen Feinden werden) und Gott. Mit dieser aus der Struktur der Klage gewonnenen Erkenntnis ist der Schlüssel gegeben, der den Sinn des Hiobbuches erschließt.«[11]

Dies bedeutet ein Abrücken von der herkömmlichen Auffassung, das Buch Hiob gehöre zur Gattung der hebräischen *Weisheitsliteratur.* Wohl enthält es einige Abschnitte, besonders in den Reden der Freunde, die zweifelsohne zur »Weisheit« zählen; aber die große Weisheitsrede (Hiob 28) besteht weder aus Worten des Hiob noch aus solchen der drei Freunde, sondern sie ist ein in die Hiobklage eingeschobenes Lehrgedicht. Eindeutig distanziert sich der frühere Tübinger Gelehrte *Paul Volz* von der Zuordnung zur jüdischen »Chokmaliteratur« (hebr. »Chokma« = Weisheit): »Man sagt, das Buch Hiob sei ein ›Lehrgedicht‹, der Verfasser sei ein Weisheitslehrer gewesen, das Buch gehöre zur Weisheitsliteratur. Der Verfasser wollte kein theologisches Lehrgedicht schreiben, so wenig wie die Sänger der Klagepsalmen. Unverkennbar ist die Ähnlichkeit der Lieder der ›Klage Hiobs‹ mit den Psalmen.«[12]

Klage ist etwas Persönliches, nicht Lehrhaftes; Klage ist seelische Erschütterung, keine Moral; Klage wird in ihrem dramatischen Höhepunkt – bei Hiob wie bei den Psalmsängern – zur Anklage gegen Gott, der so viel Leid und Elend über einen Unschuldigen verhängt. Warum? Wozu? Wie lange noch? Fragen über Fragen! Hiob stößt Verwünschungen aus gegen sich selbst: »Ijob verfluchte den Tag seiner Geburt« (Hiob 3,2); gegen seine rechthaberischen Freunde: »Mit euch stirbt ganz bestimmt die Weisheit aus! Doch ich bin auch nicht auf den Kopf gefallen, ich hab genausoviel Verstand wie ihr!« (Hiob 12,2); schließlich gegen Jahwe selbst: »Seht ihr nicht ein, daß Gott mir Unrecht tut? Mit einem Netz sucht er mich einzufangen. Ich schrei um Hilfe, aber niemand hört. Ich will mein Recht, doch keiner steht mir bei. Sein ganzer Zorn ist gegen mich entbrannt, er setzt mir zu, als wäre ich sein Feind« (Hiob 19,6.7.11).

Höchst bezeichnend für den Gang des Dramas ist das unvermutete Bekenntnis: »Doch nein, ich weiß, daß Gott, mein Anwalt, lebt! Er spricht das letzte Wort hier auf der Erde« (Hiob 19,25). Dieselbe unerwartete Wendung nimmt auch die Klage in Asaphs Psalm: »Dennoch bleibe ich stets an dir; denn du hältst mich bei meiner rechten Hand, du leitest mich nach deinem Rat und nimmst mich endlich mit Ehren an« (Psalm 73,23.24 nach Luther). Eine solche Vertrauenskundgebung könnte auch im Hiobbuch stehen. Man kann sich ob des Stimmungswechsels wundern, wenn in Hiobs Klage Jahwe zuerst als heimtückischer Vogelsteller apostrophiert wird, um bald darauf als Anwalt und Erlöser gepriesen zu werden. Doch gerade diese Wende von der Klage zum Dank, von der Anklage zum Lobpreis, von der notvollen Bitte zur Verherrlichung Gottes, diese dramatische Steigerung gehört zum Wesen des individuellen Klageliedes.

Damit stehen wir vor der Frage nach dem sogenannten »Sitz im Leben«, das heißt nach dem Ort der Handlung oder des Handelnden im Klagelied. Die meisten Klagepsalmen sind *kultische Lieder;* sie wurden von den Geretteten oder Geheilten im israelitischen Gottesdienst angestimmt. Gleichsam in der Rückschau auf überstandene Todesängste erklangen diese Vertrauenslieder in der Versammlung der Gläubigen. Erschöpfend hat *Hans-Joachim Kraus* in seinem Psalmenkommentar das Problem erörtert, »in welchem Verhältnis die Psalmengattungen zum kultischen Leben stehen«[13]. Noch nicht aufgearbeitet ist die andere Frage, ob oder inwiefern die Hiobdichtung im Leben der *israelitischen Kultgemeinde* eine Rolle gespielt haben könnte. Was von den Klageliedern des Psalters mit Sicherheit angenommen wird, darf nicht ohne weiteres auf das Hiobbuch übertragen werden, obgleich die betreffenden Psalmlieder wie die Hiobsklage zu derselben Gattung der individuellen Klagelieder gehören. Es wäre interessant, formgeschichtliche Vergleiche zwischen dem Psalter und dem Buch Hiob zu ziehen; denn es fehlt nicht an einer gemeinsamen Formensprache, an ähnlichem Gedankengut, an verwandten Empfindungen, auch nicht an altorientalischen Parallelen. Da das Buch Hiob (in seiner jetzigen Gestalt) erst in nachexilischer Zeit entstanden ist, kann man sich tatsächlich fragen, ob die Hiobdichtung ihren »Sitz im Leben« im israelitischen Kultus hat. Denn die nachexilische Kultgemeinde besaß längere Zeit keine Tempelstätte, nachdem die Babylonier im Jahr 586 v. Chr. den Salomonischen Tempel zerstört hatten.

Zur Erinnerung an diese erste Tempelzerstörung und zum Gedächtnis an den Zweiten (Herodianischen) Tempel, den der römische Feldherr und spätere Kaiser Titus 70 n. Chr. in Brand gesteckt hatte, sowie zum Gedenken an den Heldentod des jüdischen Freiheitskämpfers Bar Kochba, der bei der Eroberung seiner Hauptfestung Bethar durch den römischen Feldherrn Julius Severus 135 n. Chr. gefallen war, beging die tempellose, synagogale Kultgemeinde jeweils eine Trauerwoche mit einem öffentlichen Fastentag, dem sogenannten *»Fasttag des 9. Ab«*. Ob an diesem Bußtag Hiobs Klagelieder vorgetragen wurden, kann nicht mehr mit Sicherheit gesagt werden. Der frühere Vorsteher des Deutschen Evangelischen Instituts für Altertumswissenschaft des Heiligen Landes in Jerusalem, *Gustav Hermann Dalman,* teilt folgendes mit: »Die Woche, in welche der 9. Ab fällt, wird als Trauerwoche behandelt durch Unterlassen von Scheren und Waschen der Kleider, am 8. Ab wird weder Fleisch noch Wein genossen, während man am 9. Ab wie am Sühnetag streng fastet und sich im übrigen wie in Trauer verhält. Die öffentliche Vorlesung der Klagelieder war noch nicht Sitte, da nur dem einzelnen empfohlen wird, Klagelieder, Hiob und Drohworte Jeremias zu lesen.«[14] In diesem Zusammenhang soll auch der derzeitige Rabbiner der Jüdischen Gemeinde in Bern, Marcel R. Marcus, zu Wort kommen, der mir auf Anfrage folgende Auskunft gibt: Heute wird den Leidtragenden empfohlen, an persönlichen Trauertagen zum Trost Hiob zu lesen, während in den öffentlichen Trauergottesdiensten Klagelieder – nicht aber Hiobtexte – vorgetragen werden. Was im besonderen den erwähnten 9. Ab (sprich »Av«) anbelangt, so enthält das Standardwerk des Judentumforschers *Ismar Elbogen* über den jüdischen Gottesdienst diesbezüglich nur eine kurze Notiz: »Aus älterer Zeit wäre noch zu erwähnen, daß am 9. Ab bisweilen das Buch Hiob gelesen wurde.«[15] Es handelt sich um den offiziellen jüdischen Trauertag im fünften Monat des israelitischen Festkalenders (Juli/August).

Wenn uns auch aus hellenistischer Zeit nähere Angaben über eine allfällige Verwendung von Hiobtexten in der Synagoge fehlen, so wissen wir doch recht gut Bescheid über den liturgischen Gebrauch der Hiobperikopen im *byzantinischen Gottesdienst*. In einer ausführlichen Studie über »Die alttestamentlichen Lektionen der griechischen Kirche« gibt *Alfred Rahlfs* eine detaillierte Aufstellung über besonders für die Passionszeit ausgewählte Hiobtexte[16]. Diese wurden während der vierzig Tage dauernden Großen Fastenzeit (Quadragesima) und besonders in der Karwoche vorgelesen. Denn Hiobs Schicksal wird in der Alten Kirche mit dem Leiden Christi in Verbindung gebracht. Davon zeugen die Hiobklagen im altarmenischen, im syro palästinischen und im koptischen Fastenlektionar (gottesdienstliches Lesebuch). Nicht zu vergessen sind das »Typikón« (liturgisches Buch mit Vorschriften) von Jerusalem und das von Konstantinopel. Dabei werden die »Typiká« aus dem griechischen Kloster Mar Saba bei Jerusalem und vom Studioskloster in Byzanz zu den berühmtesten liturgischen Büchern der Ostkirche gezählt.

In der römischen Kirche finden die Hiobklagen seit dem 7. Jahrhundert ihren Widerhall. Zu nennen ist die *Totenliturgie* (die Matutin des Totenoffiziums). Neun Lesungen sind aus den Klagen Hiobs ausgewählt worden (aus den Kapiteln 7 bis 19), wobei das wichtigste Zeugnis »Ich weiß, daß mein Erlöser lebt« (19,20–27) nicht fehlt. In einem bemerkenswerten Aufsatz des französischen Liturgiewissenschaftlers *Philippe Rouillard* – »Die Gestalt des Ijob in der Liturgie« – setzt sich der engagierte Benediktiner kritisch mit der neuen, seit dem Zweiten Vaticanum (1962–1965) verbindlichen Liturgie auseinander. Er bedauert, daß »die neue Liturgie mit einer tausendjährigen Tradition gebrochen hat« und daß die ursprünglichen Hiobtexte stark reduziert worden sind. »Wie sollte man nicht bedauern, daß diese große Stimme so voll menschlichen Empfindens und Erlebens hinfort zum Schweigen verurteilt ist und daß die Gestalt des Ijob aus der Liturgie, die den Menschen bei seinem Auszug von einer Welt in die andere begleitet, nahezu verschwunden ist?«[17] Die Tendenz der Liturgiereform ist offenkundig. Man ersetzt die klagend-anklagenden Worte durch tröstlichere im Sinn des bekannten Ausspruches: »Der Herr hat's gegeben, der Herr hat's genommen, der Name des Herrn sei gelobt« (1,21). Anders ausgedrückt: der Hiobrebell wird durch den frommen Dulder ersetzt, oder wie Philippe Rouillard bemerkt: »Diese Darstellung in der [nachkonziliaren] Liturgie wechselte den aufbegehrenden Ijob aus zugunsten des gottergebenen als Modell der christlichen Ergebung.«[18]

Die weniger reformfreudige *Ostkirche* hält am »Rebellen« fest. Gerade wegen seiner menschlichen, durchaus verständlichen Reaktion auf das ihm zugestoßene Unglück findet Hiob viel Sympathie beim östlichen Menschen. Dabei kommt die Gottergebenheit durchaus nicht zu kurz. Denn der orthodoxe Gläubige verkörpert in seiner Geschichte immer beides, Hiobsgeduld und Auflehnung, wie es seiner Geisteshaltung entspricht. Anscheinend wird in der mir bekannten griechischen, serbischen und russischen Orthodoxie die Doppelbedeutung der aufbegehrenden und sich ergebenden Hiobgestalt besser erfaßt als in der westlichen Welt. Nicht von ungefähr erfreut sich das Buch Hiob bei den Kirchenvätern und in den Mönchskreisen des Ostens hoher Wertschätzung, was die relativ vielen byzantinischen Hiobkommentare mit ihren prächtigen Miniaturen beweisen. Was schließlich die erwähnte griechische Passionsliturgie betrifft, so weist diese, wenn ich recht zähle, mindestens 35 Hioblesungen auf. Demgegenüber kennt die neue römische Liturgie in der sonntäglichen Leseordnung (im Missale des Lesejahres B) nur noch zwei Hiobperikopen, was Philippe Rouillard zu der zornigen Bemerkung veranlaßt: »absolut ungenügend, eine wahrhaft lächerliche Behandlung dieses Buches«. Lediglich im Brevier kommt Hiob zu Ehren, gehört doch sein Buch zur Pflichtlektüre, die sich jeder katholische Priester alljährlich im Herbst während zwei Wochen zu Gemüte führt (vgl. die römischen mit den griechischen Hiobperikopen im Anhang[19]).

Die Hiobdeutung von C. G. Jung und Ernst Bloch

Gewiß sind die Hiob-Interpretationen von *Carl Gustav Jung* und von *Ernst Bloch* umstritten. Doch beide Denker haben sich mit dem Buch Hiob so intensiv auseinandergesetzt, daß ihre Einsicht auch unser Verständnis fördern kann. Darum sollen sowohl die Auslotung des Tiefenpsychologen als auch die Gewichtung des atheistischen Philosophen in der gebotenen Kürze dargelegt werden.

C. G. Jung bietet in seiner »Antwort auf Hiob« eine interessante theologisch-psychologische Deutung des Hiobbuches und versucht, den geduldigen Rebellen oder den rebellischen Dulder in seiner Rätselhaftigkeit zu ergründen. Weit davon entfernt, eine biblisch-exegetische Erklärung zu geben, beschränkt sich Jung darauf, dem modernen Menschen die Hiobgestalt verständlich zu machen. Er legt dar, »wie ein christlich erzogener und gebildeter Mensch unserer Tage sich mit den göttlichen Finsternissen, die sich im Hiobbuch enthüllen, auseinandersetzt«.

Nach Jungs Interpretation erschrickt Hiob vor dem »Anblick göttlicher Wildheit und Ruchlosigkeit«. Er hat das Angesicht Gottes und auch dessen Zwiespältigkeit gesehen. Hiob leidet darum unter Jahwes Selbstwiderspruch, der sich dem Menschen gegenüber als liebender und zorniger Gott in einer Person manifestiert. Diesen innergöttlichen Zwiespalt, der Hiob ins Unglück stürzt, kann der geplagte Fromme nicht mehr ertragen. Er rebelliert gegen den Allerhöchsten, auch wenn sein Aufstand zunächst erfolglos bleibt: »Hier stößt Jahwe auf den standhaften Menschen, der an seinem Recht festhält, bis er der brutalen Macht weichen muß.« Doch C. G. Jung interessiert nicht so sehr Hiobs Haltung gegenüber Gott, sondern weit mehr Jahwes Reaktion auf Hiobs Herausforderung. Darum lautet ja der Buchtitel: »Antwort auf Hiob« – und nicht etwa »Hiob antwortet Gott«.

Und so sieht Jung den Ausgang des Hiobdramas: Das ungleiche Ringen zwischen Mensch und Gott endet »einleuchtend« mit dem »Sieg des Unterlegenen und Vergewaltigten«; denn »Hiob stand moralisch höher als Jahwe. Das Geschöpf hatte in dieser Beziehung den Schöpfer überholt... Aus diesem Grunde greift Sophia [die personifizierte göttliche Weisheit] ein. Sie unterstützt die nötige Selbstbesinnung [Jahwes] und ermöglicht dadurch den Entschluß Jahwes, nun selber Mensch zu werden.« Durch die göttliche Menschwerdung in Jesus Christus anerkennt Jahwe indirekt, »daß der Mensch Hiob ihm moralisch überlegen ist und daß er deshalb das Menschsein noch nachzuholen hat«. Gott wird Mensch; die »Geburt Christi« kommt in Sicht[20].

Karl Barth befaßt sich in seiner »Lehre von der Versöhnung« unter anderm mit der psychologischen Interpretation von C. G. Jung. Selbstverständlich kann er als ein dem Neuen und dem Alten Testament verpflichteter Theologe dieser Sicht der Menschwerdung nicht zustimmen. Dennoch lautet sein Verdikt milde: »Das berühmteste unter den neueren Hiob-Büchern: ›Antwort auf Hiob‹ von C. G. Jung ist ein menschlich sehr ergreifendes Dokument; aber als Beitrag zur Erklärung des biblischen Hiob ist sein Werk völlig unergiebig.«[21] Ähnlich argumentiert der Zürcher Alttestamentler *Hans Wildberger* in seinem Aufsatz über »Das Hiobproblem und seine neueste Deutung«[22].

Eine nicht minder aufregende Hiobdeutung als C. G. Jung bietet *Ernst Bloch*. Der profilierte marxistische Philosoph jüdischer Abstammung beschäftigt sich in seinem herausfordernden Werk »Atheismus im Christentum« auch mit Hiob. Wir zitieren aus dem 24. Kapitel »Grenze der Geduld, Hiob«:

»Hiob weist auf sein Elend, seine Schwären, seine Verlassenheit: ›Merkt doch [ihr Freunde], daß mir Gott Unrecht tut und hat mich mit seinem Netz umgeben. Siehe, ob ich schon schreie über Gewalttat, ich werde nicht erhört, ich schreie laut, doch es ist keine Gerechtigkeit da‹ (19,6f)... Furchtbar erschien so der Widerspruch zwischen dem Prophetengott sittlicher Vorsehung und der Wirklichkeit eines rohen Zufalls oder eines – Teufels... Was die Freunde erzählen, ist immer wieder das Vergeltungsdogma von oben herab,... der gesamte Tiefsinn der Wahl und Entscheidung, die eigentümliche Mitregierung an der Welt...: kein Element davon ist im Muckertum der vier Glaubensspießer [der Freunde und Elihus] geblieben. Doch genügt das moralische Bewußtsein Hiobs völlig zum Halt gegen Jachwe, den fragwürdigen Richter, und gegen seine Mitrichter, die Freunde.«

Blochs abschätziges Urteil über die moralisierenden, Hiob bedrängenden Freunde wird im folgenden durch die Kritik an Jahwe weit überboten. Für Bloch ist der Gott Hiobs ein allmächtiger Tyrann, ein Autokrat, der die prometheische Auflehnung seines widerspenstigen Geschöpfes auf dem Müllhaufen bestrafen will: Der »hebräische Prometheus, der Rebell, der titanische Herausforderer der Gottheit« hat Jahwes Zorn herausgefordert. Der Allmächtige sinnt auf Rache. Bloch gibt darum dem bekannten Hiobbekenntnis »Ich weiß, daß mein Erlöser (redemptor) lebt« (19,25) einen neuen Sinn, wenn er unter Berufung auf den ursprünglichen Wortsinn betont: »Das im Text einwandfrei überlieferte hebräische Wort ›goël‹ kann nicht mit Erlöser übersetzt werden, das heißt nicht mit dem christmilden

Sinn, den dieses Wort seitdem angenommen hat... Der vorliegende Text selber lautet wörtlich so: ›Und ich weiß, daß mein Rächer lebt.‹« Es muß Ernst Bloch zugebilligt werden, daß im Hebräischen das Wort »Goël« einen doppelten Sinn besitzt: zunächst »Anwalt, Löser, Erlöser« und in besondern Fällen »Bluträcher«, dann nämlich, wenn in der Sippe ein Mord gerächt werden soll. Wenn aber Jahwe Hiobs potentieller Mörder sein soll, dann wird dem Bibeltext ein Raster aufgedrückt, durch den der Gott der Bibel verzerrt und die Botschaft Hiobs entstellt wiedergegeben wird. Man wird sich auch fragen, weshalb ausgerechnet dem Schwergeprüften und Überwinder das »Prinzip Hoffnung«, das dem menschlichen Dasein Sinn verleiht, vorenthalten wird. – Noch weniger können wir Bloch folgen, wenn er mit einem Seitenblick auf »Isaaks Opferung« (die gar nicht stattgefunden hat, Gen 22) und auf das blutige Opfer am Kreuz (das Paulus verkündet, 1 Kor 1,17ff) Gott als den »Kannibalen im Himmel« (S. 223) bezeichnet.[23]

In einem Punkt allerdings stimmen wir Blochs Analyse zu: Ihm fällt auf, daß die beiden Eingangskapitel des Hiobbuches einen geduldigen, gottergebenen Hiob schildern, während die anschließenden langen Disputationskapitel einen ganz anderen, sich gegen Gott und die Freunde auflehnenden Hiob beschreiben. Diese Spannung zwischen dem älteren erzählenden »Volksbuch« und der jüngeren eigentlichen »Dichtung«, die ja auch die historisch-kritische Exegese feststellt, sieht Bloch freilich in der Geschichte der christlichen Hiobdeutung zugunsten der Dulderfigur aufgelöst. Polemisch schreibt er: »Wie bekannt, wurde der erbittertste Mann als der geduldigste hingestellt. Geradezu ausgestellt; Hiob sollte die Zweifler wieder in den Stall zurückbringen. Das Volksbuch hat über den Dichter gesiegt; als sanfter Dulder steht der Empörer kirchlich da... So wurde Hiob zum Muster der Geduld.«[24]

Ungeachtet der Kritik, die der Theologe, und der Bedenken, die der Gläubige erheben wird, können uns doch C. G. Jung und Ernst Bloch auf die Vielschichtigkeit der biblischen Hiobsgestalt aufmerksam machen. Die Unbegreiflichkeit Gottes, die Schläge eines unverdienten Schicksals gegen den Menschen, deren Sinn dieser nicht zu entdecken vermag, die er indes Gott als dem Herrn alles Geschehens anlastet, der Protest gegen einen solchen Gott – das sind eben nicht nur Hiobs bittere Erfahrungen, sondern weltweit auch die Sinnrätsel unserer Zeit.

Das Hiobbekenntnis des Sören Kierkegaard und des Joseph Roth

Sören Kierkegaard: »Die Wiederholung«

»... Hiob! Hiob! O Hiob! Hast du wirklich nichts andres gesprochen als diese schönen Worte: *Der Herr hat's gegeben, der Herr hat's genommen, der Name des Herrn sei gelobt* [Hiob 1,21]? Hast du nicht mehr gesagt?

Unvergeßlicher Hiob! Wiederhole alles, was du gesagt, du gewaltiger Fürsprech, welcher vor den Richtstuhl des Allerhöchsten unerschrocken hintritt gleich einem brüllenden Leu! Deiner bedarf ich, du bist ein Mann, der laut zu klagen weiß, daß es im Himmel widerhallt, allwo Gott Rates pflegt mit dem Satan, um Pläne zu spinnen wider einen Menschen!

Hiob, du Vielgeplagter! wage ich's mich deiner Gesellschaft anzuschließen? Ich habe nicht die Welt besessen, hab nicht sieben Söhne gehabt und drei Töchter; indes, alles kann ja auch der verloren haben, der nur wenig besessen; Söhne und Töchter kann ja gleichsam auch der verloren haben, der die Liebste verloren; und mit bösen Schwären ward ja gleichsam auch der geschlagen, der die Ehre und den Stolz verloren, und mit ihnen die Lebenskraft und allen Sinn. – Mein Leben ist bis zum Äußersten gebracht; es ekelt mich des Daseins, welches unschmackhaft ist, ohne Salz und Sinn.

Wenn ich Hiob nicht hätte! Es ist unmöglich zu beschreiben, welche vielfaltige Bedeutung er für mich hat. Ich lese ihn nicht, wie man sonst ein Buch liest, mit dem Auge, sondern ich lege das Buch gleichsam auf mein Herz, und mit des Herzens Auge lese ich es, verstehe wie in Hellsichtigkeit das Einzelne auf die verschiedenste Weise. Gleich wie das Kind das Lehrbuch unter das Kopfkissen legt, um sicher zu sein, daß es seine Lektion nicht vergessen hat, wenn es am Morgen erwacht, ebenso nehme ich das Buch nachts mit ins Bett. Jedes Wort Hiobs ist Nahrung und Kleidung und Arznei für das Elend meiner Seele. Sie haben Hiob doch gelesen? Lesen Sie ihn, lesen Sie ihn wieder und immer wieder. Obwohl ich das Buch immer wieder gelesen, ist jedes Wort mir neu.

Im ganzen Alten Testament ist keine Gestalt, der man sich mit solchem menschlichen Vertrauen, solcher Freimütigkeit und Getrostheit nähert wie Hiob, eben weil alles an ihm so menschlich ist. Nirgends in der Welt hat des Schmerzes Leidenschaft einen solchen Ausdruck gefunden.

Das ist das Große an Hiob, daß die *Leidenschaft der Freiheit* bei ihm nicht erstickt und nicht zur Ruhe gebracht wird. Hiob verharrt bei seiner Behauptung, daß er recht habe. Er tut es auf die Art, daß er dadurch Zeugnis gibt von jenem edlen menschlichen Freimut, der doch weiß, was ein Mensch ist, daß er nämlich – ob auch gebrechlich und rasch verwelkend gleich dem Leben der Blume – doch in Richtung auf die Freiheit etwas Großes ist, ein Bewußtsein hat, welches nicht einmal Gott ihm rauben kann, wiewohl er es ihm gegeben. Hiob hält an seiner Behauptung zugleich auf die Art fest, daß man an ihm *die Liebe und das Vertrauen* erkennt, die gewiß sind, Gott vermöge schon noch alles zu erklären, wenn man nur ihn selber zum Reden bringe. Hiob hält indes an seinem Standpunkt fest.

Hiob ist gleichsam die ganze inhaltsreiche Klageschrift seitens des Menschen in der großen Sache zwischen Gott und dem Menschen, in dem schrecklichen Prozeß, der seinen Grund darin hatte, daß Satan Mißtrauen stiftete zwischen Gott und Hiob, und der damit endet, daß das Ganze eine *Prüfung* gewesen ist. Hiob ist kein Glaubensheld; er gebiert die ›Kategorie‹ der Prüfung unter ungeheuerlichen Schmerzen.

Das Große an Hiob ist darum nicht, daß er sprach: *›Der Herr hat's gegeben, der Herr hat's genommen, der Name des Herrn sei gelobt‹* – was er ja auch am Anfang sagte und später nicht wiederholte –, sondern Hiobs Bedeutung liegt darin, daß die Grenzstreitigkeiten gegen den Glauben in ihm ausgekämpft worden sind, daß jener ungeheure Aufstand seitens der wilden Kräfte der Leidenschaft hier dargestellt ist.

Die Stürme haben ausgetobt – das *›Gewitter‹* (Hiob 39) ist vorüber – Hiob ist zurechtgewiesen angesichts der ganzen Menschheit – der Herr und Hiob haben einander verstanden, sie sind versöhnt – Hiob ist gesegnet und hat alles zwiefältig wiederbekommen. – Das nennt man eine *Wiederholung* [im Sinn von Wiederherstellung].

Wer hätte nun solch einen Schluß sich denken können? Und doch ist ein andrer Schluß nicht denkbar, wiewohl dieser es gleichfalls nicht ist. Wer mag das verstehen? Hat Hiob also *unrecht* bekommen? Ja! auf ewig; denn höher hinauf kann er nicht gehen als zu dem Gerichtstuhl [Gottes], der ihn gerichtet. Hat Hiob *recht* bekommen? Ja! auf ewig, dadurch, daß er unrecht bekommen hat *vor Gott*. Für mich enthält diese Erzählung einen unbeschreiblichen Trost.«[25]

Joseph Roth: »Hiob. Roman eines einfachen Mannes«

Der russische Dorfschulmeister *Mendel Singer* wandert in den Armutsjahren vor dem Ersten Weltkrieg mit seiner Familie nach Amerika aus, wohin zuvor sein Sohn *Schemarjah* aus Angst vor dem Einzug in die Kosakenarmee desertiert ist. Der robustere Sohn *Jonas* indessen dient als strammer Kosak im zaristischen Heer. Aber nicht nur Jonas, sondern auch der Jüngste namens *Menuchim* bleibt in Rußland zurück, da dieser seit Geburt an Epilepsie leidet und deswegen die lange Reise nicht antreten kann. So fahren nur Mendel Singer, seine Frau *Deborah* und die Tochter *Mirjam* über das große Wasser einer unbekannten Zukunft entgegen. Bald danach bricht in Europa der Weltkrieg aus, und das Unheil nimmt seinen Lauf in der Auswandererfamilie.

Jonas wird aus Rußland als vermißt gemeldet, und Schemarjah fällt in Frankreich als amerikanischer Soldat. Untröstlich über den Verlust ihrer beiden Söhne, stirbt Mutter Deborah vor Herzeleid. Der plötzliche Tod der Mutter verwirrt die sensible Tochter Mirjam derart, daß sie schließlich in eine Nervenheilanstalt eingewiesen wird. Diese unablässigen Schicksalsschläge machen den »einfachen Mann« – den frommen, gottesfürchtigen Mendel Singer, den »russischen Hiob« – an seinem Väterglauben irre. Aus dem demütigen Dulder wird ein Gott lästernder Rebell, den seine vier jüdischen Freunde *Menkes, Skowronnek, Rottenberg* und *Groschel* umsonst zu beschwichtigen versuchen:

»... Jetzt, endlich, genoß er sein Weh mit Triumph. Es galt, nur noch eine Beziehung zu kündigen. Er machte sich an die Arbeit. Er ging in die Küche, raffte Zeitungspapier und Kienspäne zusammen und machte ein Feuer auf der offenen Herdplatte. Als das Feuer eine ansehnliche Höhe und Weite erreichte, ging Mendel mit starken Schritten zum Schrank und entnahm ihm das rotsamtene Säckchen, in dem seine Gebetriemen lagen, sein Gebetmantel und seine Gebetbücher. Er stellte sich vor, wie diese Gegenstände brennen würden.

›Aus, aus, aus ist es mit Mendel Singer‹, ruft er, und mit den Stiefeln stampft er den Takt dazu, daß die Dielenbretter dröhnen und die Töpfe an der Wand zu klappern beginnen. ›Er hat keinen Sohn, er hat keine Tochter, er hat kein Weib, er hat keine Heimat, er hat kein Geld. Gott sagt: Ich habe Mendel Singer gestraft. Wofür straft er, Gott? Mendel hat den Tod, Mendel hat den Wahnsinn, Mendel hat den Hunger, alle Gaben Gottes hat Mendel. Aus, aus, aus ist es mit Mendel Singer.‹ So stand Mendel vor dem offenen Feuer und brüllte und stampfte mit den Füßen.

Da die Nachbarn Mendel also schreien und poltern hörten und da sie den graublauen Rauch durch die Ritzen und Spalten seiner Tür in den Treppenflur dringen sahen, klopften sie bei Singer an: ›Was ist mit dir, Mendel? Warum machst du Feuer, warum willst du das Haus anzünden?‹ – ›Ich will mehr verbrennen als nur ein Haus und mehr als einen Menschen. Ihr werdet staunen und sagen: Auch Mendel ist verrückt, wie seine Tochter. Aber ich versichere euch: Ich bin nicht verrückt. Ich *war* verrückt. Mehr als sechzig Jahre war ich verrückt, heute bin ich es nicht.‹ – ›Also sag uns, was du verbrennen willst!‹ – *›Gott will ich verbrennen.‹* – Allen Zuhörern entrang sich gleichzeitig ein Schrei.

›Lästere nicht, Mendel‹, sagte nach einem längeren Schweigen Skowronnek. ›Du weißt besser als ich, daß Gottes Schläge einen verborgenen Sinn haben. Wir wissen nicht, wofür wir gestraft werden.‹ – ›Ich aber weiß es, Skowronnek‹, erwiderte Mendel. ›Gott ist grausam, und je mehr man ihm gehorcht, desto strenger geht er mit uns um. Die Schwächen eines Menschen reizt seine Stärke, und der Gehorsam weckt seinen Zorn. Er ist ein großer, grausamer Isprâwnik [= russ. Kreispolizeichef]. In ganz Rußland gibt es keinen böseren Isprâwnik!‹

›Erinnere dich, Mendel‹, begann Rottenberg, ›erinnere dich an *Hiob*. Ihm ist Ähnliches geschehen wie dir. Er saß auf der nackten Erde, Asche auf dem Haupt, und seine Wunden taten ihm so weh, daß er sich wie ein Tier auf dem Boden wälzte. Auch er lästerte Gott. Und doch war es nur eine Prüfung gewesen‹. – ›Was willst du mit dem Beispiel Hiobs? Habt ihr schon wirkliche Wunder gesehen mit euren Augen? Wunder, wie sie am Schluß von ›Hiob‹ berichtet werden? Soll mein Sohn Schemarjah aus dem Massengrab in Frankreich auferstehen? Soll mein Sohn Jonas aus seiner Verschollenheit lebendig werden? Soll meine Tochter Mirjam plötzlich gesund aus der Irrenanstalt heimkehren? Soll mein Weib Deborah sich aus dem Grab erheben, noch ist es feucht? Soll mein [jüngster epileptischer] Sohn Menuchim mitten im Krieg aus Rußland hierherkommen, gesetzt den Fall, daß er noch lebt? Und warum war Menuchim krank? Schon seine Krankheit war ein Zeichen, daß Gott mir zürnt – und der erste der Schläge, die ich nicht verdient habe. Alle Jahre habe ich Gott geliebt, und er hat mich gehaßt. Alle Pfeile aus seinem Köcher haben mich schon getroffen. Er kann mich nur noch töten. Aber dazu ist er zu grausam. Ich werde leben, leben, leben.‹

›Aber seine Macht‹, wandte Groschel ein, ›ist in dieser Welt und in der andern. Wehe dir, Mendel, wenn du tot bist!‹ Da lachte Mendel aus voller Brust und sagte: ›Ich habe keine Angst vor der Hölle, meine Haut ist schon verbrannt, meine Glieder sind schon gelähmt, und die bösen Geister sind meine Freunde. Alle Qualen der Hölle habe ich schon gelitten. Gütiger als Gott ist der Teufel. Da er nicht so mächtig ist, kann er nicht so grausam sein. Ich habe keine Angst, meine Freunde!‹ Da verstummten die Freunde. Aber sie wollten Mendel nicht allein lassen, und also blieben sie schweigend sitzen.

Ohne Zweifel ein *Auserkorener* war Mendel Singer. *Als erbarmungswürdiger Zeuge für die grausame Gewalt Jehovahs* lebte er in der Mitte der andern, deren mühseligen Wochentag kein Schrecken störte.«

Wie das biblische Hiobbuch mit der Wiederherstellung endet, so gipfelt auch der Hiob-Roman in einem Heilungswunder: Wir vernehmen, wie Menuchim als epileptisches Kind zu Hause aus einer Feuersbrunst gerettet wird und wie dieser Feuerschock den Anfällen ein plötzliches Ende setzt. Später wird Menuchim zum Musiker ausgebildet, und als erfolgreicher Künstler findet er auf einer Konzertreise durch Amerika seinen an Gott und der Welt irre gewordenen Vater. Der »Roman eines einfachen Mannes« schließt nach allem Aufruhr versöhnlich: »Mendel schlief ein. Und er ruhte aus von der Schwere des Glücks und der Größe der Wunder.«[26]

Das Leiden des Unschuldigen

Das zentrale Thema des Hiobbuches ist das unschuldige Leiden eines gottesfürchtigen Menschen, der nicht begreifen kann, warum ihn Gott derart dunkle Wege führt. Beim Lesen des Buches nehmen wir an Hiobs Anfechtung und Verzweiflung teil. Darum soll sein Schrei nach Erlösung hier nicht historisch-kritisch erörtert oder akademisch-distanziert zur Kenntnis genommen werden. Es liegt in der Absicht des Dichters, für Hiob Sympathie zu wecken. »Sym-pathie« aber bedeutet ursprünglich »Mit-leiden«. Wir wollen beim Lesen der Hiobtexte daran denken, daß hier auch unser eigenes Schicksal verhandelt wird. Wer denkt beim Lesen der leidvollen Klage nicht an eigene Erlebnisse oder an ähnliche rätselhafte Schicksalsschläge bei Bekannten, deren Glück wie durch einen Blitzstrahl zerstört worden ist? Zu Hiobs Zeiten war der Aussatz die Geißel der Menschheit, heute ist es der Krebs. Niemand wird Hiobs Leidklage unbeteiligt anhören können:

»Wenn jemand meinen Kummer wiegen wollte
und meine Leiden auf die Waage legte –
sie wären schwerer als der Sand am Meer.
Woher nehm ich die Kraft, noch auszuhalten?
Wie kann ich leben ohne jede Hoffnung?«

Hiob 6,2.3.11

Mit ähnlichen Worten schreit der Verzweifelte in *Psalm 31* zu Gott:

»Hab Erbarmen, Herr, ich weiß nicht mehr weiter!
Meine Augen sind müde vom Weinen,
ich bin völlig am Ende.
Die Sorgen verkürzen mein Leben,
der Kummer frißt meine Jahre.
Die Verzweiflung raubt mir die Kraft,
meine Glieder versagen den Dienst.«

Psalm 31,10.11

Der ehemalige Dozent für alttestamentliche Theologie in Erlangen, *Friedrich Baumgärtel,* sieht Hiob an der Grenze seiner Belastbarkeit angelangt dort, wo sich die Leidklage zum Aufschrei verdichtet: »Der ursprüngliche Dialog ist der Schrei eines Frommen aus der Verzweiflung heraus, in die er in seiner Todesnot hineingetrieben ist.« Doch Hiobs Schrei stößt nicht ins Leere; denn »der Verzweiflungsschrei unter dem Eindruck seines ungeheuerlichen Leidens ist der Schrei nach dem *lebendigen Gott*«[27]. Es ist der »Urschrei« des Menschen – die Sehnsucht nach Erlösung, wie sie in den meisten Religionen zum Ausdruck kommt.

Bevor aber Gott antwortet, macht Hiob unfreiwillig eine Art von Lernprozeß durch. Zunächst muß er einsehen, daß Gott nicht automatisch den Frommen belohnt und den Gottlosen bestraft. Die folgende Psalmklage könnte auch aus dem Munde Hiobs kommen, wenn der unschuldig Leidende mit einem gewissen Groll Gott vorwirft, er bevorzuge die Gottlosen:

»Sie kennen keine Krankheit bis zu ihrem Tod,
gesund sind sie und wohlgenährt.
Sie führen ein sorgenfreies Leben
und müssen sich nicht quälen wie andere Leute.
Ihren Hochmut tragen sie zur Schau wie einen Schmuck,
ihre Gewalttätigkeit wie ein kostbares Kleid.
Ihr Luxusleben verführt sie zur Sünde,
ihr Herz quillt über von bösen Plänen.

Es war ganz umsonst, Herr,
daß ich mir ein reines Gewissen bewahrte
und wieder und wieder meine Unschuld bewies.
Ich werde ja trotzdem täglich gepeinigt,
ständig bin ich vom Unglück verfolgt.«

Psalm 73,4–7.13.14

In diesen Worten scheint durch, daß die alte Überzeugung vom »Tun-Ergehens-Zusammenhang«, wonach der Gottesfürchtige mit Gottes Belohnung hienieden rechnen kann, während der Gottlose dem Verderben anheimfällt, durch die Erfahrung mit der Realität entkräftet wird. Um dieser Skepsis willen ist *Psalm 73* auch schon als »eindeutiger Vorläufer« des Hiobbuches bezeichnet worden.

Doch nicht nur Hiob, auch seine rechthaberischen Freunde müssen einen Lernprozeß absolvieren. Sie werfen Hiob nichts Geringeres vor, als daß er sein Unglück selbst verschuldet habe. Eine offenkundige oder heimliche Sünde habe Gottes Strafaktion ausgelöst. Gegen diese bösartige Unterstellung setzt sich Hiob vehement zur Wehr. Auf sein eigenes Schicksal will der Geplagte keinesfalls das Vergeltungsschema angewendet wissen. So kommt es zu einer doppelten Konfrontation: Auf der einen Seite erwehrt sich Hiob seiner rechthaberischen Freunde, und an der andern Front streitet er wider Gott. Diesem gegenüber beteuert er hartnäckig seine Unschuld, und – was besonders ins Gewicht fällt – er bezichtigt den Allerhöchsten der *Ungerechtigkeit.*

Nun bietet Hiob seine ganze Redekunst und Überzeugungskraft zu seiner Verteidigung auf, um sowohl den falschen Freunden als auch Jahwe seine Unschuld zu beweisen. So wandelt sich die ursprüngliche »Leid-Klage« zur »Rechts-Klage« (Claus Westermann). Freilich lassen sich die beiden »Kategorien« in Hiobs Rechtfertigung nicht säuberlich voneinander trennen. Im spannungsgeladenen Dialogteil schwingt immer beides mit: Manchmal gewinnen Angst und Verzweiflung die Oberhand, bald wiederum verwandelt sich die Ohnmacht in blinde Wut gegen das erlittene Unrecht, so daß sich das empörte Geschöpf gegen den Schöpfer aufbäumt. Das erklärte Ziel des für sein Recht kämpfenden Rebellen ist eine direkte Gottesbegegnung. Im mehrmals geforderten Zwiegespräch soll Jahwe seine Karten aufdecken und endlich Rechenschaft ablegen über die verhängten Plagen.

Aber trotz aller Herausforderung bleibt Jahwe stumm. Er schweigt. *Gott ist abwesend.* Diese bittere Erkenntnis des schuldlos Geplagten bildet offensichtlich den Höhepunkt im Hiobdrama. »Dieser kleine Wurm« windet sich umsonst und befürchtet, zertreten zu werden (Hiob 25,6; vgl. Psalm 22,7). Gottes Schweigen ist die schlimmste Qual, die einem Menschen widerfahren kann. Es ist zwar »schrecklich, dem lebendigen Gott in die Hände zu fallen« (Hebräer 10,31); aber es ist noch schrecklicher, Gottes Abwesenheit erfahren zu müssen. Dieser dramatische Höhepunkt in der Hiobdichtung ist der absolute Tiefpunkt im Leben und Leiden der gequälten Kreatur. In seiner größten Depression wähnt sich Hiob von Gott verworfen und schreit mit dem vereinsamten Beter in Psalm 22:

»Mein Gott, mein Gott, warum hast du mich verlassen?
Warum hörst du nicht, wie ich schreie,
warum bist du so fern?«

Psalm 22,2; vgl. Psalm 42,10

Erst jetzt in der äußersten Not, in der Grenzsituation von Krankheit (Lepra) und nahendem Tod, gibt sich der dunkle und rätselhafte Gott zu erkennen. Der verborgene Gott – Martin Luther bezeichnet ihn als »Deus absconditus« – bricht sein Schweigen. Er spricht mit Hiob aus dem Sturm und erweist sich endlich als der offenbare Gott – als »Deus revelatus«. So tritt in Hiobs Leben eine Wende ein. Er erfährt Gott nicht mehr als Feind, sondern als Menschenfreund.

Der Berner Alttestamentler *Johann Jakob Stamm* vergleicht diesen unerwarteten Ausgang des Hiobdramas mit dem Ende des sogenannten »Liedes vom leidenden Gerechten in Babylon«. In diesem babylonischen Klagelied werden ähnliche Töne laut wie in der Hiobdichtung. Hier wie dort beklagt ein zutiefst Betroffener sein Elend und kann nicht verstehen, weshalb er als Unschuldiger leiden muß. Es ist darum schon die Vermutung geäußert worden, das alte Klagelied von Babylon habe seinen Niederschlag in der Hiobdichtung gefunden. Doch J. J. Stamm weist nach, daß trotz der ähnlichen Situation des unschuldig Leidenden im Zweistromland und im Ostjordanland ein grundlegender Unterschied im Ausgang der beiden individuellen Klagelieder besteht: Babels Stadtgottheit Marduk läßt sich vom »leidenden Gerechten« nicht erweichen und verharrt bis am Ende in finsterem Schweigen. Dies führt zur Resignation. Die babylonische Götterwelt kennt kein Erbarmen[28].

Eine ganz andere Wendung nimmt das Hiobdrama: Der Gott Israels bleibt nicht stumm. Das langersehnte Zwiegespräch findet statt. Hiob erkennt, daß keine blindwütige Schicksalsmacht zugeschlagen hat. Hiobs Plagen sind *Glaubensprüfungen* gewesen. Das sieht der Geprüfte jetzt ein, und im nachhinein erkennt er, daß ihn Gott keineswegs vernichten wollte. Im Gegenteil: das ursprüngliche Glück wird wiederhergestellt, und Hiob erhält alles zweifach zurück. Allerdings fällt Jahwes Antwort anders aus, als der Herausforderer erwartet hat. Hiob muß zur Kenntnis nehmen, daß der Schöpfer seinem Geschöpf letztlich keine Rechenschaft schuldig ist. Deshalb bleibt am Ende des Hiobbuches das Sinnrätsel ungelöst, und auch die Frage nach Gottes Gerechtigkeit – das »Theodizeeproblem« – wird nicht beantwortet. Wenn es überhaupt eine Antwort auf Hiobs Fragen gibt, dann ist sie nicht auf der psychologischen Ebene und auch nicht auf rechtlichem Gebiet zu finden, sondern auf dem Weg der *Offenbarung.* Denn am Schluß des an Überraschung reichen Buches offenbart sich der Herr »aus einem Sturm heraus« und spricht mit Hiob persönlich (Hiob 38,1ff und 40,6ff).

In der genannten Studie »Das Leiden des Unschuldigen in Babylon und Israel« faßt Johann Jakob Stamm die unerwartete Wende der Hiobtragödie in folgende Sätze zusammen: »Leiden wird hingenommen als Realität, die ihre letzte Ursache in Gott hat. In Gottes Antwort wird dem anklagenden Menschen eine neue Erkenntnis geschenkt, von der aus er anders als zuvor über sein Leiden denken lernt. Es wird ihm eine neue Dimension erschlossen ... – Vor diesem Wort aus einer anderen Dimension sieht Hiob das Unrecht seiner Klage ein. Die Wendung erfolgt so vom Bereich der Offenbarung her... Wir meinen die Offenbarung des personhaften Herrn, die den Leidenden in ein neues Verhältnis zum göttlichen Willen bringt.«[29]

Mit andern Worten: Die Gotteserfahrung hebt den unerträglichen Leidensdruck auf und macht einem neuen Gottvertrauen Platz. Die unerklärlichen Heimsuchungen werden im eigentlichen Sinn des Wortes zur Heimholung. Die Schattenseiten des Lebens erscheinen jetzt im Licht einer neuen Lebensgemeinschaft mit Gott. Könnte dieser helle Ausgang der Hiobdichtung nicht auch für die Bewältigung von dumpfen Schicksalsschlägen in unserem Leben wegweisend sein?

Hiob, Prophet der Auferstehung

Die ältesten Hiobdarstellungen aus dem 3. und 4. Jahrhundert befinden sich in den Katakomben von Rom. Dort, wo die frühchristliche Gemeinde ihre Toten bestattet hat, sind die ersten Bilder vom aussätzigen, todgeweihten Hiob auf dem Müllhaufen entstanden. Diese einfachen, in weichen Farben aufgetragenen Hiobfresken stehen fast immer mit einer Christusszene in Verbindung, als ob der Dulder Hiob ein Vorläufer Christi wäre. Freilich erscheint Hiob noch nicht als Elendsgestalt wie später in der byzantinischen Buchmalerei, sowenig wie der gemarterte und gekreuzigte Christus in den ältesten Katakomben anzutreffen ist. Fast wie ein stoischer Philosoph sitzt Hiob still ergeben auf seinem Dunghaufen, und auch die Heilandsgestalt tritt als der Gute Hirte, als antiker Lehrer oder sonst als Wohltäter auf. Offenbar will die römische Grabmalerei den Schmerz, das Leiden und die Trauer nicht verewigen. Vielmehr soll ein Hauch von Auferstehungshoffnung die Stätte des Todes erfüllen (s. Abb. 45–48).

Spätere Jahrhunderte haben ausführlichere Bildprogramme geschaffen, die vor allem das Leben, das Leiden und Sterben, die Auferstehung und Himmelfahrt Christi zum Inhalt haben. Hier hat Hiob neben den alttestamentlichen Propheten wie Jesaja, Jeremia und Jona seinen Platz gefunden. Wie diese hält er eine kleine Prophetenrolle in der Hand und deutet so prophetisch als Randfigur im Christusdrama von Karfreitag und Ostern auf das Geheimnis der Auferstehung hin. Die Aufnahme in den Kreis der vorchristlichen Propheten verdankt Hiob der typologischen Auslegung des Hiobbuches durch die Kirchenväter. Diese bringen das unschuldige Leiden und die glaubensstarke Überwindung desselben mit der Passion und dem Ostersieg Christi in Beziehung. Hiob wird geradezu als Ur- oder als Vor-Bild für den gekreuzigten und auferstandenen Herrn bezeichnet. Er ist die alttestamentliche »Präfiguration« (vorausdeutende Darstellung) der Christusgestalt.

Freilich setzen die morgenländische und die abendländische Kirche ihre besonderen Akzente. Die Ostkirche betont in erster Linie die Auferstehung, die »Anástasis«, während im Westen mehr das Geheimnis des Opfertodes im Vordergrund steht. Der Sühnegedanke im Meßopfer und der Kruzifixus spielen in der griechischen Kirche eine weniger zentrale Rolle als in der Kirche von Rom. Obgleich diese Unterschiede nicht überbetont werden dürfen, kann man doch, etwas vereinfachend, sagen, daß sich die Kirchen des Abendlandes an dem Sünderheiland am Kreuz orientieren; sie sind »staurozentrisch«, das heißt auf das Kreuz ausgerichtet. In den Ostkirchen hingegen ist die Zentralgestalt der kosmische Christus, der »Pantokrátor«, der Allmächtige und Allgegenwärtige, dessen Abbild in keiner Kirchenkuppel fehlen darf.

Diese theologische Differenzierung wirkt sich auch in den Hiobbildern aus. Während die byzantinische Kirche vom »Propheten der Auferstehung« spricht, sieht die abendländische Kirche in der Elendsgestalt des aussätzigen Hiob den »Christus im Elend« vorgebildet. Wir verweisen auf die mittelalterliche Tafelmalerei und die entsprechenden Holzplastiken: Der Dorngekrönte sitzt zerschunden auf einem Stein oder auf dem am Boden liegenden Kreuz und wartet geduldig auf seine Hinrichtung. Dabei kann man zwei Haltungen unterscheiden. Entweder sind die Hände des Erschöpften gekreuzt, meistens gefesselt, oder der ermattete Christus stützt sein Haupt voll Blut und Wunden auf den abgewinkelten rechten Arm. »Hinsichtlich des Gestalttypus ist er [gemeint ist ›Christus im Elend‹] von der alten und verbreiteten Bildform des ›Hiob im Elend‹ abgeleitet« (Gertrud Schiller[30]). Hierbei hat die abendländische *Passionsmystik* die typologische Beziehung zwischen der Jammergestalt des Hiob vor der Stadt auf dem Dunghaufen und dem »Christus im Elend« draußen vor der Stadt auf Golgota stark gefördert.

Einen ganz andern Hiobtypus vertritt die Oster-Ikone in der Neuen Schatzkammer des Johannesklosters auf Patmos. Er unterscheidet sich von der erzählenden (narrativen) Buchmalerei in der Weise, daß nicht das schwere Schicksal des Dulders Hiob dargestellt wird, sondern seine Bedeutung als Zeuge der Auferstehung Christi. Wir begegnen diesem prophetischen Typus schon früh in der syrischen Buchmalerei: Im berühmten *Rabula-Evangeliar* des Mönchs Rabula, in syrischer Sprache (im Jahr 586 im Johanneskloster von Zagba in Nordmesopotamien) geschrieben und durch einen neutestamentlichen Bilderzyklus sowie durch Kanontafeln geschmückt, finden wir auf einer der Konkordanztafeln zu den Evangelien zwei alttestamentliche Prophetengestalten abgebildet. Es handelt sich um *Jesaja* und *Hiob*, die beide durch eine kleine Prophetenrolle in ihrer Linken ausgezeichnet sind. Unverkennbar bezeugt Jesaja vorausschauend den »leidenden Gottesknecht«, der als Unschuldiger stellvertretend »wegen der Schuld seines Volkes getötet« wird (Jes 53). Hiob indessen hat den Auftrag, die Botschaft von der Auferstehung auszurichten. Er ist mit einer purpurnen Tunica und einem grünen Pallium bekleidet. Sein schmales Antlitz trägt einen dunklen Bart. Der goldene Nimbus zeichnet Hiob als Heiligen aus (s. Abb. 1).

Der altsyrischen Darstellung des »Propheten Hiob« entsprechend, weist auch eine jüngere *Oster-Ikone* von Patmos aus dem 18. Jahrhundert eine ähnliche Hiobgestalt auf. Wie im Rabula-Kodex erscheint am oberen Bildrand ein Prophetenpaar; diesmal handelt es sich um *Jona* und *Hiob*. Jeder hält eine geöffnete Schriftrolle in der Hand, auf welcher zu lesen ist »Ich bewache die Gräber« (Jona) und »Die Toten werden auferweckt« (Hiob). Beide alttestamentlichen Zeugen schauen gespannt auf das Ereignis im Vordergrund. Soeben ist Christus in den Hades hinuntergestiegen; er ergreift den greisen Urvater Adam beim Handgelenk und zieht ihn aus seiner Gruft hervor; daneben steht die Urmutter Eva, die mit vielen anderen vorchristlichen Heiligen von Christus auferweckt wird. Die Bekanntesten unter ihnen sind Adams Sohn Abel, dann die Könige David und Salomo, die Propheten Jesaja und Jeremia sowie Johannes der Täufer. Gleichzeitig fesselt ein Engel den Fürsten der Unterwelt (siehe »Das Malerhandbuch vom Berg Athos«, § 306). Das bewegte Geschehen in der Vorhölle oder im Hades wird auf der besagten Ikone von Patmos in großen griechischen Lettern erläutert: »DIE AUFERSTEHUNG JESU CHRISTI«. Es handelt sich um das bekannte Osterbild der griechischen Kirche, das nicht etwa den Aufstieg aus dem Grab, sondern den triumphalen Abstieg Christi ins Totenreich zum Inhalt hat. Das Besondere auf diesem österlichen Bild ist das Hervorheben der Propheten Jona und Hiob. Die Absicht des Malers ist klar: Jona blieb drei Tage lang im Bauch des Meerungeheuers, was typologisch auf Christi Hadesfahrt zwischen Karfreitag und Ostern zu deuten ist. Als Gegenstück dazu: Hiob in Mönchstracht zeigt mit der Rechten auf Christus in der Unterwelt und erweist sich so als Künder der Totenauferweckung an Ostern und am Jüngsten Tag (s. Abb. 18).

In diesem Zusammenhang darf eine österliche Miniatur im Hiobkodex von Patmos nicht unerwähnt bleiben (Pátmou 171, pag. 460). Es handelt sich um eine typologische Darstellung des Hiobwortes:

> »Hast du am Tor der Totenwelt gestanden,
> dort, wo die ewige Finsternis beginnt?«
>
> Hiob 38,17

Im griechischen und im hebräischen Text heißt es noch deutlicher: »Sind dir [Hiob] die Tore des Todes aufgetan worden?« Hiob verneint die Gottesfrage aus dem Sturm und wird kleinlaut vor dem erhabenen Schöpfer. Diesen bedeutungsvollen Vers aus der ersten Gottesrede (Theophanie) beziehen die Miniatoren auf *Christi Höllenfahrt*. Sie stellen Christus dar, wie er die Tür zum Totenreich aufsprengt. Die beiden Torflügel liegen kreuzförmig am Boden; hinter der offenen Pforte hocken zwei erschrockene Gestalten, die von Christus, dem siegreichen Helden in wallendem Mantel, zum Leben erweckt werden (s. Abb. 2).

Den gleichen Bibelvers von den »Pforten der Hölle« hat auch der Illustrator der Jerusalemer Handschrift »Vom Heiligen Grab« (Hagíou Táphou 5) gemalt: Christus steht mit dem Kreuzstab am Eingang zum Totenreich, dessen Türflügel zur Linken und zur Rechten am Boden liegen. Das Besondere dieser Auferstehungs-Miniatur ist Christi Zuwendung zur Hiobgestalt, die staunend, mit erhobenen Händen, Augenzeuge des Ostergeschehens wird. Wegen der außergewöhnlichen Ikonographie und sicher auch wegen der künstlerischen Vollendung ist das ganze illustrierte Pergamentblatt vom russischen Handschriftenforscher Uspenskij im letzten Jahrhundert herausgeschnitten und nach St. Petersburg gebracht worden. Das entfernte Blatt, noch unnumeriert, befand sich im Jerusalemer Kodex zwischen den Folioblättern 232 und 233, beziehungsweise zwischen den Miniatur-Nummern 99 und 100, weshalb wir dieses Osterbild mit Nummer 99a bezeichnen. In der Zweiten Vatikanischen Hiobhandschrift (Vat. Graec. 1231, fol 406r) stoßen wir auf dieselbe österliche Szene: Vgl. Abb. 221 mit Abb. 222a.

Halten wir als Zwischenergebnis fest: In der Ostkirche wird Hiob als vorauswissender »Prophet der Auferstehung« verehrt, der sogar an Ostern im Begleittroß der vorchristlichen Frommen erscheint. Der Gedächtnistag des »heiligen Hiob« wird laut »Menológion« (ostkirchlicher Heiligenkalender) jeweils am 6. Mai begangen.

»*Der heilige Hiob*« steht als Symbolfigur für Gerechtigkeit, Glaube und Geduld und ist Zeuge der Auferstehung Christi. Über die alttestamentliche Prophetengestalt gibt das »Meßbuch der byzantinischen Kirche«, das sogenannte »Leiturgikón«, folgende Auskunft:

»*Hiob* stammte aus dem Lande Hus, zweifelsohne dem heutigen Hauran, und war ein Nachkomme Esaus; er gehörte zur fünften Generation nach Abraham. Als der Herr ihm das Zeugnis ausgestellt hatte, daß er gerecht und untadelig sei und alle Bewohner der Erde übertreffe, stellte ihn der Dämon auf die Probe. Er beraubte ihn all seiner Güter und schlug ihn mit einem schrecklichen und unheilbaren Geschwür. Der Dämon kehrte jedoch beschämt zurück. Der Gerechte hatte sich als stark und von unübertrefflicher Festigkeit erwiesen. Gott setzte seinen Prüfungen ein Ende und gab ihm das, was er verloren hatte, doppelt zurück.«[31].

Die älteste *Hiob-Miniatur* findet sich also nicht in einer Hiobhandschrift, sondern im syrischen *Rabula-Evangeliar,* das Rabula, wie erwähnt, im Jahr 586 vollendet hat. Die Evangelienhandschrift aus dem nordmesopotamischen Kloster Zagba besitzt neben sieben ganzseitigen Illustrationen der neutestamentlichen Heilsgeschichte neun reichverzierte Kanontafeln mit vergleichenden Texten aus den vier Evangelien. Auf der dritten Konkordanztafel, welche drei Textabschnitte aus dem Matthäus-, Lukas- und Johannesevangelium wiedergibt (Markus fehlt auf dieser Seite; die syrischen Texte sind von rechts nach links zu lesen), werden *Hiob* (oben rechts) sowie *Jesaja* (oben links) dargestellt. Die beiden Gottesmänner werden mit je einer Prophetenrolle in der Hand abgebildet. Hier tritt Hiob einerseits als Inbegriff der »Gerechtigkeit« auf, das heißt als Vorbild für gerechtes Verhalten gegenüber Gott im Leiden, und anderseits als Symbolfigur (Präfiguration) der Totenauferweckung an Ostern und im Endgericht am Jüngsten Tag. Was den Propheten Jesaja anbelangt, so kündet dieser die Geburt des Messias an: »Die junge Frau wird schwanger werden und einen Sohn zur Welt bringen, den wird sie Immanuël nennen« (Jes 7,14; vgl. 9,5.6); hinzu kommt die Weissagung vom unschuldigen Leiden des Gottesknechtes: »Die Strafe für unsere Schuld traf ihn, und wir sind gerettet. Er wurde verhaftet, verurteilt und hingerichtet, und keiner hat sich darum gekümmert« (Jes 53,5.8; die ostkirchliche Auslegung unterscheidet nicht zwischen dem ersten Jesaja [berufen 736 v. Chr.] und dem zweiten Jesaja [Deuterojesaja, um 550 v. Chr. in der babylonischen Gefangenschaft, Jes 40–55]). Während also *Hiob* Christi Passion und Auferstehung anzeigt, verkündet *Jesaja* Weihnachten und Karfreitag. Schließlich präsentiert sich noch eine Dreiergruppe von Christusjüngern am linken Rand des Pergamentblattes. Wahrscheinlich sind es die drei Augenzeugen der Verklärung Christi auf dem Berg Tabor. Von rechts nach links: Petrus, Jakobus und der jugendliche Johannes (s. Abb. 1).

Christus bricht das Tor zur Unterwelt auf. In der ostkirchlichen Glaubenslehre bildet »Christi Höllenfahrt« den Anfang der Auferstehung (griech. »Anástasis«). Das antike Motiv vom gewaltsamen und siegreichen Eindringen des Herkules in die Totenwelt bei seiner schwersten, zwölften Arbeit spielt hier eine gewisse Rolle: »Der Abstieg in die Unterwelt und die Überwindung der Hölle durch Christus sind als Parallele zu Herakles verstanden« (*Herbert Hunger,* Reich der Mitte, 317). Der Aufstieg in den Himmel, des österlichen Dramas zweiter Akt, wird indessen ausführlich im frühchristlichen apokryphen Nikodemusevangelium geschildert (Kap. 24 »Die Auferweckung Adams und der übrigen Toten«, Kap. 25 und 26 »Empfang der Auferweckten im Paradies«). Zwei weitere biblische Quellen haben zusätzlich die Ikonographie der byzantinischen Hades-Miniatur bestimmt. Einmal ist es der Text des Ersten Petrusbriefes, der die Phantasie der Künstler angeregt haben muß: »Als einer, der zu Gott gehörte, wurde Christus lebendig gemacht. Er ging auch zu den Geistern, die in der Totenwelt gefangengehalten wer-

◁ 1 Die *Rabula-Miniaturen* sind von hoher kunsthistorischer Bedeutung, weil sie zu den wenigen Bibelillustrationen gehören, die den ostkirchlichen Bildersturm (730–843) überlebt haben. Denn die Macht der Ikonoklasten von Byzanz reichte nicht bis nach Syrien. – Rabula-Evangeliar, datiert von 586. Florenz, Biblioteca Medicea-Laurenziana, Cod. Plut. I,56. Fol 7r. 33,6 × 26,8 cm[32].

2 *Christus bricht das Tor zur Unterwelt auf.* – Miniatur, 11. Jahrhundert. Patmos, Johanneskloster. Hiobkodex Pátmou 171, Seite 480.

den, und verkündete ihnen die Gute Nachricht« [das Evangelium] (1 Petr 3,18.19). Die zweite verschlüsselte Bibelstelle findet sich im Buch Hiob: *»Hast du am Tor der Totenwelt gestanden, dort, wo die ewige Finsternis beginnt?«* (Hiob 38,17). Obgleich sich die Stelle eindeutig auf den Rebellen Hiob bezieht, welchem Jahwe aus dem Sturm heraus diese Frage stellt, die Hiob verneinen muß, deuten sowohl die ostkirchlichen Bibelexegeten als auch die byzantinischen Künstler den geheimnisvollen Text auf Christi Einstieg in die Unterwelt. – Hiobkodex Pátmou 171, Text 9. Jh. und Miniatur 11. Jh., Seite 460 (s. Abb. 2).

Die Totenauferweckung am Jüngsten Tag. Die Evangelien, die Paulusbriefe und die Johannesoffenbarung beschreiben zum Teil sehr eindrücklich die endzeitlichen Ereignisse rund um die Wiederkunft Christi am Jüngsten Tag. Daß aber bei der allgemeinen Totenauferweckung im Endgericht der »gerechte Hiob« eine besondere Auferweckung durch den wiederkommenden Herrn erfahren werde, steht so nirgends in der Bibel geschrieben. Von einer solchen »Sonderauferweckung« weiß einzig ein Zusatzvers der griechischen Übersetzung des Alten Testamentes (»Septuaginta«, LXX) zu berichten, der von einem unbekannten jüdischen oder judenchristlichen Redaktor in Alexandrien an den Schlußvers des Hiobbuches – »Hiob starb in sehr hohem Alter« (Hiob 42,17) – angehängt worden ist. Dieser umstrittene Zusatzvers (Hiob 42,17a) besagt, daß »Hiob mit jenen auferstehen wird, die der Herr auferweckt«.

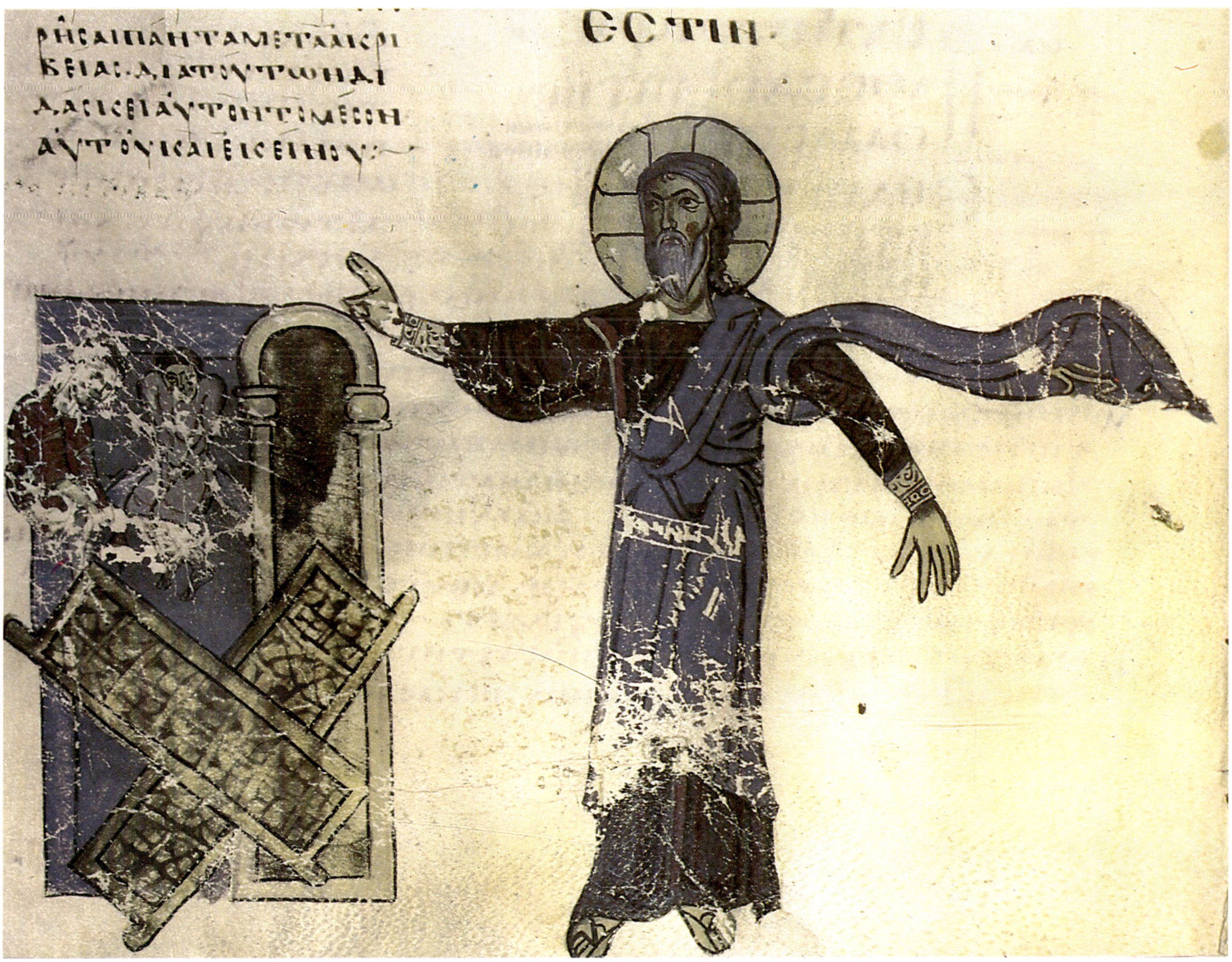

2

Da sich die byzantinischen Künstler genau an die Septuaginta-Überlieferung sowie an den Kommentartext des alexandrinischen Exegeten Olympiódoros halten, haben sie einerseits den bibelkritisch umstrittenen Anhang und anderseits die Aussage des Propheten Ezechiel über die »drei großen Männer Noach, Daniel und Ijob« (Ez 14,14) illustriert. So erscheinen sowohl auf der letzten Hiobminiatur (Nr. 117) von Jerusalem als auch auf dem letzten Hiobbild (Nr. 145) im Zweiten Vatikanischen Hiobkodex die drei genannten Gottesmänner (von rechts nach links) in der Grabesgruft: Noach (mit blauem Mantel), der jugendliche Daniel (mit Krone und rotem Überwurf) und Hiob (mit weißem Haar, links von Christus). Auf der Jerusalemer Miniatur wird zudem der verstorbene und bandagierte Hiob auf dem Totenbett dargestellt, von seinen Familienangehörigen beweint: s. Abb. 3 und 4 sowie Abb. 246 und 247.

Die Totenauferweckung

Es klingt erstaunlich, aber so ist in den byzantinischen Handschriften zu lesen, daß Hiob im Endgericht am Jüngsten Tag von Jesus Christus persönlich aus dem Grab geholt und zum ewigen Leben auferweckt werden soll. Ebenso erstaunlich sind gewisse byzantinische Miniaturen in den besagten Hiob-Manuskripten. Nämlich dort, wo im Bibeltext der Schöpfergott Jahwe mit Hiob spricht, wird unvermutet Christus, durch den typischen Kreuznimbus gekennzeichnet, dargestellt, als ob für den Künstler zwischen dem Schöpfergott und dem Erlöser überhaupt kein Unterschied bestünde. Man muß sich beim Studium der Hiob-Miniaturen von Jerusalem (Táphou 5), Rom (Vat. Graec. 1231) und Paris (Par. Graec. 135) in der Tat fragen, auf welchem Weg wohl die Gestalt Jesu in das Buch Hiob gelangt sein könnte.

Die letztgenannte Frage ist leichter zu beantworten als die andere nach dem Wie und dem Wann der Totenauferweckung. Zunächst eine Bemerkung zum weniger schwierigen Problem der Identifikation von Jahwe mit Christus: Die jüdischen Septuaginta-Übersetzer haben den hebräischen Gottesnamen *Jahwe* mit dem griechischen Titel *Kýrios* wiedergegeben, was schlicht »Herr« bedeutet. Natürlich dachten die siebzig Weisen dabei an Gott, den Herrn und Schöpfer der Welt. Die Byzantiner indessen erkennen im Kýrios den Christus *Pantokrátor,* der aber nicht ohne weiteres dem irdischen Jesus gleichgesetzt werden darf. Sie verstehen unter dem »Christòs Kýrios« den *kosmischen Christus,* der schon von Anbeginn der Welt bei Gott-Vater war. Es gibt genügend Bibelstellen, die den »vorzeitlichen (präexistenten) Christus« bezeugen. So steht im Prolog zum Johannesevangelium: »Am Anfang, bevor die Welt geschaffen wurde, war *Er,* der ›das Wort‹ [der Lógos] ist. Er war bei Gott und in allem gleich Gott« (Joh 1,1). An einer weiteren Stelle sagt Jesus zu den Juden, die sich auf Erzvater Abraham berufen wollen: »Ich versichere euch, bevor Abraham geboren wurde, war *ich* schon da« (Joh 8,58). Im Glauben an den allgegenwärtigen und allmächtigen Pantokrator macht es für die ostkirchlichen Künstler keinen Unterschied, wenn sie

3 *Hiobs Tod und Auferweckung.* – Miniatur, 13. Jahrhundert. Jerusalem, Griechische Patriarchatsbibliothek. Kodex Táphou 5, fol 257v. Bild-Nr. 117. Kommentartext: Patrologia Graeca, Bd. 93, Sp. 464/465.

4 *Hiob, Daniel und Noach werden von Christus auferweckt.* – Miniatur, 13. Jahrhundert. Rom, Vatikanische Bibliothek. Vaticanus Graecus 1231, fol 453v. Bild-Nr. 145. Text wie oben.

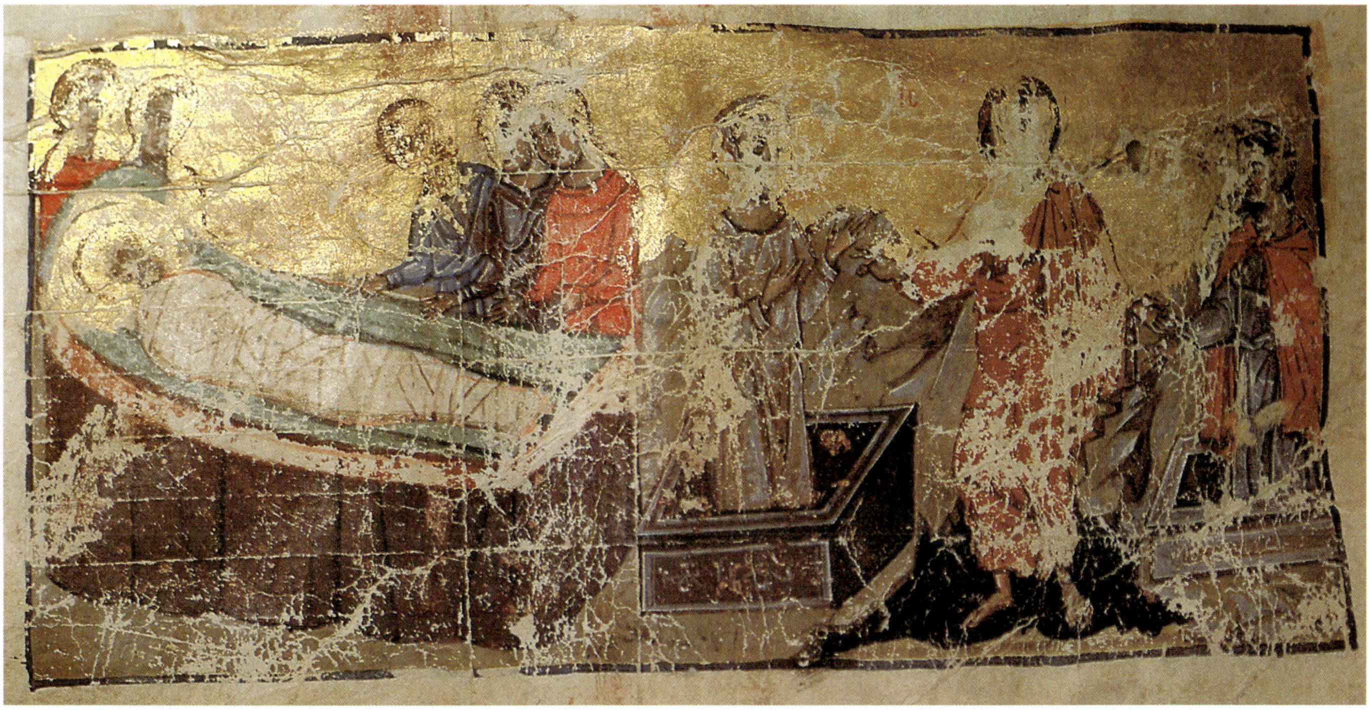

3

4

überall dort, wo sie im griechischen Bibeltext den Kýrios-Titel antreffen, ohne Bedenken Jesus Christus in einer blauen Himmelswolke (meistens in Halbfigur) darstellen. Es handelt sich also nicht um eine Verwechslung der Gottesnamen, sondern um eine Auswechslung der hebräischen Gottesbezeichnung »Jahwe« durch den griechischen Titel »Kýrios«. Allerdings muß einschränkend beigefügt werden, daß in der älteren byzantinischen Buchmalerei (im Patmischen, im Ersten Vatikanischen, im Venezianischen und im Sinaitischen Hiobmanuskript) meistens nur die *Hand Gottes* als Teil für das Ganze erscheint. Selbstverständlich spielt dabei die überlieferte Scheu vor der Darstellung Gottes eine wichtige Rolle. Dies ändert sich, sobald unter dem Gott Hiobs nicht mehr Jahwe, sondern Christus verstanden wird, wie die jüngeren Manuskripte (13.–14. Jh.) zeigen.

Komplizierter und vielschichtiger als die Jahwe-Kýrios-Beziehung ist die Frage, ob *Hiobs Totenauferweckung* – wie sie von den jüngeren Miniatoren gemalt wird – überhaupt schriftgemäß sei. Wir vergegenwärtigen uns in diesem Zusammenhang, daß der Urtext des Hiobbuches weder von einer Totenerweckung unmittelbar nach dem Tod noch von einer Auferstehung am Jüngsten Tag handelt. Im Gegenteil schließt das Buch mit der lapidaren Feststellung: »Ijob lebte nach seiner Erprobung noch 140 Jahre, so daß er noch seine Enkel und Urenkel sah. Er starb in sehr hohem Alter, nach einem reichen, erfüllten Leben« (Hiob 42,16.17). Die byzantinischen Bilder überholen im Grunde genommen den biblischen Text. Es empfiehlt sich darum, nochmals auf den Unterschied zwischen der *Masora* (hebräischer Urtext) und der *Septuaginta* (LXX, griechischer Urtext) zurückzukommen. Die beiden »Urtexte« haben zwar viel Gemeinsames, jedoch in der uns beschäftigenden Frage nach Hiobs Auferweckung gehen sie getrennte Wege. Es ist zu beachten, daß die siebzig jüdischen Weisen – eigentlich sollen es deren 72 gewesen sein, das heißt aus jedem der zwölf Stämme Israels je sechs Übersetzer, also LXXII – eine zuverlässige Wiedergabe des ursprünglichen Hiobtextes bieten. Diese ist in Alexandria entstanden als Werk des vorchristlichen hellenistischen Judentums. Sie hat gegenüber dem masoretischen Text den großen Vorteil, daß das hebräische Alte Testament, das nur den Juden zugänglich war, dank der griechischen Übersetzung nun von der ganzen gebildeten Welt gelesen und kommentiert werden konnte[33].

Aufgrund der neueren LXX-Forschung muß man annehmen, daß der ursprüngliche Übersetzungstext in den ersten christlichen Jahrhunderten durch verschiedene Hände gegangen ist, die Textänderungen vorgenommen haben. Nur auf diese Weise kann erklärt werden, weshalb heute die LXX einen längeren Anhang besitzt, der mit Sicherheit nicht aus der Feder der Siebzig (oder Zweiundsiebzig) stammt. Man kann sich schwerlich vorstellen, daß ausgerechnet die besagten Weisen den gewichtigen Zusatz von Hiobs Auferwekkung angefügt haben, da das Judentum bekanntlich sehr zurückhaltend ist mit Aussagen über das Leben nach dem Tod, und von einem ewigen Leben als Fortsetzung des irdischen steht im Buch Hiob kein Wort[34].

Zwar wird das bekannte »Erlöser«-Bekenntnis in Kapitel 19 von den Kirchenvätern gern als Auferstehungszeugnis des dem Tode nahe stehenden Hiob gedeutet; doch steht im Urtext etwas anderes: »Ich weiß, daß Gott, mein Anwalt, lebt! Er spricht das letzte Wort hier auf der Erde« (Hiob 19,25). Um Hiobs Haltung gegenüber dem Tod kennenzulernen, müßte schon eher Kapitel 14 beigezogen werden:

»Der Mensch ist von Geburt an schwach und hilflos,
sein Leben ist nur kurz, doch voller Unrast.
Wie eine Blume blüht er und verwelkt,
so wie ein Schatten ist er plötzlich fort.

Doch stirbt ein Mensch, so ist es mit ihm aus.
Wenn er gestorben ist, wo bleibt er dann?
Doch tote Menschen stehen nicht mehr auf,
sie werden nie aus ihrem Schlaf erwachen.

So läßt du unsre Hoffnung untergehen!
Du zwingst den Menschen nieder mit Gewalt,
läßt sein Gesicht im Todeskrampf erstarren
und schickst ihn fort – er kommt nie mehr zurück.«

Hiob 14,1ff

Dieser hoffnungslose Ausblick läßt keine Auferstehungshoffnung zu. Also kann die ursprüngliche Fassung der Septuaginta, die angeblich im Auftrag von König Ptolemaîos II. Philádelphos von Ägypten (285–247 v. Chr.) geschaffen worden ist, kaum einen Bericht über Hiobs Auferweckung enthalten haben. Ein solcher Anhang dürfte eher im zweiten oder dritten nachchristlichen Jahrhundert verfaßt worden sein. Dabei bleibt die Frage offen, ob ein dem Christentum nahestehender Jude oder ein Judenchrist oder ein dem spätantiken Hellenismus verpflichteter LXX-Redaktor diesen hoffnungsvollen Schluß geschrieben hat. Die Frage ist deshalb so schwierig zu beantworten, weil in der Spätantike das hellenistische Judentum die griechische Auffassung von der *Unsterblichkeit der Seele* übernommen hat, nachdem seit der Zerstörung des Zweiten Tempels (70 n. Chr.) die rivalisierenden jüdischen Religionsparteien der Pharisäer (Bejahung der Auferstehung) und Sadduzäer (Leugnung der Auferstehung) ihren Einfluß verloren hatten. Der aus den Pharisäern hervorgegangene Apostel Paulus distanziert sich unmißverständlich von der antiken Unsterblichkeitslehre und verkündet seit seiner Christusvision vor Damaskus die Auferstehung der Toten am Jüngsten Tag, wenn der auferstandene Christus wiederkommen wird (1 Kor 15; 2 Thess 2). So zirkulieren in der Spätantike verschiedene Glaubenslehren, die im Griechentum, im Judentum oder schon im Christentum verwurzelt sind, wobei auch der Einfluß der ägyptischen Mysterien (Isis und Osiris) und des iranischen Kultes (Mithras) nicht unterschätzt werden darf. Die verwirrende Fülle von Glaubensaussagen, die von der massiven körperlichen Auferweckung nach dem Tod bis zur vergeistigten Seelenwanderung reichen, kennzeichnet den religiösen Schmelztiegel von Alexandria. Hier muß der Bericht von Hiobs Auferweckung entstanden sein. Der gewichtige Nachsatz des Hiobbuches lautet wie folgt:

»Es steht aber geschrieben, daß er [Hiob] wieder mit jenen auferstehen wird, die der Herr auferweckt.« Wegen der Tragweite dieses spätantiken LXX-Zusatzes sei derselbe in Umschrift des griechischen Urtextes wiedergegeben: *»Gégraptai dè autòn pálin anastésesthai meth' hôn ho Kýrios anístesin.«* Hiob 42, Zusatzvers 17a

Wahrscheinlich stammt die apokalyptische Prophezeiung von Hiobs Erweckung im Endgericht aus »einem alten Targum« (nach Wilhelm Vischer[35]). Ein *Targum* ist eine Übersetzung von heiligen hebräischen Texten des Alten Testamentes in die damalige Volkssprache des Aramäischen. (Auch Jesus und seine Jünger sprachen aramäisch). Targumim sind schon im vierten vorchristlichen Jahrhundert bekannt; wir nehmen indessen an, daß das besagte Auferstehungswort in frühchristlicher Zeit entstanden ist, wobei wir an ein sogenanntes *prophetisches Targum* denken, das in der LXX am Ende des Hiobbuches Eingang gefunden hat. Es spiegelt die große Sehnsucht nach einem Erlöser wider, der auch die Macht des Todes brechen kann. Die Hoffnung auf ein bewußtes Weiterleben nach dem Tod beziehungsweise auf eine endzeitliche Erweckung am Jüngsten Tag ist also im spätantiken Hellenismus, in der jüdischen Apokalyptik und im frühchristlichen Chiliasmus (Naherwartung des Tausendjährigen Reiches) von zentraler Bedeutung. Der nachträgliche Texteinschub soll offensichtlich dieser endzeitlichen Hoffnung Ausdruck verleihen.

Mit dieser Erklärung ist aber das Geheimnis um Hiobs Totenerweckung noch nicht gelüftet. Denn die beiden byzantinischen Miniaturen am Ende des Jerusalemer Hiob (Táphou 5, fol 257v) und am Schluß der Vatikanischen Parallelhandschrift (Vat. Graec. 1231, fol 453v) zeigen nicht nur Hiob auf dem Totenlager beziehungsweise in seiner Gruft, sondern zwei weitere Tote erheben sich aus ihren Gräbern und strecken aufrecht stehend dem Kýrios flehentlich die Hände entgegen. Da diese beiden Männer durch keine Beischrift gekennzeichnet sind, ist es schwer, sie zu identifizieren. Ich habe die einzigartige Auferweckungs-Miniatur verschiedenen Kunsthistorikern zur Deutung vorgelegt, jedoch ohne Erfolg. Niemand konnte mir sagen, um welche Personen es sich handeln könnte; denn sie kommen unseres Wissens in keiner andern Hiobhandschrift vor. Vielleicht würde der schwerverständliche Hiobkommentar des Alexandriners Olympiódoros weiterhelfen? Dieser zitiert zunächst den unechten Hiobschluß der Septuaginta und gibt dann folgende rätselhafte Erklärung ab:

Hiob 42,17a: »Es steht aber geschrieben, daß er [Hiob] wieder mit jenen auferstehen wird, die der Kýrios auferweckt.«

Kommentar: »Entweder am Jüngsten Tag oder in der Entscheidungszeit [Kairós] des Kreuzes [wird dies geschehen]. Das Wort ›wieder‹ [pálin] wird aber hinzugefügt, damit außer jener [Oster-Auferstehung], die nach der Passion geschehen ist, eine andere Auferstehung erkannt wird. Dann aber [am Jüngsten Tag] wird Hiob mit Noach und Daniel auferstehen, mit denen zusammen er bei Ezechiel [Ez 14,14] aufgezählt wird. Dieser wird gemeint aufgrund des ›Syrischen Buches‹«. Patrologia Graeca, Bd. 93, Sp. 464/465[36]

Aus was für einer Quelle schöpft wohl Olympiodor, wenn er sich bei der Nennung der drei auferweckten Toten, die übrigens bei Ezechiel in einem anderen Zusammenhang erwähnt werden, auf ein unbekanntes »Syrisches Buch« [Syriakè bíblos] beruft? Man denkt zunächst an die allgemeine Syrische Kirchenbibel, an die sogenannte *Peschitta,* welche eine zuverlässige Bibelübersetzung aus dem Hebräischen ins Syrische darstellt. Allein Olympiodor weist in seinem Kommentar in andere Richtung, wenn er das »Syrische Buch« näher beschreibt:

»An dieser Stelle nennt er [gemeint ist der zuvor zitierte Theodotíōn] den Dialekt der Hebräer einen syrischen, weil die Sprache der Syrer mit dem hebräischen Dialekt verwandt ist, besitzen doch die Syrer gleichermaßen zweiundzwanzig Buchstaben [in ihrem Alphabet] wie die Hebräer. Viele nennen darum Judäa auch Syrien und die Palästiner Syrer, wie [der griechische Geschichtsschreiber] Herodot sagt: Es werden aber beschnitten Inder, Ägypter, Araber und die Syrer in Palästina.« Patr. Graec. 93,465

Mit andern Worten: Das obenerwähnte »Syrische Buch« könnte eine syro-palästinische Bibelübersetzung sein. Dieser scheinbar wenig ertragreiche Hinweis von Olympiodor deckt sich aber mit dem Forschungsergebnis des englischen Paläographen *Frederic George Kenyon*. Er unterscheidet nämlich zwei Übersetzungen des Alten Testaments ins Syrische, eine erste aus dem Hebräischen – es handelt sich um die obenerwähnte Peschitta – und eine zweite aus dem Griechischen. Über letztere weiß Kenyon folgendes zu berichten: »Umfangreiche Bruchstücke zu den meisten Büchern des Alten Testaments existieren auch von einer syrischen Übersetzung im palästinensischen Dialekt, die nach der LXX hergestellt wurde. Bei den Großen Propheten scheint der Text der des Origenes zu sein. Bei Hiob enthält er Zusätze aus Theodotion.«[37]

Nun muß man wissen, daß es neben der offiziellen Septuaginta drei weitere, weniger bekannte griechische Bibelübersetzungen gibt, eine jede mit ihren Vorzügen und Nachteilen. Da wäre als erste die genaue Übertragung eines Proselyten aus Sinope (Pontus) namens *Aquila* zu nennen, eines gebürtigen Heiden, der zur Judengemeinde übergetreten war (anfangs 2. Jh.). Ein zweiter Proselyt aus Ephesus mit Namen *Theodotíōn* hat im gleichen Jahrhundert die Septuaginta überarbeitet und die fehlenden Passagen des um ein Sechstel gekürzten Bibeltextes ergänzt. Seine Revision des griechischen Alten Testamentes aufgrund des hebräischen Urtextes ist besonders für das Buch Hiob von Bedeutung. Theodotíōn hat dort die schwerverständlichen Abschnitte neu übersetzt und die zahlreichen Textlücken der LXX ausgefüllt. Auf diese wichtige Redaktorenarbeit spielt Olympiodor an, wenn er in seinem Hiobkommentar Theodotíōn lobend erwähnt. Als dritter Übersetzer sei noch der Judenchrist *Symmachus* genannt, der im ausgehenden 2. Jahrhundert den masoretischen Text weniger wörtlich als Aquila, dafür verständlicher ins Griechische übertragen hat. Alle drei Bibelübersetzer werden im Hiobkommentar des Olympiódoros ausführlich zitiert, und es ist dessen Verdienst, daß manche Eigenheiten der drei genannten Redaktoren nur dank seiner getreuen Wiedergabe auf uns gekommen sind.

Für unsere Untersuchung ist der Umstand wichtig, daß sowohl Aquila als auch Symmachus ihre griechische Übersetzung des Hiobbuches (genau wie die Masora) mit Hiobs Tod, also mit der Mitteilung »Er starb in sehr hohem Alter, nach einem reichen, erfüllten Leben«, abschließen (s. Hiob 42,17). Von Theodotíōn hingegen sagt Olympiódoros: »Der Theodotíōn aber vollendet das [Hiob-]Buch dort, wo die Septuaginta aufhört.« Das heißt mit anderen Worten, daß der Bibelübersetzer Theodotíōn nicht nur die in der LXX vorhandenen Lücken schließt, sondern den gewichtigen Nachtrag von Hiobs Auferweckung, von dem der hebräische Urtext nichts weiß, in seine Übersetzung aufgenommen hat. Dies macht verständlich, weshalb in der erwähnten syro-palästinischen Bibel von Hiobs Auferstehung die Rede ist. Ungeklärt bleibt jetzt einzig noch die Frage, ob Theodotíōn selber den Hinweis auf den Propheten *Ezechiel* gegeben hat oder ob der unbekannte Verfasser des »Syrischen Buches« dafür verantwortlich gemacht werden kann. Aufgrund der spärlichen Information von Olympiódoros ist dies nicht mehr auszumachen[38]. Lesen wir zum Schluß den genauen Wortlaut des wichtigen Prophetenwortes nach. Es handelt sich um eine Gerichtsrede wider das verstockte Volk Israel:

»Der Herr sagte zu mir: ›Du Mensch, angenommen, ein Volk vergeht sich gegen mich und bricht mir die Treue, und ich schicke zur Strafe eine Hungersnot ins Land, der Menschen und Tiere zum Opfer fallen. Wenn dann die drei großen Männer *Noach, Daniel und Ijob* unter diesem Volk lebten, so würden nur sie aufgrund ihrer Rechtschaffenheit ihr Leben retten. Ich, der Herr, sage es. – Wären dann die drei großen Männer *Noach, Daniel und Ijob* in diesem Land, sie könnten weder Söhne noch Töchter retten, so gewiß ich, der Herr, lebe! Nur ihr eigenes Leben könnten sie aufgrund ihrer Rechtschaffenheit retten.‹« Ezechiel 14,12–14.20

In diesem Zusammenhang sei kurz vermerkt, daß der in Ezechiel 14 (auch Ez 28,3) genannte »Daniel« nicht etwa identisch ist mit dem bekannten jungen Pagen am babylonischen Königshof (s. Danielbuch). Es handelt sich vielmehr um jene urzeitliche Gestalt, die auch in ugaritischen Texten vorkommt und die im Alten Israel als Vorbild für Weisheit und Gerechtigkeit gilt[39].

Was die Nennung der drei gerechten Männer *Noach, Daniel und Hiob* anbetrifft, so bezieht sich ihre Verschonung im Gericht nicht auf das Leben nach dem Tod, sondern eindeutig auf ihre Rettung im angedrohten Gericht über Israel. Da aber in frühchristlicher Zeit diesbezügliche Bibelstellen gerne allegorisch, symbolisch oder typologisch gedeutet wurden, können wir uns leicht vorstellen, daß die im Bibeltext erwähnte diesseitige Lebensrettung ohne Bedenken als Hinweis auf die endzeitliche Errettung im Jüngsten Gericht interpretiert worden ist. Diese Umdeutung scheint mir des Rätsels Lösung zu sein. Hier ist die theologische Verwurzelung des einmaligen Auferstehungsbildes zu finden. Die interessante Miniatur in der Hiobhandschrift von Jerusalem ist also keine freie Erfindung eines byzantinischen Künstlers. Sie darf vielmehr als Endziel eines langen, verschlungenen Weges betrachtet werden, der seinen Anfang in der erwähnten syro-palästinischen Übersetzung der griechischen Theodotíōn-Bibel genommen hat. Später sind die Hiobtexte wegen ihrer Beliebtheit immer wieder abgeschrieben worden, bis daß die Miniatoren durch ihre eindrücklichen Bilderzyklen dem Buch Hiob die Krone aufgesetzt haben. Die Entstehung des einzigartigen Bildes von Noachs, Daniels und Hiobs Totenauferweckung durch Christus am Jüngsten Tag ist ein Musterbeispiel dafür, wie aus einem Kommentar zu einer theologisch interessanten Bibelstelle eine eindrucksvolle Illustration erwachsen kann (s. Abb. 3 und 4).

ZWEITER TEIL

DIE BYZANTINISCHEN BILDERHANDSCHRIFTEN VON PATMOS, ROM, VENEDIG, SINAI, JERUSALEM UND ATHOS

PATMOS

»Die hocherhabene Insel der Göttin Letó«

Aus der Vorgeschichte der Insel Patmos – in der Antike auch »Pátnos« genannt – ist nur wenig bekannt. Es sind zwar auf dem befestigten Kastélli-Hügel nahe der Hafenstadt Skála einige Tonscherben zum Vorschein gekommen, und auch Reliefs auf Grabsteinen geben Kunde aus prähistorischer Zeit. Doch sind diese archäologischen Zeugnisse noch kaum erforscht. Sie bezeugen lediglich die Anwesenheit von Inselbewohnern in der Mykenischen Periode (14. Jh. v. Chr.).

In der griechischen Mythologie indessen spielt Patmos eine gewisse Rolle. Eine Inschrift aus hellenistischer Zeit rühmt nämlich *»Pátnos«* als *»erlauchteste Insel der Letó«* (griech. Epigramm: »Pátnos, nêssos agauotáte Letoídos«)[1]. Die kleinasiatische Göttin Letó war die Geliebte des Zeus; sie gebar ihm das göttliche Zwillingspaar *Apóllon* und *Ártemis.* Die Entbindung der Zeusgeliebten fand nach der einen Überlieferung auf der Ägäisinsel Dêlos statt, nach einer andern Tradition jedoch auf Patmos. So besaß das heidnische Patmos zwei wichtige Kultstätten, einen Apollontempel, dem »Apóllon Kárneios« geweiht, und ein Artemisheiligtum, das dem berühmten Tempel in Ephesus (vgl. Apg 19) nachgebildet war und der »Ártemis Pátmia« gehörte. Letztere war die antike Schutzgöttin von Patmos. Ihr Tempel stand dort, wo sich heute die byzantinische Klosterfestung erhebt. Die Auseinandersetzung zwischen Antike und Christentum wird durch den legendären Bericht vom Missionsfeldzug des Apostels Johannes auf Patmos eindrücklich geschildert. Danach setzten sich die Apollonpriester mit Hilfe des Zauberers Kýnops zur Wehr; doch Johannes widerstand erfolgreich den Künsten der Schwarzen Magie und brachte den Apollontempel zum Einsturz. Später wurde auch das Hauptheiligtum, der Tempel der Ártemis, zerstört und an seiner Stelle die Johanneskirche erbaut (4. Jh.). Die Klostergründung erfolgte Ende des 11. Jahrhunderts.

5/6 *Ankunft auf Patmos:* Nach zehnstündiger Meerfahrt direkt ab Piräus/Athen legt unser Schiff im Hafen von Skála an. *Die Glocken der Phokâs-Kapelle* in der Nähe der Mole begrüßen die ankommenden Pilger (Abb. 5). Nach einer knappen Stunde Fußmarsch erreichen wir die hochgelegene Klosterstadt Chóra, deren weiße Häuser mit den dunklen Festungsmauern des Patmosklosters kontrastieren. Auf der Zinne der Klosterburg heißt uns *Archimandrit Panteleímōn* herzlich willkommen (Abb. 6). Er empfängt die Wallfahrer in Vertretung des Abtes Isídoros, der den pompösen Titel »Igoúmenos des heiligen basilikalen, stauropegialen und patriarchalen Klosters des Theologen und Evangelisten Johannes« führt. Diese Auszeichnung wurde anläßlich der Klostergründung im Jahre 1088 verliehen, als an Stelle des zuständigen Bischofs der Patriarch selber das heilige Kreuz in das Fundament der Kirche einfügte. Durch diese symbolische Handlung wurde das Kloster direkt der Jurisprudenz des Ökumenischen Patriarchen von Konstantinopel unterstellt. Das Johanneskloster auf Patmos wird deshalb als »Patriarchal-Kloster« oder auch als »Stauropegial-Kloster« bezeichnet (griech. »Staurós« = Kreuz, »Pegé« = Quelle). Das dritte obenerwähnte Ehrenprädikat »basilikal« bezieht sich auf die Stiftung des Kaisers (»Basileús«) von Byzanz. Derselbe stellte schon in der Gründungszeit das von Abt Christódoulos erbaute Kloster unter kaiserlichen Schutz und verlieh dadurch dem Kloster des heiligen Johannes zahlreiche Vorrechte, die es zum Teil noch heute genießt. – Die folgende Bilderserie soll uns das privilegierte »basilikale, stauropegiale und patriarchale« Patmoskloster näher bekannt machen (Abb. 7–20).

5

6

7

8

7 *Die Klosterfestung von Patmos:* Das Johanneskloster geht auf eine Stiftung des byzantinischen Kaisers Aléxios I. Komnenós (1081–1118) zurück, welcher dem Klostergründer Christódoulos seine volle Unterstützung lieh. Die Mönchsniederlassung auf der Patmosinsel hatte anfänglich viel zu leiden unter den Überfällen der Seeräuber und den Kriegszügen der Türken, Sarazenen, Normannen, Kreuzritter, Johanniter und Venezianer. So wurde das Kloster allmählich zu einer Festung ausgebaut und durch mächtige Stützmauern verstärkt (17./18. Jh.). In dieser uneinnehmbaren Mönchsburg fand jeweils in Kriegszeiten die ganze Bevölkerung der Hafenstadt Skála und der Klosterstadt Chóra sicheren Schutz. – Federzeichnung des russischen Weltreisenden Vasilij Barskij, Mönch aus Kiev, 1731.

8–10 *Die Insel, das Kloster, die Grotte:* Der französische Diplomat und Reiseschriftsteller Marie Gabriel Florente Auguste *Comte De Choiseul-Gouffier* beschreibt in Wort und Bild seine Reiseeindrücke auf Patmos im reichillustrierten Werk »Voyage pittoresque de la Grèce« (Bd. 1, Paris 1782, Taf. 55–57). Die unter jedem Kupferstich angebrachten vier Initialen »A. P. D. R.« bedeuten »Avec Privilège Du Roi«, wodurch die königliche Druckerlaubnis von Louis XVI. angezeigt wird.

8 *Gesamtansicht der »Heiligen Insel«:* Im Vordergrund kreuzen die Boote vor dem Schiffsanlegeplatz Skála; am Abhang (rechts im Bild) stoßen wir auf die Offenbarungskirche, und auf dem Bergrükken erkennen wir das Johanneskloster mit der berühmten Bibliothek und den Schatzkammern. – Zeichnung von J. B. Hilair, Stich von Decquevauvillier, Paris 1782.

9 *Das Johanneskloster:* Die byzantinische Klosterburg ist wegen ihrer religiösen und kulturellen Bedeutung seit Jahrhunderten das Ziel zahlreicher Pilger und Gelehrter. Auf unserem Bild heißt ein griechischer Mönch den französischen Grafen De Choiseul-Gouffier auf Patmos willkommen. Letzterer beschreibt in seinem Reisebericht die Begegnung mit dem aufgeschlossenen, liberalen Mönchsvater, der sich zum Erstaunen des Franzosen nach dem Wohlergehen der »beiden Wohltäter der Gesellschaft Voltaire und Rousseau« erkundigt. Choiseul hat diesen Bericht mit einer eigenhändigen Skizze illustriert. – Kupferstich von H. Guttenberg nach einer Zeichnung von M. G. F. A. Choiseul-Gouffier mit Selbstbildnis, Paris 1782.

9

10 *Die Offenbarungskirche mit der Johannesgrotte:* Nach ostkirchlicher Überlieferung hat der Seher Johannes an diesem Ort seine apokalyptischen Visionen und Auditionen empfangen. Christus ist ihm als verklärter »Menschensohn« erschienen, hat den auf die Patmosinsel Verbannten getröstet und ihn zur Niederschrift der sieben Sendschreiben an die kleinasiatischen Christengemeinden angespornt. Sodann sind dem Johannes die endzeitlichen Ereignisse wie Weltuntergang und Wiederkunft Christi geoffenbart worden. Die Offenbarungsgrotte auf Patmos gilt als heilige Stätte. Schon in frühchristlicher Zeit wurde hier eine Höhlenkapelle zu Ehren des Theologen Johannes errichtet (rechts im Bild) und später im 17. Jahrhundert eine größere Pilgerkapelle angebaut, die der heiligen Anna geweiht ist (links). – Zeichnung von J. B. Hilair, Stich von J. L. Delignon, Paris 1782.

11 *Johannes diktiert seinem Schreiber Próchoros das Evangelium auf der Felseninsel Patmos:* Nach altkirchlicher Tradition hat Johannes auf Patmos nicht nur die »Geheime Offenbarung« vom Ende der Welt geschrieben, sondern daselbst auch das Evangelium verfaßt. Dank der göttlichen Eingebung, angedeutet durch die Hand Gottes im blauen, sternbesetzten Himmelssegment (oben rechts), deutet der Evangelist die heilsgeschichtlichen Ereignisse wie die Menschwerdung Gottes, die Passion und die Auferstehung Christi, dessen Rückkehr zum himmlischen Vater und die Sendung des Heiligen Geistes. Johannes vermittelt wie ein Transformator die »Gute Nachricht« von oben, was der byzantinische Künstler durch die feine Handbewegung des Evangelisten auszudrücken versteht. Die anscheinend schneebedeckten Hügel spiegeln den himmlischen Glanz auf den typischen Tafelbergen wider. Derart malen jeweils die ostkirchlichen Meister die reflektierte Herrlichkeit Gottes (»Dóxa toû Theoû«) auf Erden. Die bläuliche, mit roten Draperien behängte Kirche (oben links) weckt die Illusion einer festlich geschmückten Wallfahrtskirche, so wie sie sich der Buchmaler aus Konstantinopel Mitte des 11. Jahrhunderts vorgestellt hat. In Wirklichkeit stand zu jener Zeit auf der Felseninsel nur eine »armselige Kapelle«, wie im Übergabe-Protokoll des byzantinischen Kaisers Aléxios I. Komnenós vom August 1088 an den Klostergründer Christódoulos nachzulesen ist: »Die Insel von Patmos ist ganz öde und unfruchtbar, bedeckt mit Dornbüschen und anderem Strauchwerk, ungangbar, und, da das Land wasserlos ist, völlig unfruchtbar, ohne ein einziges Haus, außer einer kleinen armseligen Kapelle, die im Namen des allerehrwürdigen Theologen [Johannes] innerhalb der Grenzen [Ruinen] der sehr großen Kirche erbaut wurde, die sich in älteren Zeiten dort befand, wie ihre spärlichen Überreste bezeugen.« – Kaiserliches Lektionar aus Konstantinopel, um 1059. Athoskloster Dionysíou, Bibliothek. Kodex 587, folio 1 verso, Miniatur 25 × 18 cm.

11 [

10

13

◁ 12 *Klostergründer Christódoulos* sowie *Inspiration und Entrükkung des Johannes:* Auf dem linken Ikonenfeld hält Christódoulos, Begründer der patmischen Mönchsgemeinschaft und erster Abt des Johannesklosters, das Kirchenmodell in der Hand. Die entfaltete Schriftrolle in der rechten Hand des Klostergründers besagt, Christódoulos habe auf Gottes Geheiß zu Ehren des Apostels Johannes das Patmoskloster erbaut (1088). – Das untere rechte Ikonenfeld gibt die gleiche Szene wie Abb. 11 wieder, nur mit dem Unterschied, daß Johannes die göttliche Inspiration sitzend entgegennimmt. Die Himmelsstimme, welche dem Theologen Johannes das Evangelium diktiert, wird durch den dreifachen Lichtstrahl über dem Haupt des Apostels angedeutet. Das Licht symbolisiert die Heilige Dreieinigkeit, die sich hier in der Offenbarungsgrotte manifestiert. Durch die Lokalisierung der Niederschrift des Johannesevangeliums in der Offenbarungshöhle stellt sich der Ikonenmaler hinter die altkirchliche Auffassung, wonach der Evangelist und Apostel Johannes mit dem »Seher, Propheten und Apokalyptiker Johannes« identisch sei (was von der heutigen biblischen Forschung hinterfragt wird). – Auf dem dritten, oberen Ikonenfeld rechts wird das außergewöhnliche Begräbnis des Apostels und Propheten sowie dessen legendäre Entrückung in den Himmel durch zwei Tragengel dargestellt. (Näheres darüber im Abschnitt »Fresken und Ikonen von Patmos, Seite 51ff.) – Kretische Ikone des Malers Thomâs Bathâs (1554–1599). Patmos, Offenbarungskapelle, Bilderwand (von Phótes Zacharíou 1977 restauriert). 98 × 74,5 cm.

13 *Blick in die Offenbarungskapelle:* Die ursprüngliche Johannesgrotte ist von den Patmosmönchen für die zahlreichen Pilger als Wallfahrtskapelle eingerichtet worden. Die mannshohe Hauptikone (rechts von der Königlichen Pforte) ist das Werk des kretischen Künstlers Thomâs Bathâs (auch Tomíos Mpathâs genannt). Bathâs malt den Seher Johannes auf dem Rücken liegend in Ekstase. Dieser schaut den verklärten Menschensohn, der dem Propheten das Geheimnis der »Sieben Leuchter« offenbart (Offb 1,1–20). Die Offenbarungsikone ist um 1596 entstanden; sie mißt 170 × 116 cm. – Rechts davon: die oben beschriebene Christódoulos-Johannes-Ikone (s. Abb. 12). – Die unterhalb der erwähnten Ikone angebrachten Gitterstäbe schranken jene Stelle ab, wo nach orthodoxer Überlieferung Johannes die göttlichen Eingebungen empfangen hat. Das Metallgitter mußte zum Schutz der heiligen Stätte in den Fels eingelassen werden, weil abergläubische Pilger Steinbrocken als Talismane aus der Wand herausbrachen, wie der weiter oben zitierte französische Botschafter und Reiseschriftsteller Graf Choiseul-Gouffier zu berichten weiß.

Die »Heilige Insel« und der Dämonenkampf des Johannes

Patmos ist eine Perle in der Inselwelt der südlichen »Sporaden«, jener »Zerstreuten« im Ägäischen Meer, die, von den größeren Inseln Samos und Rhodos umrahmt, zum griechischen Regierungsbezirk der Zwölfinselgruppe, zum »Nómos Dodekanés«, gehören. Patmos liegt nur 50 km von der kleinasiatischen Küste entfernt, erstreckt sich über 40 km^2 und zählt rund 2600 Einwohner. Bei meinem ersten Besuch der idyllischen Insel vor zwanzig Jahren gelangte man auf einem Maultierrücken von der Hafenstadt Skála zur hochgelegenen Klosterburg des heiligen »Johannes des Theologen«. Heute bringt ein Linienbus die zahlreichen Pilger zur Klosterstadt Chóra. Obschon sich der Tourismus wegen der strengen Gesetze der Mönchsregierung in Schranken hält, haben die Pilgergruppen zugenommen. Denn Patmos ist durch das Dekret der griechischen Regierung vom 30. März 1981 zur »Heiligen Insel« erklärt worden. Der Staat will auch für die Bedürfnisse des neunhundert Jahre alten Johannesklosters einen jährlichen Betrag von 4,2 Millionen Drachmen, das sind umgerechnet rund 100000 Schweizerfranken, zur Verfügung stellen[2]. Dies bedeutet aber keineswegs, daß Patmos von Athen abhängig wäre. Der Staat führt nur, wenn auch in bescheidenerem Maße, eine alte, byzantinische Tradition fort. Denn die Kaiser von Byzanz erwiesen jeweils den bedeutendsten Klöstern durch Geschenke und Spenden ihre Gunst, während sie von den Mönchen, gleichsam als Gegenleistung, in die Fürbitte eingeschlossen wurden.

Wie der »Heilige Berg Athos« für die Orthodoxgläubigen ein geistiges und kulturelles Zentrum darstellt, so wird auch die »Heilige Insel« in der Ostkirche als Kulturstätte und Wallfahrtsort hochgeachtet. Sie erhielt ihren Titel – wenn auch offiziell durch den griechischen Staat erst vor einigen Jahren – schon in frühchristlicher Zeit. Seit der Verehrung der heiligen Grotte, in der nach der Überlieferung der Seher Johannes seine Visionen vom Ende der Welt empfangen hat, heißt Patmos »die Heilige Insel«, auf griechisch »he Hagía Nêsos«. Johannes, von der Ostkirche als Apostel und Evangelist verehrt und später mit dem Beinamen »der Theologe« ausgezeichnet, berichtet von sich im letzten Buch der Bibel: »Ich bin auf die Insel Patmos verbannt worden, weil ich Gottes Wort und die Wahrheit, die Jesus ans Licht gebracht hat, öffentlich verkündet habe« (Offb 1,9). Sonst wird die kleine Felseninsel Patmos nirgends mehr in der Bibel erwähnt. In der apokryphen frühchristlichen Literatur hingegen findet die Offenbarungsinsel mehrfach Erwähnung. Es sind zwei apokryphe (geheime, nichtkanonische) Apostelgeschichten, die von wundersamen Ereignissen berichten. Die erste trägt die Bezeichnung *»Johannesakten«* (Acta Ioannis) und stammt aus der ersten Hälfte des 2. Jahrhunderts. Die zweite Schrift, der *»Prochorosbericht«*, ist im 5. Jahrhundert entstanden und schildert ausführlich den Dämonenkampf, den Johannes und sein Begleiter Próchoros auf Patmos zu bestehen haben. Beide bekehren die heidnische Inselbevölkerung zum Christentum. Hierauf ziehen sie sich – wie der griechische Text überliefert – an einen »stillen Ort« (Katápausis), wahrscheinlich in die später berühmt gewordene Offenbarungshöhle, zurück. Dort empfängt Johannes auf göttliche Eingebung sowohl das Evangelium als auch die Offenbarung: der Apostel diktiert unter Einwirkung des Heiligen Geistes, während sein Sekretär Próchoros alles gewissenhaft für die Nachwelt aufzeichnen muß.

Das St.-Johannes-Kloster ist seit alters Hüter der *Johannes-Próchoros-Tradition,* die andernorts infolge Ächtung aller apokryphen Schriften des Neuen Testamentes durch die Großkirche in Vergessenheit geraten ist. So wird vom Siebenten Ökumenischen Konzil von Nizäa 787 berichtet: »Niemand soll es [das Buch der Johannesakten] abschreiben; doch nicht nur das – wir halten vielmehr auch dafür, daß es verdient, dem Feuer übergeben zu werden.«[3] Man nimmt an, daß die Apokryphen zu etwa 30% zerstört worden sind. Doch die Mehrzahl der außerbiblischen alt- und neutestamentlichen Schriften hat das befohlene Autodafé überstanden dank jener Bibliothekare, welche die Legendenliteratur gleich sorgsam wie die kanonischen Bücher aufbewahrt haben. Allerdings gibt es von der Próchoros-Legende nur noch wenige Abschriften. Ein Exemplar wird in der Klosterbibliothek von Patmos in einem Sammelband von Kirchenväterzitaten und Heiligenviten als letzter, dreizehnter Abschnitt aufbewahrt (Kodex Nr. 188 mit 245 Blättern, 14. Jh.). Das seltene Manuskript trägt folgende Überschrift: »Reisen (griech. ›Períodoi‹) des hei-

◁ 14 *Dämonenkampf des Johannes auf der heidnischen Patmosinsel:* Der Apostel ringt mit dem Magier Kýnops um die Seelen der heidnischen Inselbewohner. Kýnops, das heißt der »Hundeäugige«, inszeniert vor allem Volk ein Schauwunder, indem er sich ins Meer stürzt, dort einen ertrunkenen Jüngling birgt und diesen anschließend zu neuem Leben erweckt. – Die hier dargestellte Szene ist nur ein Ausschnitt aus einem größeren Freskenzyklus, der den »Reisen und Wundern des Johannes Theológos« gewidmet ist. Die Wandmalereien veranschaulichen den aufregenden Kampf des Johannes und seines Begleiters Próchoros mit dem Oberzauberer Kýnops und seinen Helfershelfern, den Teufeln und Dämonen. Schließlich besiegt Johannes die Dämonenwelt, und die Inselbevölkerung bekehrt sich zum Christentum. – Fresko im Deckengewölbe des Exonárthex (äußere Vorhalle) der Klosterkirche, 17. Jahrhundert.

ligen Johannes des Theologen und seines Schülers Próchoros, von diesem aufgezeichnet zum Beweis.«[4]

Der heute allgemein als *Pseudo-Próchoros* bezeichnete Verfasser aus dem 5. Jahrhundert bedient sich des biblischen Namens eines der sieben Diakone in der urchristlichen Gemeinde zu Jerusalem (vgl. Apg 6,5). Unter diesem Pseudonym will der Verfasser glaubhaft machen, er habe den Apostel Johannes nach dem Tod der Gottesmutter Maria nach Ephesus begleitet; dort seien beide wegen der Zerstörung der Göttertempel verhaftet und zur Aburteilung durch Kaiser Domitian (nach anderer Version durch Trajan) nach Rom abgeführt worden: »Dies alles vollbrachte Johannes, bevor er [zur Strafe] auf die Insel Patmos deportiert wurde, und all dies erlitt er von den Juden und Hellenen, weil sie vom Teufel gegen uns aufgehetzt worden sind.« Solches erzählt Pseudo-Próchoros in seinem legendären Reisebericht (bearbeitet von Th. Zahn, 44/17–19)[5].

Die kaiserliche Verbannung nach Patmos wirkt sich als Triumphzug wider die dort hausenden Dämonen aus. Ihr Helfershelfer, der Zauberer *»Kýnops«*, was der »Hundeäugige« heißt, setzt seine ganze Macht und List gegen den Apostel und seinen Begleiter ein. Doch umsonst; selbst seine Schauwunder, die er vor Johannes und der heidnischen Inselbevölkerung vollbringt, nützen ihm nichts: »Es war aber ein Mensch auf der Insel Patmos, ein Magier, und sein Name war Kýnops ... Diesen verehrten alle Bewohner der Insel wie einen Gott, weil er mit Hilfe der Dämonen Zauberkünste vollführte« (90/1–6). Johannes nimmt den Kampf auf, vertreibt die Dämonen und versenkt Kýnops im Meer, wo es am tiefsten ist.« Als aber die Volksmenge das Wunder sah, das Johannes vollbracht hatte, fielen alle vor ihm auf die Erde nieder und riefen: ›Meister! Nun haben wir erkannt, daß du von Gott gesandt zu uns gekommen bist‹« (107/12f, 108/1). Da verkündet er ihnen die Gute Nachricht von Jesus Christus, in dessen Namen er alle Wundertaten vollbracht habe. Hierauf läßt sich die heidnische Bevölkerung taufen, und Patmos – befreit von allem Höllenspuk – wird dank der beiden unerschrockenen Missionare zur »Heiligen Insel« erklärt.

Diese Legende muß die Mönche stark beeindruckt haben. Denn die ganze Vorhalle (Exonárthex) zur Klosterkirche von Patmos ist mit Wandmalereien bedeckt, die den siegreichen Dämonenkampf des Johannes zum Inhalt haben (Abb. 14).

Das Johanneskloster und sein Gründer Christódoulos

Christódoulos von Patmos ist einer jener Mönchsväter, die der »Heiligen Insel« zu ihrem Ansehen verholfen haben. Er wurde in der Nähe von Nizäa, der berühmten Konzilstadt in Kleinasien, um 1020 geboren, empfing als Zwanzigjähriger auf dem bithynischen Ólympos die Mönchsweihe, verließ bald darauf den Klosterberg und gelangte 1043 nach Rom, wo er das abendländische Mönchtum studieren wollte, wenige Jahre vor der verhängnisvollen Kirchenspaltung in Ost und West (1054). Hierauf zog er nach Palästina und Syrien und gründete dort verschiedene Klöster, die aber durch den Arabersturm zerstört worden sind. In der Folge wandte er sich wieder Kleinasien zu, wo er auf dem Mönchsberg Látmos (auch Látros genannt) Aufnahme fand und bald zum Abt des Stŷlos-Paûlos-Klosters gewählt wurde. Dieser Aufenthalt auf dem berühmten Latmosberg in der Nähe von Milet, der in seiner Blütezeit elf Klöster und viele Einsiedeleien besaß, aber häufig unter arabischen Überfällen zu leiden hatte, vermittelte Christódoulos viele neue Anregungen für die späteren Klostergründungen. Hier reifte der Plan für seine strenge Mönchsregel, »Typikón« genannt, die er auf Patmos zu verwirklichen gedachte. Zuvor sah er sich aber noch in Kleinasien und Ägypten um, wo er immer mehr zu der Überzeugung gelangte, daß ein geregeltes Leben in der Gemeinschaft besser sei als das Eremitentum mit oft abwegigen Formen der Askese. So erprobte er zunächst seine neue Regel in Halikarnassós an der südwestlichen Küste Kleinasiens und auf der benachbarten Insel Kôs, wo er je ein Kloster gründete.

Seine bedeutendste Klostergründung erfolgte aber auf der damals verödeten Insel Patmos, die er sich in Konstantinopel von der Kaisermutter und zeitweiligen Mitregentin Anna Dalassena erbeten hatte. Im Jahr 1088 unterzeichnete der byzantinische Kaiser *Aléxios I. Komnenós* (1081–1118) die Stiftungsurkunde, dank deren Christódoulos sein Mönchsideal ungestört von aller Kirchen- und Weltpolitik verwirklichen konnte. Auf dem Bergkamm hoch über dem Meer legte er den Grundstein für sein Lebenswerk, das heißt für die neue Mönchsgemeinschaft im strengen zönobitischen (genossenschaftlichen) Abtkloster. Drei Jahre später kann das neue, dem Apostel Johannes geweihte Kloster bezogen werden; sein »Typikón« tritt 1091 in Kraft. Am 15. März 1093 unterschreibt er sein »Testament« – eine Art von Autobiographie, der wir diese Angaben entnehmen[6]. Da überfallen Sarazenen die Insel; der bald 80jährige Abt muß sein Kloster verlassen und flieht auf die Insel Euböa vor der Ostküste Griechenlands. Dort stirbt er im Jahr 1101. Später werden seine

Gebeine nach Patmos überführt, wo sie in einem hölzernen, später silbervergoldeten Sarg ruhen, der von einem Goldschmied aus Smyrna angefertigt worden ist (1796). Heute steht der prachtvolle Schrein auf einem älteren Marmor-Sarkophag in der Christódoulos-Kapelle, die in der Südwestecke der Johannes-Kirche liegt und das Ziel zahlreicher Pilger ist. Obschon Christódoulos nicht im Heiligenkalender der Ostkirche erscheint, wird er als Lokalheiliger von Patmos am 16. März verehrt. Er wird zwar nicht »Hágios«, wohl aber »Hósios« (Seliger) genannt.

In seinem Testament vermacht er dem Kloster seine Ikonensammlung und den ansehnlichen Handschriftenbestand und bittet seine Nachfolger, die byzantinischen Schätze zu mehren, sorgsam zu verwahren und schließlich zu katalogisieren; denn er habe dieselben in Kleinasien »vor den gottlosen Türken mit einem Schiff in Sicherheit gebracht, zunächst auf die Insel Kôs und hernach auf die Insel Pátmos.« Den Klosterdokumenten entnehmen wir auch, daß »im September des Jahres 1201 unter der Leitung des Abtes Arsénios Ikonenund Manuskripte« inventarisiert worden sind. Es ist zudem von einem »Brébion« (das heißt Brevier) die Rede, das die Klosterschätze aufführt. Was uns aber am meisten interessieren dürfte, ist die Erwähnung des berühmten Hiob-Kommentars im Handschriften-Verzeichnis von 1201[7].

Zwei Handschriftenforscher – der Grieche *Ioánnis Sakkelíōn* und der Franzose *Charles Diehl* – haben vor rund hundert Jahren unsere Hiobhandschrift erstmals untersucht: In seinem griechischen Bibliotheks-Verzeichnis von Patmos, betitelt »Patmiakè Bibliothéke« (Athen 1890), beschreibt Sakkelíōn als erster den »Patmischen Hiob« als »Kodex Nr. 171«, während zwei Jahre danach Diehl das unveröffentlichte Inventar von 1201 im griechischen Wortlaut bekanntmacht (Byzantinische Zeitschrift, Bd. 1, Leipzig 1892). Das Verzeichnis von 1201 nennt 267 Handschriften von Pergament und 63 von Papier, insgesamt 330 Bände. Im Bibliothekskatalog von 1890 werden 890 Kodizes und Rollen mehr oder weniger ausführlich beschrieben. Also konnte die Klosterbibliothek im Verlauf der Jahrhunderte ihren Bücherbestand durch Stiftungen und Ankäufe fast verdreifachen. Es galt als besondere Ehre, dem Johanneskloster einen Kodex stiften zu können. So lesen wir auf dem Titelblatt eines liturgischen Buches (Kodex 175 aus dem Jahr 1180, im Verzeichnis von 1201 aufgeführt) folgende Widmung: »Das vorliegende Buch, welches von mir, Nîlos, dem sehr Ungebildeten und Sündigen, geschrieben wurde, habe ich zur Rettung meiner Seele dem Heiligen Kloster von Patmos gewidmet; nicht weil das Kloster keine solchen hätte; denn welches andere würdige Kloster hat mehr an schreibkundigen Leuten und Kalligraphen als das mit der Hilfe Gottes gegründete Kloster des Geliebten des Herrn? Derjenige, der aus einem berechtigten oder unberechtigten Grund dieses Buch dem Heiligen Kloster von Patmos entwenden will, sei dreimal verflucht. So sei es. Amen. Werk des sehr sündigen Nîlos«.[8]

Aus dem Jahr 941 stammt der mit reicher Ornamentik geschmückte Kodex 33. Er wurde laut Eintragung »in Reggio di Calabria von der Hand des Mönchs Nikólaos und seines Sohnes Daniel, der rechtgläubigen Christen, verfaßt« und enthält die Predigten des Kirchenvaters Gregórios von Nazianz. Auch diese mit Pflanzen- und Tierornamenten verzierte Pergamenthandschrift wird im Katalog von 1201 erwähnt. Die älteste kalligraphische Kostbarkeit bilden 33 purpurgefärbte Pergamentblätter vom Anfang des 6. Jahrhunderts. Die Bibelverse stammen aus dem Markusevangelium. Sie sind in silberner Majuskelschrift auf purpurnem Untergrund in zwei Spalten aufgetragen, während der Name Jesu Christi sogar in Goldunzialen (Großbuchstaben) erscheint.

Fresken und Ikonen von Patmos

Das Johanneskloster auf Patmos ist nicht nur wegen seiner illuminierten Pergamenthandschriften berühmt. Neben der byzantinischen Buchmalerei sind auch die klösterlichen Wandmalereien sowie die Tafelbilder beachtenswert. Was die *Fresken* anbelangt, so sei zunächst auf den Bilderzyklus rund um die legendäre Gestalt des Johannesbegleiters *Próchoros* verwiesen. Die ganze Vorhalle (Exonárthex) der Hauptkirche (Katholikón) ist mit Darstellungen aus dem apokryphen »Próchorosbericht« geschmückt. Diese Wandmalereien datieren aus dem 17. Jahrhundert und zeigen Szenen von den Missionsreisen und den Wundertaten des »Theologen Johannes« und seines Begleiters Próchoros.

Ein zweiter Freskenzyklus stammt aus der Mitte des 18. Jahrhunderts: Im Jahr 1745 wurde die an der Südwand der Kirche angebaute alte Gottesmutter-Kapelle mit neuen Wandmalereien ausstaffiert. Zweihundert Jahre später (1958) ist diese Kapelle – der »Panagía«, der »Ganzheiligen« Gottesmutter geweiht – einer gründlichen Renovation unterzogen worden. Dabei kamen unter den erwähnten Fresken die ältesten und schönsten Wandmalereien des Klosters aus byzantinischer Zeit zum Vorschein. So entschloß man sich, die noch gut erhaltenen Fresken des 18. Jahrhunderts sorgfältig von ihrem Untergrund abzulösen und als Freskenfragmente in dem ebenfalls renovierten Refektorium (Trápeza) wie in einem kleinen Museum auszustellen. Die »Trápeza« schien dafür besonders gut geeignet, weil sie bereits einen schönen Freskenzyklus aus dem 13. Jahrhundert besaß. Letzterer stellt ostkirchliche Heilige, Stationen aus dem Leben und Leiden Christi sowie Szenen aus der östlichen Kirchengeschichte dar, von denen eine Ökumenische Synode mit Ketzerverdammung hervorsticht. Doch alle diese Wandmalereien aus dem 13., 17. und 18. Jahrhundert reichen bei weitem nicht an die Qualität der von den Forschern und Entdeckern in die mittelbyzantinische Epoche datierten Fresken heran. Diese sind vermutlich vom ehemaligen Abt des Johannesklosters auf Patmos, dem Jerusalemer Patriarchen *Leóntios* zwischen 1185 und 1190 gestiftet worden. Der griechische Archäologe *St. A. Papadópoulos*, Verfasser eines Kunstführers von Patmos und Betreuer der erwähnten Restauration, lobt den hieratischen Stil dieser Bilder in hohen Tönen: »Die Ruhe und Würde der Haltung, die ›en-face‹-Stellung der Personen, die Strenge des Ausdrucks, die Symmetrie der Komposition, das völlige Fehlen jedes bühnenbildnerischen, architektonischen oder landschaftlichen Elements und die gewollte Monotonie in der Anordnung der Motive verleihen den Darstellungen einen besonders intensiven Charakter von Strenge und Vergeistigung.«[9] *Anastase C. Orlandos* würdigt ebenfalls die von hoher Kunst zeugenden Wandmalereien in der wissenschaftlichen Studie »Fresques byzantines du Monastère de Patmos« (Paris und Athen 1962)[10]. Wir machen auf unsere Farbtafel am Ende des einleitenden Bildteiles zum Patmos-Kapitel aufmerksam: Abraham, Engel und Heilige schmücken das Deckengewölbe der »Panagía«-Kapelle (Abb. 20).

Wir wenden uns nun der *Ikonensammlung* von Patmos zu: Die Tafelbilder befinden sich heute mehrheitlich in der Neuen Schatzkammer, im sogenannten »Néo Skevophylákio«. Dieser neue Ausstellungsraum ist vor allem für die Pilgerscharen eingerichtet worden zwecks besserer Präsentation der Kunstgegenstände und auch wegen einer wirksameren Überwachung der kirchlichen Kostbarkeiten. Denn in früheren Jahren mußte man dieselben in verschiedenen Kapellen sowie in der »Äußeren Schatzkammer« (nördlich) und in der »Alten Schatzkammer« (östlich der Klosterkirche) suchen. Es betrifft die wertvollen Kleinkunstgegenstände, die prachtvollen Meßgewänder und weitere Goldstickarbeiten, hauptsächlich aber die byzantinischen und kretischen Ikonen sowie die illustrierten Manuskripte.

An Einzelstücken heben wir folgende ikonographisch interessante Ikonen hervor: In der Offenbarungskapelle befindet sich ein einzigartiges Tafelbild, das dem Klostergründer *Christódoulos* und der merkwürdigen Bestattung des *Theologen Johannes* gewidmet ist. Die Ikone spiegelt eine alte Lokaltradition von Patmos wider und ist wohl ein Werk des bekannten kretischen Malers *Thomâs Bathâs*, der die Klostergründung und die Johannes-Próchoros-Legende veranschaulichen wollte. Das Bild ist in drei Felder aufgeteilt: Auf der linken Seite der meterhohen Ikone erken-

◁ 15 *Der Evangelist Johannes, zubenannt »der Theologe«:* In der Ostkirche wird nicht zwischen dem Evangelisten und dem Presbyter Johannes unterschieden, der auf Patmos die Offenbarung verfaßt hat. Der Apostel und der Apokalyptiker sind ein und dieselbe Person. Die byzantinischen Maler stellen Johannes als älteren Mann mit Stirnglatze dar. Mit beiden Händen hält er hier sein Evangelium fest, das wie folgt beginnt: »Im Anfang war das Wort« (griech. der »Lógos«). Das rechteckige Gefäß in des Apostels rechtem Arm deutet ein Tintenfaß mit Federetui an. Seit der Restauration durch Phótes Zacharíou (1960) erstrahlt die prachtvolle Ikone in ihrem ursprünglichen Glanz. Der lebhafte Gesichtsausdruck des Evangelisten, der feine Faltenwurf des blauen Gewandes auf goldfarbenem Hintergrund und die sparsam aufgesetzten Glanzlichter auf Stirne, Wangen und Händen verraten einen hohen Stand des kretischen Kunstschaffens an der Schwelle des 16. Jahrhunderts. – Kretisches Tafelbild, um 1500. Patmos, Johanneskloster, Neue Schatzkammer. 96,5 × 60 cm oben und 55 cm unten.

nen wir den Gründer und Erbauer des Johannesklosters mit einem kleinen Klostermodell in der Hand. Auf der rechten unteren Hälfte erscheint der Evangelist mit seinem Schreiber Próchoros in der Heiligen Höhle. Die rechte obere Bildhälfte führt uns von Patmos weg nach Ephesus, wohin nach östlicher Kirchentradition Johannes zurückgekehrt sein soll. Die Próchoros-Legende weiß nämlich zu berichten, daß nach dem Tod des Christenverfolgers Domitian (oder Trajan) ein christenfreundlicher Kaiser in Rom an die Regierung kam, der das Verbannungsedikt für Johannes und Próchoros aufhob und den beiden die Rückkehr nach Ephesus gestattete. So habe der Apostel seinen Lebensabend in Ephesus verbracht, wo heute noch die Ruinen der großen Johanneskirche zu sehen sind. Über das ungewöhnliche Begräbnis des Johannes steht geschrieben: »Nach vollendetem Gebet stieg er in die Grube, trug dem Próchoros auf, nach Jerusalem zu gehen, und gebot ihnen: ›Schüttet meine Mutter Erde über mich und hüllt mich ein!‹ Sie grüßten, schütteten Erde auf und bedeckten ihn bis zu den Knien. Abermals grüßte er und sprach: ›Bedeckt mich bis zum Hals mit Erde!‹ Als auch dies geschehen war, gebot er ihnen, ein Leintuch auf sein Gesicht zu legen und ihn zum letzten Mal zu grüßen; denn in diesem Leben würden sie ihn nicht wiedersehen. Sie grüßten weinend, schütteten Erde auf und deckten ihn zu. Da ging die Sonne auf, und alsbald starb der Apostel« (163/5 bis 164/9)[11].

Diese seltsame Bestattungsszene wird auf unserer Ikone wortwörtlich wiedergegeben. Hinzu kommt noch die außergewöhnliche Himmelfahrt, wobei zwei Tragengel den verklärten Leib des Johannes in einer Mandorla emporheben. Die Aufschrift lautet: »Die Verwandlung des Theologen« (griech. »He Metástase toû Theológou«). Es empfiehlt sich, diese Beischrift und Darstellung genau anzusehen. Denn hier wird nichts Geringeres versucht, als Christi Himmelfahrt nachzuahmen. Vielleicht verstehen wir jetzt besser, weshalb die Großkirche, die apokryphe Literatur des Pseudo-Próchoros aus dem 5. Jahrhundert als Häresie gebrandmarkt hat und verbrennen ließ. Die »ketzerische« Ikone stammt vom Ende des 16. Jahrhunderts und trägt die Katalog-Nr. 64 (Abb. 12).

In diesem Zusammenhang sei auf eine weitere kretische Ikone, die dem Apostel, Evangelisten und Theologen *Johannes* geweiht ist, aufmerksam gemacht. Dieser hält ein halbgeöffnetes Evangelienbuch in der Hand, auf dessen erster Seite die bekannten Eingangsworte des Prologes zum Vierten Evangelium zu lesen sind: *»Im Anfang war das Wort, und das Wort war bei Gott, und das Wort war Gott. Dieses war im Anfang bei Gott«* (Joh 1,1.2). Der gut lesbare griechische Urtext, in Majuskelschrift abgefaßt, lautet wie folgt: »EN APXH HN O ΛΟΓΟΣ ...«, lies »En archê ên ho lógos ...«. Die hier abgebildete Johannes-Ikone ist um 1500 entstanden; sie ist im klösterlichen Ikonenverzeichnis unter Nr. 12 aufgeführt (Abb. 15).

An dieser Stelle sei auch die mächtige, aber weniger kunstvoll gearbeitete Johannes-Ikone in der inneren Vorhalle (Esonárthex) der Klosterkirche erwähnt. Sie ist das *»Palládion«* (Schutzbild) von Patmos und wird durch einen schweren, silbervergoldeten Rahmen aus dem 12. Jahrhundert geschmückt. Die Tafel selber datiert aus dem 15. Jahrhundert (Katalog-Nr. 2). Angesichts der zahlreichen älteren und jüngeren Johannesbilder in Kirchen und Kapellen auf Patmos ist hier eine knappe theologisch-kritische Bemerkung am Platz. Die heutige Bibelwissenschaft unterscheidet zwischen dem *Evangelisten* Johannes und dem *Apokalyptiker* Johannes. Für die weniger kritische Ostkirche ist indessen der Apostel und Verfasser des Vierten Evangeliums mit dem Seher und Verfasser der Geheimen Offenbarung identisch. Man muß also bei der Betrachtung eines ostkirchlichen Johannes-Bildes stets bedenken, daß in der Hagiographie (Lebensbeschreibung von Heiligen) wie in der Ikonographie (Bildbeschreibung) der »Apóstolos« oder »Theológos« und der »Presbýteros« (Ältester der Gemeinde) ein und dieselbe Person sind.

Die patmische *Ikonensammlung* weist 164 registrierte Tafelbilder auf. Diese befinden sich in der Klosterkirche (Katholikón), in der Offenbarungsgrotte, in den umliegenden Kapellen und vor allem in der Neuen Schatzkammer. Der griechische Kunsthistoriker *Manólis Chatzidákis* hat alle erreichbaren Ikonen geordnet und in einem schönen Kunstband publiziert. Allerdings kann der Bildband in keiner Buchhandlung bezogen werden, da er von der Griechischen Staatsbank zu Geschenkzwecken nur in kleiner Auflage gedruckt worden ist[12].

16 *Kyprianós von Nikomedien:* Im »Menológion« (Heiligenkalender) der Ostkirche ist über den Märtyrerbischof folgendes zu lesen: »Kyprianós, ein in der heidnischen Philosophie sehr beschlagener Mann, setzte all sein Wissen ein, um die heiligen Beschlüsse der Jungfrau Justina zu erschüttern.« Doch diese bekehrte den heidnischen Weisen zum Christentum. Kyprianós, der sein Wissen weitgehend der Magie vedankte, »empfing die heilige Taufe, nachdem er die magischen Bücher ins Feuer geworfen hatte. Er nahm das geistliche Kleid und erteilte nach seiner Bischofsweihe der frommen Jungfrau Justina die Weihe einer Diakonisse. Mit ihr zusammen festgenommen, wurden beide nach Nikodemien zu Kaiser Diokletian geschickt. Dieser gab den Befehl, sie zu enthaupten. Das geschah um das Jahr 304.« Der Gedächtnistag der beiden ostkirchlichen Märtyrer aus der römischen Kaiserresidenz von Nikomedien in Bithynien (Kleinasien) ist der 2. Oktober. – Auf unserem Fresko in Patmos hält der Märtyrerbischof Kyprianós ein Evangelienbuch in der Hand an Stelle der früheren magischen Bücher. Wandmalerei in der Trápeza (Refektorium) des Johannesklosters, erste Hälfte 13. Jahrhundert.

ΚΥ
ΠΡΙ
Α
ΝΟϹ

17

17 *Nikólaos von Myra, der Wundertäter:* Die aus stecknadelkopfgroßen Mosaiksteinchen gefertigte älteste Ikone des Klosterschatzes ist wahrscheinlich vom Klostergründer Christódoulos von Kleinasien nach Patmos gebracht worden (1088). Die kostbare Mosaik-Ikone erinnert an die legendäre Wiedereinsetzung des eingekerkerten Nikólaos in sein Bischofsamt durch Christus selber (oben links), der ihm ein Evangelienbuch überreicht, sowie durch die Gottesmutter (oben rechts), die ihm das kreuzgeschmückte bischöfliche Schultertuch (»Omophórion«) aushändigt, nachdem er wegen seiner Glaubenshaltung auf dem Konzil von Nizäa (325) vom byzantinischen Kaiser Konstantin dem Großen mit Gefängnis bestraft worden war. – Der *Silberrahmen* stellt oben die Thronbereitung (»Hetoimasía«) für Christus als Weltenrichter dar, während zwei Engel- und vier Heiligenmedaillons Nikólaos einrahmen. – Byzantinische Mosaik-Ikone, 11. Jahrhundert; Silberrahmen 13. Jahrhundert. Patmos, Johanneskloster, Neue Schatzkammer. 21,7 × 18,6 cm (mit Rahmen); 14 × 10 cm (Mosaik).

18

18 *Hiob, Prophet der Auferstehung:* Das Patmoskloster besitzt eine besondere Oster-Ikone, auf welcher Hiob als Auferstehungsbote erscheint. Er ist in eine Mönchskutte gekleidet und blickt auf das Ostergeschehen, das sich vor seinen Augen abspielt. Das Ereignis beginnt mit dem Eindringen des auferstandenen Christus in die Unterwelt. Dort überwältigt Christus den Satan, der zu Boden stürzt und von einem Engel gefesselt wird. Im frühchristlichen apokryphen Nikodemusevangelium, in welchem »Christi Höllenfahrt« bis in alle Details beschrieben wird, ist zudem von der Vertreibung des personifizierten Hades die Rede. Nun ergreift Christus den Urvater Adam beim Handgelenk und zieht diesen mitsamt der Stammutter Eva aus der Totengruft. Der Auferstandene befreit auch die vorchristlichen »Gerechten« aus der Gewalt des Todes. Zu ihnen gehören Adams Sohn Abel, die Könige David und Salomo, die Propheten Jesaja, Jeremia und Jona sowie Johannes der Täufer, die im »Malerbuch vom Berge Athos« (§ 306) namentlich erwähnt werden und die auf unserer Osterikone in zwei Gruppen zur Linken und zur Rechten des auf dem zerbrochenen Höllentor stehenden Triumphators erscheinen. Über der Schar der auferweckten Gerechten tauchen in der linken und rechten Ikonenecke, halb verdeckt durch zwei byzantinische Tafelberge, zwei kleinere Gestalten mit je einer entfalteten Schriftrolle auf. Es handelt sich laut Beischrift um die alttestamentlichen »Propheten« *Jona* und *Hiob*. Auf dem Spruchband des Jona steht geschrieben *»Ich bewache die Gräber«*, während Hiob auf seiner Schriftrolle verkündet *»Die Toten werden auferstehen«*. – Auferstehungsikone eines unbekannten patmischen Malermönchs, Anfang 18. Jahrhundert (restauriert von Phótes Zacharíou 1977). Patmos, Johanneskloster, Neue Schatzkammer. Ganze Ikone 89 × 65 cm (Abb. obere Ikonenhälfte).

Natürlich wäre noch manche erlesene Ikone zu nennen, so unter anderm die kleine Mosaik-Ikone des heiligen *Nikólaos* aus dem 11. Jahrhundert (Katalog-Nr. 1, siehe unsere Abb. 17) oder das byzantinische Bild des Herrenbruders *Jakobus* (im klösterlichen Ikonenverzeichnis Nr. 4, siehe unsere Abb. 19). Aus nachbyzantinischer Zeit stammt das prachtvolle kretische *Triptychon des Geórgios Klótzas* (1580–1600, Katalog-Nr. 62). Die drei Tafeln stellen in zahlreichen Szenen den ganzen orthodoxen Festzyklus dar. Eine eingehende Würdigung dieser Festtagstafeln würde jedoch den Rahmen unserer Arbeit sprengen.

Lediglich eine Ausnahme sei abschließend gestattet. Es handelt sich um die große *Auferstehungs-Ikone* (Katalog-Nr. 160) in der Neuen Schatzkammer mit der seltenen Darstellung des *Auferstehungs-Propheten Hiob.* Wir haben auf das Bild schon im theologischen Teil unserer Arbeit aufmerksam gemacht. Allein der Hinweis auf das Osterevangelium genügt nicht, um die vielen Gestalten auf der Ikone zu deuten. Neben dem neutestamentlichen Zeugnis spielt hier noch eine außerkanonische Quelle eine wichtige Rolle. Es handelt sich um das apokryphe *Nikodemusevangelium:* Dort wird in den Schlußkapiteln (Kap. 17–26, verfaßt im 3. oder 4. Jahrhundert) ausführlich geschildert, wie Christus zwischen Karfreitag und Ostern ins Totenreich eingedrungen sei und alsbald die beiden Unterweltsfürsten, den Hades und den Satan, bezwungen habe. Dieser *»Abstieg in die Vorhölle«* gilt aber nicht nur der Bezwingung von Hades und Satan, sondern der Befreiung aller vorchristlichen verstorbenen »Gerechten«. Letztere hatten ja keine Gelegenheit, den Erlöser Christus kennenzulernen. Jetzt aber werden sie aus der Gewalt des Todes befreit und durch Christus im Triumph ins Paradies geführt.

Nun hat zu Beginn des 18. Jahrhunderts ein Malermönch im Johanneskloster mit großer Phantasie und guter Kenntnis des Nikodemusevangeliums die Befreiung der vorchristlichen Gerechten im Totenreich dargestellt. Zu ihnen gehören Adam und Eva, ihr Sohn Abel, dann der entrückte Henoch und der glaubensstarke Noach, ferner die Erzväter Abraham, Isaak und Jakob, der Gesetzgeber Mose und sein Bruder Aaron sowie deren Nachfolger Josua, die Könige David und Salomo, die Propheten Jesaja, Jeremia, Ezechiel und Daniel sowie Jona, ferner Elija und Johannes der Täufer und, was auf einer Oster-Ikone selten vorkommt, *Hiob.*

Die nahezu ein Meter hohe Ikone ist in zwei Felder aufgeteilt: In der oberen Hälfte erkennen wir Christus, auf der zerbrochenen Höllenpforte stehend, wie er im Begriff ist, Urvater Adam mit festem Griff beim Handgelenk aus seiner Totengruft hervorzuholen. Die untere Bildhälfte zeigt die erschrockenen römischen Grabwächter, die überraschten Salbenträgerinnen, den Auferstehungsengel, der auf das leere Grab weist, und einen zweiten Engel, der den Satan fesselt; schließlich unten am Rand der Ikone die heilige Helena. Was uns aber am meisten interessieren dürfte, sind die beiden Prophetengestalten *Jona* und *Hiob.* Sie tauchen hinter den byzantinischen Tafelbergen in der linken und rechten oberen Ecke der Oster-Ikone auf. Beide »Propheten« entrollen ein Spruchband mit einer Auferstehungsprophezeiung. Auf der linken Schriftrolle, die Jona hält, entziffern wir: *»Ich bewache die Gräber«* – bis zur Auferstehung der Toten. Die kleine Rolle rechts, von Hiob gehalten, besagt: *»Die Toten werden auferstehen«,* in griechischer Fassung: »Anastésontai hoi nekroí.« Über Hiobs Haupt ist die Inschrift angebracht: »Ho prophétes Iób« – *»Hiob, der Prophet (der Auferstehung)«*: Siehe unsere Abbildung 18!

Eine solche Darstellung ist außergewöhnlich, zumal Hiob noch eine Mönchsstola trägt. Man vergegenwärtige sich: Hiob bezeugt als byzantinischer Mönch die Auferstehung Christi von den Toten! Zugleich wird er in die »Wolke von Zeugen« (Hebr 12,1) aufgenommen, die Gott vertraut haben und die im Alten Testament symbolisch auf Christus vorausweisen. Ähnliches wird vom Propheten Jona gesagt, den Jesus selber als Vor-Bild (Präfiguration) der Auferstehung bezeichnet. Wir begegnen hier dem berühmten *»Jonaszeichen«,* das symbolisch auf Ostern zeigt:

> »So wie Jona drei Tage und drei Nächte im Bauch des Seeungeheuers war, so wird auch der Menschensohn drei Tage und drei Nächte in der Tiefe der Erde verborgen sein.«
>
> Matthäus 12,40

Im Malerbuch vom Berg Athos wird das »Herabsteigen [Christi] in die Hölle« in § 306 ausführlich beschrieben. Unter anderen Propheten wird auch Jona

◁ 19 *Jakobus, der Herrenbruder:* Die edlen Züge des Heiligen in Halbfigur, die würdevolle Haltung und die ausgewogene Farbgebung bei den Gewändern (dunkelblauer »Chitón«, darüber das leuchtendrote »Himátion«) auf goldenem Grund rücken die Ikone in die Nähe der monumentalen Wandmalerei von Sopoćani bei Novi Pazar (Serbien), deren Apostel von demselben klassischen Geist erfüllt sind wie der Herrenbruder auf Patmos. In seiner Rechten hält er eine antike Schriftrolle, die ihn als Verfasser des »Jakobusbriefes« kennzeichnen soll. Christus selber (im Himmelssegment oben rechts) hat nach ostkirchlicher Tradition seinen Bruder Jakobus, der mit Petrus und Johannes eine der drei Stützen der Urgemeinde war, beim Schreiben inspiriert. – Byzantinische Ikone, um 1260/1270. Patmos, Johanneskloster, Neue Schatzkammer. 91 × 65 cm.

genannt, den Christus zum Leben erweckt. Hiob wird hier nicht namentlich erwähnt. Hingegen erscheinen die beiden Gottesmänner in den Paragraphen des Malerhandbuches, wo die verschiedenen Propheten aufgezählt werden und wo vorgeschrieben wird, wie sie im einzelnen gemalt werden sollen: § 192–195 für Jona und § 196–198 für Hiob[13]. Beiden Auferstehungspropheten wird in der ostkirchlichen Bibelauslegung je ein Wort in den Mund gelegt, das zwar, streng bibelkritisch betrachtet, mit Ostern nichts zu tun hat, das aber dennoch von den meisten Kirchenvätern als alttestamentlich-prophetisches Osterzeugnis betrachtet wird. Wir zitieren zunächst aus Jonas Bittgebet den Kernsatz, der auch schon als »symbolische Vorwegnahme der Auferstehung Jesu« bezeichnet worden ist:

»Ich sank hinunter bis zu den Fundamenten der Berge,
und hinter mir schlossen sich die Riegel der Totenwelt.
Aber du, Herr, mein Gott, hast mich lebendig aus der Grube gezogen.«

Jona 2,7

Das andere symbolträchtige Wort aus dem Munde des »Propheten Hiob«, das wir schon mehrmals zitiert haben, sei nochmals erwähnt:

»Doch nein, ich weiß, daß Gott, mein
Anwalt [Luther übersetzt: ›mein Erlöser‹] lebt!
Er spricht das letzte Wort hier auf der Erde.
Jetzt, wo die Haut in Fetzen an mir hängt
und ich kein Fleisch mehr an den Knochen habe,
jetzt möchte ich ihn sehn mit meinen Augen,
ihn selber will ich sehen, keinen Fremden!«

Hiob 19,25–27

Mit Olympiodor deuten die meisten östlichen Väter dieses Hiobzeugnis auf Christi Auferstehung am Ostermorgen und auf die allgemeine Totenauferwekkung am Jüngsten Tag. So versteht auch der Maler die hier vorgestellte und ausführlich kommentierte *Auferstehungs-Ikone* von Patmos als sichtbares Zeichen seines Glaubens an den »Erlöser«, der dem Tod die Macht entrissen hat und die Heilsgeschichte vollenden wird.

Die Hiobhandschrift »Pátmou 171« aus dem 9. Jahrhundert

In der Ostkirche nimmt das Buch Hiob eine Sonderstellung ein. Die Gestalt des großen Dulders erscheint vor allem den Mönchen als nachahmenswertes Vorbild. In Mönchskreisen sind deswegen die Hiobhandschriften immer wieder kopiert und an die nächste Generation weitergegeben worden. Auf der oben beschriebenen patmischen Oster-Ikone ist Hiob nicht von ungefähr in eine Mönchskutte gekleidet. Denn so wie der vielgeprüfte Hiob in völliger Armut sein Schicksal geduldig erträgt, mit Gott ringt und eine Gottesbegegnung sucht, so erstrebt auch der östliche Mönch während seiner lebenslänglichen Askese die ersehnte Gotteserscheinung. Besonders für die hesychastischen Mönche, deren Ziel bekanntlich eine visionäre, mystische Vereinigung mit Gott im Taborlicht ist, wird Hiob zum erstrebenswerten Leitbild. Aus biblischer Sicht ist freilich die Gottesbegegnung im Sturm (Hiob 38 und 40) etwas anderes als die mönchische »Unio mystica« oder die Vergöttlichung (»Theopoíesis«). Denn im Buch Hiob bleibt der grundsätzliche Unterschied zwischen dem Schöpfer und dem Geschöpf bestehen, während im Hesychasmus die metaphysische Grenze durch das verklärende »Taborlicht« vorübergehend verwischt wird.

Wir treten auf die Theophanie (Erscheinung Gottes) später bei der Bildbesprechung näher ein. Hier soll nur

20 *Die Kapelle der Gottesmutter:* Man betritt den kleinen liturgischen Raum (8,40 × 3,05 m) durch das Südportal der Hauptkirche, »Katholikón« genannt. Die mystische Kapelle der Ganzheiligen – »Parekklésion tês Panagías« – wird im Chorraum durch ein eindrückliches Fresko der thronenden Gottesmutter mit Kind beherrscht, flankiert von den Erzengeln Michael und Gabriel in kaiserlichen Gewändern. Sie verkörpert den byzantinischen Marientypus der *Herrin der Engel* (»Kyría tôn Angélōn«). Über dieser hieratischen Wandmalerei von 1185/1190 erscheint eine weitere Engelsgruppe mit dem Gastgeber Abraham, der im Begriff ist, drei Himmelsboten zu bewirten (vgl. Gen 18,1–15). Es handelt sich um das alttestamentliche Motiv der *Gastfreundschaft* (»Philoxenía«). Der liturgische Bezug zum christlichen Abendmahl liegt auf der Hand, wird doch im selben Raum von den Mönchen die Eucharistie gefeiert. Die kleine weihraucherfüllte Gottesmutter-Kapelle wird durch eine geschnitzte, mit vergoldeten Verzierungen geschmückte Bilderwand aus Kreta, datiert von 1607, unterteilt. Aus der gleichen Zeit stammen auch die kretischen Ikonen, von denen ein Bild des »Christus Pantokrator« (Allherrscher) und ein weiteres von der thronenden Gottesmutter, der »Herrin der Engel«, rechts und links von der Königlichen Pforte, bemerkenswert sind. – Patmos, Johanneskloster, Gottesmutter-Kapelle an der Südfront der Hauptkirche. Byzantinische Fresken, wahrscheinlich eine Stiftung des Patmos-Abtes und späteren Patriarchen von Jerusalem Leóntios, 1176–1185/90. Kretische Ikonen, Anfang 17. Jahrhundert.

20

auf den visionären Charakter aufmerksam gemacht werden. Hiob »schaut« – immer nach Auffassung der Mönche – den auf einem Regenbogen sitzenden *Christus Pantokrator.* Natürlich ist ihre Schau nicht ganz abwegig, da nach dem Sturm meistens ein Regenbogen erscheint. Auf unserer farbigen Abbildung 29 thront der Allherrscher in der Gestalt des »Alten der [letzten] Tage« oder des »Hochbetagten«. Der entsprechende Bibeltext lautet [nach der »Guten Nachricht«] wie folgt:

»Dann sah ich, wie Thronsessel aufgestellt wurden. Ein uralter Mann setzte sich auf einen von ihnen. Sein Gewand war weiß wie Schnee und sein Haupthaar so weiß wie reine Wolle. Sein Thron war aus lodernden Flammen und stand auf feurigen Rädern; ein Feuerstrom ging von ihm aus. Millionen standen dienstbereit um ihn, und Milliarden vor ihm. Richter setzten sich und Bücher wurden aufgeschlagen. Danach sah ich in meiner Vision einen, der aussah wie ein Mensch. Er kam mit den Wolken heran und wurde vor den Thron des Uralten geführt. Der verlieh ihm Macht, Ehre und Herrschaft, und die Menschen aller Nationen, Völker und Sprachen unterwarfen sich ihm. Seine Macht ist ewig und unvergänglich, niemand wird ihm je die Herrschaft entreißen.«

Daniel 7,9.10.13.14

Schlägt man den entsprechenden Bibeltext in der Septuaginta auf (Hiob 38,1) und liest den betreffenden Olympiodor-Kommentar (Patr. Graec. 93,397), dann versteht man besser, weshalb der ostkirchliche Maler den »Alten der [letzten] Tage« dargestellt hat. Die byzantinische Ikonographie vereinigt nämlich in der alttestamentlichen Gestalt des »Uralten« die beiden Christustypen des »Emmanuél« (der Name stammt aus dem Alten Testament, Jesaja 7,14; 8,8.10) und des »Kýrios Pantokrátor«. Was den Immanuel-Typus anbelangt, so verweisen wir auf unsere Abbildung der charakteristischen, aus dem 7. Jahrhundert stammenden Immanuel-Ikone im Sinaikloster[14]. Dort ist die Bibelstelle vom göttlichen Fußschemel illustriert: »Der Herr sagt: ›Der Himmel ist mein Thron, die Erde mein Fußschemel‹« (Jes 66,1; Apg 7,49). Auf den entsprechenden Miniaturen von Patmos (11. Jahrhundert) und im Athoskloster Vatopédi (12. Jahrhundert) ist aus dem kosmisch-terrestrischen »Fußschemel« ein purpurnes Fußkissen geworden, das die byzantinischen Kaiser als Unterlage zu benutzen pflegten. Demgemäß thront der Pantokrator-Christus wie der Herrscher von Byzanz auf einem goldenen Stuhl. Mit seiner ausgestreckten Rechten segnet er, während seine Linke das Evangelienbuch hält. Zugleich erscheint auf allen drei Darstellungen – auf der sinaitischen Ikone, auf der patmischen und auf der athonitischen Miniatur – eine Engelschar, die den kosmischen Christus in seiner Mandorla umgibt. Es sind die dienstbaren Geister, von denen in der Daniel-Vision die Rede ist. Der blaue und weißgetönte Hintergrund soll die in der Septuaginta und im Olympiodor-Kommentar erwähnten Naturgewalten – den Orkan (»laîlaps«) und das Gewölk (»néphos«) – andeuten. Es ist denkbar, daß diese mythologische Veranschaulichung von Hiobs Gottesbegegnung zum Bestand des ursprünglichen Miniaturenzyklus gehört hat. In den anderen untersuchten Hiobhandschriften fehlt eine solche Darstellung. Dort erscheint nur noch Gottes Hand aus einer Wolke, während hier der im Bibeltext genannte »Kýrios« in voller Größe auf seinem Himmelsthron in Erscheinung tritt. Selbstverständlich denkt der Verfasser des Hiobbuches an den Gott der Erzväter im Alten Bund, also an »Jahwe«. Die byzantinische Buchmalerei hingegen glaubt im »Kýrios« den geweissagten Messias zu erkennen, weshalb sie die apokalyptische Christusfigur auf den Thron des Jüngsten Gerichtes setzt, wie ihn Daniel geschaut hat: Vergleiche die Patmos-Miniatur (Abb. 29) mit dem ähnlichen Bild im Kodex Vatopedíou Nr. 590 (Abb. 30 und Farbtafel 255 auf S. 248).

Dieser interessante Vergleich legt uns nahe, daß wir bei jeder Bildbetrachtung mit Gewinn die folgenden drei Kriterien beachten: Zuerst sollte der *Bibeltext,* der meist nur auszugsweise zitiert wird, im Zusammenhang des ganzen Kapitels gelesen werden. Gerade dort, wo der Kommentator Olympiódoros nur kurze Bibelverse ausgewählt hat, muß unbedingt der Kontext mit einbezogen werden, will man dem Hiobtext gerecht werden. Zum zweiten sollten wir uns an den beigefügten *Kommentar* halten, der leider nur dem Latein- und Griechischkundigen zugänglich ist, da bis heute kein Sprachgelehrter den langatmigen, oft schwerverständlichen Olympiodor-Kommentar in eine lebende Sprache übersetzt hat. Alle untersuchten byzantinischen Hiobmanuskripte stimmen, abgesehen von geringfügigen Abweichungen, mit dem von *Jacques-Paul Migne* edierten Text in der »Patrologia Graeca« (Bd. 93, Sp. 13–470) überein. Zum dritten wäre eine umfassende Untersuchung der *Miniaturzyklen* nach ikonographischen, stilistischen und kompositorischen Gesichtspunkten wünschenswert. Was die Beschreibung eines Bildinhaltes und dessen theologische Deutung betrifft, so bemüht sich die vorliegende Studie, diesem Ziel gerecht zu werden. Hingegen kann es nicht unsere Aufgabe sein, Fragen des Stils, der Entwicklung oder Zuordnung zu erörtern. Wichtig wäre sicher auch eine gründliche Untersuchung der Texte nach den Kriterien der paläographischen Wissenschaft. Denn die Handschriftenkunde hat schon manches Licht ins Dunkel der Quellenforschung gebracht. Wie nötig eine diesbezügliche Analyse der Unzialschrift im »Kodex Pátmou

171« wäre, erhellt auch die Tatsache, daß namhafte Handschriftenforscher für diesen wohl ältesten Hiobkodex völlig kontroverse Datums- und Herkunftsangaben machen.

Siehe folgende sechs Vorschläge:

Ioánnis Sakkelíōn hat Ende des letzten Jahrhunderts in seinem griechisch abgefaßten Handschriftenkatalog den Patmischen Kodex 171 ins ausgehende 7. oder beginnende 8. Jahrhundert datiert[15].

Charles Diehl, der französische Mitbegründer der modernen Byzantinistik zu Beginn dieses Jahrhunderts, übernimmt die Datierung von Sakkelíōn. Er stellt fest, daß die Hiobhandschrift von Patmos im Klosterverzeichnis von 1201 erstmals erwähnt wird, daß sie also nahezu 800 Jahre lang ununterbrochen im Besitz des Johannesklosters geblieben ist. Einen Herkunftsort nennt er nicht[16].

Kurt Weitzmann, deutschamerikanischer Kunsthistoriker von Weltruf, bezeichnet den Patmischen Hiob als ein Werk der »zentralkleinasiatischen Schulen«. Was die Datierung betrifft, so unterscheidet er zwischen einem ersten Miniaturenzyklus aus der Zeit des 7./8. Jahrhunderts, in der auch der ganze Text abgefaßt worden ist, und einer zweiten Bilderserie, die erst später von einem italienischen Künstler im 11. Jahrhundert vollendet wurde[17].

André Grabar, führender französischer Byzantinist, vertritt eine völlig neue These: Im Gegensatz zu Weitzmanns kappadokischer Lokalisierung schlägt er in seiner Studie »Les manuscrits grecs enluminés de provenance italienne (IXe–XIe siècles)« ein »griechisches Skriptorium in Italien« vor, wo »alle 44 Miniaturen in derselben Epoche, vielleicht in zwei aufeinanderfolgenden Etappen ausgeführt worden sind«. Er vermutet, daß »der im 9. Jahrhundert in Italien entstandene Kodex« später von Mönchen nach Patmos überführt worden sei, als dort die Klosterbibliothek gegründet wurde und das prächtige griechische Manuskript in Sicherheit gebracht werden mußte, weil zu jener Zeit Italien für immer dem Byzantinischen Reich verlorenging[18].

Viktor Lazarev, der russische Handschriftenforscher, bietet eine Mischung der obgenannten Thesen, indem er einesteils die Frühdatierung verwirft und das 9. Jahrhundert postuliert, andererseits aber Italien als Herkunftsland ablehnt zugunsten der kleinasiatischen Theorie. Er schreibt: »Wahrscheinlich geht das Buch Hiob, welches in Mönchskreisen sehr populär ist und in der Bibliothek des Klosters von Johannes dem Theologen auf Patmos aufbewahrt wird (Katalog-Nr. 171), auf das IX. Jahrhundert (und nicht, wie Weitzmann annimmt, auf das VII. Jahrhundert) zurück. Seine Miniaturen, die einen archaischen Stil haben, weisen nach Kleinasien als Entstehungsort.«[19]

Giulio Jacopi schließlich, der vor 50 Jahren die erste und einzige zusammenhängende Darstellung des Patmischen Hiob publiziert hat, hält an der frühen Datierung fest. Allerdings sind dieser Publikation gegenüber Vorbehalte zu machen. Jacopi hat nämlich die stark abgeblätterten Hiobminiaturen retouchiert und ihnen ein neues Aussehen verliehen, wie wir gleich im folgenden Abschnitt feststellen können.

Die Hiobminiaturen von Patmos

Man ist versucht, angesichts der Aufnahmen in Jacopis Buch »Le miniature dei codici di Patmo«[20] geradezu von einer Bilderfälschung zu sprechen, wenn man die Original-Miniaturen mit den publizierten Farbtafeln vergleicht. Gewiß befinden sich die Bilder der ersten Serie aus dem 9. Jahrhundert in einem bedenklich schlechten Zustand, da die ursprünglichen Deckfarben zum Teil abgeblättert sind. Nun ließ Jacopi auf seinen Reproduktionen die noch gut sichtbaren Vorzeichnungen des byzantinischen Künstlers ausmalen, um die alten Miniaturen in neuem Glanz erstehen zu lassen. Was auf dem Gebiet der Archäologie noch erlaubt sein mag – wir denken an die Betonrekonstruktion von Arthur Evans auf Kreta –, sollte auf dem Gebiet der Buchmalerei unterbleiben. Damit der Betrachter einen Vergleich zwischen den retouchierten Farbtafeln und den ältesten Hiob-Miniaturen in ihrem derzeitigen Zustand anstellen kann, haben wir einige Jacopi-Tafeln photographiert (allerdings nur einfarbig) und diese den unverfälschten Miniaturen gegenübergestellt (siehe Abb. 22 bis 27).

Hier noch ein erläuternder Hinweis zur anschließenden Zusammenstellung der Bilder: Im folgenden werden die Miniaturen nach der Seitenzahl angezeigt und nicht, wie dies bei alten Handschriften sonst üblich ist, gemäß der Blattzahl (also nicht mit »Folio recto« oder »Folio verso«). Die ungewohnte Seitennumerierung geht offensichtlich auf eine jüngere Hand zurück, welche die verlorengegangenen Pergamentblätter unberücksichtigt ließ.

a) *Die Bilderzyklen im »Kodex Pátmou 171«*

ERSTER BILDERZYKLUS des 9. Jahrhunderts, Kodex-Seite 15–60

Miniatur Nr.	auf Seite	Darstellung (Zustand des Bildes)
1	15	Hiobs Reichtum. (stark beschädigte Miniatur)
2	16	Die sieben Söhne Hiobs holen ihre drei Schwestern zum Festmahl. (beschädigt)
3	17	Hiob bringt ein Brandopfer dar. (stark beschädigt)
4	25	oben: Christus-Büste mit segnender Rechten und mit Evangelienbuch in der Linken; Pantokrator-Typ mit Kreuznimbus (Abb. 21).
5	25	unten: Drei Engel und der Satan, der zur himmlischen Ratsversammlung gehört (Abb. 21).
6	33	Satan eilt davon; im Hintergrund eine Art »Götterberg«, darüber Jahwes Hand. (stark beschädigt)
7	34	Festmahl der Söhne und Töchter Hiobs; im Vordergrund Diener mit Speise und Trank. (beschädigt)
8	36	Beduinen überfallen Hiobs Herden und Hirten; Raub und Gemetzel (Abb. 22 und 23).
9	38	Feuer vom Himmel, brennende Schafherde. (stark beschädigt)
10	39	Nomaden massakrieren Hiobs Knechte und führen die Kamelherde weg. (beschädigt)
11	41	Ein Sturm zerstört das Haus der Festversammlung, unter dessen Trümmern Hiobs Kinder umkommen. (stark beschädigt)
12	42	Hiob zerreißt vor Schmerz seine Kleider in Gegenwart der vier Unglücksboten. (beschädigt)
13	43	Hiob schert sich zum Zeichen der Trauer das Haupt und wirft sich auf die Erde. (stark beschädigt)
14	44	Hiob erhebt die Hände zum Gebet; trotz der vier »Hiobsplagen« bleibt der Geprüfte Gott treu. (beschädigt)
15	50	Erneute himmlische Ratsversammlung, Satan weicht von Gottes Angesicht. (stark beschädigt)
16	51	Satan schlägt Hiob mit Aussatz, während ein dreiköpfiges Ungeheuer Feuer speit (Abb. 24 und 25).
17	52	Vier Mitbürger vor der Stadtmauer zeigen mit Fingern auf den ausgestoßenen Hiob. (beschädigt)
18	53	Eine Gruppe von Bürgern, angeführt von Hiobs Frau, nähert sich dem Aussätzigen auf dem Dunghaufen. (beschädigt)
19	58	Hiobs Frau allein mit dem Kranken, dem sie rät, Gott abzusagen. (stark beschädigt)
20	60	Drei königliche Freunde hoch zu Roß besuchen mit berittenen Dienern Hiob (Abb. 26 und 27).
Zwei spätere Miniaturen vom 11. Jh. [?] auf Kodex-Seite 75 und 106:		
21	75	Hiob klagt den drei gekrönten Freunden sein Leid. (ungelenke Figuren)
22	106	Elifas von Teman antwortet Hiob auf dem Müllhaufen; die beiden andern Freunde Bildad von Schuach und Zofar von Naama hören aufmerksam zu. (schlechte Malerei)

ZWEITER BILDERZYKLUS des 11. Jahrhunderts, Kodex-Seite 448–511

Miniatur Nr.	auf Seite	Darstellung (Zustand des Bildes)
23	448	Der vierte Freund Elihu hält Hiob eine Strafpredigt, weil sich dieser gegen sein Schicksal auflehnt (Abb. 28).
24	449	Erste Gotteserscheinung (Theophanie); Christus, von einer Engelschar umgeben, sitzt auf einem Regenbogen, während er sich der Erde als Fußschemel bedient (Abb. 29). Die entsprechende Miniatur im Hiobkodex 590 (alte Nr. 503) des Athosklosters Vatopédi aus dem 12. Jahrhundert (fol 144r) zeigt den Pantokrator-Christus nicht mehr auf dem himmlischen, sondern auf einem irdischen Königsthron (Abb. 30).
25	450	Gott spricht mit Hiob in Gegenwart von Elihu (Abb. 31).
26	460	Mit fliegendem Gewand sprengt der auferstandene Christus die beiden Torflügel des Totenreiches auf, in welchem zwei verängstigte Gestalten kauern (Abb. 32).
27	465	Sternbild der Plejaden (Siebengestirn).
28	469	Hindin mit säugendem Kitzlein und drei davonspringenden Jungen (Abb. 33).
29	470	Wildesel (Abb. 34).
30	471	Straußenweibchen mit schönen Schwanzfedern (Abb. 35).
31	472	Pferd. (beschädigt)
32	475 u.l.	Falke mit geöffneten Flügeln auf einem Stein (Abb. 36).
33	475 u.r.	Fabeltier Greif mit Löwenleib, Adlerschnabel und Flügelpaar auf einem Felsbrocken (Abb. 37).
34	477	Hiob antwortet Gott auf dessen erste Rede aus dem Sturm heraus (Abb. 38).
35	479	Hiob mit rotem Fangseil für die Urwelttiere Behemot und Leviatan. (beschädigt)
36	487	Geflügelter menschenähnlicher Drache unter einem Baum, Verkörperung der widergöttlichen Macht, Behemot genannt (Abb. 39).
37	492	Gott (bzw. Christus mit Kreuznimbus) vor einem am Boden liegenden Menschen. Die Miniatur illustriert Hiob 41,1: »Sein (= des Drachen) bloßer Anblick wirft dich schon zu Boden.« (beschädigt)
38	500	Hiob antwortet Gott auf dessen zweite Rede aus dem Sturm heraus (Abb. 40).
39	506	oben: Gott wendet sich an Elifas von Teman und spricht: »Ich bin zornig auf dich und deine Freunde; denn ihr habt nicht die Wahrheit über mich gesagt wie mein Diener Ijob« (Hiob 42,7). – Bärtiger Christus (mit Kreuznimbus) in Halbfigur.
40	506	Dreiergruppe der Freunde Hiobs; einer davon mit Sprechgestus. (beschädigt)
41	507	Eine weitere Dreiergruppe, bestehend aus Hiobs Verwandten, bekundet dem Geheilten ihr Mitgefühl. (leicht beschädigt)
42	508	Hiobs Brüder und Schwestern sowie frühere Freunde bringen Genesungsgeschenke dar. (stark beschädigt)
43	510	Hiobs neuer Reichtum, eine Herde von Pferden. (lediglich braune Skizze)
44	511	Eine Herde von Wildeseln. (nur braune Skizze)

Aus dieser Zusammenstellung wird ersichtlich, daß mindestens drei Miniatoren im 9. und 11. Jahrhundert am Werk gewesen sind. Die erste, leider stark beschädigte Bilderserie schmückt die Textseiten 15 bis 60; das heißt der Miniator hat nur die zwei ersten Kapitel des Hiobbuches mit Bildern ausgestattet. Da auch der Sinaitische Hiob mit seinen antikisierenden Miniaturen lediglich in Kapitel 1 und 2 illustriert ist und da die ältere Vatikanische Hiobhandschrift bloß in den beiden ersten Kapiteln einen qualitativ hochstehenden Bilderzyklus besitzt (im Unterschied zu den Miniaturen des Dialogteils), liegt der Schluß nahe, die *Hiob-Urhandschrift* (Archetyp) sei lediglich im ersten und zweiten Kapitel bebildert gewesen. Die Illustration des anschließenden Dialog- oder Disputationsteils ist eine spätere Erfindung, ebenso der Bilderzyklus von Hiobs Wiederherstellung, seinem Tod und seiner Auferstehung.

Was den Patmischen Hiob insbesondere betrifft, so erhellt die obige Aufstellung, wie sich auf den Seiten 75 und 106 ein wenig begabter Maler um eine Bebilderung des erwähnten Dialogteils bemüht hat, jedoch mit wenig Erfolg. So blieb die geplante Illustration schon im Anlauf stecken. Die letzte eindrückliche Serie von Miniaturen setzt erst am Ende des Hiobbuches auf Seite 448 ein. Sie ist im 11. Jahrhundert entstanden und dürfte das Werk eines italienischen Meisters sein. Auf welchem Weg der »Kodex Pátmou 171« in die Bibliothek des Johannesklosters gelangt ist, bleibt einer besonderen Untersuchung vorbehalten. Ich kann meinerseits lediglich eine Notiz weitergeben, die zwar die Frage nach der Provenienz eher erschwert als erklärt. Der Patmische Hiob enthält nämlich eine spätere Eintragung, wonach im Jahr 959 eine Handänderung auf der Insel Rhodos stattgefunden habe: Damals hat ein gewisser »Léon von Rhódos« den kostbaren Kodex an eine Bibliophile namens »Eudokía« verkauft. Zu jener Zeit gehörte die Insel zum Oströmischen Reich unter der Makedonischen Kaiserdynastie.

b) *Der Zusammenhang von Text und Bild*

Die meisten Handschriften des 9. Jahrhunderts sind, im Unterschied zu den späteren Manuskripten, in Unzial- oder Majuskelschrift abgefaßt. Ein Kalligraph (Kunstschreiber) setzt mit großer Sorgfalt den Bibeltext in einer ersten Spalte auf die Pergamentseite, während er die zweite Kolumne für den etwas kleiner geschriebenen Kommentartext reserviert. So können stets mit Leichtigkeit Hiobtexte und Kommentar des Olympiódoros auseinandergehalten werden. Weil aber der Alexandriner meistens nur auszugsweise Hiob zitiert und seine Erläuterungen dazu oft mehrere Seiten umfassen, rahmt jeweils der Olympiodor-Kommentar den biblischen Text ein. Man spricht in diesem Fall von einer »Rahmen-Katene«. Eine *Katene* ist eine »Kette« von einzelnen Kirchenväterzitaten (z. B. von Basíleios dem Großen oder von Johannes Chrysóstomos), die Olympiódoros wie »Kettenglieder« an seine eigenen Texterläuterungen reiht. Wir kommen später bei der Erklärung des Sinaitischen Hiobkommentars noch ausführlich auf die Bedeutung dieser für die Kirchenväterkunde so aufschlußreichen »Kettenkommentare« zu sprechen (s. S. 173–177).

Ein interessantes Beispiel für den Übergang von der Majuskelschrift (Großbuchstaben) zur Minuskelschrift (Kleinbuchstaben) bildet das Hiobmanuskript von Venedig. Hier sind die Hiobverse in Unzialen und der Kommentar in Minuskeln (Kursivschrift) abgefaßt. Die jüngeren Hiobkommentare vom Sinai, von Jerusalem und von Rom (Zweite Vatikanische Hiobhandschrift des 13. Jahrhunderts) weisen dagegen keine Unzialschrift mehr auf, höchstens eine Durchsetzung der Kleinbuchstabenschrift mit einzelnen Majuskelbuchstaben, wobei man von einer »Auszeichnungsschrift« spricht. In der Regel wird hier der heilige Bibeltext in größeren Minuskeln und weitmaschig geschrieben, während der Kommentarteil in kleiner, engmaschiger Minuskelschrift abgefaßt ist. Am gekonntesten präsentiert sich das Schriftbild im Zweiten Vatikanischen Hiob. Hier wird der heilige Text mit roter Tinte hervorgehoben; der Kommentar dazu ist wie üblich schwarz geschrieben, während die Namen der Kommentatoren in Goldschrift aufgetragen sind (Abb. 152 und 155, VATIKAN-II).

Was nun den Inhalt des Olympiodor-Kommentars anbelangt, so habe ich mich redlich bemüht, denselben möglichst wortgetreu wiederzugeben. Doch je länger mein sprachenkundiger Gewährsmann Pater Albert Keel SJ aus Fribourg und ich dem überlieferten Kommentartext gerecht zu werden versuchten, desto mehr sahen wir ein, daß die geplante Wiedergabe des Olympiodor-Textes ein äußerst mühsames Unterfangen wäre. Die Gedankengänge des alexandrinischen Exegeten verlaufen nicht geradlinig, sondern bewegen sich zyklisch um ein bestimmtes theologisches Problem herum, ohne richtigen Anfang und ohne abschließende Zusammenfassung. Hinzu kommt eine weitere Schwierigkeit, die den Genuß der theologischen Lektüre verringert. Olympiódoros ist überzeugter Anhänger der *Alexandrinischen Schule,* die der allegorischen Bibelauslegung den Vorzug gibt im Unterschied zur Schule von Antiochia, wo der sachlich-historische Wortsinn des Bibeltextes im Vordergrund steht. Das Vorbild von Olympiódoros ist der Alexandriner *Origénes,* der bedeutendste Exeget der frühchristlichen Kirche: »Origenes [geb. 185, gest. 254] unterschied streng zwischen der zufälligen und minderwertigen historischen Bedeutung der zu erklärenden Schriftstelle und der in ihr verborgen liegenden tieferen geistigen Wahrheit, die ewig und unvergänglich ist. – Doch hat er darüber auch die philologische Erklärung ebensowenig vernachlässigt, wie die Sacherklärung« (Erwin Preuschen[21]). Olympiódoros ist leider im Tiefsinn der geistigen Wahrheit steckengeblieben. Seine allegorisch-symbolische Hiobexegese ist in weiten Teilen rätselhaft, manchmal geradezu unverständlich. Die Stärke des Olympiodor-Kommentars ist hingegen die getreue Wiedergabe von anderen, später verlorengegangenen Hioberklärungen bekannter Kirchenschriftsteller, die der Kompilator (Abschreiber) aus Alexandria auszugsweise übernommen und dadurch der Nachwelt erhalten hat.

Freilich gibt es zu diesen Kommentarstellen nur wenige Bilder, da sich die Miniatoren in der Regel an den Bibeltext halten. Dennoch bin ich bei der Bearbeitung der Manuskripte auf einige interessante Kommentarabschnitte gestoßen, die wegen ihres besonderen Charakters illustriert worden sind. So bringt zum Beispiel der »Codex Marcianus 538« *Hiobs Fußwaschung:* Gleich wie Jesus beim Abendmahl seinen Jüngern die Füße gewaschen hat, so wäscht auch Hiob zum Zeichen seiner Demut einem Diener die Füße (Abb. 102, VENEDIG). Oder der »Kodex Táphou 5« bringt ein Bild von *Hiobs Totenauferweckung* (Abb. 243, JERUSALEM). Solche bibelfremden Szenen lassen sich nur aus Kommentartexten ableiten, für die der byzantinische Künstler eigens eine Illustration geschaffen hat.

In den allermeisten Fällen wird jedoch ein Bibelvers oder ein kürzerer Abschnitt aus dem Hiobbuch illustriert.

c) *Die illustrierten Hiobtexte* (Abb. 21 bis 40)

1,6–12 Die Rahmenerzählung des Buches Hiob beziehungsweise der »Prolog im Himmel« schildert folgende Begebenheit: *»Eines Tages kamen die Gottessöhne* [= Engel] *zur himmlischen Ratsversammlung, und jeder stellte sich an seinen Platz vor dem Herrn. Unter ihnen war auch der Satan. Der Herr fragte ihn: ›... Hast du auch meinen Diener Ijob gesehen? So untadelig und treu wie er ist sonst keiner auf der Erde ...‹ Der Satan entgegnete: ›Würde Ijob dir gehorchen, wenn es sich nicht bezahlt machte? ... Rühre doch einmal seinen Besitz an! Wetten, daß er dich dann öffentlich verflucht!‹ Da sagte der Herr zum Satan: ›Gut! Alles, was er hat, gebe ich in deine Gewalt. Aber ihn selbst darfst du nicht antasten!‹ Danach verließ der Satan die Ratsversammlung«* (Abb. 21).

1,13–15 Von den vier »Hiobsplagen« hier die erste: *»Als eines Tages die Kinder Ijobs wieder einmal im Haus ihres ältesten Bruders feierten, kam ein Knecht zu Ijob gelaufen und meldete: ›Wir waren gerade mit den Rindern beim Pflügen. Die Esel weideten ganz in der Nähe. Da sind plötzlich Beduinen aus Saba über uns hergefallen. Sie haben alle Tiere genommen und deine Knechte erschlagen. Ich allein konnte mich retten, um es dir zu sagen‹ «* (Abb. 22 und 23).

2,1–7 Hiob bleibt Gott treu, der Satan hat die Wette verloren: *»Eines Tages kamen die Gottessöhne wieder zur himmlischen Ratsversammlung und stellten sich vor dem Herrn auf. Auch der Satan war wieder dabei. Der Herr fragte ihn: ›... Hast du auch meinen Diener Ijob gesehen? So untadelig und treu wie er ist sonst keiner auf der Erde ...‹ Der Satan widersprach: ›... Rühre doch einmal ihn selber an! Wetten, daß er dich dann öffentlich verflucht?‹ Da sagte der Herr zum Satan: ›Gut! Ich gebe seinen Körper in deine Gewalt. Aber sein Leben darfst du nicht antasten!‹ Der Satan ging aus der Ratsversammlung hinaus und ließ an Ijobs Körper eiternde Geschwüre ausbrechen; von Kopf bis Fuß war er davon bedeckt«* (Abb. 24 und 25).

2,11 *»Ijob hatte drei Freunde: Elifas aus Teman, Bildad aus Schuach und Zofar aus Naama. Als sie von all dem Unglück hörten, das Ijob getroffen hatte, beschlossen sie, ihn zu besuchen. Sie wollten ihm ihr Mitgefühl zeigen und ihn trösten.«* Septuaginta-Variante im byzantinischen Manuskript und in ›Hiobs Testament‹: »Die drei Könige kamen überein, Hiob zu trösten und ihn zu besuchen« (Abb. 26 und 27).

3 bis 37 Der Dialogteil der Patmischen Hiobhandschrift ist nicht illustriert worden, abgesehen von den zwei erwähnten ungelenken Versuchen, die Dreiergruppe der gekrönten Freunde und Hiob darzustellen: Hiob 3,26 und 5,27.

ΟΛΥΜΠΙΟΔΩΡΟΥ ΔΙΑΚ(ΟΝΟΥ)

[illegible]

ΙΩΑΝΝΟΥ ΤΟΥ ΧΡΥΣΟΣΤΟΜΟΥ

[illegible]

ΚΑΙ ΩΣ ΕΓΕΝΕΤΟ
Η ΗΜΕΡΑ ΑΥΤΗ·
ΚΑΙ ΙΔΟΥ ΗΛΘΟΝ ΟΙ
ΑΓΓΕΛΟΙ ΤΟΥ ΘΥ
ΠΑΡΑΣΤΗΝΑΙ ΕΝΩ
ΠΙΟΝ ΤΟΥ ΚΥ
ΚΑΙ Ο ΔΙΑΒΟΛΟΣ ΗΛ
ΘΕΝ ΜΕΤ' ΑΥΤΩΝ·
ΚΑΙ ΕΙΠΕΝ Ο ΚΣ
ΤΩ ΔΙΑΒΟΛΩ·

[illegible]

22

23

24

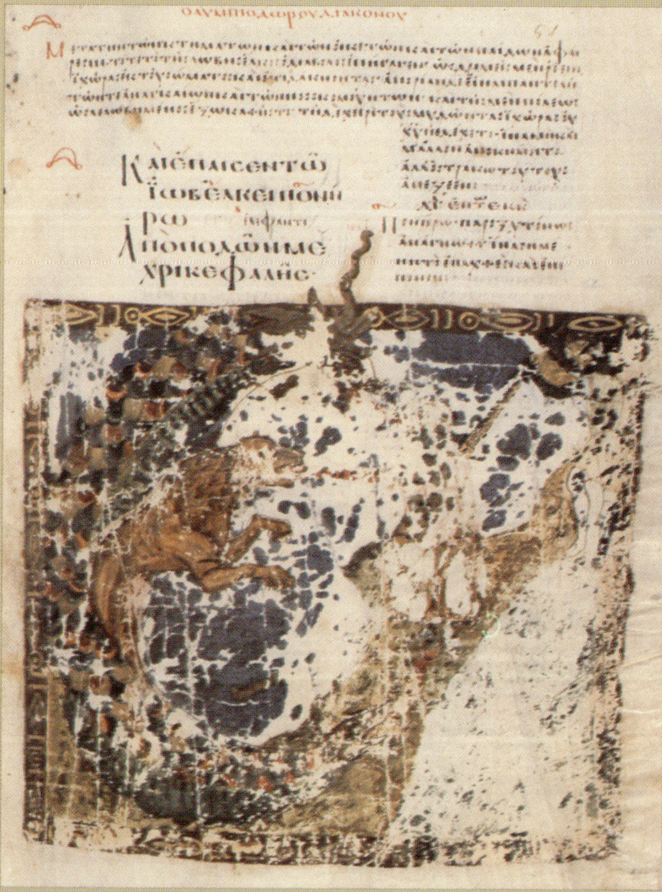

25

26

27

38,1a *»Nachdem aber Elihu sein Gespräch beendet hatte, ...«* Dieser Hinweis auf das Gespräch des vierten, ungekrönten Freundes Elihu fehlt im hebräischen Text; es handelt sich um einen erläuternden LXX-Einschub (Abb. 28).

38,1b *»..., da sprach der Herr zu Hiob aus einem Sturm und aus den Wolken heraus«.* Die erläuternde Beischrift auf der interessanten Miniatur mit Christus und den Engeln lautet: *»Der Alte der Tage«* (griech. »Ho palaiòs tôn hemerôn«). Der theologisch geschulte Miniator identifiziert die alttestamentliche Gestalt Jahwes mit der Person des »Hochbetagten« oder des »Alten der Tage« im Danielbuch (Dan 7,9.22) und überträgt diesen apokalyptischen Namen auf den byzantinischen Christus Pantokrator, der auf dem Regenbogen thront. Diese Pantokrator-Miniatur von Patmos (11. Jh.) sowie die entsprechende Christusgestalt im Hiob-Kodex 590 (alte Nr. 503) im Athoskloster Vatopédi aus dem 12. Jahrhundert gleichen in wesentlichen Zügen dem »Alten der Tage« auf der sinaitischen »Emmanuél-Ikone« des 7. Jahrhunderts[22] (vgl. Abb. 29 mit Abb. 30).

38,2–7 *Gott* spricht zum geheilten und wieder bekleideten *Hiob* (rechts auf der Miniatur) in Gegenwart des vierten Freundes *Elihu* (links): *»Wer bist du, daß du meinen Plan anzweifelst, von Dingen redest, die du nicht verstehst? ... Wo warst du denn, als ich die Erde machte? ... Wer hat bestimmt, wie groß sie werden sollte? ... Auf welchem Sockel stehen ihre Pfeiler? Wer hat den Grundstein ihres Baus gelegt? Ja, damals sangen alle Morgensterne, die Gottessöhne jubelten vor Freude!«* (Abb. 31).

38,16–18 Fortsetzung der Gottesrede. *»Warst du schon unten bei den Meeresquellen? Den Grund des Meeres, hast du ihn durchstreift? Hast du am Tor der Totenwelt gestanden, dort, wo die ewige Finsternis beginnt? Weißt du, wie weit die Erde sich erstreckt? Wenn du das alles kennst, dann sag es mir!«* Der LXX-Text im byzantinischen Manuskript besitzt hier eine andere Variante: »Haben sich dir aus Furcht die Tore des Todes aufgetan? Haben die dich erblickenden Hüter der Unterwelt erschreckt?« – Die leichte Sinnveränderung des ursprünglichen hebräischen Textes durch die LXX gibt dem byzantinischen Miniator die Möglichkeit, an Stelle des Hiob den auferstandenen Christus vor dem Eingang zur Unterwelt zu malen: An Ostern befreit er die Gefangenen aus dem Totenreich (Abb. 32).

28

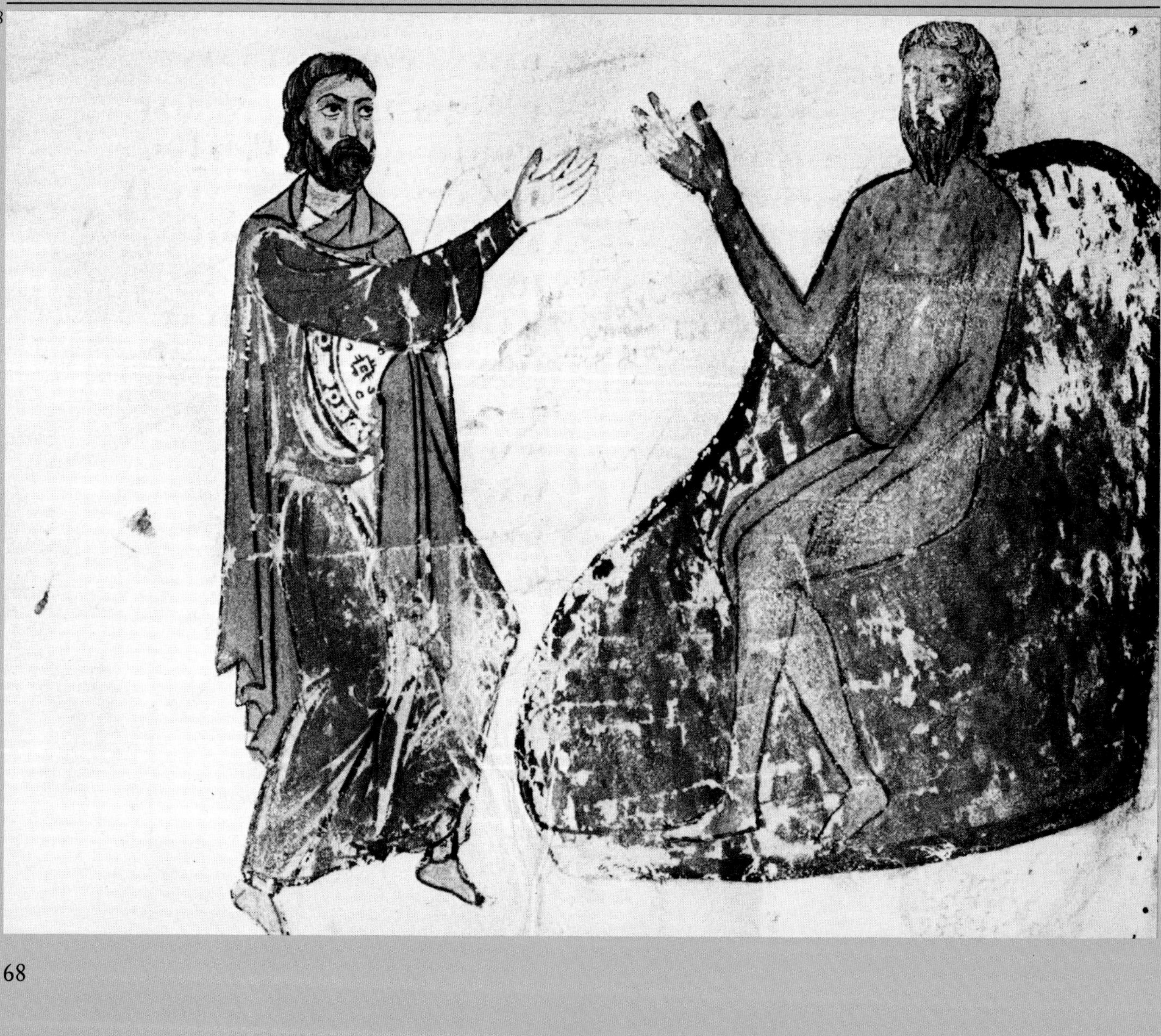

38,1a *»Nachdem aber Elihu sein Gespräch beendet hatte, ...«* Dieser Hinweis auf das Gespräch des vierten, ungekrönten Freundes Elihu fehlt im hebräischen Text; es handelt sich um einen erläuternden LXX-Einschub (Abb. 28).

38,1b *»..., da sprach der Herr zu Hiob aus einem Sturm und aus den Wolken heraus«.* Die erläuternde Beischrift auf der interessanten Miniatur mit Christus und den Engeln lautet: *»Der Alte der Tage«* (griech. »Ho palaiòs tôn hemerôn«). Der theologisch geschulte Miniator identifiziert die alttestamentliche Gestalt Jahwes mit der Person des »Hochbetagten« oder des »Alten der Tage« im Danielbuch (Dan 7,9.22) und überträgt diesen apokalyptischen Namen auf den byzantinischen Christus Pantokrator, der auf dem Regenbogen thront. Diese Pantokrator-Miniatur von Patmos (11. Jh.) sowie die entsprechende Christusgestalt im Hiob-Kodex 590 (alte Nr. 503) im Athoskloster Vatopédi aus dem 12. Jahrhundert gleichen in wesentlichen Zügen dem »Alten der Tage« auf der sinaitischen »Emmanuél-Ikone« des 7. Jahrhunderts[22] (vgl. Abb. 29 mit Abb. 30).

38,2–7 *Gott* spricht zum geheilten und wieder bekleideten *Hiob* (rechts auf der Miniatur) in Gegenwart des vierten Freundes *Elihu* (links): *»Wer bist du, daß du meinen Plan anzweifelst, von Dingen redest, die du nicht verstehst? ... Wo warst du denn, als ich die Erde machte? ... Wer hat bestimmt, wie groß sie werden sollte? ... Auf welchem Sockel stehen ihre Pfeiler? Wer hat den Grundstein ihres Baus gelegt? Ja, damals sangen alle Morgensterne, die Gottessöhne jubelten vor Freude!«* (Abb. 31).

38,16–18 Fortsetzung der Gottesrede. *»Warst du schon unten bei den Meeresquellen? Den Grund des Meeres, hast du ihn durchstreift? Hast du am Tor der Totenwelt gestanden, dort, wo die ewige Finsternis beginnt? Weißt du, wie weit die Erde sich erstreckt? Wenn du das alles kennst, dann sag es mir!«* Der LXX-Text im byzantinischen Manuskript besitzt hier eine andere Variante: »Haben sich dir aus Furcht die Tore des Todes aufgetan? Haben die dich erblickenden Hüter der Unterwelt erschreckt?« – Die leichte Sinnveränderung des ursprünglichen hebräischen Textes durch die LXX gibt dem byzantinischen Miniator die Möglichkeit, an Stelle des Hiob den auferstandenen Christus vor dem Eingang zur Unterwelt zu malen: An Ostern befreit er die Gefangenen aus dem Totenreich (Abb. 32).

28

26

27

29

30

31

32

ΕΦΥΛΑΞΑϹ ΔΕ ΩΔΙ
ΝΑϹ ΕΛΑΦΩΝ·

ΗΡΙΘΜΗϹΑϹ ΔΕ ΜΗ
ΝΑϹ ΠΛΗΡΕΙϹ ΤΟ
ΚΕΤΟΥ ΑΥΤΩΝ·

ΩΔΙΝΑϹ ΔΕ ΑΥΤΩΝ
ΕΛΥϹΑϹ· [illegible]

ΕΞΕΘΡΕΨΑϹ ΔΕ
ΑΥΤΩΝ ΤΑ ΠΑΙΔΙΑ
ΕΞΩ ΦΟΒΟΥ·

ΩΔΙΝΑϹ ΔΕ ΑΥΤΩΝ
ΕΞΑΠΟϹΤΕΛΕΙϹ· [illegible]

ΙΑ ΑΠΟΡΡΗΞΟΥϹΙ
ΤΑ ΤΕΚΝΑ ΑΥΤΩΝ· [illegible]

ΠΛΗΘΥΝΘΗϹΟΝ
ΤΑΙ ΕΝ ΓΕΝΗ
ΜΑΤΙ· [illegible]

ΕΞΕΛΕΥϹΟΝΤΑΙ
ΚΑΙ ΟΥ ΜΗ ΑΝΑ
ΚΑΜΨΟΥϹΙΝ
ΑΥΤΟΙϹ· [illegible]

ΚΑΛΩϹ ΕΙΠΕΝ ΕΦΥΛΑΞΑϹ·
ΕΠΕΙΔΗ ΓΑΡ ΑΕΙ ΕΝ ΦΥΓΗ
ΚΑΙ ΦΟΒΩ ΕΙϹΙ ΤΑ ΤΟΙΑ
ΤΑ ΖΩΑ [illegible]
ΚΑΙ [illegible]
[illegible]
[illegible]
[illegible]

Α [illegible]
[illegible]
ΕΝ ΔΕΩϹ·

ω ΚΑΙ ΤΟ ΩΔΙΝΑϹ [illegible]
ΤΩΝ ΜΗΤΕΡΩΝ·
ΟΛΥΜΠΙΟΔΩΡΟΥ

ΙΑ ΚΑΙ ΠΩϹ ΦΗϹΙ ΠΑΙΜΗΤΕ
ΡΕϹ ΑΝ [illegible] ΤΑ ΤΑ
ΤΕΚΝΑ [illegible]
[illegible]
ϹΑΓΡ ΗΟ ΦΥϹΙϹ [illegible]
[illegible] ΕΞΕΛΘΟΝΤΑ
ΚΑΙ ΝΕΜΟΜΕΝΑ ΕΝ ΤΟΙϹ
ΓΕΝΗΜΑϹΙ ΤΗϹ ΓΗϹ ΠΛΗ
ΘΥΝΕΤΑΙ· ΟΥ Κ ΕΤΙ ΑΥ
ΤΟΙϹ ΤΟΙϹ ΤΟΚΕΥϹΙΝ ΕΝΑ
ΝΑϹΤΡΕΦΟΝΤΑΙ·

◁ 33

34

35

39,1–4	Fortsetzung der Gottesrede. *»Kannst du mir sagen, wann die Gemse wirft? Sahst du der Hirschkuh beim Gebären zu? Weißt du, wie viele Monate sie tragen? Wann kommt für sie die Stunde der Geburt? Sie kauern nieder, werfen ihre Jungen, und schnell sind sie den Schmerz der Wehen los. Die Jungen wachsen, werden groß und stark, sie laufen fort und kehren nicht zurück.«* – Schöne Anordnung des Bibeltextes in der linken Kolumne (in großer Majuskelschrift) und des Hiob-Kommentars von Olympiódoros in der rechten Spalte (in kleinerer Majuskelschrift): Abb. 33.
39,5–8	Fortsetzung der Gottesrede. *»Wer gab dem wilden Esel seine Freiheit, wer löste seine Fesseln, ließ ihn laufen? Die Steppe machte ich zu seiner Heimat, im Salzland ist der Ort, an dem er wohnt. Er hält sich fern vom Lärm der großen Stadt, kein Treiber kann ihn je zur Arbeit zwingen. Auf allen Bergen sucht er seine Weide, wo etwas Grünes wächst, er spürt es auf«* (Abb. 34).
39,13–18	Fortsetzung der Gottesrede. Die anschauliche Schilderung der *Straußenhenne* fehlt zum Teil, weil hier eine Pergamentseite verlorengegangen ist. Der Bibeltext setzt erst bei Vers 16 ein: *»Die Jungen läßt sie stehn, als wären's fremde; sinnlose Mühe macht ihr gar nichts aus. Als ich sie schuf, gab ich ihr keine Klugheit, und an Verstand hat sie nichts mitbekommen. Doch wird sie aufgeschreckt und läuft davon, so lacht sie Pferd und Reiter spöttisch aus«* (Abb. 35).

36

37

38

39

40

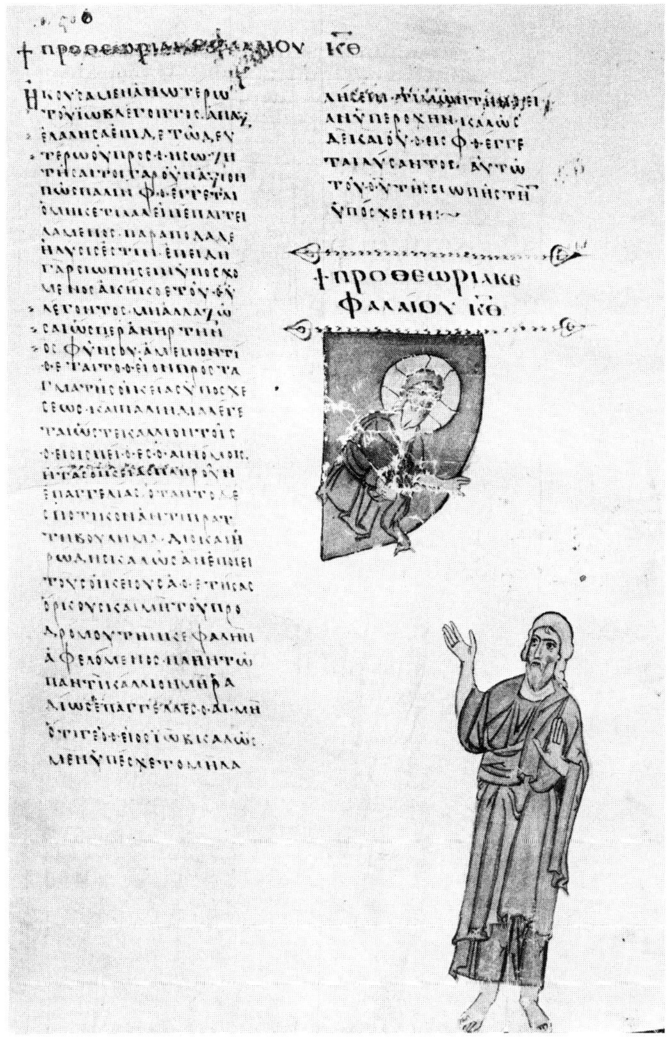

39,26–30 Ende der ersten Gottesrede. *»Bist du* (Hiob) *vielleicht der einsichtsvolle Lehrer, bei dem der Falke seine Flugkunst lernte, wenn er nach Süden zu die Flügel breitet? Schickt dein Befehl den Adler hoch hinauf, dort in der Höhe seinen Horst zu bauen? Hoch in den Bergen baut er seine Wohnung, auf Felsenzacken und an steiler Wand. ...«* (Abb. 36 und 37).

40,1–5 Gottes Frage an den Rebellen Hiob. *»Und der Herr fragte Ijob: ›Mit mir, dem Mächtigen, willst du dich streiten? Willst du mich tadeln, oder gibst du auf?‹«* Hiobs Entschuldigung. *»Da antwortete Ijob dem Herrn: ›Ich bin zu wenig, Herr! Was soll ich sagen? Ich lege meine Hand auf meinen Mund! Ich habe mehr geredet, als ich sollte, noch einmal tu ich es bestimmt nicht mehr!‹«* (Abb. 38).

40,15–24 Zweite Gottesrede aus dem Sturm heraus (Hiob 40,6 bis 41,26) mit Hinweis auf das mächtige Nilpferd und das gefährliche Krokodil. Beide Tiere scheinen Abkömmlinge der mythischen Ungeheuer Behemot und Leviatan zu sein: *»Sieh dir als Beispiel doch das Nilpferd an, das mein Geschöpf ist gradeso wie du! ... Sein Schwanz ist kräftig wie der Stamm der Zeder, die Sehnen seiner Schenkel stark wie Seile. Die Knochen gleichen festen Bronzeröhren, die Rippen sind so hart wie Eisenstangen. Es ist ein Meisterwerk in meiner Schöpfung, und niemand als sein Schöpfer kann's bezwingen. ... Es hat sein Lager unter Dornenbüschen und sein Versteck im Sumpf und Ried des Ufers. Die dichten Büsche spenden ihm den Schatten und auch die Weiden, die das Ufer säumen. ...«* – Text und Miniatur bezeugen, daß Jahwe stärker ist als der Urweltdrache Behemot (Abb. 39).

42,1–6 Hiobs letzte Rede. Der Rebell unterwirft sich Gott. *»Da antwortete Ijob dem Herrn: ›Ich weiß jetzt, daß dir nichts unmöglich ist; denn alles, was du planst, führst du auch aus. Du fragst, warum ich deinen Plan anzweifle und rede ohne Wissen und Verstand. In meinem Unverstand hab ich geredet von Dingen, die mein Denken übersteigen. Du hast mich aufgefordert, zuzuhören und dann auf deine Fragen zu erwidern. Ich kannte dich ja nur vom Hörensagen; jetzt aber hat mein Auge dich geschaut. Ich schäme mich für alles, was ich sagte; in Staub und Asche nehm ich es zurück.‹«* Hier endet der Dialogteil des Hiobbuches. Es folgt noch der Epilog (Hiob 42,7–17), welcher vom Brandopfer der drei Freunde Elifas, Bildad und Zofar handelt und Hiobs neues Glück beschreibt. – Miniatur (Abb. 40): Hiobs zweite Gotteserscheinung (Theophanie).

41a

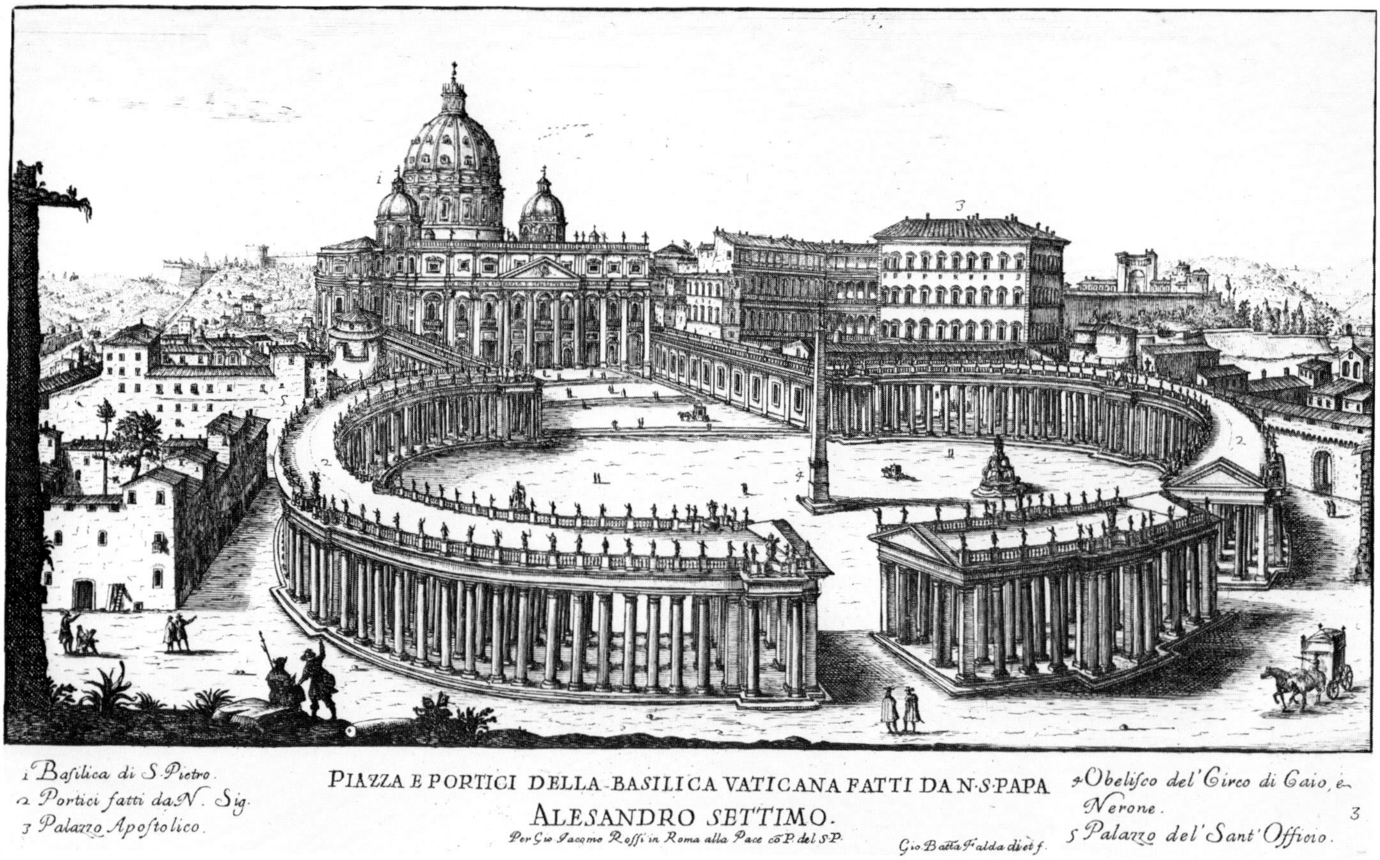

1 Basilica di S. Pietro.
2 Portici fatti da N. Sig.
3 Palazzo Apostolico.
PIAZZA E PORTICI DELLA BASILICA VATICANA FATTI DA N.S. PAPA
ALESANDRO SETTIMO.
Per Gio Jacomo Rossi in Roma alla Pace co P. del S.P.
Gio Batta Falda dis et f.
4 Obelisco del Circo di Caio, e Nerone.
5 Palazzo del Sant' Offitio.
3

41b

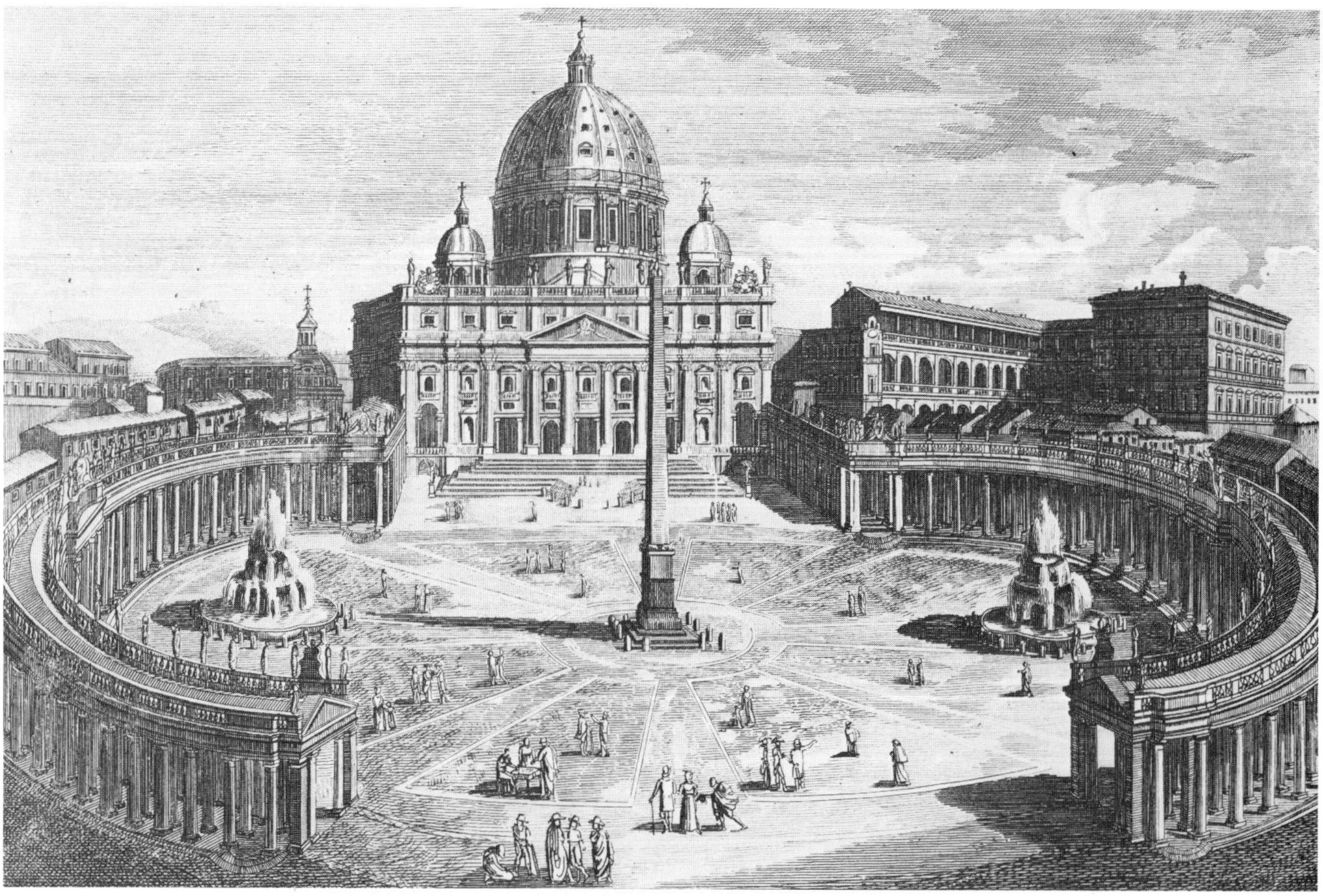

Hiobdarstellungen auf einem frühchristlichen Sarkophag und in den römischen Katakomben

Auf der Suche nach allfälligen Hiobdarstellungen außerhalb der berühmten Vatikanischen Bibliothek mit ihren beiden illuminierten Hiobhandschriften aus dem 9. und 13. Jahrhundert (Vaticanus Graecus N° 749 und N° 1231) stieß ich im Modernen Museum (rechts vom Eingang zu den Vatikanischen Museen) auf einen gelblichweißen Sarkophag inmitten antiker Grabmäler. Beim näheren Betrachten der sitzenden Hiobgestalt (in der linken unteren Ecke des Sarkophags) fiel mir aber auf, daß der vermeintliche Marmorsarg nichts anderes als eine raffiniert angefertigte Kopie, das heißt eine mit Gips überzogene und mit täuschend ähnlichen Gipsfiguren besetzte Sargkiste war. Die Leitung des Vatikanischen Museums sah sich zur Herstellung dieser Sarkophag-Attrappe, die von Hunderten und aber Hunderten bestaunt wird, veranlaßt, weil unersetzliche Originalstücke schon so oft von Banausen oder von Irren beschädigt oder gar zerstört worden sind. Der originale Sarkophag, aus einem Monolithen von den antiken Marmorbrüchen von Pentelikón (nordöstlich von Athen) gehauen, befindet sich wohlbewahrt und vom Tourismus abgeschirmt in den *Vatikanischen Grotten.* Wir schätzen uns glücklich, den sogenannten *Junius-Bassus-Sarkophag* mit der Hiobskulptur aus dem 4. Jahrhundert dank der zuständigen Vatikanischen Behörde im Original reproduzieren zu dürfen (Abb. 43).

Vier weitere seltene Hiobaufnahmen verdanken wir dem Photoarchiv der Ordensschwestern von der Priscilla-Katakombe: Die *Katakombenmalerei* des 3. und 4. Jahrhunderts zeigt uns den »Hiob im Elend«, der zeichenhaft auf »Christus im Elend« hinweist; zugleich werden die beiden Leidensgestalten aufgrund ihres unerschütterlichen Gottvertrauens Zeugen der Erlösung (Hiob 19, 25) und der Totenauferstehung (Abb. 45–48).

Schließlich verweisen wir auf drei *Kupferstiche,* welche die »Ewige Stadt« und den Petersplatz aus der Perspektive der Künstler des 17. Jahrhunderts wiedergeben (Abb. 41a, 41b und 42).

41a, 41b *Der Petersplatz:* Das mächtige Oval mit den zwei Springbrunnen in den Brennpunkten und dem 25,5 m hohen ägyptischen Obelisken im Mittelpunkt ist ein Meisterwerk des Architekten und Bildhauers Gian Lorenzo Bernini (1598–1680). Im Auftrag von Papst Alexander VII. (1655–1667) errichtete der Meister des italienischen Hochbarock die mächtige Säulenhalle, bestehend aus zwei im Halbkreis angeordneten Kolonnaden, deren Brüstung durch 140 Marmorstatuen gekrönt wird. Bernini plante ursprünglich ein Platzoval, das nur auf der einen Seite die Sicht auf den Petersdom mit der von Michelangelo entworfenen monumentalen Kuppel freigeben sollte. Von diesem Plan zeugt der erste Kupferstich (oben). – Aus architektonischen Gründen wurde jedoch der vierreihige und 19 m hohe Portikus mit 372 dorischen Säulen und Pilastern auch auf der stadtwärts liegenden, östlichen Flanke offengelassen. Der Petersplatz erscheint dadurch noch größer. – Der erste Kupferstich stammt von Giovanni Battista Falda, der zweite von einem unbekannten Künstler. Rom, 17. Jahrhundert.

42 *Rom mit Tiberfluß und Vatikan* (unten links). Der Stich aus dem Jahr 1640 zeigt den Petersplatz noch ohne Säulenhalle, nur mit dem Obelisken im Mittelpunkt. Der über 300 m lange Belvedere-Innenhof ist bereits durch den Quertrakt der Vatikanischen Bibliothek zweigeteilt. – Kupferstich von Matthäus Merian dem Älteren (1593–1650), in: Itinerarium Italiae, Frankfurt a. M. 1640.

Porta S. Iohanis
Porta Latina
S. Maria Maior
Via Gregoriana
Campo
Vachino
Circus Maximus
S.S. Apostoloru
S. Bartolom. in Insula
Piazza del Duca
Campo Flore
Via Iulia
FLUVIUS
S. Maria
M. Ianiculus
Porta Septimiana
Palatiu
Riariarum
S. Iacobi Longara
Ant. Tempes

43

43 *Der Sarkophag des Junius Bassus:* Den Vorbildern antiker Sarkophagplastik verpflichtet, aber mit alt- und neutestamentlichen Szenen geschmückt, gilt der weißschimmernde, marmorne Prunksarg des römischen Stadtpräfekten Junius Bassus (gest. 359) als das Hauptwerk der neoklassischen Säulensarkophage, die erhalten sind. Erstmals taucht hier in Stein gehauen das *Passionsmotiv* auf. »Hiob im Elend« wird unmittelbar mit »Christus im Elend« in Verbindung gebracht. Der zweizonige Arkadensarkophag stellt im oberen Streifen (von links nach rechts) Isaaks Opferung, die Gefangennahme des Petrus, die Gesetzesübergabe an die Apostel Petrus und Paulus durch den erhöhten Christus, der hier jugendlich und bartlos erscheint, sowie zwei Passionsszenen – die Vorführung Christi und die Handwaschung des Pilatus – dar. In der unteren Reihe (links) sitzt der geprüfte *Hiob* auf dem Müllhaufen; seine Frau reicht ihm Speise, wobei sie mit der linken Hand Nase und Mund verdeckt aus Angst und Abscheu vor dem Aussatz ihres Mannes. Die folgenden Felder zeigen den Sündenfall im Paradies, den Einzug Jesu in Jerusalem, Daniel in der Löwengrube und Paulus auf dem Weg zur Hinrichtung. Die Gefangennahme und das Martyrium von Petrus und Paulus deuten auf das ähnliche Schicksal Christi hin; doch die Darstellung Daniels mit den zahmen Löwen weist auf Christi Triumph über die Macht des Bösen. Auf dem frühchristlichen Sarg fehlt noch die direkte Darstellung der Kreuzigung und Auferstehung Christi; aber typologisch zeigen die erwähnten Szenen im Alten und Neuen Testament mittelbar auf Karfreitag und Ostern. – Römischer Arkadensarkophag des Stadtpräfekten Junius Bassus, der sich als »Neubekehrter« (Neophyt) taufen ließ; gestorben 359, bestattet auf dem Vatikanischen Hügel, wo nach der Überlieferung auch Petrus begraben worden ist. Der Sarg aus Pentelischem Marmor ist 2,43 m hoch und 1,41 m breit; er befindet sich in den abgeschlossenen Grotten von St. Peter.

Die Vatikanische Bibliothek

Die weltbekannte »Biblioteca Apostolica Vaticana« vereinigt heute gegen 60000 Manuskripte, 7000 Inkunabeln (»Wiegendrucke« aus der Frühzeit des Buchdruckes, vor 1500 entstanden), über eine Million Druckschriften sowie rund 100000 Stiche und geographische Karten. Dieser beeindruckende Handschriften- und Bücherbestand geht auf zahlreiche kleinere Sammlungen zurück, die sich im Verlauf der Jahrhunderte zur päpstlichen Zentralbibliothek ausgeweitet haben[23].

Man unterscheidet in der Geschichte der Vatikanischen Bibliothek die folgenden vier Perioden:

a) Die *Vor-Lateranperiode* (»Pre-Lateranense«): sie umfaßt den Zeitraum vom Pontifikat des Kirchenlehrers Gregor I. des Großen (590–604) bis zum Ersten Laterankonzil von 1123.

b) Die *Lateranperiode* (»Lateranense«): Anfang 12. bis Ende 13. Jahrhundert.

c) Die *Periode von Avignon* (»Avignonese«): 14. Jahrhundert, als die Päpste vom französischen Königshof abhängig waren; aus jener Zeit (1309–1377) stammt der gotische Papstpalast, Zentrum eines blühenden Kulturlebens.

d) Die *Vor-Vatikanperiode* (»Pre-Vaticano«): Ende 14. bis Mitte 15. Jahrhundert, das heißt bis zu Nikolaus V.

e) Die *Vatikanperiode* (»Vaticano«): vom Pontifikat des ersten Renaissancepapstes Nikolaus V. bis heute.

Folgende Päpste haben sich um die Vatikanische Bibliothek verdient gemacht:

a) *Nikolaus V.* (1447–1455), der erfolgreiche Politiker auf dem Stuhle Petri und der Förderer von Kultur und Wissenschaft, ist als Gründer der »Biblioteca Apostolica Vaticana« in die Annalen eingegangen. Ihm verdankt die römische Kirche die wiederhergestellte Einheit nach den jahrelangen kirchenpolitischen Kämpfen. 1452 krönte er in Rom Friedrich III. zum deutschen Kaiser, und nach dem Untergang von Byzanz 1453 rief er zu einem neuen Kreuzzug wider die Mamluken in Jerusalem und gegen die Osmanen in Konstantinopel auf. Doch das Abendland verspürte keine Lust, nochmals im Zeichen des Kreuzes gegen den Halbmond – Symbol der Osmanischen Dynastie – anzutreten. Nikolaus V. bot indessen den aus dem zerstörten »Ostrom« geretteten und vor den plündernden Truppen Mehmets II. sich nach Westen absetzenden Byzantinern Hilfe und Asyl. Die Flüchtlinge brachten in ihrem Gepäck manche byzantinischen Kostbarkeiten wie Ikonen, illuminierte Pergamenthandschriften und Kleinkunstgegenstände nach Rom. Lateinische und griechische Handschriften wußte sich der Humanistenpapst aber auch durch Erwerb in ganz Europa und im Orient – vor und nach dem Fall von Konstantinopel – zu verschaffen. Wir haben Kenntnis von bibliographischen Aufzeichnungen aus jener Zeit, wonach Nikolaus V. verschiedene »Acquisitionsmissionen« zum Ankauf von Handschriften ausgesandt hat, die bis nach Trapezunt am Schwarzen Meer, nach Kleinasien, auf die Insel Chios in der Ägäis und nach Griechenland gelangten. Die päpstliche Bibliothek sollte die bedeutendste der Welt werden. Es ist das Verdienst dieses Papstes, daß er als erster die Handschriftensammlung des Vatikans, die sonst nur den Gelehrten und Kirchenfürsten zugänglich war, der Öffentlichkeit erschlossen hat.

b) *Sixtus IV.* (1471–1484) hat nach Vollendung eines größeren Bauvorhabens im »Jubeljahr« (Ablaßjahr) 1475 die neuen Bibliotheksräume der »Vaticana« offiziell eingeweiht. Im selben Jahr legte er den Grundstein zur Sixtinischen Kapelle (Bauzeit 1475–1480) mit der einzigartigen Renaissance-Malerei aus der ersten Hälfte des 16. Jahrhunderts. Wir denken in erster Linie an die »Erschaffung des Menschen«, an die Propheten und Sibyllen im Deckengewölbe sowie an das »Jüngste Gericht« mit dem wiederkommenden Christus von *Michelangelo* an der Altarwand. Wegen seiner Verdienste um die Neugestaltung der Vatikanischen Bibliothek ist Sixtus IV. als deren »zweiter Gründer« bezeichnet worden. Ihm verdanken wir auch ein erstes umfassendes Handschriften- und Bücherverzeichnis. Dieses Inventar von 1475 führt 2527 lateinische und griechische Kodizes auf, die dem als »päpstlicher Bibliotheksverwalter« erkorenen Humanisten Bartolomeo Sacchi, zubenannt *Platina*, anvertraut wurden. Im selben Jubeljahr 1475 ordnete Sixtus IV. in seiner Bulle »Ad decorem militantis Ecclesiae« (»Zur Zierde der kämpfenden Kirche«) an, daß den erlesenen Handschriften – der »Zierde des Vatikans« – für alle Zeiten eigene Räume zur Verfügung gestellt werden müßten. In der Folge mehrte Platina durch Erwerb und Schenkungen den Bücherbestand nochmals um tausend Manuskripte, so daß das neue Platina-Inventar von 1481 bereits gegen 3500 Kodizes umfaßte. Noch im gleichen Jahr starb der unermüdliche Sammler an der Pest. Er hinterließ eine ansehnliche, wohlgeordnete Bibliothek in vier Sälen des Vatikans, das heißt die »Bibliotheca latina et graeca« sowie die »Secreta« (Geheimbibliothek mit den kostbarsten Kodizes) und die »Pontificia« (Pontifikalarchiv mit den päpstlichen Registern).

c) *Leo X.* (1513–1521) wußte als einer der glanzvollsten Medicipäpste die besten Künstler, Dichter und Denker um seinen geistlichen Thron zu scharen. Da er auch nach weltlicher Macht strebte und als Erbauer des Petersdomes in die Geschichte eingehen wollte, blieben die innerkirchlichen Reformbestrebungen in den Anfängen stecken. Den Luther-Prozeß überließ er den Kirchenfürsten und dem deutschen Kaiser Karl V., ohne sich mit dem reformatorischen Gedankengut auseinanderzusetzen. In jener bewegten Zeit arbeitete in aller Stille der Dominikanerpater *Zanobi Acciajuoli* als neuernannter Verwalter der Vatikanischen Bibliothek und des Papstarchives in der Engelsburg an einem neuen Bücherinventar, datiert vom 12. Oktober 1518. Das lateinisch abgefaßte Acciajuoli-Register teilt den griechischen Bücherbestand der Vatikansbibliothek in drei Sektionen ein, die ihrerseits in mehrere »Bücherbänke« (»Banchi«) unterteilt werden. Wir finden dort auf dem dritten Bücherregal der ersten Abteilung – »in tertio Bancho« – die Manuskripte der besseren, glänzenden Verfasser, der sogenannten »auctores clariores«. Zu ihnen zählt Acciajuoli den berühmten *Hiob-Kommentar des Olympiódoros.* Seine lateinische Notiz »Additi« (»hinzugefügte« Bücher) deutet darauf hin, daß der Bibliothekar einige neue Kodizes in das bestehende Bücherinventar aufgenommen hat. Mit andern Worten: Im Oktober des Jahres 1518 taucht unsere byzantinische Hiobhandschrift erstmals in einem vatikanischen Register auf. Sie wird im betreffenden Inventar von Acciajuoli wie folgt beschrieben: »N° 143. Iob cum expositione in l(itte)ris maiusculis et figuris. Ex membr(ana) in nigro«, das heißt: »Hiob mit Erklärung in Großbuchstaben und Bildern. Aus Pergament in Schwarz(schrift)«. Es besteht kein Zweifel, daß es sich hier um den später als *»Codex Vaticanus Graecus 749«* registrierten Hiobkommentar handelt.

Offenbar ist die byzantinische Prunkhandschrift durch Vermittlung des Dominikaners Zanobi Acciajuoli in den Bücherbestand der Vaticana aufgenommen worden. Der Gelehrte gab nämlich vor seiner Ernennung zum päpstlichen Bibliothekar-Präfekten griechische Kirchenväter-Kommentare in lateinischer Übersetzung heraus, als er noch einfacher Bibliothekar im römischen San-Marco-Kloster war. Wir dürfen wohl annehmen, daß er auch den aus dem 9. Jahrhundert stammenden Olympiodor-Kommentar konsultiert hat, da sich der Kodex in Rom – vermutlich im griechischen Kloster San Saba – befand. Als Freund von Papst Leo X. wird es ihm gelungen sein, die illuminierte Handschrift der Vaticana einzuverleiben, ob als päpstlicher Erwerb oder als Geschenk des Griechenklosters, sei dahingestellt. Seither erscheint der alttestamentliche Kodex regelmäßig im Verzeichnis der griechischen Handschriften des Vatikans.

d) *Clemens VII.* (1523–1534) – ein unglücklicher Medicipapst, der den politischen Wirren in Europa und dem geistigreligiösen Aufbruch seiner Zeit (Reformation) nicht gewachsen war – machte sich wenigstens um die ihm ans Herz gewachsene Vatikanische Bibliothek verdient. Er mußte zwar ohnmächtig zusehen, wie die spanischen, italienischen und deutschen Söldner Kaiser Karls V. Rom und den Vatikan verwüsteten, während er sich in die schützende Engelsburg flüchten konnte. Dennoch wurde er von den kaiserlichen Truppen gefangengenommen und für abgesetzt erklärt. Der »Sacco di Roma« (Roms Plünderung) im Jahr 1527 hat die Vatikanische Bibliothek arg in Mitleidenschaft gezogen: Einem zeitgenössischen Bericht zufolge wurden die Bücher aus den Regalen gerissen, Pergamentblätter zerfetzt, Seiten beschmutzt, Miniaturen herausgeschnitten und in Patronentaschen verstaut in der Absicht, dieselben später gegen gute Taler absetzen zu können. Nach dem Friedensschluß zwischen Kaiser und Papst krönte der unterlegene Clemens VII. den siegreichen Karl V. in Bologna zum römisch-deutschen Kaiser (1530). Die verwüstete Bibliothek wurde auf Anordnung des kunstliebenden Clemens bald wieder instandgesetzt, gestohlene Handschriften wurden zurückverlangt und versteckte Kodizes ausfindig gemacht. So entstand nach dem Sacco di Roma das neue Bibliotheksverzeichnis von 1533, welches die Verluste und die neuen Stiftungen genau registrierte.

e) *Sixtus V.* (1585–1590), bekannt als Förderer von Kunst und Wissenschaft und begabter Barockarchitekt, ließ die Vatikanische Bibliothek umbauen (1587) und gab ihr das heutige imposante Aussehen. Von besonderer Schönheit und Erhabenheit präsentiert sich der sogenannte »Salone Sistino« mit seinem barocken Freskenschmuck. Es ist nur einer der Prunksäle in der Bibliothek, in welcher man sich kaum satt sehen kann an den ausgestellten bibliophilen Kunstschätzen, am Mobiliar und am Dekor der Wände (Abb. 44). Mit der Installation einer Druckerei (1587) gab er dem Vatikan die Möglichkeit zur Weiterverbreitung des griechischen Alten Testamentes (Septuaginta) und der lateinischen Bibelausgabe (Vulgata), an deren Korrektur Sixtus selber Hand anlegte. Gleichzeitig plante er Erstdrucke von Kirchenväter-Kommentaren und beabsichtigte die Herausgabe von Konzilsbeschlüssen und kanonischen Gesetzen. Im weiteren sorgte ein gedrucktes strenges Gesetz für die sorgfältige Aufbewahrung sämtlicher Bücher und für das Verwahren von seltenen Manuskripten unter Verschluß.

f) *Clemens VIII.* (1592–1605), bekannt geworden durch die lateinische Bibelrevision (Clementina), übernahm die große Bibliothek des römischen Adeligen Fulvio Orsini.

g) *Gregor XV.* (1621–1623) betrieb mit seinem Kardinal-Nepoten Ludovico Ludovisi die Rückführung Deutschlands zum alten Glauben. Zu diesem Zweck unterstützten die beiden Kirchenfürsten den deutschen Kaiser Ferdinand II., der sich im Dreißigjährigen Krieg mit Hilfe der Feldherren Tilly und Wallenstein gegen Frankreich und Schweden (Gustav Adolf) anfänglich behaupten konnte. Besonders im Böhmisch-Pfälzischen Krieg (1618–1623) blieb er dank päpstlicher Intervention siegreich. Auch Maximilian I. von Bayern erhielt vom Papst politische und finanzielle Unterstützung, so daß die Rekatholisierung Böhmens und der Rheinpfalz durchgesetzt werden konnte. Nach der Eroberung Heidelbergs durch Tilly (1622) schenkte Maximilian dem Vatikan zum Zeichen des Dankes die berühmte Heidelberger Bibliothek (1623). Die »Pfälzische Landbibliothek«, wie sie auch genannt wurde, ist unter der lateinischen Bezeichnung »Bibliotheca Palatina« registriert (»palatinus« bedeutet »zur Pfalz gehörig« oder »fürstlich«). Sie umfaßt über 2500 Handschriften (nach anderer Version sogar über 3500 Manuskripte) sowie gegen 5000 Drucke. Zu den ältesten Heidelberger Handschriften zählt ein griechischer Psalmenkommentar des heiligen Hesýchios von Jerusalem (um 450, Verfasser von 24 Hiob-Homilien) aus dem Jahr 897. Die Maximilianische Schenkung erwies sich als glücklicher Umstand, da bald nach der Überführung der Palatina nach Rom neue Kriegswirren Heidelberg in Mitleidenschaft zogen. Zunächst eroberten schwedische Truppen die Neckarstadt (1633); dann waren es die Franzosen, die während der Eroberungskriege ihres »Sonnenkönigs«, Ludwigs XIV., Heidelberg

44

44 *Die Vatikanische Bibliothek:* Zu den schönsten Sälen des Vatikans gehört der Sixtinische Prunksaal in der gleichnamigen Bibliothek. Diese ist ein Werk des römischen Barockmeisters Domenico Fontana (1543–1607), der den »Sixtinischen Salon« im Auftrag von Papst Sixtus V. (1585–1590) erbaut hat. Während seines kurzen Pontifikates hat Sixtus V. Wesentliches zur Vollendung des vatikanischen Bauprogramms beigetragen: 1586 wird der aus Heliopolis stammende und im »Zirkus des Nero« am Vatikanischen Hügel errichtete Obelisk vor der Peterskirche aufgestellt; 1587/88 entsteht auf dem Belvedere-Hof das große Gebäude der Vatikanischen Bibliothek, ausgeschmückt durch wundervolle Wandmalereien von hundert Künstlern in den verschiedenen Galerien, zu denen auch der beeindruckende »Salone Sistino« (80 mal 16 m) gehört: seine Fresken stellen auf der einen Längsseite die »Bibliotheken des Altertums«, auf der andern die »Ökumenischen Synoden« dar, während die breiten Tragpfeiler mit Bildnissen der »Erfinder des Alphabetes« versehen sind – alles sinnreiche Hinweise auf die hier verwahrten antiken und christlichen Handschriften; 1588/89 wird die von Michelangelo begonnene Domkuppel vollendet: sie mißt in der Höhe 117 m, bis zum Kreuz sogar 132 m und im Durchmesser 42 m. Die Ausmaße sind nicht nur da gigantisch. Auch in der »Biblioteca Apostolica Vaticana« wird der Besucher in Staunen versetzt. Der Bibliotheksbestand von rund 60000 Manuskripten, von 100000 Stichen und Karten sowie von mehr als einer Million Bücher übersteigt jegliches Fassungsvermögen.

mitsamt dem prächtigen Kurfürstenschloß zerstörten (1693). Doch der Bibliothek konnte niemand mehr schaden.

h) In den folgenden Jahrhunderten sind weitere wertvolle Bücherbestände der Vatikanischen Bibliothek einverleibt worden. Ohne auf Details eingehen zu wollen, nennen wir die Schenkung der Herzöge von Urbino im Jahr 1657. Empfänger der »Bibliotheca Urbinata« war der Dichterpapst *Alexander VII.* (1655–1667) aus der römischen Adeligenfamilie Chigi. – *Alexander VIII.* (1689–1691) aus dem Geschlecht der Ottoboni übernahm 1690 das Vermächtnis der früheren Schwedenkönigin Christina, die »Bibliotheca Reginae Christinae«, nachdem sie zum Katholizismus übergetreten und in Rom gestorben war. – Auch *Clemens XI.* (1700–1721) mehrte die Bücherschätze des Vatikans durch den Erwerb von syrischen und palästinischen Handschriften und gründete in der Folge die nach ihm benannte »Bibliotheca orientalis Clementina«. – Der Gelehrte auf dem Stuhle Petri, *Benedikt XIV.* (1740–1758), fertigte einen ersten umfassenden Handschriftenkatalog an, in welchem alle Einzelbibliotheken aufgeführt wurden. Zudem erstand er die Privatbibliotheken von Kardinal Ottoboni und Marchese A. G. Capponi und verleibte sie der Vatikanischen Zentralbibliothek als »Bibliotheca Ottoboniana« und als »Bibliotheca Capponiana« ein (1746). – Unter dem Pontifikat von *Pius IX.* (1846–1878) erweiterte der damalige Kustos der Vatikanischen Bibliothek, Giuseppe Mezzofanti, den Handschriftenbestand nochmals beträchtlich. Als ehemaliger Professor für orientalische Sprachen (er soll 70 Sprachen beherrscht haben) war er dazu bestens geeignet. – *Leo XIII.* (1878–1903) fügte der »Vaticana« die Sammlungen der römischen Fürstenfamilien Borghese und Barberini hinzu, bekannt unter dem Namen »Borghesiana« und »Barberiniana«. Die sogenannte »Bibliotheca Leoniana« ist eine von Leo XIII. ins Leben gerufene praktische Nachschlage-Bibliothek.

i) Der Anfang des 20. Jahrhunderts war für die Anschaffung von Bücherschätzen ungünstig. Erst in den Krisenjahren nach dem Ersten Weltkrieg sahen sich einige Adelsfamilien gezwungen, ihre kostbaren Handschriftenbestände zu veräußern. So gelangte aus dem Nachlaß von J.-F. Rossi die »Rossiana« in den Besitz der »Vaticana« (1922), während die »Chigiana« der Prinzen Chigi 1923 vom Vatikan aufgekauft werden konnte.

Es wären noch andere Büchersammlungen zu nennen, doch diese Auswahl genügt. Hier ging es nur darum, eine kurze Bibliographie zu entwerfen und das kulturelle Umfeld zu beschreiben, in welches der berühmte *»Codex Vaticanus Graecus 749«* des 9. Jahrhunderts eingebettet ist. Leider erfaßt die wissenschaftliche Publikation *»Studi e Testi«* der Vatikanischen Bibliothek (seit 1900 in fortlaufenden Bänden herausgegeben) noch nicht alle griechischen Manuskripte. In Band 244 von *Robert Devreesse* über »Le fonds grec de la Bibliothèque Vaticane dès origines à Paul V« (das heißt bis Anfang des 17. Jahrhunderts) werden insgesamt acht Hiobmanuskripte aufgezählt. Doch ausgerechnet der uns interessierende Zweite Vatikanische Hiob, der illustrierte *»Codex Vaticanus Graecus 1231«* aus dem 13. Jahrhundert, fehlt in dieser sonst peinlich genauen Aufzählung. Der derzeitige Skriptor der Vaticana, Mgr. Paul Canart, teilt mir auf Anfrage mit, daß bedauerlicherweise Robert Devreesse sein Lebenswerk nicht vollenden konnte und daß nach dessen Tod nun jüngere Kräfte am monumentalen Werk der »Studien und Texte« weiterarbeiten müssen[24].

45–48 *Hiob als Symbolgestalt:* In der römischen Katakombenkunst taucht die Leidensgestalt Hiob öfters auf. Der Dulder auf dem Dunghaufen ist ein alttestamentliches Vor-Bild (»Präfiguration«) des Schmerzensmannes im Neuen Bund. Der Spott von Hiobs Frau, die ihm zwar Speise und Trank darreicht, aber ihn gleichzeitig auffordert, Gott abzusagen, wird typologisch auf Christi Verspottung und Tränkung mit Essig gedeutet. Doch sowohl der verzweifelte Hiob als auch Christus am Kreuz harren aus, bis Gottes Hilfe sichtbar wird. Hiob weiß, daß sein Erlöser lebt, und Christus erweist sich als der Auferstandene. Davon zeugen eindrücklich die einfachen Wandmalereien in den unterirdischen Kapellen, in den Arkosolien (gewölbten Nischengräbern), in den »Cubicula« (Grabkammern) und in den Hypogäen (Familiengräbern) aus frühchristlicher Zeit.

45 *Hiob im Elend* weist symbolhaft auf den leidenden Christus (»Christus patiens«). – Wandmalerei, erste Hälfte 4. Jahrhundert. Marcellinus-Petrus-Katakombe (Lau E 18).

46 *Hiob oder deklamierender Philosoph?* Bei den alten Römern zeichnete das sogenannte »Pallium«, ein rechteckiges Umschlagtuch, jeweils Philosophen und Pädagogen aus. – Wandmalerei, Anfang 3. Jahrhundert. Calixtus-Katakombe (Cal E 11, Cubiculum in der Sakramentskapelle A2).

47 *Hiob auf dem Dunghaufen,* von Gott geprüft und mit Aussatz geschlagen. – Wandmalerei, zweite Hälfte 4. Jahrhundert. Domitilla-Katakombe (Dom L 37).

48 *Hiob mit seiner Frau,* die mit einem Stab dem Aussätzigen Nahrung oder Wasser in einer Tasse reicht. – Wandmalerei, Anfang 4. Jahrhundert. Katakombe an der Via Dino Compagni (Din B 028).

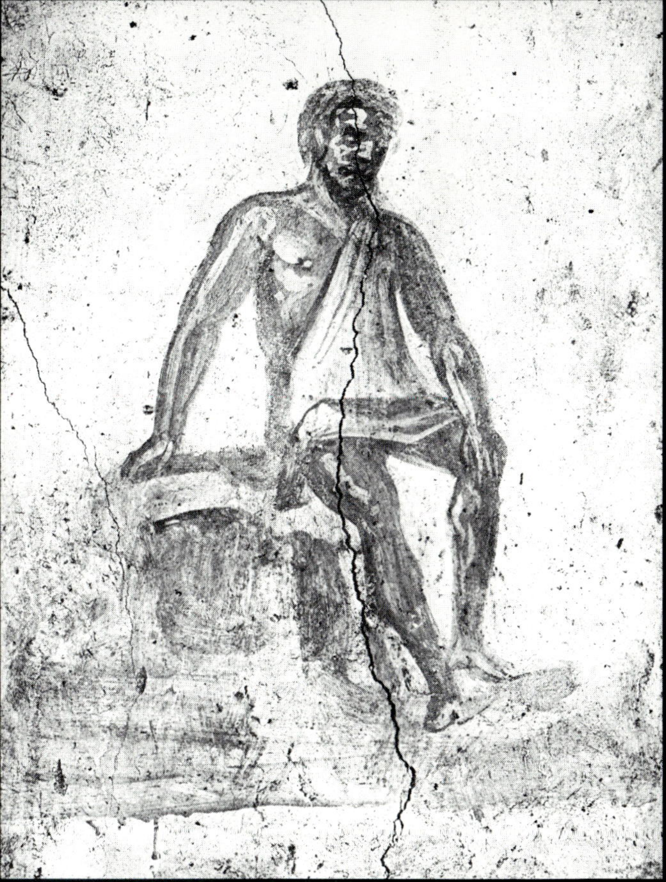

46

48

49

49 *Christus ist das Alpha und das Omega,* der Erste und der Letzte (Offb 1,8): Im Unterschied zu früheren Bildnissen in der christlichen Coemeterial-Malerei erscheint hier Christus nicht mehr als der bartlose Jüngling, sondern als der Weltenherrscher (Pantokrator) mit wallendem Bart. Während Christus auf frühen Bildern als antike Idealgestalt eines lehrenden Meisters ohne Heiligenschein dargestellt wird (Abb. 50), wird der Pantokrator in der Grabkammer (Cubiculum) des römischen Staatsbeamten Leo durch einen Nimbus ausgezeichnet. – Gewölbefresko, Ende 4. oder Anfang 5. Jahrhundert. Commodilla-Katakombe an der Via delle Sette Chiese 42; Cubiculum des Leo (Com C 01).

50 *Christus als Lehrer im Kreis der Apostel:* Der Typus des lehrenden Meisters ist in der Antike verwurzelt. Hier unterweist ein jugendlicher Christus den Jüngerkreis. Diese Szene macht offenkundig, wie der frühchristliche Katakombenmaler in der spätkonstantinischen Epoche der klassischen Reichskunst verpflichtet ist. Beim Öffnen des Nischengrabes (Arkosolium) und bei der Freilegung der sepulkralen Wandmalerei wurde der untere Teil derselben beschädigt, zwei Jüngergestalten wurden zerstört (unten links). Ursprünglich umgaben den jugendlichen Meister auf dem dunklen Sessel je sechs Jünger zur Linken und zur Rechten. – Arkosolfresko, Mitte 4. Jahrhundert. Domitilla-Katakombe an der Via delle Sette Chiese 282; Arkosolium in der Nähe der Ampliatus-Krypta (Dom E 04).

51a

51b

52

51a, 51b, 52 *Griechische Mönche im römischen Kloster San Saba:* Mitte des 7. Jahrhunderts ist auf dem Kleinen Aventin an der Stelle der Kapelle der heiligen Sylvia das Mönchskloster des heiligen Saba erbaut worden (Abb. 52). Die Klostergründer waren ostbyzantinische Mönche aus dem Mutterkloster des heiligen Saba (439–532) in der Wüste Judäa. Künstler der griechischen Mönchsniederlassung in Rom schufen verschiedene Freskenzyklen, von denen einige Fragmente wie »Die Heilung des Gelähmten« (7. Jh.) sowie Mönchsgruppen und Einzelfiguren (9./10. Jh.) anläßlich von Restaurationsarbeiten (1943) zum Vorschein kamen. Es ist möglich, aber nicht erwiesen, daß der Vatikanische Hiobkodex (Vat. Graec. 749, 9. Jh.) von Saba-Mönchen aus Palästina in ihrem Tochterkloster San Saba in Rom angefertigt worden ist. Ein Vergleich zwischen den strengen Gesichtern der Mönchsfiguren auf den erhaltenen Fresken und dem schmerzerfüllten Antlitz des Hiob in der Vatikanischen Handschrift legt die Vermutung nahe, daß hier die gleichen Mönchsmaler am Werk gewesen sein könnten. Das sowohl in der Wand- wie in der Buchmalerei vorkommende »Pathos-Motiv« kann auf entsprechende hellenistische Vorbilder zurückgeführt werden (vgl. Abb. 66–69, 71, 73, 74 im VATIKAN-I mit Abb. 51a).

Die Hiobhandschrift »Vaticanus Graecus 749« aus dem 9. Jahrhundert

Im Bibliotheksverzeichnis der Vaticana wird die illustrierte Hiobhandschrift mit dem Olympiódoros-Kommentar wie folgt aufgeführt und in kurzen Zügen beschrieben:

»Vaticanus Graecus 749« (einst Nr. 480), 8./9. Jahrhundert, 250 Pergamentblätter von der Größe 38,0 mal 27,5 cm (auch 38 × 28 cm), verteilt auf zwei Bände, pro Seite zwei Spalten (Kolumnen) mit ungefähr 40 Zeilen. Blatt 173 steht am falschen Ort (zwischen Folio 194 und 195); derzeitige Reihenfolge der Pergamentblätter: fol 1–172. 174–194. 173. 195–250. Band I umfaßt fol 1–108, Band II fol 109–250. Im Septuaginta-Text fehlen einige Bibelverse, nämlich: Hiob 2,11 (die Namen der drei Freunde, nach fol 28v), Hiob 14,19–22 (Hoffnungslosigkeit und Tod des Menschen, nach fol 99v), Hiob 15,35 (letzter Vers der zweiten Elifasrede, nach fol 108v), Hiob 17,14–16 (Abstieg in die Unterwelt, nach fol 115v), Hiob 30,8–23 (Hiobs Trostlosigkeit und Todessehnsucht, nach fol 172v), Hiob 31,5–24 (Hiob beteuert in der Schlußrede nochmals seine Unschuld, nach fol 175v), Hiob 34, 35–37 (Vorwürfe an die Adresse von Hiob am Ende der zweiten Elihurede, nach fol 173v). – Der Abschreiber des Hiobmanuskriptes hat offenbar einige besonders negativ lautende Passagen ausgelassen.

Der »Römische Hiob« besitzt neben den Olympio dorzitaten solche von 18 weiteren ostkirchlichen Vätern, die im lateinisch abgefaßten Handschriftenverzeichnis von *Robertus Devreesse* in alphabetischer Reihenfolge aufgezählt werden: »Apollinaris, Basilius, Clemens, Cyrillus, Didymus, Dionysius Areopagita, Eusebius, Evagrius, Gregorius Nazianzenus, Gregorius Nyssenus, Iohannes Chrysostomus, Iulianus, Methodius, *Olympiodorus,* Origenes, Polychronius, Severus, Theodorus Mopsuestenus, Theophilus Alexandriae.« Hinzu kommen nach Angabe des französischen Patristikers und Handschriftenforschers *Jean Baptiste Pitra* noch Athanasius von Alexandria, Ephraem der Syrer, Isidorus von Pelusium und Nilus von Ancyra[25]. Wir werden weiter unten bei der Besprechung des »Venezianischen Hiob« auf die erwähnten Kirchenväter, Schriftsteller, Historiker und Politiker der Ostkirche näher eintreten (S. 142f.).

Die ersten Pergamentblätter des Hiobkodex sind verlorengegangen. Das auf uns gekommene Manuskript beginnt abrupt mit einem Hinweis auf den hebräischen Urtext (»tà Hebraïká«), der von 70 Gelehrten zur Zeit des Königs Ptolemaîos von Ägypten ins Griechische übersetzt worden sei, und zwar unter Leitung des Heiligen Geistes, so daß jetzt die ganze griechische Welt über das Schicksal »des überaus standhaften Hiob« informiert sei. Diesen Hinweis auf die Entstehung der »Septuaginta«(LXX) finden wir im Vorwort des Verfassers (»Prooemium auctoris«), das einer weiteren Einleitung – der sogenannten »Protheoría« zum ersten Kapitel – vorausgeht. Der eigentliche Bibeltext setzt aber erst mit Folio 6 recto ein, so daß der Verlust der ersten Kodexblätter nicht so sehr ins Gewicht fällt.

Was den Bilderschmuck des Vatikanischen Hiob anbelangt, so werden wir denselben weiter unten im einzelnen anhand des jeweiligen Bibeltextes vorstellen. Die Angabe von 57 Miniaturen im Devreesse-Katalog deckt sich nicht ganz mit der unsrigen, da wir nur deren 55 gezählt haben. Wahrscheinlich hat Devreesse die Titel-Illustration (fol 6r) sowie das Bild von der ersten Himmelsversammlung (fol 12v) doppelt gezählt, weil die betreffenden Seiten je eine Doppelminiatur aufweisen, die aber vom Bibeltext her als Einheit zu betrachten sind (Abb. 54 und 59).

Bei der folgenden Darlegung stütze ich mich vor allem auf die Arbeit des Schweizer Kunsthistorikers *Christoph Eggenberger*[26].

Sodann verdanke ich den beiden Altmeistern der Byzantinistik, *Kurt Weitzmann*[27] und *André Grabar*[28], manche Anregung. Beide Forscher modifizieren die Frühdatierung von Devreesse, indem sie den »Vaticanus Graecus 749« ins 9. Jahrhundert datieren. Was die Frage der Herkunft (Provenienz) anbelangt, so ist diese bis heute nicht vollständig geklärt, obschon verschiedene Hypothesen aufgestellt worden sind. Einen interessanten Vorschlag bietet Christoph Eggenberger an. Er vermutet einen Zusammenhang zwischen dem griechischen Kloster »San Saba« in Rom und dem Kloster »Mar Saba« in Palästina.

Ich habe dieses Wüstenkloster in der Nähe des Toten Meeres zweimal besucht und kann folgendes zur Diskussion beitragen: »Mar Saba«, das heißt wörtlich »Herr Saba«, ist als kleine »Lávra« (Eremitenniederlassung) in einer unzugänglichen Schlucht des Kidrontales

◁ 53 *Das griechisch-orthodoxe Kloster Mar Saba in der Judäischen Wüste:* Im Jahr 483 gründete der heilige Saba im Kidrontal (heute Wâdi en-Nahr) das nach seinem Namen benannte Mönchskloster. Die Festungstürme wurden im 6. Jahrhundert erbaut zum Schutz vor den Perser- und Araberüberfällen. 1840 ist das Wüstenkloster mit russischen Geldern vollständig restauriert worden. *Mar Saba* (»Mär« bedeutet Herr) ist das Mutterkloster des im 7. Jahrhundert gegründeten griechischen Tochterklosters *San Saba* in Rom, wo wahrscheinlich während der kulturellen Blütezeit des 9. Jahrhunderts ostbyzantinische Malermönche und Kalligraphen den »Römischen Hiob« geschaffen haben.

vom kappadokischen Mönch und späteren Heiligen *Saba* im Jahr 483 gegründet worden. Schon bald wurde Mar Saba zu einer Festung ausgebaut, deren Wehrtürme aus dem 6. Jahrhundert heute noch stehen (Abb. 53). Seine Berühmtheit erlangte Mar Saba durch *Johannes Damaskinós* (675–749), den bedeutendsten ostkirchlichen Theologen des 8. Jahrhunderts, welcher daselbst seine im Morgen- wie im Abendland weit verbreiteten Werke schrieb. Wir erwähnen nur die »Quelle der Weisheit« (sein philosophisch-theologisches Hauptwerk), die »Sacra Parallela« (eine Sammlung von 5000 bis 6000 Kirchenväterzitaten) sowie seine Schriften im Kampf gegen die Bilderfeinde und die Häretiker. Die erwähnten »Heiligen Parallelen«, so benannt wegen der Gegenüberstellung von Tugenden und Lastern im dritten Teil des umfangreichen Werkes (»Parállela« bedeutet soviel wie »Gegenstücke«), sind nicht vollständig erhalten. Doch sind Abschnitte davon wegen der Beliebtheit ihres sittenstrengen und erbaulichen Charakters häufig abgeschrieben und später illustriert worden. Von Interesse dürfte in diesem Zusammenhang die Verwandtschaft des berühmten Pariser Manuskriptes der »Sacra Parallela« (Codex Parisinus Graecus 923, 9. Jh.) mit dem Vatikanischen Hiob sein. Man nimmt in Fachkreisen allgemein an, daß der »Vaticanus Graecus 749« und der »Parisinus Graecus 923« dem gleichen Kunstkreis angehören, wobei der Pariser Kodex vom etwas älteren Vatikanischen (aus demselben Jahrhundert) abhängig ist (vgl. Abb. 77 mit 78). Ungeklärt bleibt die Frage, ob die beiden illuminierten Handschriften in *Italien* entstanden sind, wie Kurt Weitzmann als erstes Ergebnis seiner Forschung, André Grabar als endgültiges Resultat und Guglielmo Cavallo als vorläufigen Befund seiner paläographischen Studien bekanntgegeben hat[29]. Doch neuerdings hat Kurt Weitzmann in den »Studies in Manuscript Illumination« (Princeton 1979) den Nachweis zu erbringen versucht, daß die »Sacra Parallela« nicht, wie er früher angenommen habe, in Italien, sondern in *Palästina* entstanden seien und daß diese prachtvolle Handschrift zusammen mit dem Vatikanischen Hiob ein Werk ostbyzantinischer Künstler sei[30]. Weitzmann kann sich darauf berufen, daß der Verfasser der »Sacra Parallela« dem syro-palästinischen Kulturkreis angehört (Johannes stammt aus Damaskus und ließ sich im judäischen Wüstenkloster Mar Saba nieder) und daß in erster Linie die palästinischen Künstler an der Illustrierung der Manuskripte von Johannes Damaskinós interessiert gewesen sind. Zudem bestand zu jener Zeit ein reger kultureller Austausch zwischen Griechen und Lateinern. Ein sichtbares Zeichen der Verbundenheit zwischen dem christlichen Osten und dem Abendland ist sicher die Gründung des griechischen Klosters *San Saba in Rom* auf dem Kleinen Aventin durch palästinische Mönche aus Mar Saba Mitte des 7. Jahrhunderts (Abb. 52 und 53).

Wenn sich heute verschiedene Hypothesen in bezug auf die Entstehung jener byzantinischen Handschriftengruppe, der das Pariser und das Vatikanische Manuskript angehören, gegenüberstehen, so leuchtet mir der Vorschlag von *Christoph Eggenberger* am ehesten ein. Seine These schließt sowohl Palästina als auch Rom mit ein und bietet eine einleuchtende Kompromißlösung an. Er resümiert wie folgt: »Im 8. und 9. Jahrhundert war San Saba ein bedeutendes Zentrum der griechischen Kultur in Rom. Im 8. Jahrhundert saßen viele Griechen und Syrer auf dem päpstlichen Thron, als letzter Papst Zacharias, der von 741 bis 752 regierte. In der Folge funktionierten die griechischen Klöster und Kirchen als Träger der griechischen Kultur in Rom. Genannt seien Santa Maria Antiqua, San Giorgio in Velabro, Santa Prassede und Santa Maria in Cosmedin, wo heute noch die Messe im byzantinischen Ritus gefeiert wird. In den genannten Klöstern wurden auch griechische Inschriften angebracht und griechische Handschriften geschaffen.«[31]

Es besteht also durchaus die Möglichkeit, daß ostbyzantinische Malermönche aus dem palästinischen Mutterkloster Mar Saba in ihrem römischen Tochterkloster San Saba auf dem Kleinen Aventin den »Codex Vaticanus Graecus 749« im 9. Jahrhundert unter Benutzung einer Vorlage aus Palästina angefertigt haben.

Dieses erste Zwischenergebnis deckt sich in gewisser Hinsicht mit der These des Münchner Kunsthistorikers *Hans Belting*[32]. Er versucht, die sehr schwierige und komplizierte Stilfrage der Hiobminiaturen zu lösen und auf dem Umweg über die Baugeschichte der San-Saba-Kirche ans Ziel zu gelangen: Dieses Gotteshaus ist im 7. Jahrhundert von griechischen Mönchen anstelle einer Hauskapelle der heiligen Sylvia errichtet worden[33]. 200 Jahre später wurde die einschiffige Kirche zur dreischiffigen Basilika umgebaut. Zu jener Zeit erlebte Rom dank der aufkommenden Reliquienverehrung einen ungeahnten Aufschwung, so daß neue Kirchen entstanden und alte umgebaut werden konnten. Auch San Saba wurde erweitert und mit Wandmalereien ausgeschmückt. Später gerieten die Fresken in Vergessenheit, bis man 1900 mit Ausgrabungen und Restaurationsarbeiten einsetzte. Nun kamen einige Fresken aus dem 8. und 9. Jahrhundert zum Vorschein, die aber erst 1943 freigelegt und restauriert werden konnten.

Hans Belting stellt eine auffallende Ähnlichkeit zwischen diesen mittelalterlichen Wandmalereien und der Buchmalerei im Vatikanischen Hiob fest. Er schließt daraus, daß die in der griechischen Klosterkirche entdeckten Fresken und die Hiobminiaturen dem gleichen Kunstkreis angehören müssen. Ich habe das Kloster besucht und einige Aufnahmen von den zur Diskussion stehenden Mönchsgesichtern gemacht (Abb. 51a). Dabei ist mir aufgefallen, daß von der betreffenden Mönchsgruppe nur noch Freskenfragmente (vor allem einige Köpfe) erhalten sind, weshalb es unmöglich ist, schlüssige Vergleiche etwa zwischen der mönchischen Bekleidung und Hiobs Gewändern zu ziehen.

Beltings These dürfte in Fachkreisen zur Diskussion Anlaß geben, um so mehr, als er die Miniaturen des Vatikanischen Hiob der *»beneventanischen Malerei«* des 8. und 9. Jahrhunderts zuordnet. Ohne hier auf das Pro und das Contra näher eintreten zu können, sei lediglich in kurzen Zügen das Forschungsergebnis mitgeteilt: Hans Belting versichert, daß die Freskenfragmente in San Saba und auch die Hiobbilder weder ein »römisches« noch ein »provinzialbyzantinisches« Produkt seien, sondern dem Kunstkreis der weniger bekannten Malerei von Benevent angehörten. Das süditalienische Herzogtum Benevent erlebte damals unter der Herrschaft der Langobarden eine kulturelle Blütezeit, die freilich nur von kurzer Dauer war. Benevents Einfluß reichte zu jener Zeit bis nach Rom. Darum finde man im Griechenkloster des heiligen Saba einen besonderen Mischstil, der byzantinische, langobardische und süditalienische Elemente in sich vereint, eben den genannten »beneventanischen Stil«, von dem nur wenige Denkmäler erhalten sind. Belting übersieht nicht, daß die besagten Hiobminiaturen im Vatikan zum Teil auch an die ottonische Buchmalerei erinnern (so etwa die Theophaniebilder), wobei vornehmlich an die Reichenauer Schule zu denken wäre. So begegnen sich in den Bilderzyklen der römischen Hiobhandschrift des 9. Jahrhunderts morgenländische und verschiedene abendländische Strömungen, deren Zusammenfluß zur eigenständigen, kurzlebigen Beneventanischen Kunst geführt hat. Hans Belting bestätigt indessen, daß er nur einen Versuch unternommen habe, »manche irritierenden Züge im vatikanischen Job zu erklären«[34].

In diesem Zusammenhang dürfen zwei Eigenarten der süditalienischen Kunst nicht übergangen werden, auf die *Kurt Weitzmann* und *Hans Belting* aufmerksam machen. Das eine Merkmal bezieht sich auf die Buchmalerei, das andere auf die Wandmalerei.

Zunächst verweist Weitzmann auf den charakteristischen goldenen Mantel, den der orientalische Fürst Hiob während der glücklichen Tage trägt. Weitzmann spricht in seiner Stilanalyse geradezu von einer *»Gruppe von Handschriften mit goldgewandeten Figuren«*, als deren leuchtendstes Beispiel der »Vaticanus Graecus 749« gilt und zu welcher neben den bereits erwähnten Pariser »Sacra Parallela« auch die illustrierte Predigtsammlung (Homilien) des Kirchenvaters Gregórios von Nazianz in der »Biblioteca Ambrosiana« in Mailand (Codex Graecus E 49/50 inf., 9. Jh.) gehört. Dieses goldene Kennzeichen verrät die Abstammung der betreffenden Handschriften in Rom, Paris und Mailand: »Das Goldgewand wird zu einem der charakteristischsten Merkmale dieser von ostbyzantinischen Vorbildern abhängigen italienischen Handschriftengruppe«, schreibt Kurt Weitzmann in seiner ersten bedeutenden Publikation über die byzantinische Buchmalerei des 9. und 10. Jahrhunderts vor 50 Jahren (1935)[35]. Inzwischen hat er seine Ansicht über die Herkunft revidiert, indem er nicht nur die Vorlage der betreffenden Kodizes, sondern diese selbst im ostbyzantinischen, also im *palästinischen Kunstkreis* lokalisiert[36]. Zu einem ähnlichen Ergebnis gelangt der russische Gelehrte *Viktor Lazarev*, wenn er von »Künstlern des syro-palästinischen Kreises« spricht[37]. Schließlich sei noch der Basler Kunsthistoriker *Beat Brenk* zitiert. Er ist vom Einfluß eines byzantinischen Vorbildes auf den Vatikanischen Hiob überzeugt, läßt aber die Frage nach dem Entstehungsort offen: »Byzantinische Ikonographie begegnet uns in der römischen Kunst des 8. und 9. Jahrhunderts immer wieder. – Byzantinische, mit Sicherheit in Rom illustrierte Handschriften konnten bis jetzt nicht nachgewiesen werden, aber die Handschriften Vat. gr. 749, Paris gr. 923 und Mailand Ambros. 49–50 sind immer wieder von der Forschung als italienisch-römische Produkte erwogen worden.«[38]

Das zweite besondere Merkmal, auf das Hans Belting hinweist, betrifft die Wandmalerei im einstmals griechischen Kloster San Saba in Rom: Wie schon erwähnt, vergleicht Belting die Hiobgestalt in der Vatikanischen Bilderhandschrift mit der Mönchsgruppe von San Saba. Letztere ist freilich nur als Freskenfragment erhalte, weshalb sich der Münchner Kunsthistoriker auf die Gesichter beschränken muß. In der Tat haben die Gesichtszüge der byzantinischen Mönche eine große Ähnlichkeit mit dem vom Leid gezeichneten Antlitz des schwergeprüften Hiob: »Einen intensiven Kontakt mit östlichen Werken setzen die wenigen Fragmente aus der benediktinischen Phase des einst berühmten Griechenklosters *San Saba* auf dem Aventin voraus.« Es besteht eine »enge Beziehung zum griechischen Job der Vaticana«, wobei insbesondere die »Deformation des schmerzlich erregten Antlitzes mit schräg verzogenen, unruhigen Augen unter steil gehobenen Brauen« zu beachten ist. Belting spricht vom *»Pathosmotiv* aus der hellenistischen Kunst«[39], das in den eindrücklichen Miniaturen des Vatikanischen Hiob erneut in Erscheinung tritt (vgl. Abb. 51a und 51b mit Abb. 66–69, 71, 73 und 74).

Halten wir ein weiteres Zwischenergebnis fest: Sowohl die »Goldgewandtechnik« als auch das antike »Pathosmotiv« können zwar nicht als Beweis, aber immerhin als Indizien für einen ostbyzantinischen Einfluß auf die sogenannten »italo-griechischen Bilderhandschriften« des 9. Jahrhunderts betrachtet werden. Die schwierige Frage, ob der uns besonders interessierende »Vaticanus Graecus 749« ein »stadtrömisches« oder ein »beneventanisches« oder gar ein »palästinisches Produkt« sei, könnte möglicherweise durch eine genaue handschriftliche (paläographische) Untersuchung abgeklärt werden, nachdem die stilistischen und ikonographischen Analysen der »irritierenden Züge im vatikanischen Job« zu kontroversen Aussagen namhafter Kunsthistoriker geführt haben.

Wir beschließen unsere Studie über den interessanten Hiobkommentar des griechischen Exegeten Olympiódoros in der Biblioteca Vaticana mit dem Hinweis auf einen ebenso bedeutenden *lateinischen Hiobkommentar* aus der Feder von Papst *Gregor I., dem Großen,* (590–604). Anfänglich Mönch, dann siebenfacher Klostergründer und später Pontifex Maximus, verfaßte Gregor I. neben seinen seelsorgerlich-praktischen, kirchenpolitischen, dogmatischen, liturgischen und exegetischen Schriften einen Riesenkommentar von 35 Büchern über das Hiobbuch. Das außergewöhnliche Werk trägt den Titel »Moralia in Job«. Wegen seiner umfassenden theologischen Tiefe und Weite ist es vom Patristiker *Berthold Altaner* sogar als »Handbuch der Moraltheologie und Aszetik« bezeichnet worden (*B. Altaner/A. Stuiber,* Patrologie, 468).

Wir nehmen an, Papst Gregor der Große habe bei der Niederschrift seines Werkes unter anderem auch den Hiobkommentar des alexandrinischen Diakons zu Rate gezogen. Denn Olympiodor verfaßte sein Werk Anfang des 6. Jahrhunderts (um 510), während Gregor seine »Moralia in Job« gegen Ende des 6. Jahrhunderts (um 595) abgeschlossen hat. Überhaupt war Gregor ein guter Kenner der Ostkirche, hat er doch vor Antritt seines Pontifikates in Konstantinopel als »Stellvertreter des Papstes«, als sogenannter »Apokrisiários«, amtiert. Schon während seiner Amtszeit in Byzanz (579–585) war er mit der Anfertigung seines Hauptwerkes beschäftigt, das er dann als Papst vollendet hat. Wie sein Vorbild Olympiodor weiß sich Gregor der allegorischen Bibelerklärung verpflichtet. Wie der Alexandriner von einem dreifachen Bibelverständnis ausgeht, so vertritt auch Gregor I. einen historischen, einen allegorisch-symbolischen und einen moralischen Sinn der Heiligen Schrift. Dabei besitzt die historisch-wörtliche Auslegung einen geringeren Stellenwert als die *Allegorese* (bildhafte, gleichnishafte Auslegung), die damals eifrig gepflegt worden ist. Freilich hat der heutige Bibelleser Mühe, solchen Gedankengängen und einfallsreichen Explikationen zu folgen.

Hier einige Stichproben aus Gregors moralisierender Allegorese: Hiobs Frau wird als Prototyp einer fleischlich gesinnten Gattin ohne Verständnis für das Schicksal ihres Gatten apostrophiert; Hiobs falsche Freunde stehen als warnendes Beispiel für alle irregeleiteten Ketzer und Häretiker; Hiobs sieben Söhne vertreten die vier Kardinaltugenden »Weisheit, Gerechtigkeit, Tapferkeit, Maßhalten« sowie die drei christlichen Tugenden »Glaube, Hoffnung, Liebe«[40]. Hinwiederum bedeuten Hiobs Söhne die sieben Geistesgaben, die der Prophet Jesaja verheißt (Jes 11,2): Es sind dies der Geist des Herrn, der Geist der Weisheit und der Einsicht, der Geist des Rates und der Stärke sowie der Geist der Erkenntnis und der Gottesfurcht; Hiobs drei Töchter symbolisieren in diesem Zusammenhang die neutestamentlichen Geistesgaben Glaube, Liebe und Hoffnung. Schließlich bringt Gregor noch die sieben Werke der Barmherzigkeit ins Spiel, nämlich Hungrige speisen, Durstige tränken, Fremde beherbergen, Nackte kleiden, Kranke pflegen, Gefangene besuchen (wie Jesus in seiner Wiederkunftsrede gebietet, Matthäus 24,35–40) und endlich Tote bestatten (nach der apokryphen alttestamentlichen Schrift Tobit 14, 11–13). Diese sieben Liebeswerke werden durch Hiobs sieben Söhne angezeigt.

Das frühe Mittelalter, vor allem die Mönchswelt, konnte sich an solchen Gedankenspielereien ergötzen. Nachhaltiger haben sich jedoch die ethischen Anleitungen zur praktischen Lebensgestaltung ausgewirkt. Diese moralischen Appelle sind befolgt worden, und man hat Gregors »Moralia« bis ins hohe Mittelalter gelesen, abgeschrieben und illustriert[41].

So besaß das christliche Abendland seinen berühmten *»lateinischen Hiob«,* während der byzantinische Osten seinen eigenen *»orthodoxen Hiob«* in Ehren hielt. Eine vollständige Übersetzung des lateinischen Werkes *»Expositio in Job seu moralium libri XXXV«* – wie der genaue Titel des Gregorschen Moralbuches heißt – ist von den Griechen nie ausgeführt worden. Hingegen gibt es eine lateinische Übersetzung des Olympiodor-Kommentars, welche Jacques-Paul Migne zusammen mit dem griechischen Urtext veröffentlicht hat (Patrologia Graeca, Bd. 93, Sp. 9–470).

Die Miniaturen der älteren Vatikanischen Hiobhandschrift

Zu den bibliophilen Kostbarkeiten der Vatikanischen Bibliothek gehört ohne Zweifel der »Vaticanus Graecus 749« mit seinen brillanten Miniaturen. Zwar gilt diese uneingeschränkte Würdigung nur der ersten und der letzten Serie. Die mittlere Bilderabfolge im Dialog- oder Redeteil muß dagegen als mittelmäßig bezeichnet werden. Dadurch ist schon angedeutet, daß mindestens drei, wahrscheinlich sogar vier Miniatoren den Vatikanischen Hiob illustriert haben. Der Illustrator des ersten Teiles darf als Meister seines Faches gelobt werden. Seine Hiobbilder suchen ihresgleichen. Dies gilt auch von dem Künstler, der den dritten Teil des Hiobkodex ausgeschmückt hat. Die Redeszenen im mittleren Buchabschnitt weisen hingegen weniger gute Bilder auf. Wahrscheinlich haben hier sogar zwei Maler Hand angelegt. Während sich der eine mit ungelenker Hand mehrmals an Hiobszenen versucht hat, sind dem anderen die Disputationsbilder besser gelungen. Im ganzen gesehen unterscheiden wir aber doch nur drei Maletappen.

Erste Phase: Der Hiobprolog (Kap. 1,1 bis 2,13) besitzt 26 Miniaturen (Nr. 1–26, fol 6r bis 30r, Abb. 54 bis 74). Die Titel-Initiale »A« (fol 6r), gebildet aus drei Fabeltieren und einem nackten Knäblein (= Putto, Abb. 54), beweist deutlich, daß der erste Künstler nicht allein der ostbyzantinischen, palästinischen Tradition verpflichtet ist, sondern bewußt auch abendländische Motive verwendet hat. »Die Initiale kann ihre merowingischen und frühkarolingischen Ahnen nicht verleugnen.«[42] Der hier sichtbar werdende, aber keineswegs dominierende Einfluß der *karolingischen Kunst* eröffnet einen neuen Aspekt im Rätselraten nach der Herkunft der so verschiedenen Stilelemente in der Vatikanischen Bilderhandschrift. Eine interessante Studie zu diesem Thema hat *Wilhelm Messerer* verfaßt. Was er über die Miniaturen im »Juvenianus-Codex der Biblioteca Vallicelliana« (Rom, 9. Jh.) erarbeitet hat, überträgt er auch auf den »graezisierenden, aber abendländischen und vielleicht in Rom entstandenen vatikanischen Hiob«, nämlich die Einordnung »in den römischen Kunstkreis der Karolingerzeit«. Messerer übersieht den starken Einfluß der byzantinischen Vorbilder keineswegs; aber er spricht von einer »abendländischen Synthese«, welche alle drei Elemente – das römische, das spätkarolingische und das byzantinische Stilelement – in der italienischen Kunst des 9. Jahrhunderts vereint[43].

Neben der schönen Eingangsminiatur mit dem erwähnten Putto und dem in goldenem Gewand thronenden Fürsten Hiob (Abb. 54 auf S. 95) verdient auch das zweite ganzseitige Bild (Abb. 56 auf S. 97) unsere Aufmerksamkeit. In vier verschieden großen Feldern wird Hiobs Reichtum dargestellt. Es sind vier reizende Hirtenszenen mit den im biblischen Text aufgezählten Schafs-, Kamel-, Rinder- und Eselinnenherden in der Obhut von flötenspielenden Hirten. Diese bukolischen Szenen sowie der Stierkampf im Vordergrund verraten eindeutig ein antikes Vorbild. Bukolische Darstellungen waren im Altertum beliebt, enthält doch die jüngere Vergil-Handschrift in der Vatikanischen Bibliothek, der sogenannte »Vergilius Romanus« (5./6. Jh.), gleich eingangs drei fröhliche Hirtenszenen (Miniatur I, VII und VIII)[44]. Eine ähnliche Idylle weist der Sinaitische Hiob (11. Jh.) auf. Er tradiert getreuer als der um 200 Jahre ältere »Vaticanus« die antike Vorlage. Auch die Bildkomposition entspricht mehr der Vergil-Handschrift: So werden im »Sinaiticus« (auf zwei übereinanderliegenden Feldern) weidende Schafe, aufgescheuchte Kamele, kämpfende Stiere und wiehernde Eselinnen sowie vier Hirten mit Flöte oder Stab überaus lebendig dargestellt (Abb. 128).

Zweite Phase: Der Dialog- oder Redeteil (Kap. 3,1 bis 37,24) enthält 19 Miniaturen (Nr. 27–45, fol 38r bis 209v, Abb. 75 bis 79). Dieser zweite, lange Abschnitt ist aus theologischer Sicht interessant, weil er in Rede und Gegenrede das Theodizee-Problem, also die Frage nach der göttlichen Gerechtigkeit im Leiden eines Unschuldigen, zu ergründen versucht. Dabei vertreten Hiobs Freunde, die manchmal zu Gegnern werden, den ihrer Ansicht nach göttlichen Standpunkt, während der Angegriffene beständig seine Unschuld betonen muß. Formal gleichen diese Disputationen den Platonischen Dialogen, und die unablässigen, oft ermüdenden verbalen Auseinandersetzungen gehen auf das antike Stilprinzip der Wiederholung gleicher Formen zurück. Dies gilt sowohl für das Wort wie für das Bild. Die Repliken und Dupliken Hiobs und seiner Freunde beziehungsweise seiner Feinde finden ihren Niederschlag in der Repetition der sich gleichenden Disputationsbilder. Hinter der monotonen Bilderserie der zweiten Illustrationsphase steckt also Methode. Dies möge der Leser der Hiobtexte und der Betrachter der Miniaturen stets bedenken.

Ein ikonographischer Unterschied zwischen der ersten und zweiten Malphase besteht darin, daß zunächst Hiob im Glück und im Unglück von seiner menschlichen Seite gezeigt wird. Als Heiliger mit goldenem Nimbus wird er erst im zweiten Teil, also während seiner Rechtfertigungsversuche vor Gott und den Menschen, dargestellt, wobei der von eiterigen Schwären bedeckte Körper merkwürdig mit dem Heiligenschein kontrastiert.

Dritte Phase: Die beiden Gotteserscheinungen und Hiobs Wiederherstellung (Kap. 38,1 bis 42,17) werden durch 10 Miniaturen dargestellt (Nr. 46–55, fol 226r bis 249v, Abb. 80 bis 84). Die Theophaniebilder sowie die Leviatan-Miniatur verraten hohes künstlerisches Können. Neben seiner byzantinischen Vorlage muß der Miniator auch noch abendländische Muster benutzt haben. Wir denken unter anderem an apokalyptische Bilder oder an Miniaturen, an Darstellungen, auf denen Gottes Hand als »Teil für das Ganze« (Pars pro toto) erscheint. Die ottonische Buchmalerei liefert genügend Beispiele, welche die griechischen Künstler in der Werkstatt des römischen Klosters San Saba beeinflußt haben könnten. Der Bibeltext mit dem Bericht von der gewaltigen Natur- und Gotteserscheinung mußte einen Meister seines Faches zu einer ebenso imposanten Veranschaulichung verleiten: Strahlenbündel schießen aus dem Himmel, Posaunen- oder Windengel künden die Ankunft des Allmächtigen an, während Hiob persönlich Gottes Stimme vernimmt. Als malerische Antithese oder als »Kontrapunkt« setzt derselbe Künstler den geheimnisvollen Urweltdrachen Leviatan, der nach dem Bibeltext nicht – wie in den altorientalischen Mythen – eine ebenbürtige Gegenmacht Gottes ist, sondern ein von Jahwe gebändigtes Ungetüm. Durch die Gegenüberstellung von Himmel und Hölle – hier am Ende des Buches und zuvor schon einmal im Prolog – wird jedermann klar, daß Satan »den gerechten Hiob« nur eine Zeitlang peinigen darf und daß am Ende des erregenden Hiobdramas das gute Prinzip über alles Dämonische siegt (Abb. 80 bis 83 besitzen diesbezüglich eine besondere Aussagekraft).

a) *Erster Bilderzyklus im Prolog* (Abb. 54 bis 74) 54

Miniatur Nr.	Folio	Buch Hiob	Darstellung
1	6r	1,1	*Titel-Illustration:* Der in großen griechischen Lettern (Unzialen) abgefaßte Anfangsvers setzt mit der Initiale »*A*« ein, welche aus drei Tierleibern zusammengesetzt ist, wobei auf dem einen Fabeltiere ein menschliches Wesen hockt. Die entsprechende griechische Vokabel heißt »*Ánthropos*« = ein Mensch, ein Mann. Der ganze Satz in der Septuaginta lautet: »*Ein Mann war im Land Ausítis [= Uz], dessen Name war Iob.*« – Der kleinere Text, auch in Unzialschrift verfaßt, gibt den Kommentar des Olympiódoros aus Alexandrien sowie die Hioberklärung des Kirchenvaters Johannes Chrysóstomos aus Konstantinopel wieder. – Die griechische Beischrift unter der Miniatur mit dem Herrscherpaar im Palast lautet: »*Hiob und dessen Frau*« (Abb. 54).
2	6v	1,1.2	Hiobs Familie: Hiob mit Prophetenrolle in der Hand, seine Frau und die zehn Kinder. »*Er führte ein vorbildliches Leben und achtete sorgfältig darauf, nichts Unrechtes zu tun, weil er Gott ernst nahm. Er hatte sieben Söhne und drei Töchter*« (Abb. 55).
3	7r	1,3	Hiobs Reichtum: Vier reizende Hirtenszenen – ähnlich den antiken bukolischen Darstellungen – deuten den Herdenreichtum an. »*Er hatte einen großen Viehbesitz: 7000 Schafe und Ziegen, 3000 Kamele, 1000 Rinder und 500 Esel. Dazu kamen sehr viele Knechte und Mägde. An Wohlstand und Ansehen übertraf Ijob alle Männer des Steppenlandes im Osten*« (Abb. 56).
4	7v	1,4	Aufmarsch der zehn Kinder zum Gastmahl: »*Seine Söhne hatten die Gewohnheit, reihum in ihren Häusern Festessen zu veranstalten, an denen alle Brüder teilnahmen. Auch ihre drei Schwestern luden sie dazu ein, und alle aßen und tranken miteinander*« (Abb. 57).

ΟΛΥΜΠΙΟΔΩΡΟΥ ΔΙΑΚ(ΟΝΟΥ)

Α Η ΧΩΡΑ Η ΑΥΣΙΤΙΣ Η ΧΩΡΑ ΗΝ ΤΟΥ ΗΣΑΥ· ΑΠΟ ΓΑΡ ΗΣΑΥ. ΑΥΣΙΤΙΣ ΕΚΑΛΕΙΤΟ Κ(ΑΙ)
Η ΤΟΙΑ ΑΠΟ ΑΥΣ ΕΝΟΣ ΤΩΝ ΥΙΩΝ ΗΣΑΥ· ΒΟΥΛΕΤΑΙ ΔΕ ΕΙΠΕΙΝ ΟΙΟΝ ΑΝΔΡΑ
ΗΝΕΓΚΕΝ ΕΙΣ ΕΥΣΕΒΕΙΑΝ Η ΤΟΥ ΒΕΒΗΛΟΥ ΚΑΙ ΑΘΕΣΜΟΥ ΧΩΡΑ· ΑΥΤΗ ΔΕ
Η ΑΥΣΙΤΙΣ ΕΝ ΟΡΙΟΙΣ ΤΟΥ ΔΑΙΑΣ ΚΑΙ ΑΡΑΒΙΑΣ ΩΣ ΕΥΣΕΒΙΟΣ ΦΑΣΚΩΝ ΟΥΤΩ
Α ΤΟΝ ΑΡΙΣΤΑΙΟΝ ΕΝ ΤΩ ΠΕΡΙ ΙΟΥΔΑΙΩΝ ΕΙΣ ΛΑΒΕΙΝ:—

ΝΟΣ ΤΙΣ ΗΝ ΕΝ
ΧΩΡΑ ΤΗ ΑΥΣΙ-
ΤΙΔΙ. Ω ΟΝΟ-
ΜΑ ΙΩΒ

ΤΗΝ ΧΩΡΑ-
ΤΟΥ ΣΗΩΝ ΦΗΣΙΝ· ΗΤΙΣ
ΕΒΡΑΪΣΤΙ ΑΟΥΣ ΚΑΛΕΙΤΑΙ:—
Α ΚΑΤΑ ΦΥΣΙΝ ΜΕΝ. ΕΙΣ ΤΩΝ
ΠΟΛΛΩΝ· ΚΑΤΑ ΑΡΕΤΗΝ
ΔΕ. ΠΟΛΛΩΝ ΥΨΗΛΟΤΕΡΟΣ:—

ΤΟΥ ΑΓΙΟΥ ΙΩΑΝΝΟΥ
ΤΟΥ ΧΡΥΣΟΣΤΟΜ(ΟΥ)

Α ΟΡΑ ΠΡΩΤΟΝ ΕΓΚΩΜΙΟΝ·
ΑΝ(ΘΡΩΠ)ΟΣ ΗΝ· ΟΥ ΓΑΡ ΔΗ ΜΙ-
ΚΡΟΝ ΕΓΚΩΜΙΟΝ ΤΟΥ-
ΤΟ ΤΟ ΑΝ(ΘΡΩΠ)ΟΝ ΕΙΝΑΙ ΦΗΣ(ΙΝ)
ΕΝ ΧΩΡΑ ΤΗ ΑΥΣΙΤΙΔΙ.
ΚΑΙ ΤΟΥΤΟ ΜΕΓΑ ΕΓΚΩ-
ΜΙΟΝ· ΤΟ ΓΑΡ ΕΝ ΑΡΑΒΙΑ
ΕΙΝΑΙ ΕΝΘΑ ΑΠΑΝΤΕΣ ΔΙΕ-
ΦΘΑΡΜΕΝΟΙ· ΕΝΘΑ ΟΥΔΕΝ
ΥΠΟΔΕΙΓΜΑ ΗΝ ΕΥΝΟΜΙΑΣ. ΤΟΥ-
ΤΟ ΗΝ ΤΟ ΘΑΥΜΑΣΤΟΝ:—

ΙΩΒ ΚΑΙ Η ΓΥΝΗ ΑΥΤΟΥ

55 56

57

ΤΟΥ ΑΓΙΟΥ ΙΩΑΝΝΟΥ

Δ Ο ΡΑΣ ΟΤΙ ΠΟΛΥΝ ΤΟΝ ΠΛΟΥΤΟΝ ΕΧΟΝΤΑ ΤΟΝ ΑΓΡΟΙΚΙΚΩΤΕΡΟΝ· ΟΥ ΓΑΡ ΔΑΝΕΙ
ΣΜΑΤΑ ΚΑΙ ΤΟΚΟΥΣ ΚΑΤΕΛΕΞΕΝ· ΟΥΔΕ ΧΡΥΣΟΡΟΦΟΥΣ ΟΙΚΙΑΣ· ΟΘΕΝ
Ε ΟΥΔΕ ΗΜΙΝ ΕΥΠΟΡΟΙ:— ΟΛΥΜΠΙΟΔΩΡΟΥ·

ΑΝΤΙ ΤΟΥ ΑΓΡΟΙ ΠΑΝΤΟΔΑ
ΠΟΙ· ΚΑΙ ΦΥΤΕΙΑΙ ΜΕΓΑ
ΛΑΙ· ΔΙΑΦΕΡΟΝΤΩΣ ΔΕ
ΤΑ ΤΗΣ ΕΥΣΕΒΕΙΑΣ ΕΡΓΑ
ΦΗΣΙΝ· ΔΙΟ ΟΥΔΕ Ο ΔΙΑΒΟ
ΛΟΣ ΕΠΕΠΟΙΗΚΕΝ ΤΙ ΤΟΙΣ
ΤΟΙΟΥΤΟΙΣ ΕΡΓΟΙΣ:

Δ ΚΑΙ ΗΝ ΤΑ ΚΤΗΝΗ
ΑΥΤΟΥ· ΠΡΟΒΑΤΑ Ε
ΠΤΑΚΙΣΧΙΛΙΑ·
ΚΑΜΗΛΟΙ ΤΡΙΣΧΙΛΙΑΙ·
Ε ΖΕΥΓΗ ΒΟΩΝ ΠΕΝ
ΤΑΚΟΣΙΑ·
ΚΑΙ ΘΗΛΕΙΑΙ ΟΝΟΙ
ΝΟΜΑΔΕΣ ΠΕΝΤΑ
ΚΟΣΙΑΙ·

ΤΑ ΘΡΕΜΜΑΤΑ ΙΩΒ

5	8r	1,5	Hiob bringt stellvertretend für seine zehn Kinder die gleiche Anzahl Opfertiere dar: Auf der Miniatur sind es neun Schafe und ein Rind, das bereits in den Flammen versengt. *»Er brachte für jedes von ihnen ein Brandopfer dar. Denn er sagte sich: ›Vielleicht hat eines von ihnen ohne Absicht Gott beleidigt und ist dadurch schuldig geworden‹«* (Abb. 58).
6	12v	1,6.7	Erste Himmelsversammlung: Die symbolische Himmels- und Gottesdarstellung im Viereck (oben) zeigt zwei Kugeln mit Gesichtern, die Sonne und den Mond (laut Beischrift), während im Halbkreis Gottes Hand sichtbar wird. Angesprochen sind die Engelschar und der mit einem Krummstab bewaffnete schwarze Satan. *»Eines Tages kamen die Gottessöhne (Engel) zur himmlischen Ratsversammlung, und jeder stellte sich an seinen Platz vor dem Herrn. Unter ihnen war auch der Satan. Der Herr fragte ihn: ›Was hast denn du gemacht?‹ ›Ich habe die Erde kreuz und quer durchstreift‹, antwortete der Satan«* (Abb. 59).

58

59

60

61

7	13v	1,8–11	Gott verhandelt mit dem Satan über Hiob. Man beachte die gewundene Schlange, auf welcher Satan steht. *»Der Herr fragte: ›Hast du auch meinen Diener Ijob gesehen? So untadelig und treu wie er ist sonst keiner auf der Erde.‹ Der Satan entgegnete: ›Würde Ijob dir gehorchen, wenn es sich nicht bezahlt machte? Rühre doch einmal seinen Besitz an! Wetten, daß er dich dann öffentlich verflucht?‹«* (Abb. 60).
8	16r	1,12	Gottes Wette mit dem Teufel: *»Da sagte der Herr zum Satan: ›Gut! Alles, was er hat, gebe ich in deine Gewalt. Aber ihn selbst darfst du nicht antasten!‹ Danach verließ der Satan die Ratsversammlung.«*
9	16v	1,13	Gastmahl im Haus des Erstgeborenen: Die Miniatur spiegelt eine fröhliche Tafelrunde mit geladenen Gästen, mit Mundschenken und Dienerinnen wider, so wie man am byzantinischen Kaiserhof zu festen pflegte. *»Als eines Tages die Kinder Ijobs wieder einmal im Haus ihres ältesten Bruders feierten, . . .* (Abb. 61).
10	17v	1,14.15	Erste Hiobsbotschaft: *». . . kam ein Knecht zu Ijob gelaufen und meldete: ›Wir waren gerade mit den Rindern beim Pflügen. Die Esel weideten ganz in der Nähe. Da sind plötzlich Beduinen aus Saba über uns hergefallen. Sie haben alle Tiere genommen und deine Knechte erschlagen. Ich allein konnte mich retten, um es dir zu sagen.‹«* – Eine Rotte von zehn Räubern treibt Hiobs Herden fort und enthauptet die Knechte (Abb. 62). 63 ▷ 64 ▷▷
11	18v	1,16	Zweite Hiobsbotschaft: *»Er hatte noch nicht ausgeredet, da kam schon ein anderer und sagte: ›Feuer ist vom Himmel gefallen und hat die Schafe und Ziegen und ihre Hirten getötet. Ich allein konnte mich retten, um es dir zu sagen‹«* (Abb. 63).
12	19r	1,17	Dritte Hiobsbotschaft: *»Er hatte noch nicht ausgeredet, da kam schon der nächste und sagte: ›Drei Horden von Nomaden haben uns überfallen. Sie haben die Kamele gestohlen und deine Knechte erschlagen. Ich allein konnte mich retten, um es dir zu sagen.‹«* – Auf der oberen Bildhälfte ist eine feindliche Reiterschar im Anmarsch, während unten Hiobs Knechte erstochen und die Kamele geraubt werden (Abb. 64).

62

ΚΣ ΟΛΥΜΠΙΟ(ΔΩΡΟΥ)
ΜΗ ΠΥΡ ΚΑΤΑΛΗΦΘΕΙΗ ΕΙΝΑΙ
ΝΟΜΙΖΕ· ΟΥ ΓΑΡ ΔΗΜΙΟΥΡ
ΓΕΙΝ ΤΟΥΤΟ ΔΥΝΑΤΑΙ ΑΛ
Λ' ΟΥΤΩΣ ΕΔΕΙΞΕΝ ΚΑΙ ΚΑΤΕ
ΦΛΕΞΕΝ ΑΠΑΝΤΑ· Η ΕΙ ΠΕΡ
ΕΙΗ ΚΑΤΑΛΗΦΘΕΙΗ ΠΥΡ
ΕΚ ΤΟΥ ΟΝΤΟΣ ΚΑΙ ΤΟΥ Θ(ΕΟ)Υ
ΙΣ ΕΚΙΝΗΣΕΝ·

ΚΣ ΤΟΥ ΑΓΙΟΥ ΙΩΑΝΝΟΥ
ΟΡΑΣ ΠΟΣΗ ΤΟΥ ΔΙΑΒΟΛΟΥ Η ΔΥ
ΝΑΜΙΣ· ΠΩΣ ΕΘΗΚΕ ΤΟΣΑΥ
ΤΑ ΕΚΙΝΗΣΕΝ· ΕΙΤΕ ΔΑΙΜΟ
ΝΑΣ ΟΧΗΜΑΤΙΣΑΣ· ΣΥ ΜΟΙ
ΤΗΝ ΕΥΚΟΜΑΝΗΚΟΝ ΗΣΟΝ·
ΜΗ ΝΟΜΙΖΩΝ ΠΥΡ ΕΙΝΑΙ
ΚΑΤΑΛΗΦΘΕΙΗ· ΟΥ ΓΑΡ
ΔΥΝΑΤΑΙ ΔΗΜΙΟΥΡΓΕΙΝ.
ΑΛΛ' ΟΥΤΩΣ ΕΔΕΙΞΕ ΚΑΙ ΚΑΤΕ
ΦΛΕΞΕΝ ΑΠΑΝΤΑ·

Γ

ΚΣ ΚΑΙ ΚΑΤΕΚΑΥΣΕΝ
ΤΑ ΠΡΟΒΑΤΑ
ΚΑΙ ΤΟΥΣ ΠΟΙΜΕΝΑΣ
ΚΑΤΕΦΑΓΕΝ ΟΜΟΙΩΣ· ἀπέκτει|νεν
ΚΑΙ ΣΩΘΕΙΣ ΕΓΩ ΜΟ
ΝΟΣ ΗΛΘΟΝ ΤΟΥ Α
ΠΑΓΓΕΙΛΑΙ ΣΟΙ·
ΕΤΙ ΤΟΥΤΟΥ ΛΑΛΟΥΝ
ΤΟΣ ΗΛΘΕΝ ΕΤΕ
ΡΟΣ ΑΓΓΕΛΟΣ·
ΚΑΙ ΕΙΠΕΝ ΠΡΟΣ ΙΩΒ·

ΘΝ ΠΥΡ ΕΠΕΣΕΝ ΕΚ ΤΟΥ ΟΥ(ΡΑ)ΝΟΥ ΚΑΙ ΚΑΤΕΦΑΓΕΝ ΤΑ ΠΡΟΒΑΤΑ ΚΑΙ ΤΟΥΣ ΠΟΙΜΕΝΑΣ ΙΩΒ

ΟΙ ΙΠΠΕΙΣ ΕΠΟΙΗΣΑ
Ν ΗΜΙΝ ΚΕΦΑΛΑΣ
ΤΡΕΙΣ·
ΚΑΙ ΕΚΥΚΛΩΣΑΝ
ΤΑΣ ΚΑΜΗΛΟΥΣ
ΚΑΙ ΗΧΜΑΛΩΤΕΥ
ΣΑΝ ΑΥΤΑΣ·
ΚΑΙ ΤΟΥΣ ΠΑΙΔΑΣ Α
ΠΕΚΤΕΙΝΑΝ ΕΝ
ΜΑΧΑΙΡΑΙΣ·
ΕΣΩΘΗΝ ΔΕ ΕΓΩ
ΜΟΝΟΣ ΚΑΙ ΗΛ
ΘΟΝ ΤΟΥ ΑΠΑΓΓΕΙΛΑΙ ΣΟΙ·

ΟΛΥΜΠΙΟΔ

Π[illegible] ΑΠΑΓΓΕΛΙΑ
[illegible]
[illegible]
[illegible] ΛΕΓΟΜΕΝΟΣ·
[illegible] ΚΑΙ ΤΩΝ
[illegible]
[illegible] ΤΑ ΑΛΓΕΙΝΑ
[illegible]·

ΔΙΔΥΜ

ΤΟ ΔΕ ΚΑΙ ΠΕΡΙ ΤΗΣ ΣΦΑΓΗΣ
ΤΩΝ ΠΑΙΔΩΝ [illegible] ΕΙΚΟΣ
[illegible] ΑΝΔΡΕΙΩΣ ΕΝΕ
[illegible] ΤΟΥΤΟ ΔΕ ΔΕΙΚΝΥ
[illegible] ΤΗΝ ΑΝΔΡΕΙΑΝ ΤΕ ΤΟΥ
ΑΓΙΟΥ ΚΑΙ ΚΑΡΤΕΡΙΑΝ·

ΕΝΘ(Α) ΟΙ ΙΠΠΕΙΣ ΑΠΕΚΤΕΙΝΑΝ ΙΩΒ ΤΟΥΣ ΠΑΙΔΑΣ ΚΑΙ ΤΑΣ ΚΑΜΗΛΟΥΣ ΗΧΜΑ
ΛΩΤΕΥΣΑΝ·

[illegible] τοῦ πικροτέρου τῆς ἀγγελίας· οὕτω γὰρ εἶπεν· καὶ ἔπεσεν ἐπὶ
πάντας τοὺς ἔνδον· καί τοί γε πάντας ἀπέκτεινεν· ἐξ ὧν αὐτός
φησιν ἔσωθεν ἦν δὲ ἐγὼ μόνος· ἀλλ' ἰδικῶς· ἐπὶ τὰ παιδία σου τῆς
φύσεως ἀναμιμνήσκων· καὶ καιρίας αὐτῷ διδοὺς τὰς πληγάς:

Καὶ ἥψατο τῶν
τεσσάρων γωνιῶν
τῆς οἰκίας·
Καὶ ἔπεσεν ἡ οἰκία
ἐπὶ τὰ παιδία σου
καὶ ἐτελεύτησαν·

τοῦ ἁγίου Ἰωάννου·

Ἐξαίφνης ἅπαις ὁ πολύπαις
γεγονεν· βέλτιον μὴ
λαβεῖν, ἢ οὕτω λαβεῖν·
ἵνα μάθῃ τίνος ἀπεστε-
ρήθη· ὥστε ἡ παρελθοῦ-
σα εἰρήνη καὶ γαλήνη
καὶ εὐημερία, τὴν συμ-
φορὰν χαλεπωτέραν
εἰργάσατο:
Πᾶσιν ἐγένετο τάφος ἡ
οἰκία:

Ἔνθα ἡ οἰκία ἔπεσεν ἐπὶ τὰ παιδία Ἰὼβ καὶ ἐτελεύτησα

13	20r	1,18.19	Vierte Hiobsbotschaft: »*Er hatte noch nicht ausgeredet, da kam wieder ein anderer und sagte: ›Deine Kinder waren im Haus deines Ältesten zusammen, um zu essen und Wein zu trinken. Da kam ein Sturm von der Wüste her und packte das Haus an allen vier Ecken. Es ist über deinen Kindern zusammengestürzt und hat sie alle erschlagen. Ich allein konnte mich retten, um es dir zu sagen.‹«* – Die vier schwarzen Gestalten am oberen Bildrand sind Hilfsteufel im Dienst des Satans. Zwei von ihnen pusten aus Leibeskräften in ein Blasrohr, ähnlich den antiken Windgottheiten, währen zwei weitere mit Händen und Füßen das Haus zum Einsturz bringen (Abb. 65).
14	20v	1,14–19	Die vier Unglücksboten stehen mit ausgestreckter Hand vor dem bestürzten Hiob, der sich vom Thron erhebt (Abb. 66).

65

66

68 ▷

15	21r	1,20	Hiobs Trauer: *»Da stand Ijob auf, zerriß sein Obergewand, schor sich den Kopf kahl und warf sich mit dem Gesicht auf die Erde.«* – Eindrücklich sind die drei orientalischen Trauergebärden dargestellt: das Zerreißen des Obergewandes, das Kahlscheren des Hauptes und das Sich-Niederwerfen (Abb. 67).
16	21v	1,21.22	Hiobs Klage und Ergebung: *»Er sagte: ›Nackt bin ich auf die Welt gekommen, nackt geh ich wieder von ihr fort. Der Herr gibt alles, er kann es auch nehmen. Ich will ihn preisen, was immer er tut!‹ Trotz allem, was geschehen war, versündigte sich Ijob nicht. Er machte Gott keinen Vorwurf«* (Abb. 68).
17	23r	2,1–5	Satans zweites Gespräch mit Gott: *»Eines Tages kamen die Gottessöhne wieder zur himmlischen Ratsversammlung und stellten sich vor dem Herrn auf. Auch der Satan war wieder dabei. Der Herr fragte ihn: ›Was hast du denn gemacht? Hast du meinen Diener Ijob gesehen? Du hast mich ohne jeden Grund dazu überredet, ihn ins Unglück zu stürzen. Aber er ist mir treu geblieben.‹ Der Satan widersprach: ›Ein Mensch ist bereit, seinen ganzen Besitz aufzugeben, wenn er dafür seine Haut retten kann. Aber rühre doch einmal ihn selber an! Wetten, daß er dich dann öffentlich verflucht?‹«*
18	24v	2,6	Gottes zweite Wette: *»Da sagte der Herr zum Satan: ›Gut! Ich gebe seinen Körper in deine Gewalt. Aber sein Leben darfst du nicht antasten!‹«*

67

ΟΛΥΜΠΙΟΔ

ΜΕΤΑ ΤΗΝ ΤΩΝ ΚΤΗΜΑΤΩΝ ΚΑΙ ΤΩΝ ΟΙΚΕΤΩΝ ... ΠΑΙΔΩΝ Α
ΦΑΙΡΕΣΙΝ· ΤΟΤΕ ΤΟ ΤΗΣ ΛΩΒΗΣ ΕΛΚΟΣ Ο ΔΙΑΒΟΛΟΣ ΕΠΗΓΑΓΕΝ· ΕΥΘΥΣ ΑΡΙ
ΜΕΙΣΜΕΝΗΝ ΕΠΙ ΙΧΩΡΑΣ ΕΚ ΤΟΥ ΣΩΜΑΤΟΣ ΚΑΙ ΕΤΙ ΔΑΚΝΟΝΤΑΣ· ΑΠΟ
ΡΙΑ ΔΕ ΕΙΝΑΙ ΠΑΝΤΕΛΗ ΤΩΝ ΤΕ ΑΝΑΓΚΑΙΩΝ ΚΑΙ ΤΩΝ ΝΟΣΟΚΟ
ΜΟΥΝΤΩΝ· ΚΑΙ ΤΗΣ ΜΕΝ ΠΟΛΕΩΣ ΕΞΩ ΣΑΛΕΥΟΜΕΝΟΣ ΕΞΩ ΚΑΘΗΣΤΟ·
ΤΗ ΔΕ ΧΕΙΡΙ ΤΟΥΣ ΚΝΥΔΩΝΤΑΣ ΙΧΩΡΑΣ ΟΥΧ ΥΠΕΔΕΧΕΤΟ· ΤΗ ΛΑΜΠΗ ΚΑΙ ΜΑ
ΛΟΝ ΑΠΟΚΝΗΜΟΙ ΤΟ· ΑΛΛ' Ο
ΣΤΡΑΚΩ ΤΟΥΤΟΥΣ ΑΠΕ
ΞΕΝ·

ΚΑΙ ΕΠΑΙΣΕΝ ΤΟΝ
ΙΩΒ ΕΛΚΕΙ ΠΟΝΗ
ΡΩ (ελεφαντι)
ΑΠΟ ΠΟΔΩΝ ΚΑΙ ΕΧΡΙ
ΚΕΦΑΛΗΣ

ΑΛ ΕΝ ΤΩ ΕΛΚΕΙ
ΠΟΝΗΡΩ· ΠΑΡΟΞΥΤΟ
ΝΩΣ ΑΝΑΓΝΩΣΤΕΟΝ· ΙΝΑ
ΣΗΜΑΙΝΗ ΤΟ ΕΠΑΧΘΕΣ
ΚΑΙ ΕΠΙΠΟΝΟΝ·

ΕΝ ΕΠΙΕΣΕΝ Ο ΔΙΑΒΟΛΟΣ ΤΩ ΙΩΒ ΕΛΚΕΙ ΠΟΝΗΡΩ·

◁ 69

19 25r 2,7

Hiob wird aussätzig: *»Der Satan ließ an Ijobs Körper eiternde Geschwüre ausbrechen; von Kopf bis Fuß war er davon bedeckt.«* – Dramatische Miniatur: Das dreiköpfige feuerspeiende Ungeheuer erinnert stark an die Chimäre in der griechischen Mythologie mit dem Unterschied, daß Homer das Ungetüm mit Löwen-, Ziegen- und Schlangenkopf beschreibt, während auf unserer Miniatur die Ausgeburt der Hölle mit einem Wolfs-, Löwen- und Schlangenkopf auftritt. Die Drachenschlange scheint dem Meer zu entsteigen, das durch blaue und weiße Wellen angedeutet wird (links unten). Der verängstigte Hiob wehrt mit einer Gebärde den bedrohlichen Höllenspuk ab, während seine Frau entsetzt die Rechte vor ihr Antlitz hält. – Eine ähnliche Teufelsszene besitzt der Patmische Hiobkodex [pag 51], jedoch ohne Dabeisein der Frau (vgl. Abb. 69 mit Abb. 24 und 25).

20 25v 2,8

»Ijob setzte sich mitten in einen Aschenhaufen – draußen vor der Stadt – und kratzte mit einer Scherbe an seinen Geschwüren herum.« – Der Zusatz, wonach sich der Aussätzige außerhalb seiner Vaterstadt auf einen Müllhaufen gesetzt habe, fehlt im hebräischen Bibeltext (Masora); er kommt nur im griechischen Text (Septuaginta) vor. Die Miniatur zeigt die Stadtmauer mit Türmen und Tor, durch welches ein Reiter eintritt, während draußen zwei Stadtbewohner zur Trauer ihr Antlitz verhüllen [griech. Beischrift *»Stadt Ausítis«*] (Abb. 70).

70

θ
ΕΗ ΟΔΙΑ
ΒΟΛΟϹΔΙΑ
ΤΗϹΓΥΝΑ
ΙΚΟϹΕΙΠΗΛ
ΘΕΝΤΩΙΙ
ΒΛΑϹΦΗΜΟ
ΡΗΜΑ
ϹΙ

72

21	26r	2,8.9	Hiob auf dem Misthaufen wird von seiner Frau und von zwei Stadtbewohnern beklagt. Die Gattin hält einen Palmzweig in der Hand, mit dem sie dem Geplagten kühlende Luft zuführt und Fliegen abwehrt.
22	27r	2,9	*»Seine Frau sagte zu ihm: ›Willst du Gott jetzt immer noch die Treue halten? Verfluche ihn doch und stirb!‹«* – Die griechische Beischrift zu dieser Miniatur spricht von einer »blasphemischen Rede«. Doch Hiob weist das Ansinnen seiner verzweifelten Gattin energisch zurück (Abb. 71).
23	28v	2,10	*»Aber Ijob antwortete: ›Du redest daher wie jemand, der Gott nicht ernst nimmt! Wenn Gott uns etwas Gutes schickt, nehmen wir es doch gerne an. Warum sollen wir dann nicht auch das Böse aus seiner Hand annehmen?‹«* – Hiobs Frau entfernt sich.
24	29r	2,11	*»Ijob hatte drei Freunde: Elifas aus Teman, Bildad aus Schuach und Zofar aus Naama. Als sie von all dem Unglück hörten, das Ijob getroffen hatte, beschlossen sie, ihn zu besuchen. Sie wollten ihm ihr Mitgefühl zeigen und ihn trösten.«* – Der erste Freund Elifas trifft hoch zu Roß und in der Tracht eines orientalischen Königs ein; vor ihm reitet ein Bannerträger mit rotem Panier auf goldenem Schaft, während hinter ihm noch zwei weitere Reiter einhertraben (Abb. 72).
25	29v	2,12	Die drei Freunde sind abgestiegen, haben ihre Königskrone samt Kopftuch abgelegt und fallen zum Zeichen ihrer Trauer auf die Knie. Hinter ihnen nehmen drei Knechte die Königsrosse in ihre Obhut (Abb. 73). – *»Sie sahen Ijob schon von ferne, doch sie erkannten ihn nicht. Als sie näherkamen und sahen, daß er es war, fingen sie an, laut zu weinen. Sie zerrissen ihre Oberkleider und warfen Staub in die Luft und auf ihre Köpfe.«*
26	30r	2,13	*»Dann setzten sie sich neben Ijob auf die Erde. Sieben Tage und Nächte blieben sie so sitzen, ohne ein Wort zu sagen; denn sie sahen, wie furchtbar Ijob litt.«* – Unter der ganzseitigen Miniatur steht geschrieben: »Sie setzten sich zu Hiob auf dem Dunghaufen«. Ein jeder hat sein Obergewand und den Kopfschmuck zur Seite gelegt. Die drei Freunde sind in Trauer versunken, während der später hinzugekommene vierte Freund Elihu (links unten mit Redegestus) das Schweigen bricht (Abb. 74). 73 ▷ 74 ▷▷

ΗΛΘΟΜΑΤΕΝΟΥΗΠΑΡΑΙΚΑ
ΛΕΣΟΝΤΕΣ· ΟΥΧ ΕΥΡΙΣΚΟΝ
ΤΕΣ ΔΕ ΕΙΣΚΟΝ ΑΕΖΗΣΕΠΑ
ΡΑΜΥΘΗΣΟΝΤΑΙ. ΕΣΙ
ΞΗ ΩΠΙΩΝ: ΤΑΓΙ ΪΩΑΝΝ
ΠΑΝΤΑ ΤΑΥΤΑ ΚΑΛΑΙ ΚΑΙ
ΦΙΛΩΝ ΗΑΞΙΑ ΚΑΙ ΣΥΜΠΑ
ΘΟΥΝΤΩΝ ΤΡΕΙΣ ΜΗΡΙΑ·
ΤΑ ΜΕΤΑ ΤΑΥΤΑ ΔΕ. ΟΥΚΕΤΙ:

ΠΑΡΕΚΑΘΙΣΑΝ ΑΥ
ΤΩ ΕΠΤΑ ΗΜΕΡΑΣ
ΚΑΙ ΕΠΤΑ ΝΥΚΤΑΣ·
ΚΑΙ ΟΥΔΕΙΣ ΑΥΤΩΝ ΕΛΑ
ΛΗΣΕΝ· ✠ δε προς αυτον λογον
ΞΗ ΕΩΡΩΝ ΓΑΡ ΤΗΝ ΠΛΗ
ΓΗΝ ΔΕΙΝΗΝ ΟΥΣΑΝ
ΚΑΙ ΜΕΓΑΛΗΝ ΣΦΟΔΡΑ:

† ΚΕΦΑΛΑΙΟΝ Γ

ΕΝ ΟΙ ΒΑΣΙΛΕΙΣ ΔΙΕΡΡΗΞΑΝ ΤΑΣ ΕΑΥΤΩΝ ΣΤΟ

75

b) *Zweiter Bilderzyklus im Dialogteil* (Abb. 75 bis 79)

Miniatur Nr.	Folio	Buch Hiob	Darstellung
27	38r	3,1–26	Hiobs bittere Klage: *»Ijob selbst brach schließlich das Schweigen. Er verfluchte den Tag seiner Geburt und sagte: ›Versunken und vergessen soll er sein, der Tag, an dem ich einst geboren wurde, und auch die Nacht, die sah, wie man mich zeugte! … Ich habe keinen Frieden, keine Ruhe, nur Plage über Plage fällt mich an.‹«* – Hiob sitzt auf einem glimmenden Aschenhaufen (links im Bild) und klagt den drei Freunden Elifas, Bildad und Zofar sein Leid. Sie tragen keine Krone mehr, sind auch nicht durch ein Diadem geschmückt, was auf einen neuen Miniator schließen läßt. Dieser führt als neues Bildelement den Heiligenschein von Hiob ein.
28	50v	5,26.27	Am Ende seiner ersten Rede ermahnt Elifas den Hiob wie folgt: *»In reifem Alter wird man dich begraben, so wie man Korn erst einfährt, wenn es reif ist. Das alles, Ijob, haben wir erforscht. Du solltest es dir merken, denn es stimmt!«* – Mit lebhaftem Redegestus spricht der erste Freund auf Hiob ein, während die beiden andern mit halb erhobenen Händen dem Sprechenden beizupflichten scheinen (Abb. 75).

76

29	63v	7,20.21	Hiob antwortet Elifas und fragt am Ende Gott vorwurfsvoll: *»Wenn ich gesündigt habe ohne Wissen, was tat ich dir damit, du Menschenwächter? Kannst du denn meine Fehler nicht verzeihen und meine Sünde einfach übersehen? Nicht lange mehr, dann liege ich im Staub, und suchst du mich, so bin ich nicht mehr da.«* – Hiob mit Sprechgestus (wiederum auf linker Bildhälfte); die drei Freunde hören aufmerksam zu (ungekonnte Darstellung).
30	68v	8,20–22	Am Ende seiner ersten Rede hält Bildad fest: *»Wer schuldlos ist, den läßt Gott nicht im Stich; doch Übeltätern steht er niemals bei. Bestimmt wird er dich wieder lachen lassen und deinen Mund mit frohem Jubel füllen.«* – Beschädigte Miniatur.
31	80r	10,20–22	Hiob antwortet Bildad und klagt am Schluß Gott selber an: *»Ich habe nur noch kurze Zeit zu leben; laß mich in Frieden diesen Rest genießen! Bald geh ich fort ins dunkle Land der Toten, aus dem es niemals eine Rückkehr gibt, ins Land, wo Finsternis und Chaos herrschen und selbst das Licht so schwarz ist wie die Nacht.«* – Miniatur ähnlich wie Nr. 30; Hiob links, Freunde rechts; von geringer künstlerischer Qualität.
32	84v	11,18–20	Schlußworte von Zofars erster Rede: *»... Den Bösen aber bleibt nur die Verzweiflung, sie suchen Zuflucht, ohne sie zu finden, und ihre einzige Hoffnung ist der Tod.«* – Der dritte Freund Zofar bedrängt mit Redegebärde die Jammergestalt Hiob; diesmal haben die Freunde links von Hiob Platz genommen (Abb. 76).

77

78

Mit Folio 109 beginnt der zweite Band der Vatikanischen Hiobhandschrift aus dem 9. Jahrhundert. Offensichtlich hat ein neuer (dritter) Maler die Illustrierung des restlichen Dialogteils übernommen. Diese Bilder sind sorgfältiger ausgeführt. Sowohl die Zeichnungen als auch die Farbgebung verraten einen besser geschulten Miniator. Herrschten beim weniger begabten Maler die hellen und roten Farben vor, so bekundet der neue Künstler eine Vorliebe für dunklere Farben (z. B. Hiobs aussätziger Körper grünlich-braun mit Schatten, violette Umrandung des Dunghaufens, dunkelblaue Gewänder der Freunde).

33	119r	18,20.21	Bildads zweite Rede ist eine Strafpredigt an die Adresse von Hiob. Sie schließt mit den Worten: *»Entsetzten herrscht im Osten wie im Westen bei allen, die von diesem Schicksal hören. Ja, so geht's jedem, der das Unrecht liebt; wer nicht nach Gott fragt, nimmt ein solches Ende.«* – Erstmals tragen die drei Freunde (links von Hiob) auf ihren Häuptern ein königliches Diadem.

79

34 126r 19,29 Hiobs Antwort an Bildad – sie enthält das berühmte Wort *»Ich weiß, daß Gott, mein Anwalt, lebt!«* (Hiob 19,25) – schließt mit der drohenden Warnung an die rechthaberischen Freunde: *»Doch seht euch vor, daß euch das Schwert nicht trifft; denn solche Schuld verdient die Todesstrafe. Vergeßt es nicht, daß Gott der Richter ist.«* Hiob dreht den Spieß um und stellt den massiven Beschuldigungen von seiten seiner Freunde das Strafgericht Gottes gegenüber, das jeden trifft, der falsche Anklage erhebt. – Die Vatikanische Miniatur zeigt uns den empörten Hiob, wie er gegen die ungerechtfertigten Vorwürfe der diademgeschmückten Freunde aufbegehrt. In seltsamem Kontrast steht der Heiligenschein des »gerechten Hiob« (griech. Beischrift am linken Bildrand) zur kleinen hockenden Jammergestalt des schwärenbedeckten Dulders. Als Gegenstück zu dieser Hiobdarstellung bilden wir eine entsprechende Miniatur aus der berühmten Pariser Bilderhandschrift Sacra Parallela in der Bibliothèque Nationale ab (Parisinus Graecus 923, fol 257r). Der betreffende Kodex datiert wie der Vatikanische Hiob aus dem 9. Jahrhundert, ist ein wenig jünger und enthält fast die gleiche Wiedergabe des »Hiob im Elend«, nur ohne Nimbus: Man beachte den jämmerlichen Gesichtsausdruck, den typischen Abwehrgestus der geöffneten rechten Hand, die Hocke auf dem abgerundeten, mit spärlichen Pflanzen besetzten Dunghaufen und das Lendentuch! Beide Hiobgestalten weisen derart viele Vergleichspunkte auf, daß an einer Verwandtschaft kaum mehr zu zweifeln ist: Vgl. Abb. 77 (Hiob und seine rechthaberischen Freunde) mit Abb. 78 (Hiob und sein vorwurfsvolles Weib).

35 138v 21,34 Hiob antwortet auf Zofars zweite Rede, wobei er sich am Schluß an alle falschen Freunde wendet: *»Doch ihr versucht, mir Trug als Trost zu bieten; denn jede Antwort, die ihr bringt, ist Schwindel!«* – Die Freunde mit Diadem sind links von Hiob gruppiert.

◁ 36	144v	22,29.30	Elifas' dritte Rede hat einen versöhnlichen Schluß: »*Wenn andre leiden und am Boden liegen, dann gibst du ihnen wieder neuen Mut, und Gott hebt die Beschämten freundlich auf.*« – Zusammengekauert hockt der aussätzige »gerechte Hiob« (Beischrift) auf einem stilisierten Müllhaufen; Elifas (stehend) spricht mit den Händen, Bildad (Mitte) und Zofar (links unten) hören aufmerksam zu (Abb. 79).
37	152r	24,22–25	Hiob antwortet auf Elifas' dritte Rede: »*Die Mächtigen rafft Gottes Macht hinweg; erhebt er sich, verzweifeln sie am Leben. Sie werden groß, doch nur für kurze Zeit; dann schrumpfen sie wie eine Blütendolde und werden abgeschnitten wie die Ähre.*« – Miniatur nur einspaltig mit abgeschabten Farben.
38	153v	25,4–6	Schluß von Bildads dritter Rede: »*Wie will ein Mensch vor Gott bestehen können? Kein Sterblicher kann rein und schuldlos sein! Sogar das Licht des Mondes ist nicht hell, und auch die Sterne sind nicht rein für ihn; geschweige denn der Mensch, die Eintagsfliege! Was gilt bei Gott schon dieser kleine Wurm?*« – Miniatur leicht beschädigt.
39	157r	26,13.14	Hiob antwortet Bildad mit dem Hinweis auf Gottes Schöpfermacht: »*Sein Atem hat den Himmel blankgefegt, den schnellen Drachen hat sein Arm durchbohrt. Wie groß und mächtig muß Gott wirklich sein!*« – Übliche Dreiergruppe der Freunde, die Hiob zuhören.
40	166r	28,25–28	Abschließende Verse vom »Lied über die Weisheit«: »*Als Gott dem Winde seine Wucht verlieh, dem Meer sein Maß und seine Grenze gab, als er dem Regen Zeit und Ort bestimmte und der Gewitterwolke ihren Weg, da sah er auch die Weisheit, prüfte sie, erkannte ihren Wert und nahm sie auf. Danach gab Gott dem Menschen diese Regel: ›Den Herrn stets ernst zu nehmen, das ist Weisheit. Und alles Unrecht meiden, das ist Einsicht.‹*« – Dreiergruppe mit Hiob.
41	179v	31,40–32,1	Mit Kapitel 31 schließt der bewegte Dialog zwischen Hiob und den drei Freunden: »*Hier enden die Worte Ijobs. Die drei Männer gaben es auf, mit Ijob zu reden, weil er sich selbst für unschuldig hielt.*«
42	181v	32,2.3	Nun tritt der vierte Freund namens Elihu auf. Seine Reden (Kap. 32–37) werden zwar noch dem Dialogteil des Hiobbuches zugerechnet; sie sind jedoch eher Monologe, da Hiob auf die Vorwürfe nicht eingeht; »*Aber ein anderer, der dabeistand, Elihu, konnte nun nicht länger an sich halten. Er war zornig auf Ijob, weil der sich im Recht sah und Gott die Schuld zuschob. Er war aber auch zornig auf die Freunde Ijobs, weil sie es nicht fertigbrachten, Ijob seine Schuld nachzuweisen.*« – Der vierte Redegewandte tritt hier vor Hiob; er ist mit einem roten Ober- und einem blauen Untergewand bekleidet. Hiob hört zu.
43	190r	33,31–33	Elihus erste Rede schließt mit der unverschämten Aufforderung an Hiob: »*Bleib still und laß mich weiter zu dir reden! ... dann schweig und hör mir weiter zu, daß ich dir zeigen kann, was Weisheit ist.*« – Elihu stehend (ohne Diadem), daneben sitzt die bekannte Dreiergruppe der Freunde, Hiob hört zu.
44	198r	35,16	Elihus dritte Rede gipfelt in der Unverfrorenheit, daß er seine Charaktereigenschaft Hiob andichtet: »*Dein vieles Reden ändert nichts daran! Man merkt, daß du nicht weißt, wovon du sprichst.*« – Auf der Miniatur wird über dem sitzenden Hiob ein blaues Himmelssegment sichtbar.
45	209v	37,23.24	Elihus vierte und letzte Rede mündet in der Erkenntnis der Unerreichbarkeit Gottes: »*Wir können niemals zu ihm hingelangen; er ist so mächtig, so gerecht und stark, zu keiner Zeit tritt er das Recht mit Füßen. Darum muß jeder Ehrfurcht vor ihm haben!*

c) *Dritter Bilderzyklus für die Gottesreden* (Abb. 80 bis 84)

Miniatur Nr.	Folio	Buch Hiob	Darstellung
46	226r	39,30–40,2	Erste Gottesbegegnung: Trotz der Unnahbarkeit Gottes naht sich der Schöpfer seinem Geschöpf *»aus einem Sturm heraus«* (Hiob 38,1). Gott erinnert den Rebellen an die sinnvolle Planung seiner Schöpfung und stellt ihm die rhetorischen Fragen: Wer hat die Erde erschaffen? Wer hat dem Meer seine Grenzen gesetzt? Wer läßt die Sonne aufgehen? Wer lenkt die Sterne am Himmel? Wer beeinflußt das Wetter? Wer sorgt für die Tiere auf Erden und in der Luft? Bist du wie Gott? *»Mit mir, dem Mächtigen, willst du dich streiten? Willst du mich tadeln, oder gibst du auf?«* Hiob lenkt ein und verstummt. Damit tritt in Hiobs rebellischer Haltung die entscheidende Wende ein.

Mit viel Einfühlungsvermögen hat der byzantinische Künstler die Gotteserscheinung im Gewitter dargestellt. Er deutet Gottes Gegenwart nur an, indem er dessen Hand aus einem prachtvoll stilisierten Himmelssegment hervorgehen läßt. Die ausgestreckte Hand ist das Symbol für Gottes Stimme und für dessen Wort. Als gewaltiger Sturmgott tritt der Allmächtige in Erscheinung, begleitet von zwei geflügelten Wesen, die beide mit einem altertümlichen Blasrohr in die Wetterwolken pusten. Die Parallele zur antiken Buchmalerei ist unverkennbar. Wir verweisen auf die berühmte römische Vergil-Handschrift (Vergilius Romanus) mit ihrer eindrücklichen Meeressturmszene, wo die Windgottheiten Eurus und Notus aus Leibeskräften in ein trompetenähnliches Rohr stoßen und den Helden Aeneas mit seinen trojanischen Schiffen auf der Fahrt nach Italien in Schrecken versetzen. – Das Theophaniebild gehört zu den stärksten Miniaturen im Vatikanischen Hiob (Abb. 80).

80

47	227r	40,3–5	Hiobs Antwort auf Gottes erste Rede: Er anerkennt Jahwes Überlegenheit und entschuldigt sich für sein Aufbegehren. *»Da antwortete Ijob dem Herrn: ›Ich bin zu wenig, Herr! Was soll ich sagen? Ich lege meine Hand auf meinen Mund! Ich habe mehr geredet als ich sollte, noch einmal tu ich es bestimmt nicht mehr!‹«* – Im Unterschied zum vorangehenden Theophaniebild tritt Hiob hier zurückhaltender auf. Er hält seine Rechte vor den Mund und scheint mit der Linken Gott um Entschuldigung zu bitten. Wiederum wird Gottes Gegenwart durch dessen ausgestreckte Segenshand in einem Strahlenkranz und einer stilisierten blau-weißen Wolke angedeutet (Abb. 81).
48	238r	41,17–20	Zweite Gottesbegegnung aus dem Sturm heraus: Hiob wird mit den Urweltmächten konfrontiert, die allein der Allmächtige zu bändigen vermag. Es handelt sich um die mythologischen Wesen *»Behemoth«* (Landungeheuer) und *»Leviatan«* (Meeresschlange), die in Kapitel 40 und 41 beschrieben werden. Diese beiden Urweltdrachen zu Land und zu Meer konkretisiert der Dichter des Hiobbuches dadurch, daß er als Landtier das *»Nilpferd«* und als Wassertier das *»Krokodil«* beschreibt. Doch behalten die beiden gefährlichen Wesen sowohl im hebräischen als auch im griechischen Urtext nach wie vor ihre mythologische Benennung: »Behemoth« (hebr.) entspricht dem »Thería« (griech.), beides Pluralformen, also »ungeheuerliche Tiere«. Auch der »Leviatan« (hebr.) hat seine Entsprechung im »Drákon« (griech.), was »Drache« bedeutet. Einen solchen *Leviatendrachen* in Gestalt einer katzenköpfigen Meeresschlange malt hier der phantasiebegabte Künstler. Er illustriert damit das Bibelwort vom Ungetüm: *»Erhebt es sich, erschrecken selbst die Stärksten und weichen voller Angst vor ihm zurück«* (Abb. 82). 82

81

ιη Ἐὰν συναντήσωσιν
αὐτῷ λόγχαι
οὐθὲν μὴ ποιήσω-
σιν·
δόρυ ἐπηρμένον καὶ
θώρακα·
ἥγηται μὲν γὰρ σίδη-
ρον ἄχυρα·
χαλκὸν δὲ ὥσπερ ξύ-
λον σαθρόν·
οὐ μὴ τρώσῃ αὐτὸν
τόξον χάλκεον·
ἥγηται μὲν πετρο-
βόλον χόρτον·

λατρευτῶν παλαι...
ἰταμὸς ἐν ἐδάφει ἐν
τοῦ θηρίου· καὶ ὅτι
οἱ ἅγιοι διὰ τῶν
πνευματικῶν καὶ
πολεμικῶν τρόπων
καταβαλοῦσιν αὐτόν·
οὐ κατὰ σῶμα ἀπετάγη· ἀλλὰ
πάλιν ὁ αὐτός ἐστιν
πετροβόλος ἤδη· ὅ ἐστιν
ἡ σφενδόνη·

Εὐαγρί(ου)

Οὐδὲν ἡμῖν ἐπιτρίψει
τὸν σατανᾶν· ἐγκρά-
τεια δὲ καὶ ἀγάπη πα-
ναιρεῖ αὐτόν·
διαβόλου τοῦτ᾽ ἔστιν
τῶν παλιγγων·

49	241r	42,5.6	Hiobs Buße und Unterwerfung: Der reumütige Rebell sieht ein, daß er mit Gott nicht rechten kann. Er unterwirft sich und bittet um Entschuldigung, aber nicht als gebrochener Mann, sondern als »Einsichtiger«, der im eigentlichen Sinn des Wortes Gott »schaut« und ihm von neuem vertraut: *»Ich kannte dich ja nur vom Hörensagen; jetzt aber hat mein Auge dich geschaut. Ich schäme mich für alles, was ich sagte; in Staub und Asche nehm ich es zurück.«* – Die ganzseitige Miniatur zeigt Hiob im Gespräch mit Gott. Besonders schön ist das vierstufige Himmelssegment mit der göttlichen Hand (Abb. 83).

83

50	243v	42,7	Gott tadelt Elifas: *»Nachdem der Herr das alles zu Ijob gesagt hatte, wandte er sich an Elifas von Teman und sagte: ›Ich bin zornig auf dich und deine beiden Freunde; denn ihr habt nicht die Wahrheit über mich gesagt wie mein Diener Ijob.‹«* – Elifas, der erste der drei Hiob-Freunde, mit goldenem Kopfschmuck, steht reuevoll vor Gott. Dieser wird wiederum nur durch eine Hand in einem Himmelssegment (Goldgrund) angedeutet.
51	245r	42,8.9	Darbringung eines Sühneopfers: Gott verlangt von den drei unverständigen Freunden, die Hiob unablässig getadelt haben, eine Wiedergutmachung. *»Darum holt euch jetzt sieben junge Stiere und sieben Widder, geht damit zu Ijob, und bringt sie als Brandopfer dar für eure Schuld. Ijob soll für euch beten; denn auf ihn werde ich hören und euch nicht bestrafen, wie ihr es mit eurem Reden verdient hättet.«* – Der klein geschriebene Majuskeltext in der linken Spalte des Pergamentblattes gibt nicht etwa den oben zitierten Bibeltext, sondern die Anfangsverse der sogenannten *»Protheoría«* an. »Protheoría« heißt »Vorbetrachtung«. Diese steht jeweils am Anfang eines neuen Hiobkapitels und leitet dasselbe mit theologischen Vorbemerkungen des Kommentators Olympiódoros ein. Bei längeren Kapiteln werden diese unterteilt, so daß – wie hier bei Hiob 42 – mehrere »Vorbemerkungen« auftauchen. – Die vier Zeilen in der rechten Textspalte, von einer weniger geübten Hand verfaßt, sind die Bildlegende, die besagt: *»Hier bringen die drei Könige dem Hiob sieben junge Stiere und sieben Widder zu ihrer Versöhnung«* (Abb. 84).
52	245v	42,11	Hiobs Wiederherstellung: Vom Aussatz geheilt und in Ehren aufgenommen, thront Hiob wieder in seinem Palast und nimmt die Glückwünsche entgegen. *»Alle seine Brüder und Schwestern und die früheren Freunde besuchten ihn und feierten mit ihm in seinem Haus.«* – Die Miniatur ist stark beschädigt.
53	246r	42,11	*»Sie bekundeten ihm ihr Mitgefühl und trösteten ihn wegen all des Unglücks, das der Herr über ihn gebracht hatte. Jeder schenkte ihm eine große Silbermünze und einen goldenen Ring.«* – Miniatur beschädigt.
54	247v	42,12	Hiobs früherer Reichtum wird verdoppelt: *»Der Herr segnete Ijob während der nun folgenden Zeit seines Lebens noch mehr als vorher. Ijob besaß schließlich 14000 Schafe und Ziegen, 6000 Kamele, 2000 Rinder und 1000 Esel.«* – Stark beschädigte Miniatur.
55	249v	42,13–15	Gründung einer neuen Familie: *»Er bekam noch sieben Söhne und drei Töchter. Die älteste Tochter nannte er Täubchen, die zweite Zimtblüte und die jüngste Schminktöpfchen. Im ganzen Land gab es keine schöneren Frauen als die Töchter Ijobs. Ihr Vater bedachte sie in seinem Testament genau wie ihre Brüder und vermachte jeder einen Anteil seines Landbesitzes.«* – Die letzten Miniaturen der Vatikanischen Prunkhandschrift sind ziemlich beschädigt: Köpfe und Gewänder sind abgeblättert (Nr. 53 und 55), und von den vier Herden sind lediglich noch die Eselinnen gut erkennbar (Nr. 54).
		42,16.17	Das Buch Hiob schließt mit den Worten: *»Ijob lebte nach seiner Erprobung noch 140 Jahre, so daß er noch seine Enkel und Urenkel sah. Er starb in sehr hohem Alter, nach einem reichen, erfüllten Leben.«* – Es folgt noch auf der letzten Seite (Folio 250 verso) ein Verzeichnis der Dialoge.

ΕΝ ΗΙ ΠΡΟΣΗΝΕΓΚΑΝ ΤΩ ΙΩΒ
ΟΙ Γ ΒΑΣΙΛΕΙΣ, ΜΟΣΧΟΥΣ Ζ
ΚΡΙΟΥΣ Ζ ΥΠΕΡ ΤΟΥ ΕΞΙ
ΛΑΣΜΟΥ ΕΑΥΤΩΝ.
ΠΡΟΘΕΩΡΙΑ
ΚΕΦΑΛΑΙΟΥ ΛΒ

VENEDIG

Antike, byzantinische und venezianische Kostbarkeiten

Bevor wir uns eingehend mit der Hiob-Prunkhandschrift in der Marciana befassen, möchte ich dem Besucher von Venedig einige erlesene Stücke vorstellen, die ich in San Marco photographieren konnte. Aus der Fülle der sich anbietenden antiken, byzantinischen und venezianischen Kostbarkeiten habe ich je zwei Zeugen von jeder Kunstgattung ausgewählt. Von den Skulpturen betrachten wir eine byzantinische Altarschranke mit einem Greifenpaar unter dem Lebensbaum sowie die berühmten Tetrarchen aus Porphyrgestein, die in der Vaticana ein kleineres Pendant besitzen. Es folgen die vergoldeten Bronzepferde und der holzvergoldete Markuslöwe im Galerie-Museum. Aus dem streng verwahrten Domschatz konnte ich die beiden wundervollen Goldikonen des Erzengels Michael im Bild festhalten. Nicht fehlen darf ein Ausschnitt aus dem veneto-byzantinischen Schöpfungsmosaik in der westlichen Domvorhalle.

Alle genannten Kunstwerke zieren den unvergleichlichen Dom von San Marco. Doch nicht nur das Gotteshaus, auch der weltliche Prunkpalast der Dogen sowie die Markusbibliothek erfüllen jeden Besucher von Venedig immer wieder mit Bewunderung (siehe Abb. 85 bis 98).

---

85 *Der Markusplatz:* Zur Linken wird die »Piazza di San Marco« durch die Alten Prokuratien (erbaut 1480–1517) und zur Rechten durch die Neuen Prokuratien (1584–1640) sowie im Hintergrund durch die berühmte Markuskirche begrenzt. Letztere wurde 1094 eingeweiht, dann bis Ende des 15. Jahrhunderts ausgebaut und reich ausgeschmückt. Auf der Außengalerie erkennt man die vier antiken Bronzepferde, die heute im Galeriemuseum Aufnahme gefunden haben. Der die Piazza beherrschende Glockenturm stammt aus dem 12. Jahrhundert. – Kupferstich von Matthäus Merian dem Älteren (1593–1650), in: »Itinerarium Italiae«. Frankfurt a. M. 1640.

86 *Die Piazzetta* (Kleiner Markusplatz) *und der Molo* (Anlegeplatz für Gondeln): Die barocke Beischrift »PIAZZA DE S. MARCO DI VENETIA« auf dem Kupferstich stimmt nur bedingt. Heute jedenfalls wird als »Piazza« der Große Markusplatz bezeichnet, der von den Alten und Neuen Prokuratien begrenzt wird. Der hier dargestellte Kleine Markusplatz, die sogenannte »Piazzetta«, hingegen schließt sich rechtwinklig an die »Piazza« an und führt zum Molo mit den bekannten Venezianer Gondeln. Auf dem alten Kupferstich sind (von links nach rechts) folgende Bauten sichtbar: die »Zecca« (Münzstätte) und die »Libreria Vecchia« (Alte Bibliothek, Markusbibliothek), die beide im selben säulengeschmückten Renaissancepalast untergebracht sind. Dahinter erhebt sich der frei stehende Glockenturm, der sogenannte »Campanile«, am Anfang der »Piazza«: im Jahr 912 begonnen, Mitte 12. Jahrhundert vollendet und Mitte 15. Jahrhundert mit Spitzhaube versehen, stürzte der historische Turm am 14. Juli 1902 ein; 1912 ist er wieder in seiner ganzen Höhe von 99 m aufgerichtet worden. Der kleine Vorbau rechts vom Turmfundament ist die »Loggetta«. Dahinter erkennt man einen Teil der »Procuratie Vecchie« (Alte Prokuratoren-Wohnungen), rechts davon (im Hintergrund) den »Torre dell' Orologio« (Uhrturm mit Glockenspiel) sowie (vorgelagert) die Südfront und die Kuppeln des Markusdomes, der berühmten »Basilica di San Marco«. Auf der rechten Bildhälfte erscheint der imposante »Palazzo Ducale« (Dogenpalast) mit dem großen Balkonfenster im obersten Stockwerk. Die »Piazzetta« beherrschen am »Molo« (im Vordergrund) die zwei mächtigen Granitsäulen mit dem früheren Stadtheiligen San Teodoro, der den Drachen besiegt (links), und mit dem geflügelten babylonischen, persischen oder chinesischen Bronzelöwen (auf der rechten Säule). – Kupferstich eines unbekannten Meisters, 17. Jh. Aufnahme: Britisches Museum, London.

85

L'Altra Parte della PIAZZA DI S. MARCO in Venetia.
T. S. Marco

86

PIAZZA DE S. MARCO DI VENETIA.

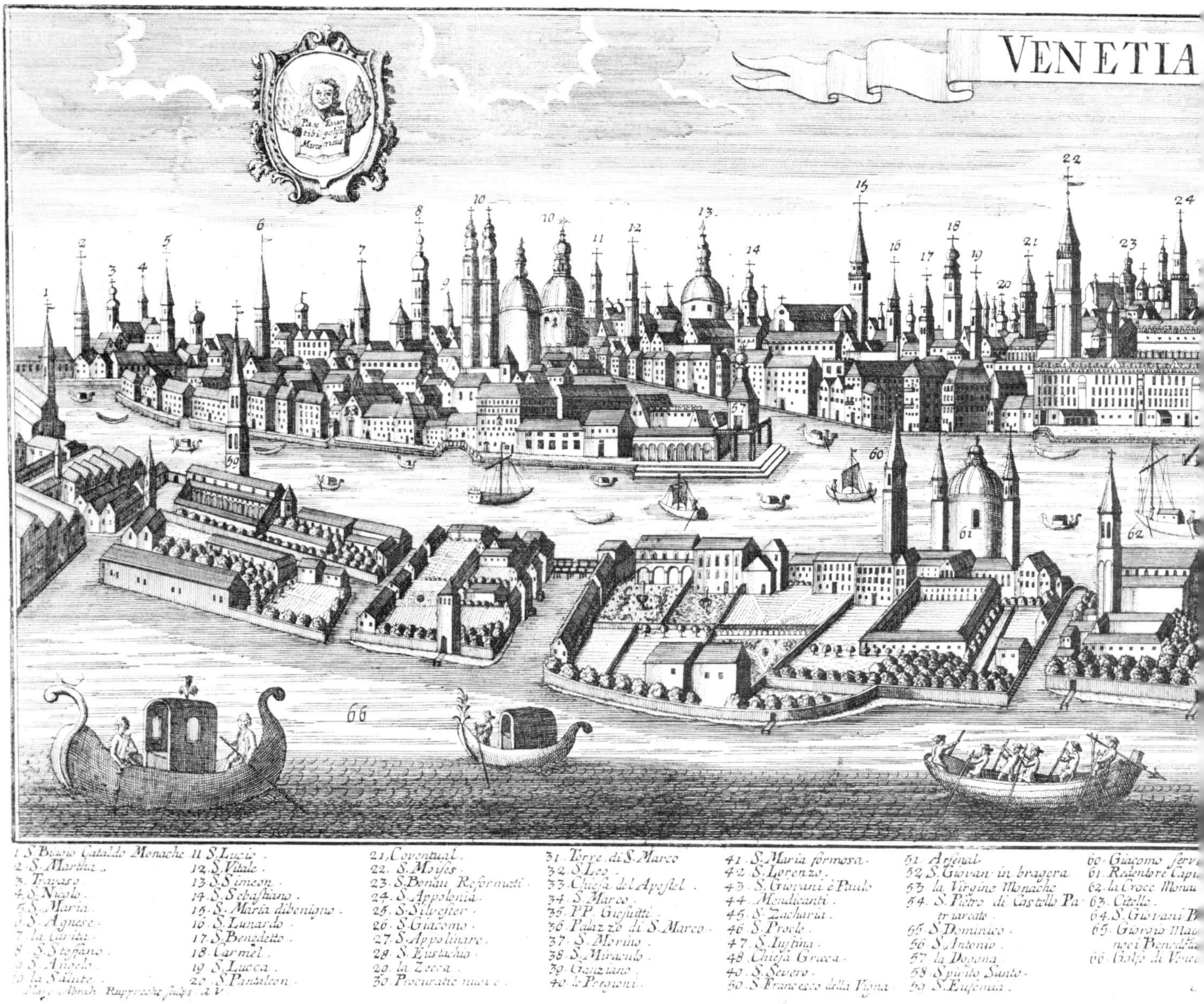
VENETIA
1. S. Biagio Cataldo Monache
2. S. Martha.
3. Travaso.
4. S. Nicolo.
5. S. Maria.
6. S. Agnese.
7. la Carità.
8. S. Steffano.
9. S. Angelo.
10. la Salute.
Marc. Abrah. Rupprecht sculps. a V.
11. S. Lucio.
12. S. Vitale.
13. S. Simeon.
14. S. Sebastiano.
15. S. Maria dibenigno.
16. S. Lunardo.
17. S. Benedetto.
18. Carmel.
19. S. Lucca.
20. S. Pantaleon.
21. Coventual.
22. S. Moyses.
23. S. Bonau Reformati.
24. S. Appolonia.
25. S. Silvester.
26. S. Giacomo.
27. S. Appolinare.
28. S. Eustachio.
20. la Zecca.
30. Procuratie nuove.
31. Torre di S. Marco
32. S. Leo.
33. Chiesa del Apostel.
34. S. Marco.
35. PP. Giesuitti.
36. Palazzo di S. Marco.
37. S. Morino.
38. S. Miraculo.
39. Ganziano.
40. le Pregioni.
41. S. Maria formosa.
42. S. Lorenzo.
43. S. Giovani è Paulo
44. Mendicanti.
45. S. Zacharia.
46. S. Procle.
47. S. Iustina.
48. Chiesa Graeca.
40. S. Severo.
50. S. Francesco della Vigna.
51. Arsenal.
52. S. Giovan in bragera
53. la Virgine Monache
54. S. Pietro di Castello Patriarcato.
55. S. Dominico.
56. S. Antonio.
57. la Dogona.
58. Spirito Santo.
59. S. Eufemia.
60. Giacomo serv
61. Redentore Capu
62. la Croce Monac
63. Citelle.
64. S. Giovani B
65. Giorgio Mac
ncei Benedett
66. Golfo di Vene

87

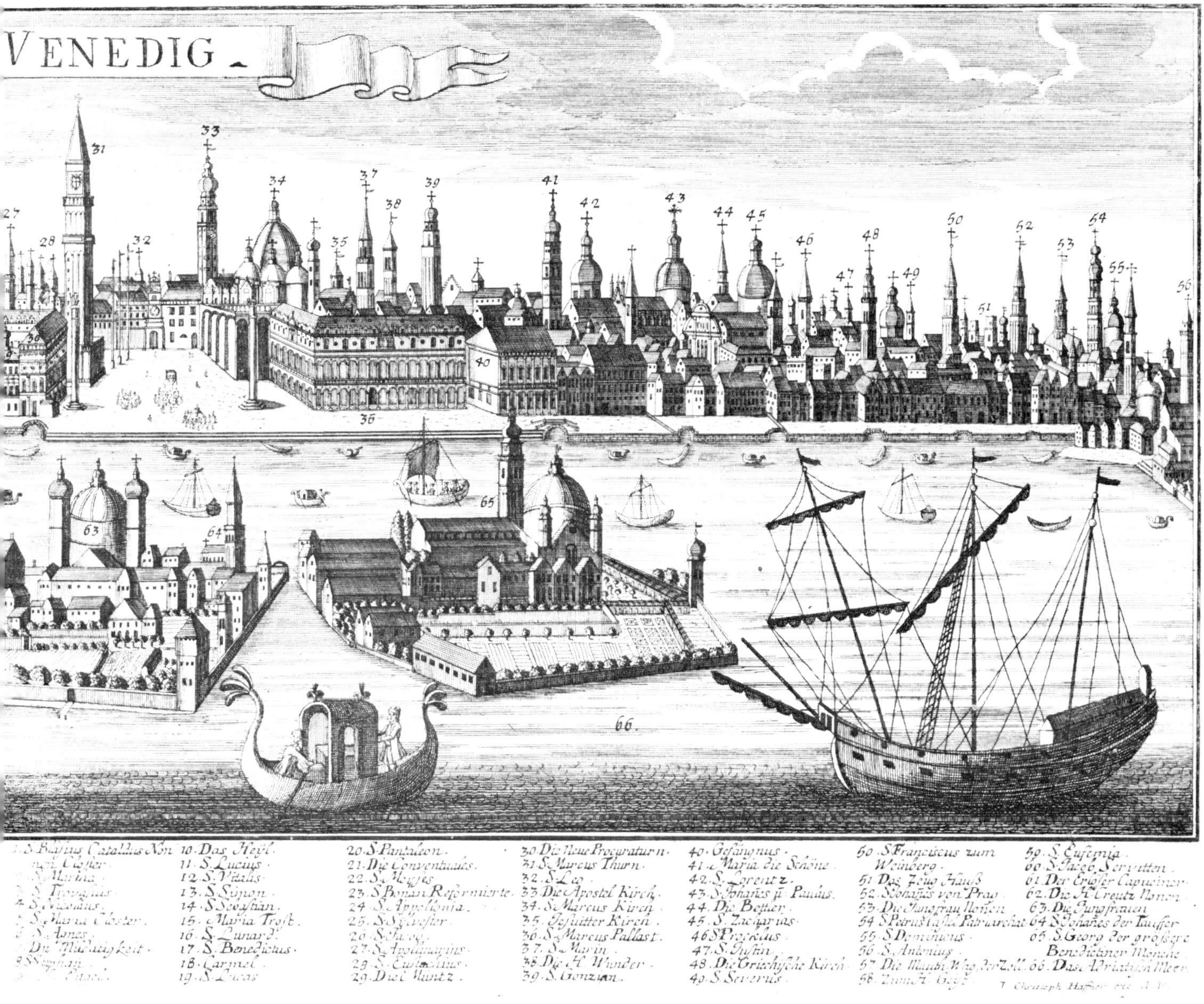

87 *Die Kirchen und Paläste von Venedig*, im Vordergrund der Lido: Der geflügelte Löwe (links oben im Wappen) ist das Wahrzeichen der Republik von San Marco. Er ist identisch mit dem apokalyptischen Evangelistensymbol des Markus, welcher nach der Legende auf der Lagune »Rivus Altus« (Rialto) eine paradiesische Stadt erblickt haben soll. Ein Himmelsbote sei damals dem Heidenapostel erschienen und habe ihm gesagt: »Friede sei mit dir, Markus, du bist mein Evangelist.« Diese Himmelsbotschaft steht in lateinischer Inschrift im aufgeschlagenen Buch des geflügelten Löwen zu lesen: »Pax tibi Marce/Evangelista meus.« – Kupferstich von J. Christoph Haffner, 17. Jh. Zürich, Zentralbibliothek, Graphische Sammlung.

88 *Das Greifenpaar mit Lebensbaum:* Zwei mythologische Mischwesen mit Löwenkörper, Adlersflügeln und Schnabel schikken sich an, aus dem Lebensbrunnen – hier als Vase dargestellt – zu trinken. Ihre Vordertatze greift nach dem »Brunnen des ewigen Lebens«, aus welchem der »Lebensbaum« in Form von zwei mächtigen Weinranken und einem langstieligen Pinienzapfen hervorgeht. Die entsprechende Bibelstelle findet sich in der Johannesapokalypse: »Auf beiden Seiten des Stromes standen Bäume des Lebens, die zwölf Früchte tragen, indem sie jeden Monat ihre Frucht bringen; und die Blätter der Bäume dienen zur Heilung der Völker« (Offb 22,2). Die Paradiessymbolik des Greifenpaares am Lebenswasser unter dem Lebensbaum ist unverkennbar. – Flachrelief aus Konstantinopel, verwendet als Brüstungsplatte einer byzantinischen Altarschranke, 11. Jh. Markusdom, südliche Außenwand (rechts von der berühmten Tetrarchengruppe). Die Platte aus griechischem Marmor ist von späterer Hand überarbeitet worden. Höhe 90 cm, Breite 117,5 cm.

89

90

89, 90 *Die Tetrarchen von San Marco und in der Biblioteca Vaticana:* Die erste Vierfürstenskulptur, aus königlichem Porphyrgestein gehauen, gelangte Mitte 13. Jahrhundert als Beutestück von Byzanz (oder aus Syrien?) nach Venedig und befindet sich heute an der südlichen Außenwand des Markusdomes (Abb. 89). Die zweite Tetrarchengruppe von Rom steht am Eingang zur »Galleria Clementina« in der Vatikanischen Bibliothek (Abb. 90). Während das porphyrene Hochrelief von San Marco in der Höhe 130 cm mißt, ist die entsprechende Herrschergruppe in der Vaticana nur 56 cm hoch. Letztere ist oben auf der linken und rechten Säule des Galerie-Einganges angebracht (das heißt je eine Zweiergruppe) und beherrscht den Zugang zur Clementina. Diese Anordnung erlaubt die Annahme, daß vermutlich auch die Tetrarchen von Venedig ursprünglich in zwei Zweiergruppen zur Linken und zur Rechten eines kaiserlichen Palastes oder Gartens aufgestellt worden sind. Denn auch die Vierfürstengruppe am Markusdom ist nicht aus einem einzigen Monolithen gefertigt, sondern aus zwei verschiedenen Blöcken gehauen worden.

Auf dem ersten Porphyrblock sind wahrscheinlich die Tetrarchen *Diokletian* (284–305) und dessen »Mitaugustus« *Maximianus* Herculius (286–310) dargestellt, auf dem zweiten Block der Adoptivsohn von Maximianus und römische »Mitcaesar« *Constantius I.* Herculius (293–306, zubenannt »Chlorus», das heißt der Blasse) sowie der zweite »Mitcaesar« *Galerius* (293–311, nach seiner Adoption mit vollem Namen Gajus Galerius Valerius Maximianus). Die beiden »Augusti« bilden also die erste und wichtigere Gruppe, die um einen Rang tieferen »Caesares« die zweite. Freilich war Diokletian im ganzen gesehen der römische Oberkaiser, der Maximian die westliche Reichshälfte zuwies, während Constantius Chlorus Gallien und Britannien verwaltete und Galerius für den Schutz von Illyrien (Donaugebiet und Balkan) verantwortlich war. Da die Diokletianische Tetrarchie vom 1. März 293 bis 1. Mai 305 dauerte, sind die Tetrarchengruppen um 300 zu datieren. Das Ende der Viererherrschaft ist als blutiges Kapitel in die Kirchengeschichte eingegangen, da Diokletian auf Betreiben von Galerius eine allgemeine Christenverfolgung anordnete. Denn es gab bei den ersten Christen keinen Kompromiß zwischen dem Absolutheitsanspruch des »Divus Caesar« (Gottkaiser) und dem Herrschaftsanspruch Christi. – Spätantike Hochreliefs (Ausschnitte), Anfang 4. Jahrhundert. Porphyrgruppe von Venedig: Diokletian umarmt Maximianus, die Linke am Schwert mit Adlerknauf. Zweiergruppe im Vatikan: Constantius umarmt Galerius, in ihrer Linken die Erdkugel.

91 *Der vergoldete Löwe von San Marco:* Der aus geschnitztem Holz gefertigte und als Wahrzeichen Venedigs vergoldete Flügellöwe bildete vormals die Krönung des prunkvollen Gehäuses der alten Domorgel von San Marco. Als Symbol des Evangelisten Markus trägt der geflügelte Löwe einen Heiligenschein. Seine linke Vordertatze hält ein heiliges Buch mit der lateinischen Aufschrift: »PAX TIBI MARCE / EVANGELISTA MEUS« (Friede sei mit dir, Markus, du [bist] mein Evangelist). Nach der Legende hat ein Engel mit diesem Gruß Markus zum Evangelisten und zum Stadtpatron Venedigs auserwählt. – Holzvergoldeter Markuslöwe, Ende 15. Jahrhundert. Galerie-Museum von San Marco (in der Nähe der vergoldeten Bronzepferde). Löwe 70 cm hoch und 230 cm lang.

◁ 91 Venedig – Legende, Geschichte, Kunst

Die glanzvolle Geschichte der unvergleichlichen Lagunenstadt im Adriatischen Meer ist eng mit der *Markus-Legende* verbunden. Nach der frühchristlichen Überlieferung sandte der Apostel Petrus seinen jüngeren Mitarbeiter Markus auf eine längere Missionsreise, die diesen bis ins nördliche Küstengebiet der Adria führte. Die Legende berichtet, der Heidenmissionar Markus habe dort die römische Kolonie von Aquileia zum christlichen Glauben bekehrt und sei in der Folge auch auf die nahe gelegene Laguneninsel der Seeveneter gelangt, wo ihm auf dem »Rivus Altus«, dem »Hohen Ufer«, ein Engel erschien. Dieser habe den erstaunten Markus mit der Botschaft begrüßt: »Pax tibi, Marce, evangelista meus«, was »Friede sei mit dir, Markus, du bist mein Evangelist« bedeutet.

Die gleiche Himmelsstimme ertönt ein zweites Mal in der Hafenstadt Alexandria, wo Markus nach seiner venezianischen Missionsreise gewirkt hat. Hier stieß er auf den erbitterten Widerstand der oberägyptischen Heidenpriester, wie die Legende erzählt: »Die Priester der Abgötter aber trachteten (danach), wie sie ihn fingen. Und da Sanct Marcus am Ostertag Messe hielt, kamen sie zu Hauf, griffen ihn, warfen ein Seil um seinen Hals und schleppten ihn durch die Stadt. Darnach ward er in den Kerker geworfen. Und ein Engel kam und tröstete ihn; darnach kam unser Herr selbst und stärkte ihn und sprach: ›*Friede sei mit dir, Marcus, mein Evangelist;* fürchte dich nicht, denn ich bin bei dir und will dich erlösen‹.« Standhaft stirbt Markus den Märtyrertod. »Das geschah unter Nero, welcher im Jahre 57 zur Herrschaft kam.«[45]

Die doppelte Himmelsbotschaft »Pax tibi, Marce, evangelista meus« wird später zur Devise der Republik von San Marco. Auf dem Höhepunkt ihrer Machtenfaltung begegnen wir diesem Spruch der Venezianer allüberall, meistens in Marmor gemeißelt auf zwei Seiten des geöffneten Evangelienbuchs, das ein geflügelter Löwe, Venedigs Wappentier, in der rechten oder linken Vorderpranke hält. Wohin auch immer die venezianische Herrschaft reicht, ist auch der Markuslöwe mit der marmornen Inschrift anzutreffen: PAX TIBI, MARCE, EVANGELISTA MEUS. Wir verweisen auf drei besonders eindrückliche Darstellungen des bibelhaltenden, geflügelten Löwen: Über dem prunkvollen Eingang zum Dogenpalast, der *Porta della Carta* zwischen Dom und Palast, steht der stolze Markuslöwe mit dem Evangelienbuch in seiner Tatze, während der 65. Doge Francesco Foscari (1423–1457) demütig vor dem Wappentier kniet. Diese spätgotisch-venezianische Marmorplastik ist ein Werk der Bildhauerfamilie Bon, das Vater Giovanni und Sohn Bartolomeo in den Jahren 1438–1442 geschaffen haben. Eine ähnliche Plastik aus der Renaissance schmückt das große *Balkonfenster* an der Westfassade des Dogenpalastes (Abb. 97): Auf dem Marmorrelief erkennt man den vor dem Löwen knienden 77. Dogen Andrea Gritti (1523–1538). Die Skulptur von 1536 wurde 1797 unter Napoleon zerstört, später originalgetreu wiederhergestellt. Schließlich machen wir auf den kraftvollen Markuslöwen im Innern des Domes aufmerksam (Abb. 91): Er befindet sich zusammen mit den vergoldeten Bronzepferden im kleinen *Museo di San Marco* (im Vorraum zur Kirchenterrasse), wo der Löwe und die Pferde (seit 1982) Schutz vor den schädlichen Umwelteinflüssen gefunden haben. Auch hier ruht eine Tatze des geflügelten Löwen auf dem Evangelienbuch, in dem geschrieben steht: »Friede sei mit dir, Markus, du bist mein Evangelist.«

Die ständige Wiederholung dieses Friedensgrußes verfolgt einen ganz bestimmten Zweck. Durch die legendäre Himmelsstimme soll Venedigs Anspruch auf den Evangelisten Markus begründet werden. So wie Rom die Petrusstadt ist, so soll Venedig *Markusstadt* heißen. Freilich kann die Engelsbotschaft auf dem »Rivus Altus« allein noch keine Markusstadt aus den Adriatischen Lagunen erstehen lassen. Zum himmlischen Gruß und zur proklamierten Erwählung bedarf es noch handfesterer Beweise, daß sich Venedig auf den Evangelisten Markus berufen kann. Darum mußten noch die Reliquien des Märtyrers Markus, die sich in Alexandria befanden, herbeigeschafft werden. Der ebenso kluge wie listige Doge Giustiniano Partecipazio (827–829) schickte zehn Handelsschiffe nach Ägypten, wo er die Markusgebeine kurzerhand rauben ließ. Da sich um die Entwendung der Reliquien zahlreiche Legenden gebildet haben, werden heute auch verschiedene Versionen herumgeboten. Nach der für die Venezianer rühmlicheren Variante bezahlten die entsandten venezianischen Tribune den christlichen Hütern der hochverehrten Reliquien fünfzig Zechinen; das sind venezianische Goldmünzen, die freilich erst 1284 in der »Zecca« (Münzstätte) geprägt worden sind. Das Geschäft sollen die Kaufleute Buono aus Malamocco und Rufino aus Torcello getätigt haben. Nach einer anderen Quelle, welche sich wenig um historische Zusammenhänge kümmert, soll der Leichnam des Evangelisten schon im 5. Jahrhundert nach »Rivo Alto« überführt worden sein. Wir zitieren aus der »Legenda aurea« (Goldende Legende), einer Legendensammlung, die Ende 13. Jahrhundert vom oberitalienischen Chronisten und späteren Erzbischof *Jacobus a Voragine* (»von Varazze« bei Genua) verfaßt worden ist. Er weiß folgendes zu berichten:

92

»Im Jahre nach der Geburt unseres Herrn 467, zur Zeit, da Leo I. [byzantinischer] Kaiser war, führten die Venetianer Sanct Marci Leichnam von Alexandria nach Venedig und bauten daselbst ihm zu Ehren eine Kirche von wunderbarlicher Schönheit. Es geschah nämlich, daß etliche venetianische Kaufleute nach Alexandria fuhren. Die erwarben von den zwei Priestern, die den heiligen Leichnam sollten hüten, mit Bitten und Versprechen, daß sie ihnen erlaubten, den Leichnam heimlich zu nehmen und gen Venedig zu führen. Und da sie den Leib aus seinem Grab nahmen, breitete sich ein solcher Duft über ganz Alexandria, daß männiglich sich verwunderte, woher der süße Duft käme.«[46]

Einer glaubwürdigeren Darstellung zufolge ging der Abtransport der Gebeine weniger reibungslos von statten: Die muslimischen Zollbeamten im Hafen von Alexandria hätten äußerst genau kontrolliert, was ein- und ausgeführt wurde. Da die venezianischen Kaufleute eine Entdeckung ihrer heiligen Fracht befürchteten, verfielen sie auf eine List, welche die Hafenkontrolleure unweigerlich täuschen mußte. Im Wissen um die kultische Unreinheit von Schweinefleisch versteckten sie ihre Beute in einem Korb voll Speck und Kohl. 93 ▷
94 ▷▷
Die Muslime ließen die wertvolle Fracht ungehindert passieren, da sich kein Zöllner verunreinigen wollte. Die Ankunft des Heiligen in Venedig gestaltete sich zu einem wahren Freudenfest, besaß doch von nun an die aufstrebende Stadt eine der berühmtesten Reliquien der Christenheit. Alsbald wurde der aus byzantinischer Zeit stammende Stadtheilige Theodorus durch den bekannteren Evangelisten ersetzt. Auch kirchenpolitisch hat sich der Besitz der Markusreliquie günstig ausgewirkt. Venedig war die Abhängigkeit vom frankenfreundlichen Patriarchen von Grado und die Vorherrschaft des nicht minder ehrgeizigen Patriarchen von Aquileia, der sich rühmte, das ursprüngliche Markusevangelium zu besitzen, stets ein Dorn im Auge. Nun war der Augenblick gekommen, da sich die Markus-Republik einen eigenständigen Bischof leisten und sich von Grado und Aquileia lossagen konnte. Venedig wurde – abgesehen von Rom – zum beliebtesten Pilgerort, und der hochverehrte Reliquienschatz zog Scharen von Wallfahrern an.

---

92 *Die vergoldeten Bronzepferde von San Marco:* Die Herkunft der einzigen erhaltenen Quadriga der Antike liegt im dunkeln. Vermutlich ist das Viergespann ein griechisch-hellenistisches Meisterwerk aus dem 4. oder 3. Jahrhundert vor Christus. Kaiser Nero (54–68 n. Chr.) schmückte mit den Bronzepferden seinen Triumphbogen. Konstantin der Große (306–337) ließ die Quadriga nach Byzanz bringen, wo er am 11. Mai 330 die nach seinem Namen benannte neue kaiserliche Residenzstadt Konstantinopel einweihte. Hier im »Neuen Rom«, auch »Ostrom« genannt, ließ Kaiser Konstantin die vier ungesattelten Rosse in Startposition bringen; sie bildeten die Zierde des gewaltigen Hippodroms. Nach der Eroberung von Konstantinopel durch die Venezianer im Jahr 1204 gelangten die vergoldeten Bronzepferde als Beutestück nach Venedig, wo sie auf der erhöhten Außengalerie des Markusdomes zur Schau gestellt wurden. Als Napoleon am 15. Mai 1797 siegreich in Venedig einzog, ließ er neben zahlreichen Kunstschätzen auch die antike Bronzequadriga nach Paris schaffen. Zunächst stellte er sie vor den Tuilerien auf; später plazierte er sie auf dem »Arc de Triomphe du Carrousel« (1798–1815), bis der Wiener Kongreß die Rückgabe der Napoleonischen Kriegsbeute an Venedig anordnete, wo die goldene Quadriga wiederum San Marco schmücken sollte. Erst vor kurzem beschlossen die Venezianer, ihre berühmten Pferde zu renovieren und vor den schädlichen Umwelteinflüssen zu schützen. Sie versetzten die Quadriga ins »Museo di San Marco« (im Innern des Domes, auf der Höhe der Galerie) und stellten als Ersatz einen gelungenen Abguß davon auf die Terrasse über dem Kirchenportal (1982/83). – Antike Quadriga (Ausschnitt), vergoldete Bronze. Herkunft und Datierung ungewiß: »Körperbau und Geschirr der Pferde weisen unleugbare griechisch-hellenistische Merkmale auf« (4./3. Jahrhundert vor Chr.), hingegen »Guß und Vergoldung aus römischer Zeit« (3./4. Jahrhundert nach Chr.) laut Filippo Magi (1970/72); wir nehmen jedoch mit E. Vittoria an, »daß die Quadriga wegen des Schnittes der Mähnen und des hohen Kupfergehaltes der Legierung griechischer Herkunft sei« (Berliner Ausstellungskatalog: »Die Pferde von San Marco«, Berlin 1982, 31).

93, 94 *Erzengel Michael.* Der Altmeister der Byzantinistik, André Grabar (Paris), zählt diese beiden Goldikonen zu den »bemerkenswertesten Stücken der byzantinischen Kleinplastik. Sie gehören zu den schönsten Arbeiten der ›Renaissance‹ in Byzanz unter den Makedonenkaisern.« Gelegentlich werden die zwei Bilder nicht als Ikonen, sondern als Einbände von Evangelien-Handschriften betrachtet, da es sich nicht um Holztafeln mit Edelmetallverkleidung handelt, womit meistens wertvolle Ikonen geschmückt worden sind. Die vorliegenden Kleinkunstgegenstände sind aus Silber und Gold gefertigt. Dies soll uns nicht hindern, an liturgische Bilder (Ikonen) zu denken. In der Ostkirche wird Erzengel Michael an zwei Tagen gefeiert, am 6. September und am 8. November. Beidemal lautet das Tropárion (Kurzhymnus): »Heerführer der himmlischen Scharen, wir Unwürdigen flehen dich an, wollest durch deine Gebete uns umschirmen, im Schatten der Flügel deiner körperlosen Glorie uns bewahren.« Es ist also durchaus möglich, daß die beiden Michaelsbilder als *Ikonen* verehrt und deshalb mit Edelsteinen, Emailmedaillons und Filigranornamenten ausgezeichnet worden sind. Wir haben auch guten Grund zur Annahme, daß sowohl die Gestalt des himmlischen Kriegers (stehend, ein langes Schwert und die Weltkugel mit Kreuz in den Händen) als auch der friedliche Engel (in Halbfigur, mit goldenem Zepter) aus einem Goldschmiedeatelier in Konstantinopel stammt, wo nur solche Reliefarbeiten von höchster Vollkommenheit geschaffen werden konnten. – *Byzantinische Relief-Ikonen*, Schatzkammer von San Marco:

Abb. 93: Schwerttragender Erzengel mit Reichsapfel, erste Hälfte 11. Jahrhundert, Gold. Höhe 46 cm, Breite 35 cm, Dicke 2,7 cm.

Abb. 94: Erzengelbüste mit Zepter, erste Hälfte 11. Jahrhundert, vergoldetes Silber auf Holz. Höhe 33 cm, Breite 22 cm (ohne Rahmen). Medaillonsrahmen mit venezianischer Email- und Filigranarbeit des 13. Jahrhunderts. Höhe 44 cm, Breite 36 cm, Dicke 2 cm.

IC
XC

Mag auch die Überführung des Evangelistenleichnams von zahlreichen Legenden umsponnen sein, so hat sich doch die Ankunft der kostbaren Gebeine glaubwürdig im Jahr 828 ereignet. Ein Jahr später erfolgte die Grundsteinlegung zur ersten Markuskirche, die 832 eingeweiht worden ist. Spätere Mosaiken über den Kirchenportalen und im Innern des Domes halten die abenteuerliche Fahrt der Markusgebeine von Alexandria nach Venedig anschaulich fest. Man erinnert sich auch der frühchristlichen Evangelistensymbole, unter denen sich der *geflügelte Markuslöwe* befindet. Er wird zu Venedigs Wahrzeichen erhoben. Der bekannteste und älteste Löwe ist babylonischer, persischer oder chinesischer Herkunft. Er bewacht auf einer mächtigen Granitsäule am Molo, bei der Hafeneinfahrt zur Piazzetta, die Stadt und grüßt schon von weitem die heimkehrenden Seefahrer. Das geflügelte mythologische Wesen, das sich die Venezianer als Wappentier erkoren haben, geht auf den Propheten Ezechiel zurück, der in der ersten Verbannung Israels »in Babylon am Fluß Kebar« eine seltsame Berufungsvision erlebt hat (um 593 v. Chr.). Er berichtet darüber, er habe »vier geflügelte Gestalten« gesehen, von denen eine »das Gesicht eines Löwen« (Ez 1,10) besaß. In der christlichen Apokalyptik tauchen die vier »lebendigen Wesen« abermals auf. Man lese das vierte Kapitel der Johannesoffenbarung, wo eines der vier apokalyptischen Wesen ein geflügelter Löwe ist (Offb 4,7f). In der frühchristlichen Ikonographie wird das in der Offenbarung beschriebene Engelwesen in menschlicher Gestalt dem Evangelisten Matthäus zugeordnet, der Löwe, wie gesagt, dem Markus, der geflügelte Stier dem Lukas und der Adler dem Evangelisten Johannes.

Bezeichnend für die Selbstfindung Venedigs ist eine weitere Markuslegende: An jener Stelle, wo sich heute die Kirche San Francesco della Vigna (des Weinberges) befindet, also nordöstlich vom Dom San Marco, soll der eingangs erwähnte Himmelsbote dem Heidenapostel Markus im Geist eine prachtvolle Stadt gezeigt haben, die dereinst aus der Lagune »Rivus Altus« erstehen werde und die ihm, dem Evangelisten, geweiht sein werde. Die biblische Parallele liegt auf der Hand: Wie einst Johannes »die heilige Stadt, das neue Jerusalem, von Gott aus dem Himmel herabkommen« sah (Offb 21,2), so darf auch der Evangelist Markus eine zukünftige heilige Stadt schauen, die später Venezia heißen soll. Der glanzvolle Mittelpunkt dieser himmlischen Stadt auf den Lagunen der Adria wird die Goldene Basilika von San Marco sein. Kein Wunder, wenn sich die Nachfahren der Seeveneter für das auserwählte Volk halten und zu Gottes und ihrer Ehre einen Dom bauen, der im christlichen Abendland – abgesehen vom Petersdom in Rom – seinesgleichen sucht.

Die erste, aus Holz gebaute Markuskirche (von 828) war zwar nur ein bescheidenes Gebäude. Es wurde zusammen mit dem hölzernen Dogenpalast und weiteren dreihundert Wohnhäusern ein Raub der Flammen, als sich das Volk gegen den unpopulären Dogen Pietro IV. Candiano im Jahr 976 erhob. Nach dem verheerenden Brand wurde die Stadt wieder aufgebaut, und eine zweite Kirche und ein neuer Dogensitz entstanden. Doch diese Gebäude mußten Ende 11. und Anfang 12. Jahrhundert einer größeren Gesamtanlage weichen. So wurde 1063 mit dem Bau der Markuskirche begonnen, und im Jahr 1094 konnte der Dom in Gegenwart des deutschen Kaisers Heinrich IV. festlich eingeweiht werden. Der Dogenpalast wurde in den Jahren 1106 bis 1116 errichtet; auch er erhielt hohen Besuch, als sich Kaiser Friedrich Barbarossa und Papst Alexander III. 1177 in Venedig zur Aussöhnung trafen. Während der späteren Jahrhunderte erfuhren Dom und Palast Erweiterungen und Ausschmückungen, die alle Vorstellungskraft übersteigen. So besitzt zum Beispiel die Basilika 2643 Pfeiler und Säulen, und die prachtvollste byzantinische Goldschmiedearbeit, die Pala d'Oro (Goldene Wand an der Rückseite des Hochaltars), ist mit 2486 Juwelen und mit 195 emaillierten und ziselierten Bildern geschmückt. Nicht umsonst wird die Markuskirche »Basilica d'Oro« genannt; denn auch die unter byzantinischem Einfluß entstandenen Mosaiken im Innern und in der Vorhalle des Domes strahlen einen geradezu magisch-mystischen Goldglanz aus, der an die himmlische Herrlichkeit gemahnen soll. Die schönsten Mosaikzyklen stammen aus dem 12. und 13. Jahrhundert; zu ihnen gehört »Die Einholung der Markusgebeine« über dem linken Westportal, der Porta Sant' Alipio, um 1260/70: der Heilige liegt in einem offenen Sarg, der in den Dom hineingetragen wird. Insgesamt weist San Marco einen Mosaikschmuck von über 4000 Quadratmetern auf. Dieser wird zusammen mit den byzantinischen Mosaiken in Monreale (Sizilien) als die größte Musivarbeit der Welt betrachtet.

Auch vom Dogenpalast kann man nur in Superlativen reden. Allein die Ölgemälde und die Fresken sind Kunstwerke von unschätzbarem Wert. Wir erinnern etwa an das Riesengemälde »Das Paradies« von Jacopo Tintoretto (1518–1594), das 150 Quadratmeter umfaßt und das größte Ölbild der Welt sein dürfte. In Venedig ist alles grandios und gigantisch. Symbolträchtig sind die beiden Giganten Neptun und Mars, welche die »Scala dei Giganti« beherrschen. Sie sind ein Werk des gefeierten Bildhauers und Architekten Jacopo Sansovino (1550) und verkörpern die unbesiegbare Macht der Venezianer zu Wasser und zu Land.

Die größte politische Machtentfaltung gelang der Republik von San Marco, als sie im vierten Kreuzzug

95

95 *Erschaffung der Welt:* Am »ersten Tag« schied Gott das Licht von der Dunkelheit »und nannte das Licht Tag, die Dunkelheit Nacht« (links oben). Am »zweiten Tag« trennte Gott die Wassermassen durch das Himmelsgewölbe und schuf den »Himmelsozean« (von dem der Regen kommt) und die irdischen Ozeane. »So geschah es: Gott machte ein Gewölbe und trennte das Wasser über dem Gewölbe von dem Wasser, das die Erde bedeckt. Das Gewölbe nannte er Himmel« (1 Mose 1,3–8; Bildmitte). Die lateinische Inschrift bezeichnet das Gewölbe als »Firmamentum«. Der Schöpfergott, assistiert von Engeln, wird nicht etwa als der »Alte der Tage« oder »Hochbetagte« (Dan 7,9–22), sondern als jugendlicher Christus mit Kreuznimbus und Kreuzstab dargestellt. Diese Besonderheit rührt daher, daß der hebräische Gottesname »Jahwe« in der griechischen Septuaginta-Übersetzung mit »Kýrios« wiedergegeben wird, was »Herr« bedeutet, und im Lateinischen ist »Deus« (Gott) mit »Dominus« (Herr) identisch. Dies erklärt, weshalb auf dem berühmten Schöpfungsmosaik von San Marco der »Herr Christus« die Welt erschafft. Es spielt zudem die theologische Überlegung eine Rolle, wonach der »vorzeitliche (präexistente) Christus« bei Gottvater war, ehe die Welt erschaffen wurde (Joh 1,1–5; 8,58). – Man beachte in diesem Zusammenhang die Körperhaltung der Engel, wie sie den rechten Arm waagerecht nach vorne strecken und zugleich rückwärts blicken, genau wie der erste Engel der Himmelsversammlung im *Hiobkodex von Patmos* (vgl. Abb. 21). Noch ausgeprägter gleichen die Engel von San Marco den himmlischen Wesen in der illustrierten Schöpfungsgeschichte der sogenannten *Cotton-Genesis* (6. Jh.) im Britischen Museum in London (vgl. die Miniatur *»Christus mit drei Engeln im Paradiesgarten«*, Cod. Cotton Otho B.VI, fol 1r, Fragment; ursprünglicher Zyklus von annähernd 300 Miniaturen, von denen mehr als die Hälfte 1731 verbrannt ist). Das venezianische Mosaik ist eine getreue Kopie der Miniaturmalerei in der Cottonbibel, die wahrscheinlich in Alexandria entstanden ist. Wir haben hier ein Musterbeispiel vor Augen, wie die Buchmalerei als Vorlage für die monumentale Mosaikgestaltung gedient hat. Interessant sind auch die zeitliche wie die lokale Übereinstimmung der im 6. Jahrhundert in Alexandria entstandenen Cottonbibel und des Hiobkommentars von Olympiódoros. – Veneto-byzantinisches Mosaik, um 1220. Markusdom, Südkuppel der westlichen Vorhalle.

unter dem listenreichen 41. Dogen Enrico Dandolo (1192–1205) die oströmische Rivalin, Konstantinopel, in die Knie zwang. Die Venezianer stellten nämlich ihre Kriegsschiffe den französischen Kreuzrittern zur Verfügung und überredeten das Heer, die verhaßten griechisch-orthodoxen Christen zu bekämpfen, anstatt das Heilige Land vom Islam zu befreien. So kam es im Osten unter der Vorherrschaft von Venedig zur Gründung des Lateinischen Kaiserreiches (1204–1261). Die damals geraubten byzantinischen Kunstschätze sind heute zum Teil in der Schatzkammer von San Marco sowie im Innern und an der Außenfassade der Basilika zu bewundern. Die vier vergoldeten Bronzepferde zum Beispiel stammen aus dem Konstantinopler Hippodrom (Abb. 92). Zur gleichen Zeit (1204) werden Kreta (»Candia«, bis 1669) und der Peloponnes (»Morea«, bis 1718) Venedigs Herrschaft unterstellt, bis diese griechischen Gebiete von den Türken erobert werden. Auch Zypern bleibt nahezu ein Jahrhundert venezianisch (1489–1571).

Es sind aber nicht nur die eroberten Gebiete, welche den Reichtum der Seemacht begründen. Ebenso wichtig sind die Handelsbeziehungen der geschäftstüchtigen Seefahrer, welche im ganzen östlichen Mittelmeer, selbst bis nach Taman am Asowschen Meer, ihre Waren kauften und verkauften. Zudem bestand ein Dogenerlaß, wonach jedes Handels- und Kriegsschiff der venezianischen Flotte verpflichtet war, bei seiner Heimkehr »den Schatz von San Marco zu mehren«. So wurden für den Stadtheiligen jahrhundertelang Geschenke aus aller Herren Ländern gestiftet, und die Kostbarkeiten häuften sich ins Unermeßliche. Es ist unmöglich, diese Kulturgüter auch nur annähernd zu beschreiben. Ich verweise auf eine kleine Auswahl, die den Kenner erfreuen und den Unkundigen veranlassen wird, die hier abgebildeten Schmuckstücke an Ort und Stelle zu bewundern: Siehe die Aufnahmen in der Einleitung zum Venedig-Kapitel (Abb. 88 bis 98).

Was uns in diesem Zusammenhang besonders interessiert, sind die illuminierten Bücherschätze in der *»Biblioteca Nazionale Marciana«*. Nach neueren Angaben besitzt die Markusbibliothek gegen 13 000 teils illustrierte Pergamenthandschriften, an die 3000 Wiegendrucke (Inkunabeln) und rund 650 000 gedruckte Bücher. Die Prunkhandschriften sind im »Goldenen Saal« ausgestellt, dessen Vorhalle mit dem Deckengemälde »Allegorie der Weisheit« von Tizian (1488–1576, Staatsmaler von Venedig) geschmückt ist. Als besondere Kostbarkeit verwahrt die Biblioteca Marciana ein reichillustriertes Stundenbuch, das sogenannte »Breviarium Grimani«. Kirchenfürst *Domenico Grimani* (aus einer venezianischen Adelsfamilie stammend, Patriarch von Aquileia, 1461–1523) erwarb die mit 93

96

96 *Cherub mit drei Flügelpaaren:* Die Cherubim und Seraphim mit vier oder sechs Flügeln gehören zum himmlischen Hofstaat. In der Basilika von San Marco treten vier solche Cherubinen in den Wölbungen zwischen den Marmorpfeilern und dem Kuppelmosaik von der Erschaffung der Welt als Assistenzgestalten des Schöpfergottes auf. – Veneto-byzantinisches Mosaik, um 1220. Markusdom, unterhalb der Südkuppel in der westlichen Vorhalle.

97 *Das große Balkonfenster am Dogenpalast:* Der Palazzo Ducale, errichtet zwischen dem Dom von San Marco und dem Hafenbecken, ist das Meisterwerk der venezianischen Gotik. Als Amtssitz des Dogen – der Titel ist vom Lateinischen »Dux« abgeleitet und bedeutet Herzog oder Führer – ist der Palast von hervorragenden Architekten und Bildhauern während zweihundert Jahren (von Mitte 14. bis Mitte 16. Jahrhundert) ausgebaut und mit prachtvollen Gemälden geschmückt worden. Das hier abgebildete große Balkonfenster an der westlichen Palastfassade stammt aus der Hochrenaissance. Es öffnet den Blick auf die Piazzetta und auf die Markusbibliothek. Die Marmorskulptur unter dem Giebel stellt den vor dem Markuslöwen ehrfurchtsvoll knienden Dogen Andrea Gritti (1523–1538) dar; als Heerführer hat er sich um Venedig verdient gemacht. Die erst später hinzugefügte Giebelfigur versinnbildlicht nach antiker Weise die Stadtgöttin »Venezia«. Sie ist das Werk des Trienter Künstlers Alessandro Vittoria (1525–1608).

97

98 *Die Markusbibliothek:* Die Biblioteca Nazionale Marciana gegenüber dem Dogenpalast, auf der Westseite der Piazzetta, ist das Hauptwerk des venezianischen Staatsbaumeisters und Bildhauers Jacopo Sansovino (1486–1570). Er begann 1532 mit dem Bau des harmonischen Renaissancepalastes, den er durch eine zweigeschossige Säulengalerie verschönert hat; doch wurde das architektonische Meisterwerk erst nach seinem Tod vollendet (1588). Die »Marciana« – auch »Libreria Vecchia« (Alte Bibliothek) genannt – bildet einen würdigen Rahmen für die im Goldenen Saal zur Schau gestellten illuminierten Pergamenthandschriften. Die schon 1468 gegründete Markusbibliothek, früher im Dogenpalast untergebracht, umfaßt heute 650000 Druck- und Sammelwerke sowie 2863 Wiegendrucke (Inkunabeln) und 12341 Manuskripte, von denen der miniierte *Hiobkodex* aus dem Jahr 904/905 zu den berühmtesten der Marciana zählt[47].

◁ 98 Vollbildern ausgestattete niederländische Prachthandschrift, die Ende 15. Jahrhundert in der Werkstatt von Hans Memling angefertigt worden ist. Das Gebetsbuch umfaßt 831 kalligraphische Pergamentseiten und dürfte eines der wertvollsten Breviere überhaupt sein.

Doch nicht nur Grimani wird als Gönner geehrt. Kardinal *Johannes Bessarion* (geb. in Trapezunt am Schwarzen Meer 1403, gest. in Ravenna 1472), Titularpatriarch von Konstantinopel und Erzbischof von Nizäa (Kleinasien), war ein großer Förderer der humanistischen Kultur und der ökumenischen Beziehungen zwischen der Ost- und der Westkirche, die seit dem Schisma von 1054 getrennte Wege gingen. Als Erweis seiner Unionsbestrebungen – er vertrat die Byzantinische Kirche auf dem Unionskonzil von Ferrara und Florenz 1438/39 – ließ er sich in die Lateinische Kirche aufnehmen. Er vermachte 1468 seine bedeutende ostkirchliche Bibliothek von 600 Kodizes frühchristlicher und antiker Verfasser (Platon, Aristoteles u. a.) der Republik Venedig und hat dadurch den Grundstock zur berühmten Markusbibliothek gelegt. Hinzu kam noch die Büchersammlung des Humanisten und Lyrikers *Francesco Petrarca* (1304–1374), welcher in den Jahren 1362–68 in Venedig wirkte und seinen Zeitgenossen den Zugang zu den lateinischen Klassikern und den frühen Kirchenvätern (a. u. Augustin) erschloß. Als Gegengabe nahm der gekrönte Dichter von den venezianischen Stadtvätern den prächtigen Palazzo Molin an der Riva degli Schiavoni in Empfang. Leider blieben nach Petrarcas Tod die wertvollen Handschriften nicht in der Marciana, sondern gelangten in den Besitz eines gewissen Francesco Carara in Padua, der die Petrarca-Sammlung an Buchliebhaber veräußerte. Auch der gefeierte Dichter *Dante Alighieri* (1265–1321) weilte eine Zeitlang in Venedig als Gesandter von Ravenna. Zur Erinnerung an den hohen Gast bewahrt die Marciana eine illustrierte Dante-Handschrift mit Bildern aus der Giotto-Malerschule des 14. Jahrhunderts. Erwähnenswert ist schließlich ein Dokument eines berühmten Zeitgenossen von Dante, das »Testament« des Venezianers *Marco Polo* (1254–1324), der seine Forschungsreisen bis nach Persien und China ausdehnte, dort zum Statthalter der Provinz Kiangnan ernannt wurde und schließlich ein Jahr vor seinem Tod das betreffende Vermächtnis niederschrieb (1323).

Aus der reichdotierten Handschriftensammlung der biblischen Bücher greifen wir den *Hiobkommentar von Olympiódoros* mit seinem byzantinischen Bilderzyklus heraus. Der »Codex Graecus 538« (interne Bibliotheks-Nr. 540) ist die drittälteste illustrierte Hiobhandschrift, die auf uns gekommen ist. Sie datiert von 904/905. Wir werden in einem besonderen Abschnitt den griechischen Kodex mit seinen erlesenen Miniaturen ausführlich behandeln. Hier soll nur das kulturelle »Umfeld« beschrieben werden, aus welchem die byzantinischen Bilderhandschriften erwachsen sind. Ihre Miniaturen gehören zu den feinsten Blüten, die der ostkirchliche Kulturkreis hervorgebracht hat. Denn der Nährboden der byzantinischen Buchmalerei ist der christliche Glaube, der sich nicht nur an den Evangelien, sondern auch an den Schriften des Alten Testaments – mit Vorliebe am Buch Hiob – orientiert. Bei der *veneto-byzantinischen Kunst* kommt aber noch etwas Besonderes hinzu: Das antike Kunstverständnis leuchtet überall und immer wieder auf. Antike und Christentum durchdringen sich gegenseitig und bilden eine einzigartige kulturelle Synthese. Zur Meisterschaft auf dem Gebiet der bildenden Künste gesellt sich das Sendungsbewußtsein der Venezianer, deren Doge nach der Eroberung von Byzanz (1204) den anspruchsvollen Titel »Herr über drei Achtel des Ganzen Römischen Reiches« trägt. So wird die Republik von San Marco zu einer geballten politischen Macht und zum kulturellen Zentrum für West und Ost.

In Venedig gibt es drei wichtige Kristallisationspunkte, den *Markusdom*, den *Dogenpalast* und die *Markusbibliothek*. Alle drei Prachtbauten sind auf ihre Art »Schatzhäuser« für geistliche und weltliche Kulturgüter. Das jüngste, weniger auffällige, aber vom Basler Kulturhistoriker Jacob Burckhardt »als das prächtigste profane Gebäude Italiens« bezeichnet, ist die Bibliothek, Mitte des 16. Jahrhunderts entstanden. Zur Aufnahme der oben erwähnten Büchersammlung von Kardinal Bessarion erhielt der Oberste Baumeister der Republik, *Jacopo Sansovino* (1486–1570), den Auftrag, die monumentale Alte Bibliothek – die *Libreria Vecchia* – an der Piazzetta gegenüber dem Dogenpalast zu errichten (1536). Ein Jahr später wurde mit dem an die Bibliothek anschließenden Bau der *Zecca* (Münze) begonnen (1537–1545), so daß schließlich ein prächtiger, langgezogener Marmorpalast mit einer bis zum Meeresbecken reichenden, zweigeschossigen Säulenvorhalle entstand. Heute bilden die beiden ineinander übergehenden Paläste, die Libreria Vecchia und die Zecca, die berühmte *Biblioteca Nazionale Marciana* (Abb. 98).

Die Hiobhandschrift »Marcianus Graecus 538« aus dem 10. Jahrhundert

Von den sechs hier vorgestellten Bilderhandschriften ist die Venezianische die einzige, von welcher das genaue Datum der Vollendung bekannt ist. Der Kodex besitzt am Ende folgende griechische Inschrift:

»*Im Jahr 6413* [seit Erschaffung] *der Welt,* [während der] *8. Indiktion* (= byzantinisches Steuerjahr), *zur Zeit der unter göttlicher Eingebung stehenden Herrschaft von Léon* [VI., dem Weisen, 886–912] *und von* [seinem mitregierenden Bruder] *Aléxandros, welche rechtgläubige und von Christus geliebte Kaiser der Rhömäer* (= Oströmer) *sind,* [ist dieses Buch vollendet worden]«.

Die angezeigte Jahrzahl der »Byzantinischen Weltära«, die aufgrund einer Gesetzesverordnung (»Novelle«) des byzantinischen Kaisers Justinian I. (527–565) im oströmischen Reich in Geltung war, kann ohne weiteres in eine »christliche Jahrzahl« umgewandelt werden, wenn man die Zahl 5508 vom obenerwähnten byzantinischen Datum in Abzug bringt; denn nach der damaligen ostkirchlichen Chronologie ist die Welt im Jahr 5508 vor Christi Geburt erschaffen worden. Subtrahiert man nun die *Weltärenzahl 5508* von der im Hiobkodex aufgeführten Jahrzahl 6413, so ergibt dies für die Vollendung der illustrierten Handschrift das Datum von 905 nach Christi Geburt. Da aber das byzantinische Jahr nicht am 1. Januar, sondern am 1. September beginnt, müssen 5509 Jahre von der angezeigten byzantinischen Jahrzahl abgezogen werden, falls das Datum in das Dritteljahr zwischen 1. September und 31. Dezember fällt. Auf den Venezianischen Hiob bezogen, würde dies die Jahrzahl 904 ergeben (6413−5509=904). Seine Datierung wird deshalb mit 904/905 angegeben. (Näheres über die Indiktionszyklen, das byzantinische Schöpfungsjahr und die Weltära: siehe »Athos – Leben, Glaube, Kunst«[48].)

Neben dieser genauen Datierung enthält der Venezianische Kodex noch eine weitere interessante Angabe in lateinischer Schrift, die freilich von einer späteren Hand stammen muß. Es handelt sich um eine Namenliste von frühchristlichen Kirchenvätern, deren Hiobeklärungen vom alexandrinischen Bibelexegeten Olympiódoros verarbeitet und auszugsweise in seinen Kommentar aufgenommen worden sind. Diese patristischen Auszüge, die Olympiódoros wie Kettenglieder aneinanderreiht (daher die Bezeichnung »Katene«= »Kette«) bilden ein reiches Spektrum von meist unbekannten Kirchenväterzitaten. In der byzantinischen Kirchenliteratur gehören solche Bibelauslegungen – neben der moralischen Wegleitung der »Himmelsleiter« des Sinaiabtes Johannes Klímakos – zu der am meisten verbreiteten Mönchslektüre. Besonders der Hiobkommentar ist immer wieder abgeschrieben und an die nächste Mönchsgeneration weitergegeben worden, weil er viele seelsorgliche und asketische Hinweise besitzt. Die ostkirchlichen Mönche erblickten in Hiobs Prüfungen und in dessen Standhaftigkeit ein Abbild ihres eigenen entsagungsreichen Lebens, und sie identifizierten sich gerne mit dem großen Dulder aus dem »Lande Uz« (die Septuaginta gibt »Ausítis« als Hiobs Heimatstadt an).

Es sind nicht weniger als 18 Bibelexegeten, die im Hiobkommentar des Olympiódoros ausführlich zu Worte kommen. Wir führen sie in alphabetischer, nicht chronologischer Reihenfolge auf, so wie sie in der erwähnten lateinischen Liste aufgezählt werden:

---

1. *Apollinaris,* Bischof von *Laodicea* in Syrien (310–390): Verfasser zahlreicher Kommentare zu alt- und neutestamentlichen Schriften.
2. *Basilius der Große,* Metropolit von Caesarea in Kleinasien (330–379): bedeutender Kirchenlehrer, der die antike Philosophie mit der christlichen Trinitätslehre in Einklang bringt.
3. *»Clemens Romanus«,* Clemens I. von Rom (amtierte ca. von 92 bis 101): wird als dritter Nachfolger des Apostels Petrus (nach Linus und Anacletus) verehrt.
4. *Cyrillus von Alexandrien* (gestorben 444): seit 412 Patriarch von kirchenpolitischem Format im Streit um die Orthodoxie (Rechtgläubigkeit) gegen das spätantike Heidentum und die frühchristlichen Häresien.
5. *Didymus der Blinde* (313–398): berühmter Leiter der Alexandrinischen Schule; posthum auf der Synode von Konstantinopel (553) wegen Abweichung vom orthodoxen Glauben verurteilt, doch leben seine Bibelkommentare – vor allem sein *Hiobkommentar* – in den Katenen weiter. Wir verweisen ferner auf den wichtigen Papyrusfund von 1941 in der Höhle von Tura (südl. von Kairo), in welcher der verschollene Hiobkommentar von Didymus entdeckt worden ist.
6. *Dionysius Areopagita,* Pseudonym für einen unbekannt gebliebenen syrischen Kirchenschriftsteller (um 500), dessen spekulativ-mystische Theologie den heidnischen Neuplatonismus mit dem Christentum verschmilzt.
7. *Evagrius,* Bischof von *Antiochien* (388–392): übersetzt die griechische Lebensbeschreibung des Mönchsvaters Antonius, verfaßt vom alexandrinischen Bischof Athanasius, ins Lateinische und vermittelt dadurch dem Abendland die berühmte »Vita Antonii«.
8. *Gregorius von Nazianz* (329/30–390/91): Freund von Basilius dem Großen, der ihn zum Bischof weiht; wegen seiner subtilen Trinitätslehre mit dem Ehrentitel »der Theologe« ausgezeichnet.
9. *Gregorius von Nyssa* (335–394): jüngerer Bruder von Basilius dem Großen, zählt mit diesem und dem Nazianzener zu den berühmten »Drei Großen Kappadokiern«; spekulativ-philosophische Glaubenslehre.

10. *Johannes Chrysostomus* (354–407): seit 398 Bischof von Konstantinopel; wegen seiner hervorragenden Predigten (Homilien) und seines umfangreichen exegetischen und seelsorgerlichen Schrifttums wird er posthum (seit dem 6. Jahrhundert) »Chrysostomus«, Goldmund, genannt. Auch ein *Hiob-Kommentar* wird ihm zugeschrieben.
11. *Julianus,* Bischof von *Aeclanum* bei Benevent in Süditalien, von wo er 418 vertrieben wird; Aufenthalte in Kleinasien (Mopsuëstia) und in Konstantinopel ermöglichen ihm, seine alttestamentlichen Kommentare (Kleine Propheten, Hiob, Psalmen) zu erarbeiten. Er stirbt um 454. – Allerdings schreibt die neuste Katenenforschung den erwähnten Hiob-Kommentar dem *Arianer Julianus* zu, welcher zwischen 357 und 365 über Hiob geschrieben haben soll. Wir gehen auf diese These weiter unten ein (s. S. 176).
12. *Methodius,* Bischof von *Olympus* in Lykien im südlichen Kleinasien (Märtyrertod 311, nach altkirchl. Tradition): Verfasser philosophischer und exegetischer Schriften, die sich gegen den Spiritualismus des Origenes und gegen die Gnosis wenden.
13. *Origenes* (geb. um 185, gest. 253/54): größter Exeget der frühchristlichen Kirche, führender Kopf der Schule von Alexandria; unter seinen zahlreichen exegetischen Schriften heben wir die Fragmente seiner *22 Hiob-Homilien* hervor; ein anderer dreibändiger lateinischer Hiob-Kommentar, der Origenes zugeschrieben wird, ist unecht.
14. *Polychronius,* Bischof von *Apamea* in Syrien (gest. um 430): Vertreter der Antiochenischen Schule, in welcher die historisch orientierte Bibelexegese gepflegt wird – im Unterschied zur Alexandrinischen Schule, wo die allegorisch-symbolische Bibelauslegung im Vordergrund steht. Sein umfassender *Hiob-Kommentar* ist uns nur aus den Katenen bekannt.
15. *Severus,* Patriarch von *Antiochien* (512–518, gest. in der Verbannung in Alexandrien 538): wegen seiner von der Großkirche abweichenden Christologie durch Kaiser Justinus I. des Amtes enthoben; scharfsinniger Schrifttheologe, dessen Bücher nach seiner Exkommunikation verbrannt worden sind, die aber in den Katenen teilweise weiterleben.
16. *Theodorus,* Bischof von *Mopsuëstia* im südlichen Kleinasien (352–428): Bruder des Polychronius von Apamea; der größte Exeget der Antiochenischen Schule, hat er doch nahezu die ganze Bibel ausgelegt. Seine *Hiob-Erklärung* ist nur in Katenenfragmenten auf uns gekommen.
17. *Theophilus,* Bischof von *Alexandrien* (385–412): streitbarer Kirchenpolitiker; von seinen Schriften sind wenige erhalten, meist nur fragmentarisch in den Katenen.
18. *Olympiodorus,* Diakon in *Alexandrien* (um 510): Er ist der jüngste der hier aufgeführten Exegeten und ist bekannt als Verfasser von Bibelkommentaren zum Prediger Salomo, zu Jeremia-Baruch und zu Hiob. Seine Streitschrift gegen den älteren Zeitgenossen Severus von Antiochien ist verlorengegangen.

Überblickt man die lange Liste der meist namhaften Kirchenschriftsteller und Hiobkommentatoren, so könnte man leicht den alexandrinischen Diakon Olympiodor als einen »Kompilator« bezeichnen, das heißt als einen, der durch »unschöpferisches Abschreiben aus mehreren Schriften und Quellen« und »durch Zusammentragen unverarbeiteten Stoffes« (laut dem »Großen Duden«) ein eigenes Buch verfassen wollte. Dieses Verdikt wäre aber fehl am Platz; denn selbst bedeutende Kirchenschriftsteller der Alten Kirche pflegten große Kirchenlehrer in der Weise zu ehren, daß sie den zu Ehrenden in einer Festschrift selber ausführlich zu Wort kommen ließen. Das Zitieren und Wiederholen fremder Gedanken war nicht etwa »Diebstahl geistigen Eigentums«, also kein Plagiat nach unserem modernen Empfinden, sondern eine Ehrenbezeugung für den Zitierten. Diesen Sachverhalt gilt es zu bedenken, wenn wir den Olympiodor-Kommentar würdigen wollen. Es kann sogar als Glücksfall bezeichnet werden, daß Olympiodor sehr genau zitiert und daß dank seiner Zuverlässigkeit viele Kirchenväterzitate auf uns gekommen sind, von denen wir sonst keine Kenntnis hätten.

Es bleibt noch die Frage zu klären, wie dieser Hiobkommentar nach Venedig gelangt ist. Von der Direktion der Marciana konnten wir in Erfahrung bringen, daß der Prachtkodex aus der *Collezione Giacomo Gallicio* stammt. Wo jedoch der berühmte »Codex Venetus Marcianus Graecus 538« entstanden ist und auf welchem Weg er in die Gallicio-Sammlung gelangt sein könnte, wissen wir nicht.

Kurt Weitzmann nimmt an, daß der Text und die Bilder, die, stilistisch betrachtet, keine antikisierende Tendenz aufweisen, sondern dem monumentalen byzantinischen Stil verpflichtet sind, dem zentralkleinasiatischen Kunstkreis angehören. Diese allgemeine Lokalisierung läßt freilich die Frage offen, ob die Skriptoren und die Miniatoren mehr von der Hauptstadt Konstantinopel oder von Syrien oder von der fast unbekannten kleinasiatischen Kunst des frühen Christentums beeinflußt worden sind. Der Venezianische Hiob datiert von Anfang des 10. Jahrhunderts; der Archetyp aller Hiobhandschriften stammt indessen aus dem 6. Jahrhundert. Die vierhundertjährige Zwischenzeit läßt natürlich sehr viele Möglichkeiten offen in bezug auf die Provenienz und die Stammbaumäste unserer prachtvollen Bilderhandschrift. Dabei gilt es zu beachten, daß das Urmanuskript Anfang des 6. Jahrhunderts in Alexandria verfaßt worden ist, daß aber die erste Illustration nicht in Unterägypten, sondern etwas später im *syro-palästinischen Kunstkreis* entstanden sein dürfte. Was die Zuordnung der drei ältesten Hiobhandschriften so schwierig gestaltet, ist der Umstand, daß die beiden Bilderhandschriften aus dem 9. Jahrhundert (Patmos und Vatikan) und der Venezianische Hiob von 904/905 bezüglich Stil, Komposition, Farbgebung und Ikonographie zum Teil stark voneinander abweichen. Demnach müssen unsere Hiobbilder in verschiedenen Kunstkreisen beheimatet sein.

Wir wollen ob der brillanten Hiobminiaturen das *Schriftbild* der byzantinischen Texte nicht außer acht lassen: Der Bibeltext ist kalligraphisch gekonnt in eng aneinandergereihten Unzialen (Großbuchstaben, auch Majuskeln genannt) auf die Pergamentseiten gesetzt, während der Kommentartext des alexandrinischen Exegeten Olympiodor in byzantinischer Kleinschrift (Perlschrift, auch Minuskeln genannt) abgefaßt ist. Die Skriptoren, die sich um eine regelmäßige Majuskel- und Minuskelschrift bemühten, setzten meistens den größeren Hiobtext in die linke Spalte – hie und da auch in die rechte Kolumne –, wogegen sie die kleiner geschriebenen Texterläuterungen über die ganze Seite laufen ließen. Insgesamt umfaßt der Hiobkodex in Venedig 246 Pergamentblätter von der Größe 37,5 mal 26 cm. Über seine wunderschönen Miniaturen und deren Textbezogenheit gibt der folgende Abschnitt näher Auskunft.

Die Hiobminiaturen in der Markusbibliothek 99 ▷

Der Bilderschmuck der Prunkhandschrift »Marcianus Graecus 538« in Venedig verteilt sich in dichter Folge auf die beiden ersten Kapitel des Hiobbuches. Es sind insgesamt 29 Miniaturen von hoher Qualität auf uns gekommen. Wahrscheinlich besaß aber der Venezianische Hiob noch einmal so viele Bilder im Dialogteil des betreffenden Hiobkommentars. Diese heute fehlenden Disputationsbilder von Hiob auf dem Müllhaufen im Streitgespräch mit seinen rechthaberischen Freunden befanden sich jeweils auf dem untersten Drittel einer Pergamentseite; sie müssen, nach den Lücken zu schließen, querformatig gewesen sein. Ich habe nicht weniger als 25 Pergamentblätter gezählt, die mitten im Hiobkodex, wo der Verlust nicht ohne weiteres auffallen konnte, beschnitten worden sind. Falls jedes Blatt nur eine Miniatur besessen hat, so sind 25 Diskussionsbilder von frevler Hand entfernt und später sicher verkauft worden. Wenn aber eine Pergamentseite sowohl auf der Vorder- als auch auf der Rückseite illustriert gewesen ist, dann wäre der Bilderverlust noch höher anzusetzen (bei der Annahme von nur einer gestohlenen Miniatur pro Blatt ergibt dies eine Lücke von Miniatur-Nr. 30 bis 54: siehe unsere Verlustliste auf S. 161!).

Den Abschluß der prachtvoll illustrierten Venezianischen Hiobhandschrift bildet eine ganzseitige Miniatur (Nr. 55), die Hiobs wiederhergestelltes Glück mit seiner neuen Familie zum Inhalt hat (Abb. 115).

Hiobhandschrift »Marcianus Graecus 538«
(Abb. 99 bis 115)

Miniatur Nr.	Folio	Buch Hiob	Darstellung
1	5r	1,1 (zweimal derselbe Vers in der linken und rechten Spalte)	*»Im Land Uz* [LXX-Version »im Land Ausítis«] *lebte einmal ein Mann namens Ijob. Er führte ein vorbildliches Leben und achtete sorgfältig darauf, nichts Unrechtes zu tun, weil er Gott ernst nahm.«* – Das Autorenbild des zwischen zwei Porphyrsäulen auf einem Podest stehenden Gottesmannes zeichnet Hiob mit seinem goldenen Nimbus als »Heiligen« aus. Der byzantinische Maler stuft so den »gerechten Hiob« (laut griech. Beischrift) in die Reihe der alttestamentlichen »Propheten« und »Erzväter« ein. Obgleich das Hiobbuch nicht von Hiob verfaßt sein kann, erscheint dieser dennoch – nach antikem Vorbild – als »Autor« auf der ersten illustrierten Seite der Venezianischen Hiobhandschrift. Man beachte auf diesem antikisierenden Verfasserbild das klassische Theaterpodest mit der Hintergrundwand (Proszenium, Scenae frons): Abb. 99.

ΙΩΒ

2	5v	1,2	*»Ijob hatte sieben Söhne und drei Töchter.«* – Die zehn erwachsenen Kinder (zwei Söhne bereits mit grauem Haar) präsentieren sich in einer antiken Säulenvorhalle (Peristylium oder Porticus) vor vier dunklen Marmorsäulen: Abb. 100.
3	6r	1,3a	*»Ijob hatte einen großen Viehbesitz: 7000 Schafe und Ziegen, 3000 Kamele, 1000 Rinder und 500 Esel.«* – Hiobs Reichtum wird hier durch vier verschiedene Herden angedeutet: im oberen Miniaturfeld erscheint eine erste Herde, bestehend aus Schafen und Ziegen, und eine zweite mit verschiedenfarbigen Kamelen. Im unteren Feld traben zwei Herden von muhenden Kühen und Kälbern sowie von wiehernden Eselinnen daher. Die ausdrucksvollen Köpfe dieser Herdentiere sind unübertrefflich gemalt: Abb. 101.

101 ▷

100

Διδ(ύμου) Ὡραῖοι τὸν πλοῦτον ἔχοντες, τὸν ἀγροικικώτερον· οὐ γὰρ
θαυμάσματα ἐκ τοιούτων κατέλεξεν· οὐδὲ χρυσοφόρους οἰκίας
ὅθεν οὐδὲν ἦν ἄπορον·
ἀντὶ τοῦ ἀγροὶ καρποδόται καὶ φυτεῖαι μεγάλαι διαφέροντος,
... ἐργασθῆναι· διὸ οὐδὲ ὁ διάβολος ποικίλως τι
τοῖς τοιούτοις ἔργοις

Γ
ΚΑΙ ΗΝ ΤΑ ΚΤΗΝΗ ΑΥ
ΤΟΥ ΠΡΟΒΑΤΑ ΕΠΤΑ
ΚΙΣΧΙΛΙΑ·
ΚΑΜΗΛΟΙ ΤΡΙΣΧΙ
ΛΙΑΙ·
ΖΕΥΓΗ ΒΟΩΝ ΠΕΝ
ΤΑΚΟΣΙΑ·
ΚΑΙ ΘΗΛΕΙΑΙ ΟΝΟΙ
ΝΟΜΑΔΕΣ· ΠΕΝ
ΤΑΚΟΣΙΑΙ·

4 — 6v 1,3c (obere Miniatur in zweifacher Vergrößerung)

Hiobs Fußwaschung: Im Unterschied zum hebräischen Urtext (Masora), der nichts von Hiobs Liebesdienst weiß, lautet die griechische Version der Septuaginta folgendermaßen: *»kaì érga megála ên autôi epì tês gês«*, was der Tura-Papyrus-Forscher Albert Henrichs so übersetzt: *»Und groß war sein Besitz auf Erden«* (Hiobkommentar von Didymos dem Blinden, Teil 1, S. 46/47). Henrichs übersieht den erläuternden Kommentar zu diesem LXX-Zusatzvers, den Olympiódoros wie folgt wiedergibt: *»Und groß waren die Werke von Hiob auf*

102

Erden – das bedeutet: *Hiobs große Leistungen sind die Werke seiner Frömmigkeit«* (griech. »érga dè megála, tà tês eusebeías«; lat. »opera, vero, magna, opera sunt pietatis«; Migne, Patrologia Graeca, Bd. 93, Sp. 19/20).

Theologisch möchte ich diese vielsagende Stelle Hiob 1,3c nicht im Sinn einer auf fromme Leistungen erpichten »Werkgerechtigkeit« deuten, sondern den Vers als Hinweis auf Hiobs »Glaubensgerechtigkeit« verstanden wissen. So jedenfalls hat der bibelkundige byzantinische Miniator die einzigartige und auch ikonographisch einmalige Szene von *Hiobs Fußwaschung* erfaßt, indem er dessen freiwilligen Sklavendienst gemäß dem Evangelium mit *Jesu Fußwaschung* während des Abendmahls in Verbindung bringt (lies Joh 13,1–20). Hiob wird dadurch zum Vorläufer dessen, der seinen Jüngern den geringsten Liebesdienst erwiesen und zugleich verordnet hat: »*Von jetzt an sollt ihr euch gegenseitig die Füße waschen. Ich habe euch ein Beispiel gegeben, damit auch ihr so handelt, wie ich an euch gehandelt habe«*: Abb. 102.

ΕΠΟΙΟΥΝ ΠΟΤΟΝ
ΚΑΘΕΚΑϹ ΤΗΝΗ
ΜΕΡΑΝ·
ϹΥΜΠΑΡΑΛΑΜΒΑΝΟΝ
ΤΕϹ ΑΜΑ· ΚΑΙ ΤΑϹ ΤΡΕΙϹ
ΑΔΕΛΦΑϹ ΑΥΤΩΝ·
ΕϹΘΙΕΙΝ ΚΑΙ ΠΙΝΕΙΝ
ΜΕΤ ΑΥΤΩΝ·

5	6v	1,4a (untere Miniatur)	*»Seine Söhne hatten die Gewohnheit, reihum in ihren Häusern Festessen zu veranstalten, an denen alle Brüder teilnahmen.«* – Die beschädigte Miniatur zeigt eine kleine Tafelrunde mit vier trinkenden und schmausenden Söhnen, während zwei weitere Personen (rechts neben der halbrunden Tafel stehend) für Nachschub sorgen.
6	7r	1,4b	*»Auch ihre drei Schwestern luden sie dazu ein, und alle aßen und tranken miteinander.«* – Eine ganzseitige, in drei Felder aufgeteilte prächtige Miniatur stellt den Aufmarsch der sieben erwachsenen Söhne (oben) und der drei diademgeschmückten Töchter (Mitte) sowie die zehnköpfige Tafelrunde beim fröhlichen Familienfestmahl dar (unten): Abb. 103.
7	7v	1,5a	*»Immer wenn eine solche Reihe von Festmählern vorüber war, stand Ijob frühmorgens auf und ließ seine Kinder holen. Er traf mit ihnen die nötigen Opfervorbereitungen und brachte für jedes von ihnen ein Brandopfer dar.«* – Auf der linken Bildhälfte erkennt man einen zelebrierenden Priester hinter dem Altar, der von einer Kuppel überdacht ist (Ciborium). Einer der Söhne übergibt dem Priester ein Lamm als Opfergabe, während Hiob (rechts) andächtig die Kulthandlung verfolgt: Abb. 104.

104

ΚΑΙ ΩϹ ΕΓΕΝΕΤΟ Η
ΗΜΕΡΑ ΑΥΤΗ·
ΚΑΙ ΙΔΟΥ ΗΛΘΟΝ ΟΙ ΑΓ
ΓΕΛΟΙ ΤΟΥ ΘΥ
ΠΑΡΑϹΤΗΝΑΙ ΕΝΩ
ΠΙΟΝ ΤΟΥ ΚΥ·
ΚΑΙ Ο ΔΙΑΒΟΛΟϹ ΗΛΘΕ
ΜΕΤ ΑΥΤΩΝ·
ΚΑΙ ΕΙΠΕΝ Ο ΚϹ ΤΩ ΔΙ
ΑΒΟΛΩ·

ὀλυμπ

Σχηματίζει τὸν λόγον ἡ γραφὴ·
διὰ τὴν ἡμετέραν ἁρμονίαν· καὶ οἱ
μὲν ἄγγελοι παρίστασθαι λέγονται
τῷ θεῷ. καθὸ τὰς αὐτοῦ θείας δια-
κονίας ἐκπληροῦσιν αὐτοῦ· ὥσπου
καὶ ὁ προφήτης Ἠλίας· περὶ τοῦ
προσάγεσθαι λέγει· ζῇ κύριος τῶν
δυνάμεων ᾧ παρέστην ἐνώπι-
ον αὐτοῦ· διὰ τῆς προσευχῆς δη-
λῶν ὅτι· ὁ δὲ διάβολος οὐχ ἵστα-
ται μὲν ἐν τοῖς ὑπερουρανίοις
τόποις· ἐπειδὴ θεὸν γὰρ ἐξεβλήθη·
λέγεται δὲ παρίστασθαι μετὰ
τῶν ἀγγέλων, ὡς αὐτὸς ἐν τοῖς
τόποις καὶ ἡδονῆς (?) τοῦ θεοῦ
τυγχάνων· καὶ αἰτούμενος συγχω-
ρηθῆναι αὐτοὺς κατὰ τῶν ἀν-
θρώπων ποιεῖσθαι πειρασμούς:
Τὰ παραπλήσια δὲ λέγει καὶ ἐκεῖ-
κεν· ὡς ὁ Ζαχαρίας ἐπὶ τῶν [illegible]
τίων τοῦ Χριστοῦ· καὶ ὁ Μιχαίας ἐπὶ
τῆς ἀπατήσεως τοῦ Ἀχαάβ· ὁ γὰρ διά-
βολος ἀντίκειται τοῖς ὑπ' ἀγγέλων
φρουρουμένοις· συγχωρεῖται δὲ ἐν
οἷς ὁ θεὸς· Ἰωάννη· καθ' ὑπό-
θεσιν φησὶν. ὥσπερ βουλόμενον
ἐχθρὸν τῷ Ἰὼβ· εἰ δὲ ἡ
γυμνὸς θεὸς ἡ τῶν φρουρούντων
αὐτὸν δυνάμεων, οὐκ ἔβλαψεν
αὐτόν· θεὸς δὲ δοξάζων τοὺς αὐτοῦ
καὶ αἰσχύνων τοῦ ἐχθροῦ. συγχω-
ρεῖ· τούτου μόνου θεοῦ
μένοντος ὡς παρὰ ἱστοριογράφος
δραματουργεῖ τὴν ὑπόθεσιν·
οὐ γὰρ ἦν ἴσον φθάσαι τὸ
ἀπολέσθαι ὁ φάσαι καὶ διαρραγῆναι κατάλογον, ὥσπερ ἐς τὸν ἀφθό-
λειβρον προσαγάγεσθαι τῷ διηγήματι· ὥσπερ δὴ οἱ μὲν ἀγγέλοι

106

8	8r	1,5b	*»Hiob sagte sich: ›Vielleicht hat eines von ihnen* [von den Kindern] *ohne Absicht Gott beleidigt und ist dadurch schuldig geworden.‹«* – Die beschädigte Miniatur hält eine vereinfachte Opferszene fest. Hiob tritt von rechts mit einem Opferlamm in den Händen zum »Ciborium« (links), im welchem jedoch der Priester fehlt.
9	11r	1,6	*»Eines Tages kamen die Gottessöhne* [= Engel] *zur himmlischen Ratsversammlung, und jeder stellte sich an seinen Platz vor dem Herrn. Unter ihnen war auch der Satan.«* – Gott wird wie üblich nur symbolisch dargestellt, indem aus einem Himmelssegment eine segnende Hand hervorgeht. Reizende Engelsgestalten, gruppenweise und einzeln, beleben die Himmelsszene (oberes Feld). Im unteren Feld taucht abermals eine Gruppe von »Gottessöhnen« auf, zu denen auch Satan (hier weggekratzt!) gehört: Abb. 105.
10	12r	1,7–12	Gottes Gespräch mit Satan, der dem Herrn entgegenhält: *»Würde Ijob dir gehorchen, wenn es sich nicht bezahlt machte? Du hast ihn und seine Familie und seinen ganzen Besitz vor jedem Schaden bewahrt. ... Rühre doch einmal seinen Besitz an! Wetten, daß er dich dann öffentlich verflucht?«* Jahwe ist einverstanden, und die Wette gilt. – Auf der stark beschädigten Miniatur erscheint wiederum Gottes Hand aus der stilisierten Wolke. Zwei Engel assistieren, während Satan mit Gott disputiert (der Teufel ist hier ebenfalls ausgekratzt).
11	14r	1,13.14a	*»Als eines Tages die Kinder Ijobs wieder einmal im Haus ihres ältesten Bruders feierten, kam ein Knecht zu Ijob gelaufen.«* – Das stark beschädigte Bild zeigt abermals eine frohe Tafelrunde, welcher das Unheil naht.
12	14v	1,14	*»Da kam ein Knecht zu Ijob gelaufen und meldete: ›Wir waren gerade mit den Rindern beim Pflügen. Die Esel weideten ganz in der Nähe.‹«* – Die beschädigte Miniatur gibt Tierherden, die von Räubern weggetrieben werden, wieder.
13	15r	1,15	Der erste Hiobsbote meldet: *»Da sind plötzlich Beduinen aus Saba über uns hergefallen. Sie haben alle Tiere genommen und deine Knechte erschlagen. Ich allein konnte mich retten, um es dir zu sagen.«* – Die aus einem oberen und einem unteren Feld bestehende Doppelminiatur führt uns eindrücklich den ungleichen Kampf zwischen zwei berittenen Kriegern mit langen Lanzen und den bereits am Boden liegenden, erstochenen Hiobsknechten vor Augen (oben), während das untere Feld (stark beschädigt) das Handgemenge zwischen den schwertschwingenden Sabäern und Hiobs Knechten zeigt: Abb. 106 (Ausschnitt, oberes Feld).

ἔτι τούτου λα
λοῦντος. ἦλθεν
ἕτερος ἄγγελος
καὶ εἶπεν πρὸς
ἰώβ

108

14	16r	1,16	Die zweite Hiobsbotschaft: *»Er hatte noch nicht ausgeredet, da kam schon ein anderer und sagte: ›Feuer ist vom Himmel gefallen und hat die Schafe und Ziegen und ihre Hirten getötet. Ich allein konnte mich retten, um es dir zu sagen.‹«* – Aus einem goldenen Himmelssegment, umrahmt von einem blauen, sternenbesetzten Wolkenband, fällt ein dichter Feuerregen auf Herde und Hirten, die allesamt den Geist aufgeben: Abb. 107.
15	16v	1,17	Die dritte Hiobsbotschaft: *»Er hatte noch nicht ausgeredet, da kam schon der nächste und sagte: ›Drei Horden von Nomaden haben uns überfallen. Sie haben die Kamele gestohlen und deine Knechte erschlagen. Ich allein konnte mich retten, um es dir zu sagen.‹«* – Drei galoppierende Kamele werden von zwei kleinen Reitergruppen eingefangen, während eine dritte Rotte von kriegerischen Chaldäern Hiobs Knechte umbringen (stark beschädigtes Bild).
16	17r	1,18a	Hiob empfängt vor seinem Haus die von links sich nahenden vier Unglücksboten (stark beschädigtes Bild).
17	17v	1,18.19	Die vierte Hiobsbotschaft: *»Er hatte noch nicht ausgeredet, da kam wieder ein anderer und sagte: ›Deine Kinder waren im Haus deines Ältesten zusammen, um zu essen und Wein zu trinken. Da kam ein Sturm von der Wüste her und packte das Haus an allen vier Ecken. Es ist über deinen Kindern zusammengestürzt und hat sie alle erschlagen. Ich allein konnte mich retten, um es dir zu sagen.‹«* – Interessante, leider auch beschädigte Miniatur: In der linken und rechten oberen Ecke des Bildes erkennt man je eine schwarze, geflügelte Menschengestalt, die sich anschickt, mächtige Steinbrocken auf Hiobs Söhne (links an der Festtafel) und auf die Töchter (rechts) zu werfen. Diese beiden dunkeln, dämonischen Gestalten können eindeutig als *Teufel* identifiziert werden: Abb. 108.

109

18	18r	1,20	Hiobs Trauer: *»Da stand Ijob auf, zerriß sein Obergewand, schor sich den Kopf kahl und warf sich mit dem Gesicht auf die Erde.«* – Das Zerreißen der Kleidung und das Kahlscheren des Hauptes sind typische Symbolhandlungen der Trauer. Auf unserer Miniatur reißt sich Hiob zunächst das Gewand vom Leib (links), dann schneidet er sich mit einem langen Messer das Haar vom Kopf (rechts): Abb. 109.
19	18v	1,20	Hiobs Klage: Die dritte symbolische Trauergeste ist das Niederfallen auf die Knie zum Buß- und Bittgebet. Als vierte Trauerhandlung kommt manchmal noch das Streuen von Staub oder Asche auf das kahlgeschorene Haupt (hier nicht dargestellt). Vergleicht man die beiden venezianischen Miniaturen Nr. 18 und Nr. 19 mit dem entsprechenden Bild im Vatikanischen Hiob (Abb. 67), so fällt auf, daß das etwas ältere Bild im Vatikan die obenerwähnten drei Trauerszenen auf einer einzigen Miniatur vereint, während der Maler des Venezianischen Hiob der gleichen Szene zwei verschiedene Miniaturen widmet: Auf der ziemlich beschädigten venezianischen Miniatur (Nr. 19, nicht abgebildet) kniet Hiob vor Gott, der hier lediglich durch ein einfaches Himmelssegment (ohne Gotteshand) angedeutet wird.

110

20	19r 1,21	Hiobs Bekenntnis: »*Nackt bin ich auf die Welt gekommen, nackt geh ich wieder von ihr fort. Der Herr gibt alles, er kann es auch nehmen. Ich will ihn preisen, was immer er tut!*« – Mit erhobenen Händen steht Hiob betend vor Gott, der wiederum nur durch ein einfaches Wolkensegment (ohne Gotteshand) gekennzeichnet wird (beschädigte Miniatur, nicht abgebildet).	21	20r 2,1	Zweite Himmelsversammlung: »*Eines Tages kamen die Gottessöhne wiederum zur himmlischen Ratsversammlung und stellten sich vor dem Herrn auf. Auch der Satan war dabei.*« – Die mit feinen Farben porträtierten Erzengel verraten hohe Malkunst: Im Kontrast zu den weißen Glanzlichtern auf den Gesichtern der Engel stehen die gringetönten Schattenpartien, während Wangen und Kinn durch rosarote Farbe belebt werden. Hinter diesen lieblichen himmlischen Wesen stand einst der dunkelhäutige, geflügelte Satan, der aber von den mittelalterlichen Mönchen abgeschabt worden ist: Abb. 110.

111

22	21r	2,2.3	*»Der Herr fragte den Satan: ›Was hast denn du gemacht?‹ ›Ich habe die Erde kreuz und quer durchstreift‹, antwortete der Satan. Der Herr fragte: ›Hast du auch meinen Diener Ijob gesehen? So untadelig und treu wie er ist sonst keiner auf der Erde. ... Du hast mich ohne jeden Grund dazu überredet, ihn ins Unglück zu stürzen. Aber er ist mir treu geblieben.‹«* – Auf der beschädigten Miniatur ist die Figur des Satans wiederum ausgekratzt. Gottes Gegenwart wird durch eine kleine goldene, kreisrunde Scheibe in einem blauen, mit weißen Sternen und Strahlen durchsetzten Viertelsring angedeutet.
23	22v	2,4–6 (obere Miniatur)	Gottes zweite Wette mit Satan, der räsoniert: *»Ein Mensch ist bereit, seinen ganzen Besitz aufzugeben, wenn er dafür seine Haut retten kann. Aber rühre doch einmal ihn selber an! Wetten, daß er dich dann öffentlich verflucht?«* Gott läßt sich überreden und schlägt ein: *»Gut! Ich gebe seinen Körper in deine Gewalt. Aber sein Leben darfst du nicht antasten!«* – Die beschädigte Miniatur zeigt nochmals Satan vor Gott.
24	22v	2,7 (untere Miniatur)	*»Der Satan ging aus der Ratsversammlung hinaus und ließ an Ijobs Körper eiternde Geschwüre ausbrechen; von Kopf bis Fuß war er davon bedeckt.«* – Auch dieses Bild ist beschädigt: Es zeigt uns, wie Satan den Hiob mit Aussatz schlägt; dieser sitzt nackt auf einem Müllhaufen.

112

25 23r 2,8 *»Ijob setzte sich mitten in einen Aschenhaufen – außerhalb der Stadt* [Zusatz in der Septuaginta] – *und kratzte mit einer Scherbe an seinen Geschwüren herum.«* – Das eindrückliche Bild hält jene traurige Szene fest, da Hiobs Frau dem Aussätzigen die Nahrung auf einem langen hölzernen Löffel reicht, um ja nicht angesteckt zu werden; zugleich verdeckt sie mit ihrem blauen Überwurf Nase und Mund vor dem Gestank der Eiterbeulen: Abb. 111.

26 25r 2,9.10 *»Seine Frau sagte zu ihm: ›Willst du Gott jetzt immer noch die Treue halten? Verfluche ihn doch und stirb!‹ Aber Ijob antwortete: ›Du redest daher wie jemand, der Gott nicht ernst nimmt! Wenn Gott uns etwas Gutes schickt, nehmen wir es doch gerne an. Warum sollen wir dann nicht auch das Böse aus seiner Hand annehmen?‹ Trotz aller Schmerzen versündigte Ijob sich nicht. Er sagte kein Wort gegen Gott.«* – Was auf diesem Bild beeindruckt, ist die würdevolle Haltung des schmerzgepeinigten Hiob auf dem Aschenhaufen. Der Miniator malt mit Absicht keine aussätzige Schreckensgestalt, sondern eine gefaßte, im Glauben verankerte Persönlichkeit. Seine verzweifelte Frau indessen steht wie eine Megäre vor dem Schwergeprüften und »redet, wie die närrischen Weiber reden« [Luthertext]: Abb. 112.

113

27 26r 2,11 *»Ijob hatte drei Freunde: Elifas aus Teman, Bildad aus Schuach und Zofar aus Naama. Als sie von all dem Unglück hörten, das Ijob getroffen hatte, beschlossen sie, ihn zu besuchen. Sie wollten ihm ihr Mitgefühl zeigen und ihn trösten.«* – Die stark beschädigte Miniatur bildet drei, von links nach rechts galoppierende Reiter ab, die jedoch – im Unterschied zur entsprechenden Darstellung im Vatikanischen Hiob (Abb. 72 und 73) – keine Königskrone tragen.

28 26v 2,12 *»Sie sahen ihn schon von ferne, doch sie erkannten ihn nicht. Als sie näherkamen und sahen, daß er es war, fingen sie an, laut zu weinen. Sie zerrissen ihre Oberkleider und warfen Staub in die Luft und auf ihre Köpfe.«* – Die drei Freunde Hiobs (hier stehend, ohne Pferde) handeln nach den altorientalischen Trauerbräuchen: »Der Trauernde zerriß die Kleider, schlug an seine Brust, setzte sich auf den Boden in die Asche, bestreute das Haupt mit Staub und Asche, vernachlässigte alle Körperpflege, unterließ Waschen und Salben, tat Haare und Bart ab, ging barfuß, zog einen Sack an, verhüllte das Haupt, aß anfänglich nichts, später geringe Nahrung; dazu kam Weinen und Wehklagen« (*Paul Zeller*, Bibl. Handwörterbuch, Calw und Stuttgart 1912, 765): Abb. 113.

29	27r	2,13	Die wehklagenden Freunde sind verstummt; sie haben sich neben Hiob gesetzt und verharren nun in stiller Trauer bei ihrem aussätzigen Kameraden: »*Sie setzten sich neben Ijob auf die Erde. Sieben Tage und Nächte blieben sie so sitzen, ohne ein Wort zu sagen; denn sie sahen, wie furchtbar Ijob litt.*« – Die doppelte Miniatur (oben die drei trauernden Freunde, unten Hiob) präsentiert den Aussätzigen auf dem Misthaufen abermals würdig, gelassen, fast abgeklärt, obgleich sein nackter Körper von der Scheitel bis zur Sohle mit eitrigen Geschwüren bedeckt ist. Die würdevolle Ruhe, die Hiob ausstrahlt, versinnbildlicht das starke Gottvertrauen des Geprüften. Symbolisch sind auch die unterschiedlichen Alter der drei Freunde zu deuten: Elifas aus Teman (rechts außen, mit grauem Vollbart) verkörpert das Greisenalter, Bildad aus Schuach (Mitte, mit schwarzem Bart) den mittleren Lebensabschnitt und Zofar aus Naama (links außen, bartlos) das Jünglingsalter. Die byzantinische Buchmalerei veranschaulicht hier die drei Generationen, von denen sich jede mit der Frage nach dem Sinn des Lebens und des Leidens auseinandersetzen muß: Abb. 114.	
30–54		3,1–37,24	Dieser lange Abschnitt, der sogenannte *Dialogteil,* enthielt ursprünglich mindestens weitere 25 Bilder, die ein unverschämter »Miniaturensammler« herausgeschnitten hat. Denn es fehlen sämtliche Disputationsbilder, die Hiobs Streitreden mit seinen selbstgerechten Freunden wiedergeben, was jeweils am unteren Drittel eines beschnittenen Pergamentblattes ersichtlich wird. Es betrifft die *Folioblätter 75 bis 200,* im einzelnen hier aufgezählt. *Miniaturen-Verlustliste:* fol 75, 103, 107, 109, 117, 119, 124, 126, 128, 135, 138, 141, 144, 148, 151, 159, 163, 166, 170, 171, 175, 180, 190, 197 und fol 200.	114 ▷ 115 ▷▷
55	246v	42,10–17	»*Nachdem Ijob für seine drei Freunde gebetet hatte, ließ der Herr ihn wieder gesund werden und gab ihm zweimal so viel, wie er vorher besessen hatte. Alle seine Brüder und Schwestern und die früheren Freunde besuchten ihn und feierten mit ihm in seinem Haus. ... Der Herr segnete Ijob während der nun folgenden Zeit seines Lebens noch mehr als vorher. Ijob besaß schließlich 14000 Schafe und Ziegen, 6000 Kamele, 2000 Rinder und 1000 Esel. Er bekam noch sieben Söhne und drei Töchter. Die älteste Tochter nannte er Täubchen, die zweite Zimtblüte und die jüngste Schminktöpfchen. Im ganzen Land gab es keine schöneren Frauen als die Töchter Ijobs. ... Ijob lebte nach seiner Erprobung noch 140 Jahre, so daß er noch seine Enkel und Urenkel sah. Er starb in sehr hohem Alter, nach einem reichen, erfüllten Leben.*« – Das letzte Bild im Venezianischen Hiobkodex ist eine farbenprächtige Miniatur mit der neuen Familie: Die obere Bildhälfte stellt Hiob mit seiner zweiten Gemahlin dar; die Beischriften lauten »Hiob, der Gerechte« und »des gerechten Hiob zweite Frau, die Araberin«. Auf dem unteren Miniaturfeld erscheinen die sieben neuen Söhne (links) und die drei hübschen Töchter (rechts), deren griechische Namen mit »Heméra« [hebr. »Jemima«], »Kasía [hebr. »Kezia«] und »Amaltheías-Kéras« [hebr. »Keren-Happuch«] angegeben werden. Alle zwölf Personen erheben andächtig ihre Hände zum Gebet: Abb. 115.	

πολλῆς σοι πλάνης τοῖς λοι-
ποῖς εὐφρόνως·
ἐλέγξας [illegible] τῆς πλάνης
τοὺς φίλους·
διηγεῖται ὅσων ἐσφάλ-
λησαν πλάνων·
ὡς ἂν μὴ ἴδοι τὴν γραφὴν
τῶν εἰκόνων·
ὥσπερ [illegible]
κλῶν [illegible]
τῶν καὶ [illegible] ὡς
πρὸ ὄψεων τοὺς κειμένους·
ὡς καὶ πονοῦσι προσφέρει
[illegible]
ἀνεκφέρεις τις τοῦ βίου
πλάνη· προσφέρ-
μα τοῦ πάθους λαμπρὸν [illegible]
[illegible]
ὡς [illegible]·

ἰδοὺ παρὰ γνώμην
τῆς ἀληθείας·
φίλων παρόντων
[illegible] λόγοις τις
καὶ πρὸς εὐφροσύνης
οἱ φίλοι προσέχοντ-
ες τοῖς λόγοις πλῆ-
σον λόγων· ὥσπερ ἄλλοις
καὶ τούτῳ πονοῦσι [illegible]
[illegible]
πάντα πλέκουσιν ὡς
τὸν ἠγωνισμένον·
βλάσφημον ἐπεὶ
περὶ θεοῦ [illegible] λόγον
ἀλλ' [illegible] ἰσχυρῶν
ὁ βροτοκτόνος
ὡς γὰρ [illegible] κατ-
[illegible] γενναίως·
ἐπλήξε [illegible]·
τ[illegible] [illegible]

[illegible]

ΙΩΒ Ο ΔΙΚΑΙΟΣ :

ΔΕΥΤΕΡΑ ΣΥΝΟΙΚΟΣ ΤΟΥ ΔΙΚΑΙΟΥ ΙΩΒ Η ΑΡΑΒΙΣΣΑ:

SINAI

Das Katharinenkloster und der »Berg des Gesetzes«

Ich beschränke mich im einleitenden Bilderteil auf die Wiedergabe einer alten Lithographie vom imposanten Gesetzesberg sowie auf einige Aufnahmen von der byzantinischen Klosterfestung; denn über die Kunstschätze des Katharinenklosters, vor allem über die bedeutendsten Ikonen und über die wichtigsten illuminierten Pergamenthandschriften, habe ich ausführlich im Bildband »Heilige Berge – Sinai, Athos, Golgota« berichtet[49]. Eingehend soll indessen der berühmte *Hiobkommentar* mit seinen 25, an die antike Buchmalerei erinnernden Miniaturen behandelt werden. Sein Bilderzyklus wird erstmals im Gesamtablauf des Bibeltextes, vorwiegend in Farbe, dem Leser vorgestellt, und der aufmerksame Betrachter wird am Studium dieser antikisierenden Miniaturen in ihrer verhaltenen Schönheit seine helle Freude haben.

Neben der byzantinischen Buchmalerei gerät die *Kalligraphie* (Schönschreibekunst) oft ins Hintertreffen. Ich habe mich deshalb bemüht, in der gebotenen Kürze auch auf die kalligraphische Kunst der Skriptoren einzugehen. Schließlich sollen in diesem Sinaikapitel die Verfasser der sogenannten *Kettenkommentare* gewürdigt werden; denn ohne ihre ausführlichen Erläuterungen des Hiobtextes wären die verschiedenen Bilderhandschriften nie entstanden.

Werfen wir zunächst einen Blick auf die faszinierende Raumkulisse des Sinai, auf den »äußeren Rahmen« der byzantinischen Kulturgüter im weltabgeschiedenen Wüstenkloster: Wir meinen den mythenumrankten Opferberg und israelitischen »Berg des Gesetzes« sowie die bizarre sinaitische »Mondlandschaft«, in welcher das Justinianische Dornbuschkloster seine Schätze verwahrt (Abb. 116 bis 125).

116 *Das Katharinenkloster am Fuß des Sinai:* Die frühbyzantinische Klosterfestung ist unter Kaiser Justinianós I. durch dessen Architekten Stéphanos in den Jahren 542 bis 551 erbaut worden. Das Wüstenkloster hütet in seiner Weltabgeschiedenheit gegen 3400 wertvolle Handschriften und über 2000 Ikonen. – Die Lithographie von Louis Haghe entstand nach einer Zeichnung des englischen Sinaipilgers David Roberts vom 19. Februar 1839. Sie hat historischen Wert, da die bergwärts liegende Südwestmauer heute anders aussieht. Diese ist nach einem Erdbeben von Napoleons Feldherrn Jean-Baptiste Kleber wieder aufgebaut und im neuen Obergeschoß durch einen Ikonen- und Bibliotheksraum erweitert worden (vgl. Abb. 117).

117

117 *Die Klosterbibliothek:* 1951 sind die verschiedenen Manuskript-Sammlungen im obenerwähnten Südwestflügel zu einer einzigen Bibliothek vereinigt und nach den bibliographischen Regeln katalogisiert worden. Im gleichen Bestreben nach Zentralisierung und nach Schutz vor Feuer- und Wasserschaden ist im neuerrichteten Klosterflügel auch die berühmte Ikonensammlung in Sicherheit gebracht worden. Seither können Pilger und Forscher die Ikonengalerie unter kundiger Führung des Mönchsvaters Pávlos besuchen; jedoch für den Zutritt zur zentralen Bibliothek bedarf es einer besonderen Genehmigung von seiten des im Kloster residierenden Erzbischofs Damianós (s. Abb. 119).

118 *Die Basilika mit der Dornbuschkapelle:* Die Ostwand der aus dem 6. Jahrhundert stammenden Klosterkirche wird von drei Kapellen beherrscht: zur Linken mit weißer Kuppel (durch den Zaun im Vordergrund halb verdeckt) erkennen wir die »Kapelle der Heiligen Väter«, zur Rechten mit weißer Kuppel und kleinem Kreuz die »Kapelle des heiligen Jakobus des Jüngeren« (Minor) und in der Mitte – zwischen den beiden getünchten Kuppelkapellen – die mit den gleichen dunkelroten Quadern wie die Basilika erbaute *Dornbuschkapelle.* Sie wurde an jener Stelle errichtet, wo nach der Überlieferung dem Schafhirten Mose »der Gott Abrahams, Isaaks und Jakobs« im »Brennenden Dornbusch« erschienen ist (lies 2 Mose 3 und 4). Der Glockenturm im Hintergrund ist erst 1871 als Campanile für das vom Thronfolger und späteren Zaren Alexander III. Alexandrowitsch gestiftete neunstimmige Glockenspiel hinzugefügt worden. Die kleine Betzeitglocke im Vordergrund ruft die Mönchsväter und Pilger zum Abendgebet (»Hesperinós«), zum mitternächtlichen Gebet (»Meso-nyktikón«) und in aller Herrgottsfrühe zum Morgengottesdienst (»Órthros«) sowie zu den einfachen Stundengebeten, den Horen (»Hôrai«).

119 *Erzbischof und Bibliothekar:* Das griechisch-orthodoxe Erzbistum Sinai ist wahrscheinlich die kleinste Kirche der Welt. Sie ist 1575 von der Ökumenischen Synode in Konstantinopel zur »autokephalen Kirche« erklärt worden, das heißt zur selbständigen Kirche mit eigenem Oberhaupt. Dieses Oberhaupt trägt den Titel »Erzbischof des von Gott betretenen Berges Sinai« (»Theó-baton Óros Sinâ«). Derselbe heißt zur Zeit *Damianós* und wird vom Gralshüter der bibliophilen Schätze, vom Bibliothekar *Pávlos Sinaïtis,* assistiert.

118

119

120

120 *Die Zypressenebene:* Nach der Überlieferung erschien auf diesem kleinen Hochplateau unterhalb des Sinaigipfels Jahwe dem Gottsucher Elija, der vor König Ahab und dessen Gattin Isebel auf den Moseberg flüchtete (1 Kön 19,1–18). Heute stößt man dort auf die Ruinen einer mittelalterlichen Elija-Kapelle sowie auf eine bewohnte Eremitenklause in der Nähe einer Quelle.

121, 122 *Die Gipfelkapelle mit Blick auf das Sinaimassiv:* Hier sollen die sinaitischen Ureinwohner dem Mondgott »Sin« Menschenopfer dargebracht haben. Nach jüdischer und christlicher Tradition empfing Mose an der gleichen Kultstätte die heiligen Zehn Gebote vom Wüsten- und Feuergott Jahwe (2 Mose 19 und 20). Heute befinden sich auf dem 2285 m hohen »Djebel Musa« (Moseberg) eine christliche Kapelle und eine kleine Moschee. Die Gipfelkapelle ist aus Quadern von früheren Kapellen erbaut worden, von denen die erste eine Stiftung des byzantinischen Kaisers Justinian I. aus dem Jahr 532 war. – *Unteres Bild* (Abb. 122): Bei klarem Wetter soll man vom »Djebel Musa« aus bis nach Ägypten, Palästina und Arabien blicken können. Die obenerwähnte Zypressenebene erscheint im Panorama der sinaitischen »Mondlandschaft« verschwindend klein.

121

122

123 124

123 *Mose empfängt die Zehn Gebote:* Gottes Hand reicht aus den Wolken dem Anführer Israels eine Gebotstafel, die dieser mit verhüllten Händen und abgestreiften Sandalen ehrfürchtig entgegennimmt. Rechts unten lodert der »Unverbrennbare Dornbusch«, aus welchem Jahwe Jahre zuvor schon einmal mit dem jugendlichen Mose gesprochen hat. Damals erhielt er den Auftrag, Israel aus der ägyptischen Knechtschaft zu befreien und durch das Rote Meer und die Wüste Sinai ins Gelobte Land zu führen. – Byzantinische Ikone, 12./13. Jahrhundert. Katharinenkloster, Ikonen-Galerie, 141 mal 90 cm (einschließlich der 20 Randszenen).

124 *Der Gesetzgeber Mose weist auf den Gnadenvermittler Christus hin:* Ausschnitt aus dem Monumentalmosaik im Chor der Klosterkirche, wo die Verklärung Christi auf dem Berg Tabor dargestellt wird (Mt 17,1–9). Mose, Elija und Jesus erscheinen Petrus, Jakobus und Johannes in überirdischem Licht. Ihnen wird offenbart, daß Christus das Mosegesetz erfüllt und Elijas Prophetentum vollendet. – Glasmosaik, 565/566. Katharinenkloster, Basilika, Apsis.

125

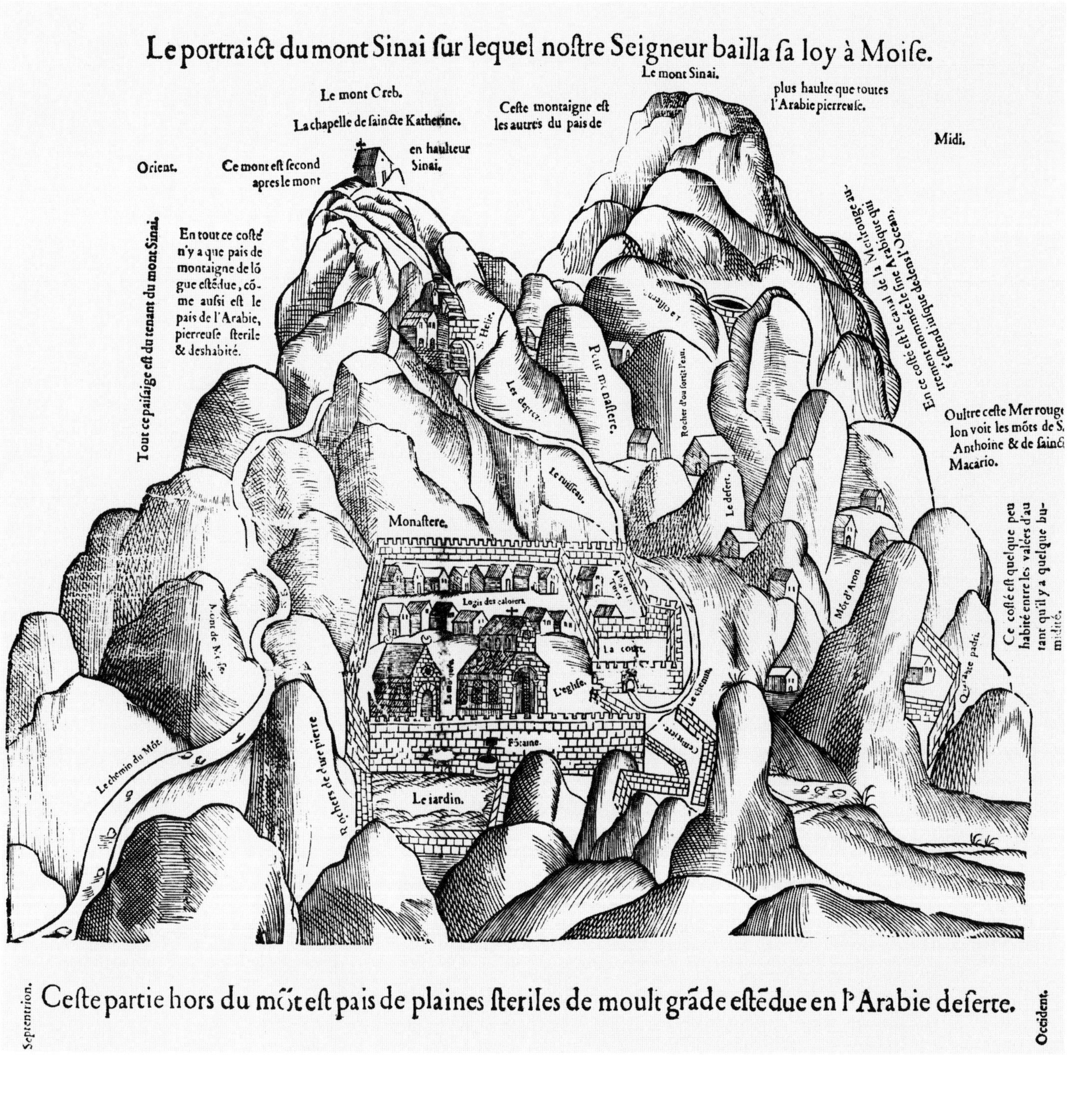

125 *»Der Berg Horeb und der Berg Sinai«:* Laut der altfranzösischen Beischrift nahm der Orientforscher Pierre Belon im 16. Jahrhundert an, die beiden höchsten Gipfel im Süden des Katharinenklosters seien der »Horeb« und der »Sinai«. Er übersah, daß die biblischen Texte sowohl den Horeb als auch den Sinai als Berg der Gottesoffenbarung bezeichnen, daß sie also in der Bibel einander gleichgesetzt werden. Die heutigen geographischen Karten nennen den zweithöchsten Gipfel *Moseberg* (2285 m ü.d.M.) und den schwerzugänglichen, höchsten Gipfel im Sinaimassiv *Katharinenberg* (2637 m). Pierre Belon hingegen lokalisiert auf seinem Stich »La chapelle de saincte Katherine« auf dem kleineren Berg, den er als »Le mont Oreb« bezeichnet (links), während er den mächtigen, höheren Berg »Le mont Sinai« nennt (rechts). Die zwei großen dunkeln Gebäude innerhalb der Klostermauer sind die Moschee mit dem Halbmond-Signet (links) und die Basilika mit dem Kreuz auf dem Dach (rechts). – Stich von Pierre Belon du Mans, aus: »Les observations de plusieurs singularités, trouvées en Grèce, Judée, Égypte et autres pays étranges«, Paris 1554.

Die »Kettenkommentare« der Kirchenväter

Es sei vorausgeschickt, daß die folgenden Bemerkungen zu den Kirchenväterkommentaren nicht nur die Sinaitische Hiobhandschrift betreffen, sondern auch die schon beschriebenen Kodizes auf Patmos, im Vatikan und in Venedig. Alle diese Manuskripte weisen ein und denselben Kommentartext des Olympiódoros auf, abgesehen von einigen Varianten. Eine Besonderheit bietet lediglich der »Job Sinaiticus«, der zwar zu Beginn ebenfalls den bekannten Olympiodor-Text besitzt; doch von Kapitel 26 an folgt er einer andern Version. Wir schließen daraus, daß der Schreibermönch seine Vorlage gewechselt und für die Fortsetzung einen andern Kodex benutzt haben muß. Man kann sich gut vorstellen, daß in den Skriptorien – vor allem in der Hauptstadt Konstantinopel – verschiedene Kalligraphen und sicher auch mehrere Miniatoren am Werk gewesen sind. Diese besaßen verschiedene Olympiodor-Kommentare zum Buch Hiob mit gleichlautenden und zum Teil abweichenden Texten. Die Verwechslung zweier scheinbar gleicher Vorlagen war darum nichts Außergewöhnliches. Erst die viel später einsetzende Textkritik und das Kollationieren, das heißt das Vergleichen einer jüngeren Handschrift mit einem älteren Textzeugen, haben offenbar gemacht, wie unterschiedlich die Vorlagen kopiert worden sind. So konnten im Verlauf der Jahrhunderte Schreibfehler, Auslassungen oder Zutaten den ursprünglichen Text verändern, und niemand weiß heute, wie das verlorengegangene Original des Olympiodor ausgesehen hat. Wir sind darum auf Rückschlüsse und Vermutungen angewiesen.

Man nimmt heute allgemein an, daß die auf uns gekommenen illustrierten Olympiódoros-Kommentare aus zwei verschiedenen Ästen eines Stammbaumes erwachsen sind. Diese Erkenntnis verdanken wir den beiden Handschriftenforschern Karo und Lietzmann, die um die Jahrhundertwende in fast allen europäischen Bibliotheken auf der Suche nach griechischen Manuskripten waren. So sind viele wichtige Textzeugen erstmals registriert und kollationiert worden. Dabei machte das Forscherteam die Entdeckung, daß die älteren und die jüngeren Hiobhandschriften auf zwei verschiedene Quellen zurückgehen. Karo/Lietzmann sprechen von zwei (bis drei) »Handschriften-Familien«, die später auch als »Typus I« und »Typus II« bezeichnet werden.

Das Ergebnis ihrer jahrelangen Suche nach den wichtigsten griechischen Dokumenten haben der Archäologe *Georg Karo* und der Theologe *Hans Lietzmann* 1902 in ihrem lateinischen »Katalog der griechischen Katenen« bekanntgemacht. In diesem 620 Seiten umfassenden Werk haben sie gegen 450 griechische Kettenkommentare zu den meisten biblischen Büchern (vom Ersten Buch Mose bis zur Johannesapokalypse) erfaßt und kurz beschrieben unter Angabe der in den Manuskripten aufgeführten Kirchenväter[50].

Was im besondern die sogenannte *»Hiobkatene«* betrifft, so halten Karo/Lietzmann folgendes fest: Den erwähnten »Typus I« repräsentieren der Vatikanische Hiob (9. Jahrhundert) und der Venezianische Kodex (Anfang 10. Jahrhundert), während zum »Typus II« die Zweite Vatikanische Hiobhandschrift (Vat. Graec. 1231, 13. Jahrhundert) sowie die beiden illustrierten Pariser Kodizes (Parisinus Graecus 134, 13. Jahrhundert, und Paris. Graec. 135, 14. Jahrhundert) gehören. Leider fehlen in diesem sonst äußerst genauen Handschriftenkatalog ausgerechnet die uns interessierenden ostkirchlichen Hiob-Textzeugen von Patmos (9. Jahrhundert), vom Sinai (11. Jahrhundert) und von Jerusalem (13. Jahrhundert).

Ein Vierteljahrhundert später hat der französische Gelehrte *Robert Devreesse* den Ertrag seiner Forschungen auf dem Gebiet der »griechischen exegetischen Katenen« veröffentlicht. Der langjährige Betreuer der griechischen Handschriftenabteilung im Vatikan verschweigt indessen nicht die Schwierigkeiten, die ihm bei der Beschäftigung mit dem Olympiodor-Kommentar erwachsen sind. Er gesteht: »Die Job-Katene, und wir verstehen hier die Gesamtheit der verschiedenen Manuskript-Familien, war vielleicht am schwierigsten zu bewältigen.«[51]

In jüngster Zeit hat der Patristiker *Dieter Hagedorn* in seiner Edition des »Hiobkommentars des Arianers Julian«, auf den wir noch zu sprechen kommen, den Versuch unternommen, für die Handschriften-Familien eine Genealogie aufzustellen[52]. Dabei bezieht er die von Karo/Lietzmann übergangenen ostkirchlichen Textzeugen in seine Untersuchung mit ein. Allerdings befaßt sich Hagedorn vorwiegend mit den »Familien« des Handschriftentypus I, zu denen er den ältesten Hiobkommentar von Patmos, den Ersten Vatikanischen Hiob, das Hiobmanuskript von Venedig und den Sinaitischen Hiob zählt. Beim genauen Vergleichen (Kollationieren) der einzelnen Kommentare fiel Hagedorn auf, daß der Patmische und der Vatikanische Hiob sowohl den Bibeltext als auch die Katenenerklärung des Olympiódoros auf genau denselben Seiten wiedergeben. Selbst beim Seitenwechsel taucht in beiden Handschriften auf der ersten Zeile der gleiche Hiobtext oder dieselbe exegetische Erläuterung auf. Mit dem Manuskript von Patmos ist auch die erste Hälfte der Sinaitischen Handschrift (Kap. 1–25) eng verwandt. Jedoch die Fortsetzung (Kap. 26ff) lehnt sich textlich (aber nicht ikonographisch) an das Manuskript von Venedig an. Diese Beobachtungen haben Dietrich Hagedorn bewogen, für den erwähnten Typus I einen mutmaßlichen Stammbaum zu entwerfen, dem wir der Vollständigkeit halber noch einen weiteren bedeutenden »Ast« – den Handschriftentypus II – beifügen wollen:

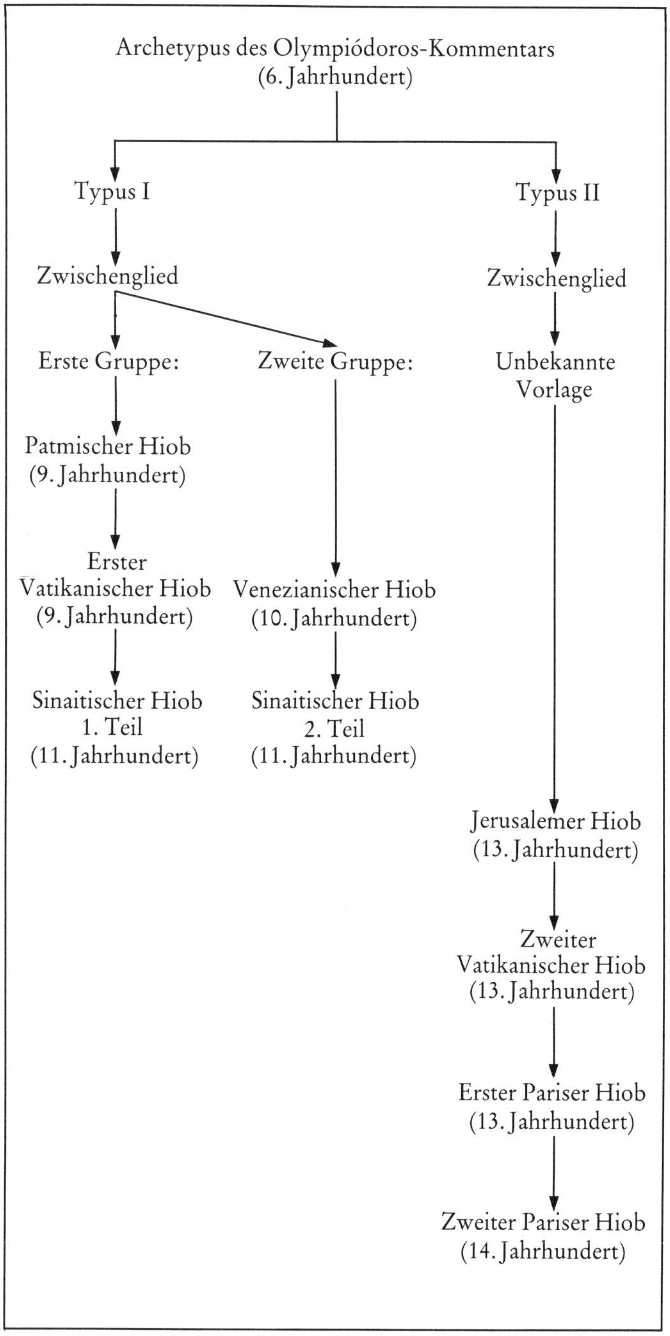

Die beiden Hiobhandschriften auf dem Athos, der Kodex Vatopédi 590 (12. Jahrhundert) und der Kodex Große Lávra B/100 (13. Jahrhundert), enthalten wie alle oben aufgeführten Kodizes den variantenreichen Olympiódoros-Text. Die Manuskripte sind noch nicht kollationiert.

Aus dem Stammbaum wird ersichtlich, daß der Typus II keineswegs aus dem Typus I erwachsen ist, wie dies auch schon angenommen wurde. Freilich sind vom Typus II keine älteren Textzeugen auf uns gekommen, so daß man nur auf Vermutungen angewiesen ist, in welchem Jahrhundert sich die beiden Hauptäste getrennt haben. Es ist durchaus möglich, daß dies bereits Ende des 6. Jahrhunderts geschehen ist. Fest steht, daß die Originalhandschrift um 510 in Alexandria entstanden ist, als sich Olympiodor anschickte, die eifrig gesammelten Hiobzitate früherer Kommentatoren mit seinen eigenen exegetischen Erklärungen zu einem umfangreichen Zitatenschatz zu vereinigen.

Wie schon angetönt, wird der Hiobkommentar aufgrund seiner Bibelerklärung zu den *»exegetischen Katenen«* gezählt. Daneben kennt das ostkirchliche Schrifttum auch die *»ethisch-asketischen Katenen«* mit einer Vielzahl von Ratschlägen und Regeln für die zu übenden Tugenden oder die zu meidenden Laster. Von diesen im Mönchtum beliebten Tugend- und Lasterkatalogen hebt sich schließlich noch eine dritte Gattung von »Kettenkommentaren« ab. Es sind die mit ostkirchlichen Glaubenssätzen gespickten *»dogmatischen Katenen«*, die vor allem während der theologischen Auseinandersetzungen der Großkirche mit den frühchristlichen Splittergruppen für die Rechtgläubigen richtunggebend geworden sind. Aufs ganze gesehen überwiegen aber in der Ostkirche die biblischen, exegetischen Katenen; sie sind auch am meisten abgeschrieben und häufig illustriert worden.

Der Fachausdruck »Katene« kommt vom lateinischen Ausdruck »catena« und bedeutet »Kette«. Die einzelnen exegetischen Kurzkommentare reihen sich nämlich wie Kettenglieder aneinander, weshalb man von einem »Kettenkommentar« spricht. Die Griechen verwenden denselben Begriff und bezeichnen diese besonderen Bibelkommentare als »seirá«, was wörtlich Seil, Strick oder auch Kette heißt.

Der Münchner Byzantinist *Hans-Georg Beck* definiert wie folgt: »Wir verstehen unter *exegetischen Katenen* florilegistisch [wie bei einer Blütenauswahl] aneinandergereihte, graphisch sehr verschieden angeordnete, fortlaufende Erklärungen (Scholien) zum voll gebotenen oder auch nur stichwortartig angedeuteten laufenden Text einzelner biblischer Bücher.«[53] H.-G. Beck verwendet in diesem Zusammenhang den Fachausdruck »Florilegium«, was einer Anthologie, das heißt »Blütenlese«, entspricht (griech. »anthología«). Auch dieser schöne Vergleich mit Blüten trifft wie bei den Kettengliedern das Wesentliche einer solchen Bibelexegese. Die Kirchenväter reichen den Gläubigen aus ihrem Gärtchen Blume um Blume.

In der langen Liste von ostkirchlichen Vätern, die Karo/Lietzmann als erste sorgfältig zusammengestellt haben, kommen immer wieder die drei Namen *Aquila, Theodotion* und *Symmachus* vor. Es handelt sich um drei wichtige Bibelübersetzer aus frühchristlicher Zeit. »Akýlas«, ein Proselyt aus Sinope/Pontus (um 128 n. Chr.), wird von Olympiodor nur sporadisch erwähnt. »Theodotíōn« von Ephesus (um 160 n. Chr.) wird häufiger zitiert. »Sýmmachos«, vermutlich ein Judenchrist aus Samaria (Ende 2. Jahrhundert), kommt von den drei Übersetzern am meisten zum Wort. Denn es ist nicht nur seine Übertragung des hebräischen Hiobtextes ins Griechische, die zählt, sondern auch seine Hioberklärung, die wegen ihres hohen Alters von den Patristikern als wertvoll eingestuft wird. Freilich ist bei der Berufung auf diese drei Textzeugen des 2. Jahrhunderts Vorsicht geboten. Denn es ist sehr wohl möglich, daß spätere Skriptoren namenloses Katenengut einem der drei bekannten Bibelübersetzer zugewiesen haben, obschon die betreffenden Zitate von jüngeren Katenisten stammen.

Wir stehen hier vor der schwierigen Frage der Zuordnung von Katenen, deren Verfassernamen im Verlauf der Jahrhunderte verlorengegangen sind. Man kann sich gut vorstellen, wie sich aus einer Einzelkatene eine Zwei-, Drei- oder gar eine Viermannkatene entwickelt hat und wie am Ende dieses Prozesses die erwähnten vier Väterzitate kurzerhand einem einzigen Kirchenschriftsteller zugeschrieben worden sind. Wer kann einen solchen längeren Kettenkommentar auf die ursprünglichen Verfasser zurückführen? Und wer will die besagte Viermannkatene historisch und theologisch einordnen, wenn – was leider in der Zitatensammlung des Olympiodor vielfach der Fall ist – die Autoren der Hioberklärung unbekannt sind? Noch komplizierter wird das Problem, wenn man bedenkt, daß »das Hiobbuch der ursprünglichen Septuaginta um ein Sechstel kürzer als das des hebräischen Textes ist« und daß – was besonders beim Hiobtext zutrifft – »die Lücken später durch Origenes aus der Übersetzung des Theodotion aufgefüllt« worden sind[54]. Die Entflechtung der verknüpften Texte oder die Entwirrung von verkrüppelten Katenengliedern ist und bleibt ein ungelöstes Problem.

Im Archetyp des 6. Jahrhunderts waren die Autorennamen fein säuberlich einer jeden Kirchenväterauslegung vorangesetzt; denn wir dürfen wohl annehmen, der Kompilator und Kommentator Olympiódoros habe seine anerkannten Gewährsleute aus früheren Jahrhunderten namentlich aufgeführt, um dadurch seine eigene Arbeit zu legitimieren. So konnte jeder Leser leicht erkennen, welche Hioberklärung vom Kirchenvater Basíleios dem Großen (4. Jahrhundert) oder von dessen Bruder Gregórios aus Nyssa oder von dessen Freund Gregórios aus Nazianz stammt. Noch häufiger als diese »drei großen Kappadokier« tauchen berühmte Namen wie Origénes (3. Jahrhundert) und Johannes Chrysóstomos (4. Jahrhundert) sowie Dídymos der Blinde und Julian der Arianer (beide 4. Jahrhundert) im Werk des Olympiódoros auf. Denn die vier Letztgenannten haben einen eigenen Hiobkommentar verfaßt, und aus diesen vier Quellen hat Olympiodor reichlich geschöpft. Es darf als Glücksfall betrachtet werden, daß Olympiodor von Alexandria den Alexandriner Origénes so ausführlich zitiert. Dadurch ist uns wenigstens auszugsweise der verschollene Hiobkommentar des Origénes erhalten geblieben.

Der Grund, weshalb so viele Autorennamen in Vergessenheit geraten sind, liegt unter anderem im mittelalterlichen Schreibstubenbetrieb. Denn in der Regel war ein ganzes Team mit der Anfertigung einer byzantinischen Handschrift beschäftigt: Der erste Skriptor setzte auf die Pergamentblätter den »heiligen Text« – in unserm Fall ausgewählte Bibelverse aus dem Buch Hiob. Dabei bediente er sich der Majuskelschrift, auch Unzialschrift genannt (vgl. das Schriftbild des Patmischen und des Ersten Vatikanischen Hiob). Eine zweite geübte Hand kopierte den überlieferten Kommentartext des Olympiodor in Majuskeln (bei den älteren Manuskripten) oder in Minuskeln (Kleinschrift mit Ligaturen bei jüngeren Kodizes). Einem dritten Vertreter der Schönschreibekunst (Kalligraphie) oblag das Aufsetzen von Zierbalken und verzierten Initialen, von Kapitelvermerken und Lektionshinweisen sowie die Aufschrift der für uns heute so wichtigen Autorennamen. Dabei bedienten sich die Kalligraphen mit Vorliebe der verzierten Rot- oder Goldschrift. Verlangte der weltliche oder geistliche Auftraggeber auch noch die Illustration des Textes, so machten sich neben den Skriptoren die Miniatoren ans Werk. Es versteht sich von selbst, daß alle diese Schreib- und Malarbeiten nicht gleichzeitig ausgeführt werden konnten. Die im Entstehen begriffene Prunkhandschrift wurde jeweils von Hand zu Hand gereicht. Dabei konnte es geschehen, daß beim Kopieren hie und da ein Name übergangen wurde, obgleich die kaiserlichen wie die klösterlichen Skriptorien sonst zuverlässig gearbeitet haben. Spätere Kopisten, die einen Prachtkodex als Vorlage für eine neue illuminierte Handschrift benutzten, ordneten namenlose Zitate meistens dem Hauptexegeten Olympiodor zu oder – wie wir weiter oben schon angedeutet haben – einem der bekannten frühchristlichen Kirchenväter. Dies erklärt die merkwürdige Beobachtung, weshalb in den von uns bearbeiteten Kodizes ein und dasselbe Väterzitat sowohl dem Alexandriner Olympiódoros als auch dem Konstantinopler Kirchenvater Johannes Chrysóstomos und schließlich noch dem syrischen Theologen Polychrónios (um 430) zugeschrieben wird.

Die Unsicherheit unter Fachgelehrten ist also groß, wenn es gilt, anonyme Texte nur aufgrund ihres Inhaltes zu bestimmen oder gar herrenlose Manuskripte zu orten. Als Musterbeispiel gelte die Ermittlung eines namenlosen Hiobkommentars, der im Mittelalter zum Vorschein kam: Im 16. Jahrhundert erschien nämlich in den gesammelten Werken des frühchristlichen Kirchenschriftstellers Origénes ein vollständig erhaltener Hiobkommentar. Obschon Origénes im Manuskript nicht ausdrücklich als Verfasser genannt wird, glaubte der erfreute Entdecker, den verschollenen Origénes-Kommentar gefunden zu haben. – Ende des letzten Jahrhunderts äußerte jedoch Hermann Usener, Professor für Altphilologie und Religionsgeschichte in Bonn, Zweifel an der Echtheit des angeblichen Origénes-Textes. In seinem Aufsatz über den kleinasiatischen Bischof *»Julian von Halikarnass«* (um 520) erbrachte er den »Beweis«, daß nicht Origénes, sondern nur Julianós als Autor des betreffenden Hiobkommentars in Betracht kommen könne. Er schreibt: »Wir dürfen es somit als erwiesen betrachten, daß der von jüngerer Hand fälschlich dem Origenes beigelegte Hiobcommentar ein Werk, und zwar das einzige uns bis jetzt zugängliche, des Julian von Halikarnass ist.«[55] – Doch 70 Jahre später wies der Patristiker Dieter Hagedorn in einer umfassenden Studie einleuchtend und überzeugend nach, daß der vermeintliche Kommentar des Julianós von Halikarnassós von einem andern Julianós aus der zweiten Hälfte des 4. Jahrhunderts stammen muß. Dieser ältere Julianós huldigte der von der Großkirche verworfenen arianischen Theologie, weshalb ihn Hagedorn *»Julian den Arianer«*, nennt: »Julian bestreitet die Wesensgleichheit des [Gottes-]Sohnes mit dem Vater ... Julian war demnach ein Arianer reinsten Wassers ... Für die Entstehung des [Hiob-]Kommentars ist die Zeit zwischen 357 und 365 die wahrscheinlichste ... Der von Julian benutzte Septuagintatext gehört der sogenannten Lukianischen Rezension an, die in Kleinasien und Syrien verbreitet war.«[56]

Als letzter Kirchenschriftsteller, der sich eingehend mit der vielschichtigen Hiobkatene befaßt hat, wird der Bibelexeget *Nikétas von Herákleia* in Thrakien (ca. 1030–1100) angesehen. Seine Kirchenväterzitate sind eine wahre Fundgrube für die Patristiker. Dennoch ist beim Zitieren eines unbekannten Origénes- oder Chrysóstomos-Wortes Vorsicht geboten, wenn man bedenkt, wie oft im Zeitraum vom 3./4. Jahrhundert bis ins 11. Jahrhundert ein Originalzitat umgestaltet oder unter anderem Namen tradiert worden ist. Die Zitatensammlung des Nikétas ist darum nicht über alle Zweifel erhaben. Ein guter Kenner des theologisch-byzantinischen Schrifttums, Hans-Georg Beck aus München, beurteilt das Werk des Katenensammlers Nikétas wie folgt: »In seiner Bibelarbeit ist er der letzte große Katenist. Wie viele Katenen er zusammengestellt hat, läßt sich nicht mit voller Sicherheit angeben. Die *Job-Katene,* die ihm vielfach zugewiesen wird, dürfte nicht sein geistiges Eigentum sein.«[57]

Wir beschließen den Exkurs über die byzantinischen Kettenkommentare mit einem überraschenden Bericht: Im Jahr 1941 wurde in Unterägypten, in einer Höhle östlich von *Tura* (zwischen Kairo und Heluan), der verschollene Hiobkommentar des Kirchenvaters *Dídymos des Blinden* von Alexandria (313–398) entdeckt. Bei diesem sensationellen Fund handelt es sich um eine Papyrus-Abschrift des Dídymos-Kommentars aus dem 6. Jahrhundert. Die Majuskelschrift ist auf Papyrusblätter (31 × 33 cm) aufgetragen, die schon einmal mit einem andern, nicht mehr lesbaren – weil abgeschabten – Text beschriftet waren. Man nennt ein derart »wiederbeschriebenes« Manuskript einen »Codex rescriptus« oder einen »Palimpsest«. In der Turahöhle sind gegen 200 Papyrusblätter zum Vorschein gekommen, die zur Zeit von ägyptischen, deutschen und englischen Forschern entziffert werden. Da der Papyrus nur den Kommentar von Hiob 1,1 bis 16,2 enthält, besteht eine gewisse Hoffnung, daß in Unterägypten – ähnlich wie in den Höhlen von Qumran – noch weitere Hiobtexte gefunden werden. Es ist hier nicht der Ort, die Theologie von Dídymos dem Blinden zu entfalten. Doch eine Kostprobe aus der »Hypóthesis« (thematische Einleitung) zu seinem Hiobkommentar sei dem Leser nicht vorenthalten:

»Der Teufel und seine Wirkungsweise: Es fiel also ein vernunftbegabtes Wesen von Gott ab, indem es vor Gott dem Allherrscher den Nacken erhob. Das aber ist der Teufel, der nicht als Teufel geschaffen wurde, der aber aus dem rechten Zustand und Glück fiel und die beneidet, die sich diesem zuwenden. Als Verstoßener denkt er nämlich bei sich: Ich muß denen, die das himmlische Bürgerrecht besitzen, hinderlich sein, damit sie nicht dorthin emporsteigen, von wo ich vertrieben worden bin. – Der Neid des Teufels entzündete sich also daran, daß die Menschen das zu erlangen streben, woraus er selber vertrieben worden war. Deshalb läßt er auch nicht davon ab, das Menschengeschlecht zu mißhandeln.«[58]

Die mit der Edition der Turapapyri beschäftigten Gelehrten vergleichen (kollationieren) gegenwärtig den Sinaitischen Hiob des 11. Jahrhunderts (Sin. Graec. 3) und die Erste Vatikanische Handschrift des 9. Jahrhunderts (Vat. Graec. 749) mit dem entdeckten Hiobkommentar des Dídymos aus dem 6. Jahrhundert. Sie wollen herausfinden, inwiefern die beiden byzantinischen Manuskripte von dem Papyrus abweichen und wo sie mit ihm übereinstimmen. Das vorläufige Ergebnis dieser Kollation ist ein doppeltes: Einerseits finden sich im Sinaiticus und im Vaticanus weite Passagen, die mit dem Turapapyrus übereinstimmen. Andererseits haben mehrere Stichproben ergeben, daß echte Didymosworte unter falscher Flagge segeln oder als herrenloses Katenengut daherkommen. Aufs ganze gesehen erweisen sich aber sowohl die Sinaitische als auch die Erste Vatikanische Hiobhandschrift mit dem Kommentar des Olympiodor einmal mehr als zuverlässige und glaubwürdige Textzeugen.

Die Hiobhandschrift »Sinaiticus Graecus 3« aus dem 11. Jahrhundert

Zu den bibliophilen Kostbarkeiten des Sinaiklosters zählt die Hiobhandschrift aus der zweiten Hälfte des 11. Jahrhunderts. Sie ist in den drei uns zur Verfügung stehenden griechischen Handschriftenkatalogen als »Codex Sinaiticus Graecus 3« aufgeführt[59]. Der 34,9 cm hohe, 24,3 cm breite und 6 cm dicke Foliant umfaßt 246 Pergamentseiten. Vermutlich ist er im Studioskloster (gegr. 463, zerst. 1453) in Konstantinopel angefertigt worden. Der Kodex ist teils zweispaltig und teils ganzseitig beschriftet, wobei der erste Kalligraph den Bibeltext über den Miniaturen in senkrecht stehenden »Auszeichnungs-Majuskeln« (Kleinunzialen) und der zweite Skriptor den Olympidor-Kommentar in senkrechter »Perlschrift« (Minuskeln) aufgesetzt hat, was ein schönes, harmonisches Schriftbild ergibt. Weil sich die meisten Miniaturen in Anlehnung an die antike Buchmalerei in schmalen, rechteckigen Feldern über das untere Drittel einer ganzen Seite erstrecken, hat das Schreiberteam die Katenenform angepaßt. So ist der Bildteil (Kap. 1 und 2) meistens mit sogenannten *»Text- oder Breitenkatenen«* beschriftet, während die folgenden Kapitel auch *»Rand- oder Rahmenkatenen«* aufweisen. Dabei umrahmen die letztgenannten Katenen in der Regel einen kürzeren Bibeltext oder eine der Miniaturen. Es ist erstaunlich, mit welcher Perfektion die Kalligraphen den »heiligen Text« (ausgewählte Hiobtexte) mit den viel längeren Kommentartexten umwinden und umranken. Ebenso gekonnt ist die Miniaturmalerei ausgeführt, wobei der oder die begabten Mönchsmaler ihre verlängerten Figuren und die hauchdünn aufgetragenen Farbtöne eindeutig von einer spätantiken Vorlage oder von einer Kopie derselben übernommen haben. Besonders deutlich wird der Rückgriff auf die klassische Buchmalerei bei der wiederholt auftretenden eigentümlichen Färbung des oberen blauen und des unteren rosa-violetten Himmelsbandes über dem gelb-grünen Erdenstreifen auf den Sinaitischen Hiobminiaturen: vgl. „Hiobs Reichtum« (Abb. 128), »Hiobs Söhne und Töchter unterwegs zum Gastmahl« (Abb. 129), »Erste Himmelsversammlung« (Abb. 132), ferner »Die vier Hiobsbotschaften«, »Hiobs Trauer und Klage«, »Die zweite Himmelsversammlung«, »Hiob mit Aussatz geschlagen auf dem Müllhaufen«, »Hiobs Frau«, »Besuch der drei Freunde« und »Klage und Trauer der Freunde Hiobs« (Abb. 134 bis 146).

Es ist dem Miniator restlos gelungen, am Übergang von der Makedonischen zur Komnenischen Kaiserdynastie (Ende 11. Jahrhundert) die Kunst der wiederentdeckten Antike im Miniaturzyklus des Sinaitischen

Hiob nochmals aufleben zu lassen. Der Buchillustrator ist aber nicht nur ein Vertreter der sogenannten »Makedonischen Renaissance«, sondern auch ein guter Kenner der imperialen Kunst von Byzanz: Man beachte zum Beispiel das Hiob-Ehepaar auf zwei goldenen, mit Edelsteinen besetzten Thronsesseln in der Galerie vor dem Palast. Hiob sitzt hier auf einem purpurnen Kissen, während seine Gattin, in einen Purpurmantel gehüllt, eine goldene Krone trägt (Abb. 126). In ähnlicher Pose treffen wir das Fürstenpaar auf der entsprechenden Eingangsminiatur zum Ersten Vatikanischen Hiob an. Auch dort ruhen die beiden auf einem goldenen Thron, Fürst Hiob sogar in einen goldenen Mantel gehüllt und ebenfalls auf einem Purpurkissen sitzend. Unwillkürlich wird man an eine feierliche Audienz am byzantinischen Kaiserhof gemahnt (vgl. Abb. 54). Bei der Beschreibung der einzelnen Miniaturen im folgenden Abschnitt werden wir noch auf weitere kaiserliche Züge in der Hiobhandschrift vom Sinai stoßen, was unsere Annahme erhärtet, der Kodex sei in Konstantinopel entstanden.

Die Hiobminiaturen vom Sinai

Der Bilderzyklus des »Job Sinaiticus« umfaßt 25 Miniaturen, die aller Wahrscheinlichkeit nach in Byzanz entstanden sind. Sie schmücken in der Regel, wie schon erwähnt, das unterste Drittel einer Textseite nach antiker Manier. Wir freuen uns, diese gehaltvolle Bilderserie erstmals in ihrem biblischen Ablauf farbig wiedergeben zu können. Dies verdanken wir dem Entgegenkommen von Pávlos Sinaïtis, dem Bibliothekar des Katharinenklosters, der uns den Zugang zu den unter Verschluß gehaltenen illuminierten Handschriften ermöglicht hat.

Die antikisierende Bilderfolge mit ihren »narrativen Miniaturen« (erzählenden Bildern) berichtet auf eindrückliche Weise vom Glück und Unglück, aber nicht von der Wiederherstellung Hiobs nach bestandener Glaubensprüfung, wie dies im Patmischen Hiob und in den entsprechenden Bilderzyklen von Rom und Venedig der Fall ist, die alle textgemäß mit Hiobs Genesung schließen. Der Sinaitische Hiob hingegen beendet seinen Miniaturzyklus mit den Schlußversen von Kapitel 2, das heißt dort, wo die tröstenden Freunde auftauchen und Hiobs Klage beginnt. Daraus schließen wir, daß der Miniator in seiner Vorlage einen Bilderzyklus vorgefunden hat, der lediglich den Prolog des Hiobbuches illustriert. Diese uns unbekannte Buchvorlage muß eine Abschrift eines noch älteren Kodex gewesen sein, der schlußendlich auf ein erstes illustriertes Exemplar der Olympiodor-Handschrift zurückgeht (möglicherweise schon Ende 6. Jahrhundert entstanden). Dieser ursprüngliche Bilderzyklus hat, wie die nebenstehenden Farbtafeln zeigen, nur eine Bebilderung der beiden ersten Hiobkapitel (Prolog) besessen. Erst später ist in der Leserschaft der Wunsch nach einer zusätzlichen Illustration wach geworden, so daß sich die Künstler vor eine neue Aufgabe gestellt sahen. Ihnen oblag nun, den langen *Redeteil* (Kap. 3,1 bis 42,6) sowie den *Epilog* mit dem Bericht über das abschließende Brandopfer, über Hiobs neue Familie und seinen Tod (Kap. 42,7–17) zu illustrieren. Mit unterschiedlichem Geschick und Fleiß sind in der Folge die Olympiodor-Kommentare des 9. bis 13. Jahrhunderts bebildert worden. Der älteste Hiobkodex auf Patmos (9. Jahrhundert) besitzt einen erst im 11. Jahrhundert vollendeten Bilderzyklus zum Dialogteil. Der Erste Vatikanische Hiob (9. Jahrhundert) weist eine Serie von Miniaturen zum gleichen Redeteil auf, die im Unterschied zu den erstklassigen Prolog-Bildern von zweitrangiger Qualität sind. Das drittälteste Hiobmanuskript in Venedig (Anfang 10. Jahrhundert) weist leider keine Disputationsbilder mehr auf, hat sie doch ein Banause allesamt weggeschnitten. Was nun unsere *Sinaihandschrift* aus dem 11. Jahrhundert betrifft, so überliefert diese wohl am reinsten die frühchristliche Bilderhandschrift *ohne Diskussionsbilder.* Ganz anders verhält es sich mit den beiden Hauptvertretern des 13. Jahrhunderts: Der Jerusalemer Hiob (Táphou 5) und die Zweite Vatikanische Hiobhandschrift (Vat. Graec. 1231) besitzen einen außerordentlich reichen Bilderschmuck von über hundert interessanten Miniaturen. Diese beiden neuen Bilderzyklen, die wir weiter unten eingehend besprechen werden, weisen so manche Übereinstimmung auf, daß man kaum fehl geht, wenn man eine verlorengegangene, ältere Bilderbuchvorlage mit einem neuen, erweiterten Bildprogramm postuliert. Es muß sich um eine Neuschöpfung von Illustrationen handeln, die wir in den besagten jüngeren Handschriften von Jerusalem und Rom wiederfinden. Solche neuen Bilderzyklen – wie wir sie auch im Bildprogramm der *Oktateuch-Manuskripte* des 13. Jahrhunderts haben feststellen können[60] – zeugen von der Schöpferkraft der damaligen Illustratoren. Sie übernehmen zwar das überlieferte Bildgut aus der Spätantike, sind aber auch imstande, dank ihrer Einbildungskraft und ihrer guten Bibelkenntnis neue Bilderserien zu schaffen: mehr darüber im Jerusalem-Kapitel, S. 193 ff. Wir bringen jetzt Abbildungen vom besagten spätantiken Bildgut, das sich besonders schön in den 25 Hiobminiaturen des Katharinenklosters widerspiegelt (Abb. 126–146).

126

127

128 

Hiobhandschrift »Sinaiticus Graecus 3« (Abb. 126–146)

Miniatur Nr.	Folio	Buch Hiob	Darstellung
1	7r	1,1a	Das königliche Paar: Hiob und seine Gattin thronen auf goldenen Sesseln in einer Säulenhalle; links der Königspalast. Über der Miniatur befindet sich eine einfache Kopfleiste mit eingefaßter Auszeichnungsschrift, die besagt: *»Im Land Uz* [= ›Ausítis‹ laut LXX] *lebte ein Mann namens Ijob«*: Abb. 126.
2	7v	1,1b.2	Hiobs Familie: *»Er führte ein vorbildliches Leben und achtete sorgfältig darauf, nichts Unrechtes zu tun, weil er Gott ernst nahm. Er hatte sieben Söhne und drei Töchter.«* Auf der linken Bildhälfte tritt Hiob mit seinen sieben Söhnen heran, während seine Frau (rechts) in Begleitung ihrer drei diademgeschmückten Töchter eintrifft: Abb. 127.
3	8r	1,3a	Hiobs Reichtum: *»Und er hatte einen großen Viehbesitz: 7000 Schafe und Ziegen, 3000 Kamele, 1000 Rinder und 500 Esel. Dazu kamen sehr viele Knechte und Mägde.«* – Die vier Herden mit je einem Hirten sind bukolischen Szenen aus der Spätantike nachgebildet: Abb. 128.

129

130

4	8v	1,4	Hiobs Söhne und Töchter unterwegs zum Gastmahl: *»Seine Söhne hatten die Gewohnheit, reihum in ihren Häusern Festessen zu veranstalten, an denen alle Brüder teilnahmen. Auch ihre drei Schwestern luden sie dazu ein, und alle aßen und tranken miteinander.«* – Die zehn Kinder Hiobs begeben sich festlich gekleidet in den Palast des ältesten Bruders. Die anmutigen Gesichter der Geladenen, insbesondere der ältesten und der jüngsten Schwester, verraten eine talentierte Pinselführung des Miniators: Abb. 129.
5	9r	1,5	Hiobs Sühneopfer für seine Kinder: *»Immer, wenn eine solche Reihe von Festmählern vorüber war, stand Ijob frühmorgens auf und ließ seine Kinder holen. Er traf mit ihnen die nötigen Opfervorbereitungen und brachte für jedes von ihnen ein Brandopfer dar. Denn er sagte sich: ›Vielleicht hat eines von ihnen ohne Absicht Gott beleidigt und ist dadurch schuldig geworden.‹«* – Hiob tritt vor Gott (angedeutet durch die ausgestreckte Hand im sternbesetzten Himmelssegment) und bringt ein Opferlamm dar, während auf dem Altar bereits ein Jungstier verbrennt: Abb. 130.

131

6	10r	1,5	Hiobs Brandopfer: Zwei weitere Schafböcklein werden zur Entsühnung dargebracht, insgesamt zehn Opfertiere für die zehn Kinder. Hiobs Hände sind verhüllt zum Zeichen völliger Ergebenheit vor dem Allerhöchsten. In gleicher demütiger Haltung trat man bei einer Audienz vor den byzantinischen Kaiser: Abb. 131.
7	13r	1,6	Erste Himmelsversammlung: *»Eines Tages kamen die Gottessöhne zur himmlischen Ratsversammlung, und jeder stellte sich an seinen Platz vor dem Herrn. Unter ihnen war auch der Satan.«* – Zwei Engelsgruppen scharen sich um Gottes ausgestreckte Hand, während Satan (rechts, beschädigt) aufmerksam zuhört: Abb. 132.
8	17r	1,7–12	Gottes Wette mit dem Satan: Der Verführer zieht Hiobs Frömmigkeit in Zweifel und schlägt dem Herrn vor: *»Rühre doch einmal seinen Besitz an! Wetten, daß er dich dann öffentlich verflucht?«* Gott geht auf den Vorschlag ein: *»Gut! Alles, was er hat, gebe ich in deine Gewalt. Aber ihn selbst darfst du nicht antasten!«* – Die Miniatur zeigt Gottes Hand im Himmelssegment sowie die schwarze Gestalt des Teufels. Dieser ist später weggekratzt worden, wahrscheinlich von einem übereifrigen Mönchsvater.
9	17v	1,13.14a	Gastmahl mit Gelage und Tanz: *»Als eines Tages die Kinder Ijobs wieder einmal im Haus ihres ältesten Bruders feierten, kam ein Knecht zu Ijob gelaufen und meldete: ...«* – Die bewegte Szene spiegelt ein Festmahl am Hof des byzantinischen Kaisers wider. Während die sieben Söhne und die drei Töchter auf einem Liegesofa (»Klíne«) tafeln, rüsten die Diener Speise und Trank; zugleich wiegen sich zwei Schautänzer in den Hüften. Der Miniator greift hier auf die klassische Tradition zurück, zeigt er doch nach dem festlichen Mahl (»Deîpnon«) einen fröhlichen Umtrunk von Männern (»Sympósion«) unter Beizug von Tänzern, aber ohne Hetären: Abb. 133.

132

ΠΟΛΥΧΡΟΝΙΟΥ ΕΠΙΣΚ ΑΠΑΜΕΙΑΣ

133

ΚΑΙ ΙΔΟΥ ΑΓΓΕΛΟΣ ΗΛΘΕΝ ΠΡΟΣ ΙΩΒ ΚΑΙ ΕΙΠΕΝ ΑΥΤΩ

134

135

10 18r 1,14b.15 Die erste Hiobsbotschaft eines entflohenen Knechtes: »*Wir waren gerade mit den Rindern beim Pflügen. Die Esel weideten ganz in der Nähe. Da sind plötzlich Beduinen aus Saba über uns hergefallen. Sie haben alle Tiere genommen und deine Knechte erschlagen. Ich allein konnte mich retten, um es dir zu sagen.*« – Der blutige Überfall der Sabäer erinnert an ähnliche kriegerische Szenen in der antiken Buchmalerei. Ein interessantes Detail: Man beachte die beiden altertümlichen Pflüge, die von den Ochsenpaaren gezogen werden: Abb. 134.

11 18v 1,16 Die zweite Hiobsbotschaft: »*Er hatte noch nicht ausgeredet, da kam schon ein anderer und sagte: ›Feuer ist vom Himmel gefallen und hat die Schafe und Ziegen und ihre Hirten getötet. Ich allein konnte mich retten, um es dir zu sagen.‹*« – Der Maler entwirft hier eine apokalyptische Schau von höchster Intensität. Bedrohlich ragt der mit zwölf Sternen besetzte dunkelblaue Himmel in die rötlich-bläuliche Lufthülle hinein. Das Feuer vom Himmel weckt wohl in manchem Betrachter Gedanken an das endzeitliche Gericht: »Es regnete Feuer vom Himmel, das sie [die Gottesfeinde] vernichtete« (Offb 20,9). Im Römischen Hiob (Vat. Graec. 749, fol 18v) findet sich eine ähnliche Darstellung: vgl. Abb. 135 mit 63!

κζ επι τουτου λαλουντος. αλλος αγγελος ερχεται λεγων τω ιωβ

136

των υιων σου και των θυγατερων σου εσθιοντων και πινοντων.

137

138

Nr.	Fol.	Hiob	
12	19v	1,17	Die dritte Hiobsbotschaft: *»Er hatte noch nicht ausgeredet, da kam schon der nächste und sagte: ›Drei Horden von Nomaden haben uns überfallen. Sie haben die Kamele gestohlen und deine Knechte erschlagen. Ich allein konnte mich retten, um es dir zu sagen.‹«* – Auf diesem und den übrigen Bildern (Abb. 134–146) tritt die Anlehnung an die klassische Kunst deutlich in Erscheinung. Es sind die eigentümlichen, farbverschiedenen Himmelsstreifen (rosarot und hellblau) und der hellgrüne Bodenstreifen, der den Horizont abgrenzt. Diese dreifache helle Farbtönung ist typisch für die spätantike Buchmalerei: Abb. 136.
13	20r	1,18–19	Die vierte Hiobsbotschaft: *»Er hatte noch nicht ausgeredet, da kam wieder ein anderer und sagte: ›Deine Kinder waren im Haus deines Ältesten zusammen, um zu essen und Wein zu trinken. Da kam ein Sturm von der Wüste her und packte das Haus an allen vier Ecken. Es ist über deinen Kindern zusammengestürzt und hat sie alle erschlagen. Ich allein konnte mich retten, um es dir zu sagen.‹«* – Auf der schrecklichen Erdbeben- und Sturmszene erkennt man die gleiche Festtafel von Miniatur-Nr. 9 (fol 17v) mit dem Unterschied, daß hier alle Gäste, Diener und Tänzer unter den Haustrümmern begraben liegen. Zu beachten sind die in den Lüften schwebenden schwarzen Gestalten, die das Unglück angestiftet haben: Es sind die teuflischen Helfershelfer des Satans. Zwar haben irritierte Mönche den mittleren Teufel ausradiert (siehe die zwei Daumenabdrücke!); die beiden andern Teufel (in der linken und rechten oberen Bildekke) sind hingegen gut erkennbar. Sie hocken auf fliegenden Steinen und werfen mit Haustrümmern um sich. Auf der entsprechenden Miniatur im Vaticanus Graecus 749 (fol 20r – gleiches Folioblatt wie im Sinaiticus) bringen sogar vier Teufel das Haus zum Einsturz: vgl. Abb. 137 mit 65!
14	20v	1,14–19	Die vier Unglücksboten treten vor den schwergeprüften Hiob. Dieser sitzt vor seinem Haus auf einem goldenen Thron und beklagt den Verlust seiner Kinder. – Die gleiche Szene findet sich im Vaticanus mit derselben Miniatur-Nr. 14 auf dem gleichen Folioblatt 20 verso, was auf eine gemeinsame Vor-vorlage schließen läßt: s. Abb. 66!

139

15	21r	1,20	Hiobs Trauer: *»Da stand Ijob auf, zerriß sein Obergewand, schor sich den Kopf kahl und warf sich mit dem Angesicht auf die Erde.«* – Dreimal hat der Miniator den trauernden Hiob dargestellt: Zuerst zerreißt Hiob (stehend) sein Obergewand. Leider hat ein »Souvenirsammler« auf seiner Pilgerreise nach dem Sinai die sehr eindrückliche Hiobfigur aus dem Kodex herausgeschnitten; wir wissen aber, wie diese ungefähr ausgesehen hat, da die Parallelminiatur Nr. 15 im »Vaticanus Graecus 749« (fol 21r, Abb. 67) einen verzweifelten Hiob zeigt. Die zweite und dritte Trauergebärde: Hiob kniet auf dem Boden und schert sich das Haupt. Sodann streut er sich zum Zeichen seiner Trauer Staub auf den geschorenen Kopf. Im Unterschied zum Vatikanischen Hiob fehlt hier die ausgestreckte Gotteshand.
16	21v	1,21.22	Hiobs Klage und Ergebung: *»Er sagte: ›Nackt bin ich auf die Welt gekommen, nackt geh ich wieder von ihr fort. Der Herr gibt alles, er kann es auch nehmen. Ich will ihn preisen, was immer er tut!‹«* – Da sich die betreffende Miniatur auf der Rückseite von Folio 21 befindet, ist sie wie das Bild von »Hiobs Trauer« stark beschnitten; das heißt, nur noch eine Hand und die Füße von Hiob sind sichtbar. Die Parallele in Rom (Miniatur-Nr. 16, fol 21v, Abb. 68) macht deutlich, wie Hiob mit erhobenen Händen zuerst klagt und dann Gott preist.
17	23r	2,1–3	Zweite Himmelsversammlung: *»Eines Tages kamen die Gottessöhne wieder zur himmlischen Ratsversammlung und stellten sich vor dem Herrn auf. Auch der Satan war wieder dabei.«* Da wirft Gott dem Verführer (»Diábolos«) vor, er habe Hiob umsonst geplagt: *»Du hast mich ohne jeden Grund dazu überredet, ihn ins Unglück zu stürzen. Aber er ist mir treu geblieben«:* Abb. 138.
18	25r	2,4–7a	Gottes zweite Wette: Der »Diábolos« (wörtlich »Durcheinanderwerfer«) macht Gott einen neuen Vorschlag, um Hiobs Treue auf die Probe zu stellen: *»Rühre doch einmal ihn selber an! Wetten, daß er dich dann öffentlich verflucht?«* Der Herr ist einverstanden, aber unter einer Bedingung: *»Gut! Ich gebe seinen Körper in deine Gewalt. Aber sein Leben darfst du nicht antasten!«* Da verläßt der Satan die himmlische Ratsversammlung: Abb. 139.

140

19 25v 2,7b.8a Der Satan schlägt Hiob mit Aussatz: *»Der Satan ließ an Ijobs Körper eiternde Geschwüre ausbrechen; von Kopf bis Fuß war er davon bedeckt. Und er kratzte mit einer Scherbe an seinen Geschwüren herum.«* – Auf unserer Miniatur berührt ein schwarzer Teufel Hiobs Haupt; seine Gattin steht erschrocken daneben, während vor dem Stadttor von Ausítis (rechts) zwei bestürzte Bewohner Hiobs Schicksal beklagen: Abb. 140.

20 26r 2,8b.9a Hiob auf dem Müllhaufen: *»Ijob setzte sich mitten in einen Aschenhaufen – draußen vor der Stadt. Nachdem viele Zeit verstrichen war, sagte seine Frau zu ihm: ...«* – Der griechische Text (LXX) bietet hier eine andere Version als der hebräische (Masora) und der lateinische (Vulgata). Doch der Sinn der Erzählung wird davon nicht berührt. – Eindrücklich ist die Haltung von Hiobs Frau: Sie reicht dem hungrigen Gatten auf einem Stab ein Stück Brot, um nicht angesteckt zu werden, und tränkt den Durstigen mit kühlendem Wasser, was durch den irdenen Krug am rechten Bildrand angedeutet wird. Auf der linken Bildhälfte beklagen abermals zwei Stadtbewohner Hiobs Elend: Abb. 141.

(Es sei in diesem Zusammenhang nochmals darauf hingewiesen, daß die Hiobminiaturen Nr. 11 bis Nr. 17 sowohl im »Vaticanus« als auch im »Sinaiticus« auf den genau gleichen Seiten vorkommen; das heißt, daß dieselben Hiobszenen in den genannten Kodizes auf den gleichen Seiten folio 18 verso bis 23 recto erscheinen. Die übrigen Bilder differieren lediglich um eine Seitennummer. Daraus erhellt, wie genau die Miniatoren und auch die Skriptoren der Ersten Vatikanischen Bilderhandschrift und des Sinaitischen Hiob aufgrund einer gemeinsamen Vorlage gearbeitet haben. Obgleich die künstlerische Gestaltung der beiden Bilderzyklen völlig verschieden ist – im »Vaticanus« tauchen auch abendländische Elemente auf, während der »Sinaiticus« ausgesprochen antikisierende Tendenzen aufweist – befolgen die zwei Hiobhandschriften des 9. und 11. Jahrhunderts das gleiche Gestaltungsprinzip.)

21 28v 2,9b.10 Hiob im Gespräch mit seiner Frau: Der Verlust ihrer zehn Kinder und die ansteckende Krankheit ihres Mannes lassen Hiobs Gattin an Gott irre werden. Darum die verzweifelte Frage: *»Willst du Gott jetzt immer noch die Treue halten? Verfluche ihn doch und stirb!«* Doch Hiob bleibt standhaft trotz aller Schmerzen und antwortet seiner Frau: *»Du redest daher wie jemand, der Gott nicht ernst nimmt! Wenn Gott uns etwas Gutes schickt, nehmen wir es doch gerne an. Warum sollen wir dann nicht auch das Böse aus seiner Hand annehmen?«*: Abb. 142.

141

142

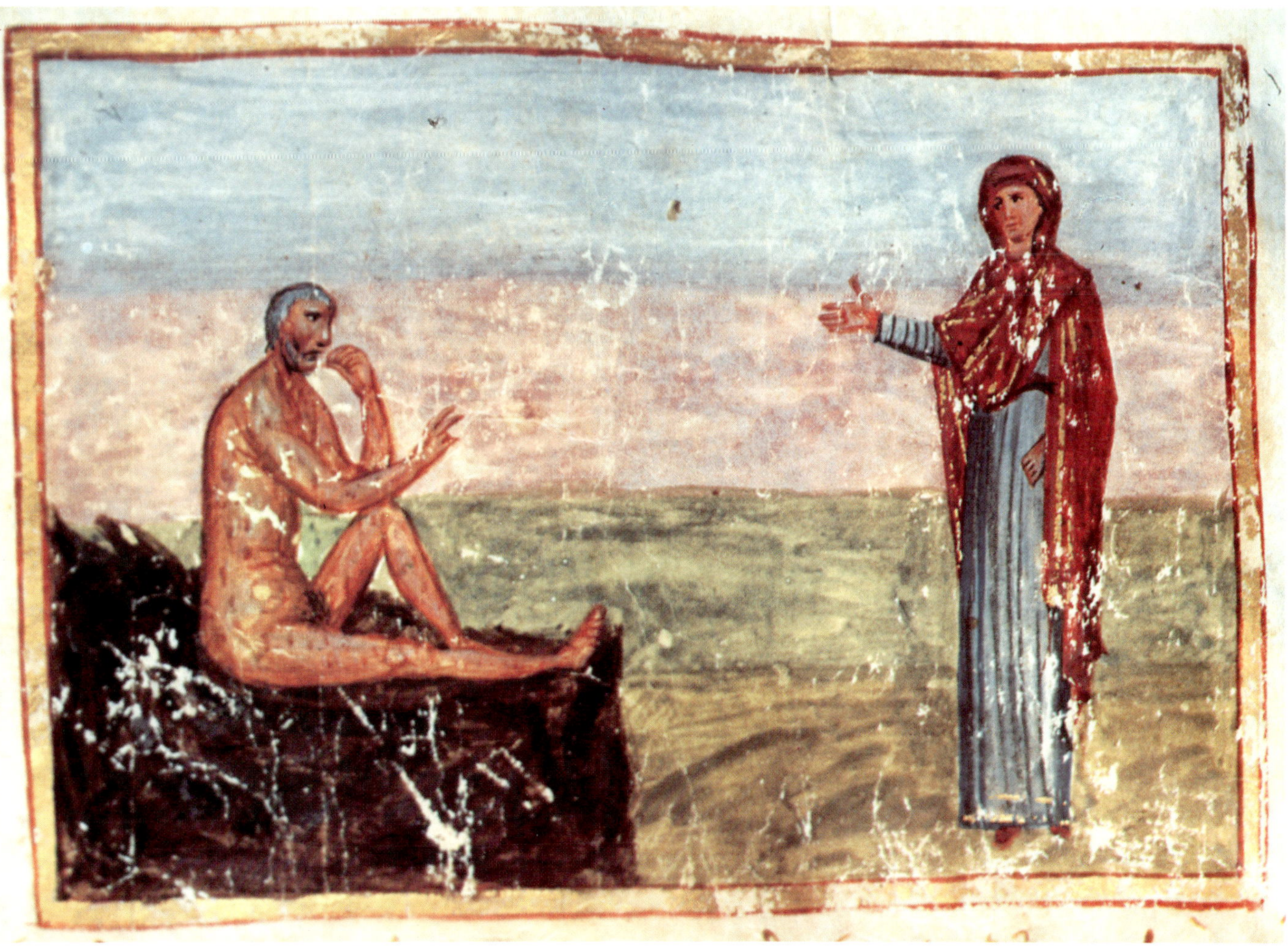

143

144

22	29r	2,11a	Besuch der königlichen Freunde *Elifas aus Teman* und *Bildad aus Schuach:* In der Septuaginta werden beide Freunde als König (»Basileús«) und als Herrscher (»Týrannos«) bezeichnet. Darum erscheinen die zwei hoch zu Roß (links) mit einem Troß von vier berittenen Dienern, die zwei Standarten vorantragen, von denen eine durch ein goldenes Kreuz gekennzeichnet ist (rechts). – *»Als sie von all dem Unglück hörten, das Ijob getroffen hatte, beschlossen sie, ihn zu besuchen. Sie wollten ihm ihr Mitgefühl zeigen und ihn trösten«:* Abb. 143.
23	29v	2,11b	Besuch des dritten königlichen Freundes *Zofar aus Naama:* Er reitet auf einem Schimmel, ihm voran zwei Diener. Man beachte die quadratische Reiterfahne, die deutlich sichtbar ein helles Kreuz aufweist. Der byzantinische Maler, der seinen Bilderzyklus gegen Ende des 11. Jahrhunderts entworfen hat, stellt hier einen Reiter mit einer *Kreuzritterfahne* dar. Das ausgehende 11. Jahrhundert war von einer gewaltigen Kreuzzugsstimmung erfüllt: Kaiser Aléxios I. Komnenós von Byzanz (1081–1118) mußte sich der Seldschuken erwehren und bat den Papst um Hilfe. Als Urban II. zum ersten Kreuzzug (1096–1099) aufrief, der mit der Eroberung Jerusalems siegreich verlief, war man in Byzanz voller Begeisterung. Was liegt daher näher, Hiobs königliche Freunde als *Kreuzritter* mit Standarten aufmarschieren zu lassen: Abb. 144.

24	30v 2,12 (oben)	Klage der Freunde Hiobs: *»Als sie näherkamen, fingen sie an, laut zu weinen. Sie zerrissen ihre Oberkleider und warfen Staub in die Luft und auf ihre Köpfe.«* – Mit orientalischen Trauergebärden bezeugen die schmalen, überlangen Gestalten ihrem mit Schwären bedeckten Freund Hiob auf dem Misthaufen ihre *Sympathie* (»sym-pathéo« bedeutet im Griechischen »mit-leiden«). Sie bekunden ihr Mitleid und ihre Trauer, indem sie hier das Obergewand zerreißen, mit den Gewandfetzen die Tränen abtrocknen und Staub auf ihr Haupt streuen (s. knienden Freund!): Abb. 145.
25	30v 2,13 (unten)	Trauer der Freunde: *»Dann setzten sie sich neben Ijob auf die Erde. Sieben Tage und Nächte blieben sie so sitzen, ohne ein Wort zu sagen; denn sie sahen, wie furchtbar Ijob litt.«* – Die drei königlichen Freunde haben sich in der Nähe von Hiobs Dunghaufen niedergelassen und trauern stumm mit. Königskrone und Mantel eines jeden sind beiseite gelegt. Im Unterschied zur vorletzten Miniatur (Nr. 24) taucht am Ende des Bilderzyklus eine vierte Gestalt (ohne königliche Insignien) auf. Es handelt sich um den vierten Freund namens *Elihu.* Dieser tritt im Hiobbuch freilich erst in Kapitel 32 auf. Doch der Miniator schafft durch den Auftritt des vierten Freundes einen Übergang zum Dialogteil, der mit Kapitel 3 beginnt und nicht mehr illustriert wird im Unterschied zu den übrigen Hiob-Bilderhandschriften. Daraus schließen wir, daß der Sinaiticus dem frühbyzantinischen Archetyp am nächsten steht: Abb. 146.

145

146

147

Die Hiobhandschriften »Hagíou Táphou 5« und »Vaticanus Graecus 1231« aus dem 13. Jahrhundert

Von allen byzantinischen Hiobmanuskripten sind die Bilderhandschrift in der Bibliothek des Grabesklosters zu Jerusalem und der Zweite Vatikanische Hiobkodex weitaus am reichsten illustriert. Wenn auch nicht alle Bilder an die hohe Qualität der Ersten Vatikanischen Hiobhandschrift des 9. Jahrhunderts heranreichen, so enthalten die beiden jüngeren, hier vorzustellenden Bilderzyklen dafür um so mehr neues ikonographisches Material, das einer eingehenderen theologischen und kunstgeschichtlichen Erforschung würdig wäre. Wahrscheinlich sind die neuen Hiobbilder Ende des 13. Jahrhunderts entstanden, also zu jener Zeit, als die Palaiologen-Kaiser nach dem Untergang des Lateinischen Kaiserreiches in Byzanz die Herrschaft angetreten haben (1261–1453). Diese *frühpalaiologischen Hiobminiaturen* vertreten einen Stil mit lebhafteren Szenen und bekunden Sinn für künstlerische Neuschöpfungen. Zugleich aber schimmert in den beiden Bilderzyklen eine ältere Bildtradition durch, die es zu entdecken gilt. Dabei kann man die Beobachtung machen, daß die Künstler aus der uns unbekannten Vorlage, unabhängig voneinander, die ihnen als wichtig erscheinenden Miniaturen übernommen und auf ihre Weise zu einem neuen Bilderzyklus umgeformt haben. So ergibt sich ein dreifacher Aspekt: einmal finden sich in den beiden Handschriften ikonographisch und kompositionell fast gleichartige Miniaturen, wobei die Jerusalemer Ausführung meistens besser geraten ist als diejenige in der Vaticana; sodann enthält der »Kodex Táphou 5« Illustrationen, die im »Vaticanus Graecus 1231« fehlen; schließlich spiegeln sich im »Vaticanus« Bildmotive wider, die dem Jerusalemer Hiob fremd sind. Um also die verlorene Vorlage einigermaßen rekonstruieren zu können, müßten alle drei Bildergruppen berücksichtigt werden – eine Aufgabe, die wir hier nicht lösen können, die sich aber für einen Spezialisten auf dem Gebiet der Stammbaumforschung für Manuskripte lohnen würde. Wir beschränken uns auf eine Gegenüberstellung der beiden Parallelhandschriften sowie auf die nicht immer leichte Deutung der mannigfachen Bilderzyklen.

a) Der *»Kodex Panhagíou Táphou 5«* (= des ganzheiligen [Christus-]Grabes) auch »Codex Sancti Sepulcri« (= der heiligen Grabesstätte) oder »Job Hierosolymitanus Graecus« (= griechischer Jerusalemer Hiob) genannt, enthält den gleichen Kommentartext des Olympiódoros wie die übrigen illustrierten Hiobhandschriften. Dabei fällt auf, daß der Jerusalemer Hiobtext öfters bessere oder vollständigere Versionen der Septuaginta und auch der Hiobkatene wiedergibt, als dies in der »Patrologia Graeca« von Jacques-Paul Migne (Bd. 93, Sp. 13–470) der Fall ist.

Was die *Datierung* betrifft, so wird der Táphou 5 allgemein dem 13. Jahrhundert zugewiesen. Aufgrund einer besonderen Hiobminiatur scheint es mir jedoch möglich, eine genauere Datierung zu geben: Es fällt auf, daß die orientalischen Krieger und Kamelräuber, die Hiobs Knechte umbringen und die Herden davonjagen (Hiob 1,17), Rüstungen und Waffen tragen, die während der verschiedenen Kreuzzüge im 13. Jahrhundert mitgeführt worden sind. Einer der beteiligten Krieger, die Hiobs Knechte töten, hält einen kleinen dreieckig-spitzen Reiterschild mit durchgehend rotem Kreuz auf weißem Untergrund in der Hand. Es ist bezeichnend für den byzantinischen Miniator, daß er die alttestamentlichen Krieger und Kamelräuber mit den *Kreuzfahrern* in Verbindung bringt. Eine solche Gleichsetzung hat er sich aber erst erlauben dürfen, nachdem das Lateinische Kaiserreich (1204–1261) in Byzanz zusammengebrochen war und die verhaßten Kreuzritter den christlichen Osten verlassen hatten. Abgesehen von paläographischen, stilistischen und weiteren ikonographischen Merkmalen scheint mir der Kreuzritterschild (beschädigte Miniatur Nr. 14, fol 23r) ein Indiz dafür zu sein, daß die Jerusalemer Hiobhandschrift im ausgehenden 13. Jahrhundert entstanden ist.

Mit der Datierungsfrage stellt sich zugleich die Frage nach der *Herkunft* des illustrierten Manuskriptes. Je

147 *Pilger aus aller Welt treffen sich vor der Grabeskirche.* – Stich von W. H. Barlett und E. Challis, 1850.

EZ
Hæc est Ierusalem, E
posui, et in eius
HIEROSOLYMA VRBS SANC
TA, IVDEAE, TOTIVSQVE
ORIENTIS LONGE CLARIS
SIMA, QVA AMPLITVDINE AC
MAGNIFICENTIA HOC NOS
TRO ÆVO CONSPICVA EST.

148 *Jerusalem im 16. Jahrhundert:* Die lateinische Aufschrift über dem Stich besagt: »(So spricht Gott der Herr:) Dies ist Jerusalem! Mitten unter die Heiden habe ich es gesetzt und in seinem Umkreis die Länder« (Ezechiel 5,5), in: »Civitas orbis terrarum« von Braun und Hogenberg, Köln 1572. Lateinische Bildlegende (unten rechts): 12 Kidronbach, 15 Grabeskirche, 16 Calvaria, Christi Richtstätte. – Kupferstich Nr. 54, Tom. 1/II, Zentralbibliothek Zürich.

149 *Jerusalem im 17. Jahrhundert:* Der als »Tempel Salomonis« (Gebäude-Nr. 9) angezeigte Kuppelbau ist in Wirklichkeit die Omar-Moschee oder der Felsendom über dem alttestamentlichen »Morija«-Felsen (1 Mose 22,3). An dieser Opferstätte hat Salomo den Ersten Tempel errichtet, und später hat dort Herodes der Große den Zweiten Tempel wieder aufgebaut. – Stich von Matthäus Merian dem Älteren (1593–1650), in: »Neuwe Archontologia cosmica ...« von Johann Ludwig Gottfried, 1638.

IERU
1. Der Ölberg.
2. Brűnen Siloe.
3. Absalons begrebn:
4. Berg Syon.
5. Caiphæ behausung.
6. Tempel S. Simeonis.
7. Hannas behausung
8. Dauids Pallast.
9. Tempel Salomonis.
10. Gulden port.
11. Der Bilger Spital.
12. Tempel des H: Grabs.
13. Verfallner Pallast.
14. Vnserfrawen Capel
15. S. Anna behausun
16. Herodis behausun

17. Pilati behaúsung.
18. S. Steffans thor.
19. Ohrt da Steffanus gesteinigt worden.
20. Strass nach Behtlehem.
21. Der Bach Cedron.
22. Valle Iosaphat.
23. Helisei begrebnus.
24. Der Bilgern begrebnuß.

länger ich mich mit dem Bilderzyklus befasse, desto mehr möchte ich mich dem Vorschlag von Klaus Wessel anschließen, der ihn als »wohl konstantinopolitanisch« bezeichnet[61]. Er hatte freilich nur die fragmentarische Publikation von William H. P. Hatch aus Cambridge/Massachusetts vor Augen, der lediglich acht von 117 Miniaturen abbildet und diese mit nichtssagenden Bildlegenden versieht, ohne auf den Inhalt der dargestellten Texte einzugehen[62]. Der russische Forscher Viktor Lazarev sieht den Jerusalemer Hiob in Zusammenhang mit einer Handschriftengruppe, zu der er das Prunkevangeliar »Ivírōn 5« (letztes Drittel des 13. Jahrhunderts) auf dem Athos und das griechisch-lateinische Evangeliar Nr. 54 in der Pariser Nationalbibliothek zählt. Lazarev weist den Ivírōn 5 der Hauptstadt zu, während er den Parisinus Graecus 54 als »provinziale Imitation des hauptstädtischen Originals« bezeichnet. Beim Táphou 5 läßt er die Frage offen, da er denselben nicht besonders beschreibt; hingegen datiert er das Leningrader Fragment, das dem Jerusalemer Hiob entnommen ist, ins »letzte Viertel des 13. Jahrhunderts«[63]. Der Russe folgt mit seiner Zuordnung dem deutsch-amerikanischen Gelehrten Kurt Weitzmann, der schon in den vierziger Jahren die besagte Handschriftengruppe beschrieben hat[64]. In diesem Zusammenhang teilt mir der Belgrader Kunsthistoriker Ivan Djordjević mit, daß sein bulgarischer Kollege G. Tschawrkow in dem Werk »Bulgarische Klöster« (Sofia 1974, nur bulg.) die Jerusalemer Hiobhandschrift im Kloster Rožini auf dem Berg Melnik (Südwestbulgarien) entstehen läßt. In der Tat findet sich auf dem letzten Blatt des Kodex Táphou 5 eine diesbezügliche Eintragung (fol 260r), wonach der Jerusalemer Patriarch Dosítheos im Jahr 1674 die Prunkhandschrift vom Rožini-Kloster nach dem Grabeskloster gebracht hat. Aus diesem Hinweis jedoch den Schluß ziehen zu wollen, der illuminierte Kodex sei das Werk einer klösterlichen Schreibstube in Bulgarien, ist keineswegs stichhaltig. Wir halten vielmehr dafür, daß die schöne Bilderhandschrift in einem Konstantinopler Atelier angefertigt worden ist, vielleicht im Auftrag eines bulgarischen Gönners, oder daß der Kodex aus dem Strudel des untergehenden Byzantinischen Reiches (1453) nach Bulgarien in Sicherheit gebracht werden konnte.

Wie schon erwähnt, gibt uns der russische Gelehrte Viktor Lazarev Kenntnis von einem losen Pergamentblatt aus dem Jerusalemer Hiob, das Ende 19. Jahrhundert in der Öffentlichen Bibliothek von St. Petersburg auftaucht und heute in Leningrad als »Fragmentum Graecum Nr. 382« registriert ist. Kein Geringerer als der bekannte russische Handschriftenforscher und orthodoxe Kirchenfürst *Porfirij Uspenskij*, seines Zeichens »Vikar-Bischof von Čigirin in Kijev, zuletzt Mitglied der Moskauer Unterabteilung des Heiligen Synod (gest. 1885)«, hat das betreffende Pergamentblatt aus dem Jerusalemer Hiobkodex entfernt, da es eine theologisch und kunsthistorisch interessante Miniatur von der Auferstehung Christi (»Anástasis«) besitzt. Das Blatt gehört zwischen die Folioseiten 232 verso und 233 recto des Hiobkodex, der erst später paginiert worden ist. Der Göttinger Septuaginta-Forscher *Alfred Rahlfs* kommentiert die unverfrorene Art einer Manuskriptaneignung wie folgt:

> »Uspenskij war ein leidenschaftlicher Sammler, dessen Sammelwut sich hauptsächlich darin betätigte, daß er aus den Handschriften, die er auf seinen Reisen, besonders auf dem Sinai und im Sabaskloster bei Jerusalem, sah, einzelne Blätter zum Andenken mitnahm. Dabei war sein Interesse besonders auf die Paläographie [Handschriftenkunde] gerichtet; denn er entnahm die Blätter mit Vorliebe datierten Handschriften und merkte das Datum jedesmal an.«[65]

Dem Vernehmen nach hat also der Miniatursammler Uspenskij nicht nur im Grabeskloster zu Jerusalem, sondern in ganz Palästina und im Katharinenkloster auf dem Sinai wertvolle Erinnerungsstücke mitlaufen lassen. In Rahlfs' genauem »Verzeichnis der griechischen Handschriften des Alten Testaments« fehlt jedoch ausgerechnet das erwähnte Hiob-Pergamentblatt, was vermuten läßt, Rahlfs habe dasselbe noch nicht zuordnen können. Es steht jedoch außer Zweifel, daß das Leningrader Fragment aus dem Jerusalemer Kodex stammt. Denn wer die Gestalt des Hiob und den Christustypus auf der entwendeten Auferstehungsminiatur mit den übrigen Hiob-Christus-Bildern des Kodex Táphou 5 vergleicht, dem fällt die völlige Übereinstimmung in stilistischer und ikonographischer Hinsicht sogleich auf. Ich habe zudem den Septuaginta-Text und den dazugehörenden Hiob-Kommentar von Olympiódoros, welcher im selben Zusammenhang Sýmmachos und Chrysóstomos zitiert (Patrologia Graeca, Bd. 93, Sp. 404/405), befragt und feststellen können, daß die im Táphou 5 fehlenden Bibel- und Kirchenvätertexte fortlaufend im St. Petersburger/Leningrader Fragment auftauchen, womit die Zuordnung dieses Blattes zum Jerusalemer Hiob erwiesen ist (Abb. 222a [Christi Abstieg ins Totenreich] und und 222b [Textseite]).

Was nun die *Bilderbeschreibung* des Kodex Táphou 5 betrifft, so gibt es nur einige fragmentarisch gebliebene Hinweise des griechischen Handschriftenforschers Athanásios Papadópoulos-Kerameús im Manuskriptverzeichnis der Patriarchatsbibliothek zu Jerusalem, zusammengestellt vor rund hundert Jahren. Leider enden seine Miniaturbeschreibungen schon mit dem ersten Hiobkapitel (Hiob 1,1–22; Bilderzyklus von fol 3r bis fol 26v). Seither hat sich niemand mehr die Mühe gemacht, die oft eigenartig anmutenden Darstellungen sowohl vom Bibel- als auch vom Kommentartext her zu deuten. Vor zwei Jahrzehnten hat Hans Belting auf die »technisch exquisite Jerusalemer Handschrift« aufmerksam gemacht, indem er deren Miniaturen mit der Wandmalerei in der Euphemiakirche von Konstantinopel in Verbindung bringt[66].

Wir fassen zusammen: Der *Kodex Panhagíou Táphou 5* ist wahrscheinlich Ende des 13. Jahrhunderts in Konstantinopel in Auftrag gegeben worden; er umfaßt 260 Pergamentblätter von der Größe 37 mal 26,5 bis 27 cm, ist zweispaltig beschriftet, das heißt mit größeren Minuskeln beim Bibeltext und mit kleineren Minuskeln bei den Kirchenväterkommentaren (bei längeren Kommentartexten wird die ganze Seite ohne Kolonnen beschrieben). Der Miniaturschmuck ist außergewöhnlich reich: Nach einer Kopfleiste (fol 3r) folgen im Prolog (Hiob 1 und 2) 25 Miniaturen, im Dialogteil (Hiob 3 bis 42,6) deren 84 und im Epilog des Hiobbuches (Hiob 42,7–17a) noch 7 Bilder, insgesamt 117 Miniaturen, ohne das Auferstehungsbild in Leningrad. Eine vollständige Liste sämtlicher Bilder bietet Kenneth W. Clark[66a].

b) Der *»Codex Vaticanus Graecus 1231«* – mit Rücksicht auf die ältere Hiobhandschrift »Vaticanus Graecus 749« (9. Jahrhundert) von uns als »Zweiter Vatikanischer Hiob« (13. Jahrhundert) bezeichnet – ist noch nicht erforscht worden. Er stand immer im Schatten der berühmten, prunkvollen Majuskelhandschrift mit ihren erlesenen Hiobminiaturen und fand als illustrierte Minuskelhandschrift weniger Beachtung. Seine stiefmütterliche Behandlung geht auch darauf zurück, daß er in Devreesses Verzeichnis der vatikanischen griechischen Manuskripte fehlt. Der französische Forscher konnte sein geplantes Lebenswerk in der Vaticana nicht vollenden[67].

Hier einige wissenswerte Daten vom »Vaticanus Graecus Nr. 1231«: 13. Jahrhundert (Alfred Rahlfs datiert ihn noch ins 12. Jahrhundert[68]), 457 Pergamentblätter von der Größe 27,5 mal 21,5 cm, zusammengefaßt zu einem unförmigen Folianten von nicht weniger als 9,2 cm Dicke (ohne Einbanddeckel), mit 145 Miniaturen das bilderreichste Hiobmanuskript, enthält wie die übrigen Hiobhandschriften den Olympiodor-Kommentar. Im Unterschied zum Jerusalemer Hiob ist der Zweite Vatikanische Hiob nur einspaltig beschriftet, wobei der Bibeltext durch rote Minuskeln neben der schwarzen Minuskelschrift des Kommentartextes ausgezeichnet wird.

Laut Inschrift hat *»Johannes, der geringe Priester aus Tarsus«*, die Bilderhandschrift im Auftrag des *»hochgestellten, allernobelsten* (griech. ›megal-epi-phanéstatos, proto-nobelísimos‹) *Großfürsten und Staatssekretärs* (›ana-grapheús‹) *von Zypern, des Herrn Léon, ein Sohn des Nikéritos und mein Selbstherrscher* (›authéntes‹)« hergestellt. Die schwülstige Dedikation weist also nach Zypern: »Kýpros« wurde im Jahr 965 durch den Soldatenkaiser Nikephóros II. Phokâs (963–969) dem Byzantinischen Reich einverleibt und »Tarsós«, die Hauptstadt von Kilikien in Kleinasien, im gleichen Jahr erobert. Im 12. Jahrhundert fiel Zypern unter Richard I. Löwenherz in die Hand der Kreuzritter. In der Folge regierte eine abendländische Oberschicht die östliche Mittelmeerinsel. Der genannte »Staatssekretär Léon« dürfte als Grieche eine Vermittlerrolle zwischen der griechisch-orthodoxen Bevölkerung einerseits und der römisch-katholischen Hierarchie und den westlichen Baronen anderseits gespielt haben.

Ende 16. Jahrhundert gelangte die byzantinische Bilderhandschrift in den Besitz der Biblioteca Vaticana: Kardinal *Antonio Carafa* (1538–1591), aus einem neapolitanischen Adelsgeschlecht stammend, Präsident der Vatikanischen Bibelkommission unter Papst Sixtus V., Herausgeber der revidierten Septuaginta (1587) und Mitarbeiter an der lateinischen Bibelausgabe (Vulgata) sowie Übersetzer ostkirchlicher Väterkommentare, hat den Hiobkommentar des Olympiódoros erstanden, bearbeitet und schließlich der Vatikanischen Bibliothek vermacht. Dort wurde der kleinasiatisch/zypriotische Kodex als »Vaticanus Graecus 1231« registriert.

Ohne Unterstützung des derzeitigen Skriptors der Vaticana, Monsigneur Paul Canart, wäre es mir kaum gelungen, das bilderreichste Manuskript aus seinem Dornröschenschlaf zu wecken und die verborgene Schönheit der Bilderzyklen ans Licht zu bringen. Der Kodex wird durch 145 Miniaturen geschmückt, die sich wie folgt auf die 42 Hiobkapitel verteilen: Den Prolog (Kap. 1 und 2) zieren 31 Bilder, im langen Dialogteil (Kap. 3 bis 42,6) kommen nicht weniger als 111 Miniaturen vor, während der Epilog (Kap. 42,6–17a) nur noch mit drei Darstellungen versehen ist. Der Hiobkodex besitzt ein Vorsatzblatt mit einer ganzseitigen Christus-Miniatur, die aber nicht mitgezählt werden darf: der Pantokrator sitzt auf einem Regenbogen und wird von dienenden Engeln umgeben. Die hier fremd anmutende Darstellung enthält in schwarzer Tusche das Exlibris von Kardinal Carafa. Wir verzichten auf eine Aufzählung aller 145 Hiobminiaturen und bilden davon nur die aussagekräftigsten Szenen ab.

c) *Griechische Mythologie und christliche Entmythologisierung*

Wohl das trefflichste Beispiel, wie ein byzantinischer Maler übernommene Bildinhalte von mythischen Vor-

150

stellungen »reinigt« (entmythologisiert), bieten zwei parallele Miniaturen im Zweiten Vatikanischen und im Jerusalemer Hiob:

Hiob 16,18: »Hör mich, du Erde, deck mein Blut nicht zu, damit sein Schreien nicht zur Ruhe kommt.« Der Sinn der Klage ist klar: Hiob ruft die »Erde« wie eine Person an, sein Blut und seine Tränen (Vers 16) nicht im Boden versickern zu lassen, damit Blut und Tränen zum Himmel schreien und jedermann erkennen kann, wie ungerecht Gott seinen Knecht behandelt.

Hiobkommentar von Olympiódoros, der zu dieser Bibelstelle den Kirchenvater Polychrónios zitiert (Patrolog. Graec., Bd. 93, Sp. 188/189). Als Kain den Abel erschlug, fragte Gott den Brudermörder: »Warum hast du das getan? Hörst du nicht, wie das Blut deines Bruders von der Erde zu mir schreit und Vergeltung fordert?« (1 Mose 4,10). Wenn sich also Gott für Abels Blut gegen Kains Unrecht einsetzt, dann müßten doch auch Hiobs Blut und Tränen den Herrn erweichen. Darum lautet der folgende Vers (Hiob 16,19): »Im Himmel muß doch einer für mich aufstehn, der dort mein Recht vertritt und für mich bürgt.«

Byzantinische Buchmalerei: Die verlorene Vorlage, welcher sowohl der Miniator des Zweiten Vatikanischen Manuskriptes als auch der Illustrator der Jerusalemer Handschrift folgen, hat wahrscheinlich eine *Personifikation der Mutter Erde* enthalten: Diese reitet auf einem Löwen, trägt einen überdimensionierten Strauch auf dem Haupt und hält einen Ast in jeder Hand. So wenigstens stellt die Vatikanische Miniatur Nr. 80 (fol 243v, Abb. 150) die Erdgöttin dar. Eine ähnliche Personifikation kommt in den byzantinischen Weltgerichtsdarstellungen vor (vgl. Parisinus Graecus 74, fol 51v, 11. Jahrhundert). Die Erdgöttin auf dem Löwen entspricht der Personifikation des Meeres, die als Göttin auf einem Delphingefährt sitzt (vgl. Abb. 200 in: *P. Huber*, Athos).

Im Unterschied zu dieser mythologischen Szene erscheint auf der entsprechenden Miniatur im Jerusalemer Hiob eine rotgekleidete Figur, die man zunächst als verjüngte Elifasgestalt, mit welcher Hiob in Kapitel 16 spricht, ansehen könnte. Doch hinter der Jerusalemer Miniatur Nr. 70 (fol 129v) steckt mehr verborgen, als der uneingeweihte Leser ahnen kann: Da dieses Bild denselben Text wie im Vaticanus illustriert, wird hier offenbar, wie der Künstler die Szene von der antiken Mythologie »befreit« (entmythologisiert) und nur noch eine Jungfrau mit einem Blumenkranz im Haar und einem Zweiglein in der linken Hand wiedergibt an Stelle der heidnischen Löwenreiterin: vgl. Farbtafel 150 mit 151.

Ein zweites instruktives Beispiel für die »Entmythologisierung« einer Hiobszene bietet der Vergleich der Vatikanischen Miniatur Nr. 100 (fol 351v) mit der Jerusalemer Miniatur Nr. 91 (fol 196r):

Hiob 30,27–31: »Ich bin erregt und finde keine Ruhe, denn Tag für Tag umgibt mich nichts als Qual... Mein Schreien klingt, wie wenn Schakale heulen; ich weine einsam wie der Vogel Strauß... Mein Lautenspiel ist Jammerlaut geworden, mein Flötenspiel in Klagelied verwandelt.« – Die Septuaginta-Version nennt an Stelle der Schakale die Sirenen: »Ich bin ein Bruder der *Sirenen* geworden, ein Genosse der Strauße« (Vers 29).

Hiobkommentar von Olympiódoros, der hier Sýmmachos zitiert (Patrolog. Graec., Bd. 93, Sp. 317/320): Hiob jammert wie der klagende Eisvogel oder wie eine heulende Nachteule; die erwähnten Sirenen erscheinen hier nicht als verführerische Fabelwesen (wie bei Homer: Odysseus), sondern als unheilkündende Totenvögel. Weshalb hier die LXX die »Sirenen« einführt, erklärt Georg Fohrer in seinem Hiobkommentar (S. 414) einleuchtend: »Dies hängt mit der Steigerung des Dämonenglaubens im [hellenistischen] Judentum zusammen, da die Sirenen vor allem als Todesdämonen verstanden werden.«

Byzantinische Buchmalerei: Der Illustrator des Zweiten Vatikanischen Hiob greift wahrscheinlich auf die bekannte Sirenen-Darstellung im byzantinischen »Physiológos« (Tierbeschreibung, Bestiarium) zurück. In diesem »Tierbuch«, dessen Bilder in der antiken Buchmalerei beheimatet sind, wird den Tieren und den Fabelwesen (z. B. Einhorn oder Sirene) eine symbolische Bedeutung gegeben. Der Ur-Physiológos ist wahrscheinlich in Alexandria entstanden, wo sich Hellenismus, Judentum und frühes Christentum durchdringen. Es gab eine interessante Physiológos-Kosmâs-Bilderhandschrift in Smyrna aus dem 11. Jahrhundert, die leider 1922 einem Brand zum Opfer fiel, von der aber eine frühe Phototypie-Ausgabe existiert: Dort sind zwei Vogel-Sirenen, die eine mit einem viereckigen und die andere mit einem runden Saiteninstrument, abgebildet (Smyrna-Kodex B/8, fol 20v). Eine ähnliche mythologische Vorlage muß der Miniator benutzt haben. Zwei Jungfrauen mit einem Vogelkörper spielen auf einer Zither (»Kithára«) ihre Trauergesänge, während der Wüstenstrauß lauscht: Vatikanische Miniatur Nr. 100 (fol 351v).

Die entsprechende Jerusalemer Miniatur Nr. 91 (fol 196r) ist völlig »entmythologisiert«: Die großen musizierenden Totenvögel sind zu zwei unscheinbaren Vögeln (am linken Bildrand) zusammengeschrumpft; die durch den Sirenengesang in Erregung versetzte Straußenhenne ist ruhig geworden

152

153

158

159

Frei wie die Lämmer laufen ihre Kinder, und ihre Jugend tanzt und springt vor Freude. Sie singen laut zu Tamburin und Leier, sind voller Fröhlichkeit beim Klang der Flöte.«

Buchmalerei: Man kann sich ein stichwortartiges Inventar des obigen Textes anlegen und dieses mit den Figuren in den vier Feldern der Vatikanischen Miniatur vergleichen: *Hiob* beklagt sich beim dritten, jüngsten und bartlosen Freund *Zofar* aus Naama über die Ungerechtigkeit, daß es [scheinbar] den Bösen in der Welt gut ergeht, während die Unschuldigen leiden müssen (Zweiergruppe links oben); die *Bösen* werden alt und bleiben *stark,* »und auch die Schar der *Enkel* ist bei ihnen« in ihren schönen *Häusern* (Vierergruppe rechts oben); »die *Kühe kalben* leicht« (links unten); die Frevler leben herrlich und in Freuden: »sie singen laut zu *Tamburin* und *Leier* (zwei Musikanten rechts unten). – Der Begleittext unterhalb der Miniatur gibt schließlich den Kommentar des Olympiódoros wieder (Patrol. Graec. 93, Sp. 225): siehe Abb. 159 (Vat. Grace. 1231).

Die Hiobminiaturen von Jerusalem und die Bilder der jüngeren Vatikanischen Hiobhandschrift

Überraschenderweise hat sich die byzantinische Kunst des 13. Jahrhunderts trotz der Eroberung von Konstantinopel durch die Kreuzfahrer (1204) und trotz der Errichtung des Lateinischen Kaiserreiches in Byzanz zur vollen Blüte entfaltet. Freilich ist ein Stilwandel unverkennbar dank der Begegnung der byzantinischen Meister mit venezianischen, makedonischen, serbischen und weiteren Künstlern im »Jahrhundert des großen Umbruchs« auf politischem und kulturellem Gebiet[69]. Es ist die Kunstepoche der großen Vielfalt, der Experimentierfreudigkeit, einer neuen Formensprache und der »persönlichen Initiative des einzelnen Künstlers«, wie sie Irmgard Hutter trefflich zu charakterisieren weiß[70].

Dieser Künstlerinitiative ist es zu verdanken, daß wir eine Vielfalt von Hiobminiaturen aus *frühpaläologischer Zeit,* welche auf die Lateinerherrschaft (1204–1261) im Oströmischen Reich folgte, bewundern können. Wie gesagt, ziert die Jerusalemer Hiobhandschrift ein Bilderschmuck von nicht weniger als 117 Miniaturen (das Auferstehungsbild des Leningrader Fragmentes nicht mitgezählt), während der Zweite Vatikanische Hiob sogar 145 Bilder besitzt. Eine Auswahl davon wird im folgenden vorgestellt, nachdem wir schon eine Kostprobe (Abb. 150–159) genossen haben.

Vergleich der Hiobbilder in Jerusalem (Táphou 5) und im Vatikan (Vat. Graec. 1231): Abb. 160 bis 247

Jerusalemer Hiob Miniatur Nr.	Folio	2. Vatikanischer Hiob Miniatur Nr.	Folio	Patrologia Graeca Migne, Band 93, Spalte	Bibelstelle Hiob-kapitel	Darstellung
4	10v	3	15v	20	1,3	*Hiobs Reichtum:* »Er hatte 7000 Schafe und Ziegen, 3000 Kamele, 1000 Rinder und 500 Esel« (Vat Abb. 160).
7	14r	6	22v	24	1,6	*Erste Himmelsversammlung:* »Eines Tages kamen die Gottessöhne [Engel] zur himmlischen Ratsversammlung. Unter ihnen war auch der Satan« (Vat Abb. 161).
13	22r	12	38r	29	1,16	*Feuer vom Himmel:* »Feuer ist vom Himmel gefallen und hat die Schafe, Ziegen und ihre Hirten getötet.«
15	24r	13	40v	32	1,19	*Einsturz des Hauses:* »Ein Sturm kam von der Wüste her und packte das Haus an allen vier Ecken. Es ist über deinen Kindern zusammengestürzt und hat sie alle erschlagen«, meldet dem Hiob ein geretteter Knecht (Jer Abb. 162).
17	26v	16	53r	33	1,20	*Hiobs Trauer:* »Da zerriß Ijob sein Obergewand, schor sich den Kopf kahl und warf sich mit dem Gesicht auf die Erde« (Jer Abb. 163).

160

162

161

163

164

165

Jerusalemer Hiob		2. Vatikanischer Hiob		Patrologia Graeca	Bibelstelle	Darstellung
Miniatur Nr.	Folio	Miniatur Nr.	Folio	Migne, Band 93, Spalte	Hiob-kapitel	
18	29r	18	58r	37	2,1	*Zweite Himmelsversammlung:* »Eines Tages kamen die Gottessöhne wieder zur himmlischen Ratsversammlung und stellten sich vor dem Herrn auf. Auch der Satan war wieder dabei« (Vat Abb. 164).
19	32v	19	58v	37	2,3	*Gott verhandelt mit Satan über Hiobs weiteres Schicksal:* »Hast du meinen Diener Ijob gesehen? So untadelig und treu wie er ist sonst keiner auf der Erde.« Da schlägt Satan vor, Hiob durch Krankheit zu prüfen (Vat Abb. 165).
20	33r	23	64v	41	2,7	*Satan schlägt im Verein mit dem Höllendrachen Hiob mit Aussatz:* »Der Satan ließ an Ijobs Körper eiternde Geschwüre ausbrechen; von Kopf bis Fuß war er davon bedeckt« (Vat Abb. 166).
24	41r	28	88v	45	2,11	*Besuch der drei königlichen Freunde:* »Als sie von all dem Unglück hörten, das Ijob getroffen hatte, beschlossen sie, ihn zu besuchen. Sie wollten ihm ihr Mitgefühl zeigen und ihn trösten« (vgl. Jer Abb. 167 mit Par Abb. 168 [Parisinus Graecus 135, folio 39 recto]).
28	47r	32	97v	53/56	3,4.5	*Hiob verflucht den Tag seiner Geburt:* »Gott, mach doch diesen Tag zu Finsternis! Streich ihn aus dem Gedächtnis, du dort oben!« Septuaginta-Variante: »Finsternis [als lebendiges Wesen gedacht] möge ihn [Hiobs Geburtstag] in Empfang nehmen, und ein Todesschatten [falle auf ihn!]« – Die graue nackte Gestalt in der dunkeln eiförmigen Mandorla ist eine Personifikation der Nacht und Finsternis (vgl. Vat Abb. 169 mit Jer Abb. 170).
–	–	33	99v	57	3,6.7	*Hiob verflucht die Nacht seiner Zeugung:* »Auch jene Nacht – das Dunkel soll sie holen, damit sie nicht im Jahreslauf erscheint, wenn man die Monate und Tage zählt. Mach sie zu einer unfruchtbaren Nacht, in der kein Jubelruf erklingen kann.« – Wiederum symbolisiert die geheimnisvolle Person im schwarzen Riesenei die finstere Nacht. Die zweimal sechs schemenhaften Gestalten auf beiden Hügeln deuten die zwölf Monate des Jahres an (Vat Abb. 171).

166

169
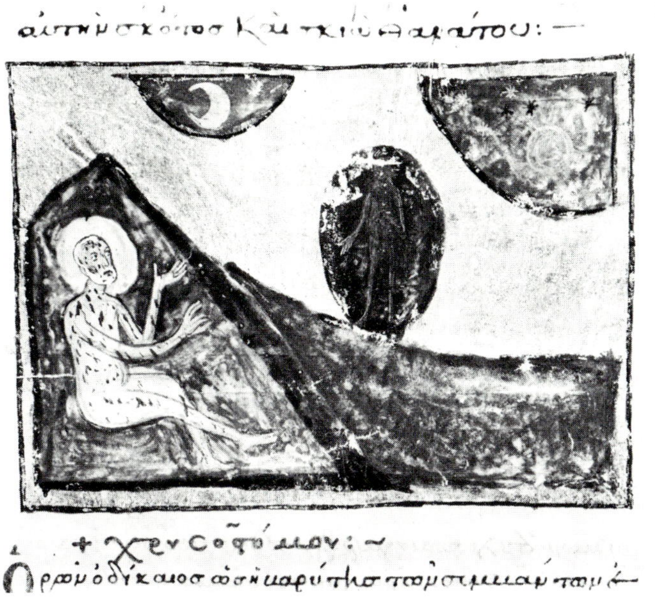

167

170

168

171

Jerusalemer Hiob Miniatur Nr.	Folio	2. Vatikanischer Hiob Miniatur Nr.	Folio	Patrologia Graeca Migne, Band 93, Spalte	Bibelstelle Hiob-kapitel	Darstellung
33	57r	37	114v	69/72	4,8.9	*Gottes Zorn kommt wie ein Sturmwind über die Gottlosen:* »Wenn jemand auf dem Feld der Bosheit pflügt und Unheil sät, dann erntet er es auch. Die solches tun, erregen Gottes Zorn, der sie hinwegfegt wie ein heisser Sturm.« So lautet die Moralpredigt des Freundes Elifas an die Adresse des unglücklichen Hiob (vgl. Jer Abb. 172 mit Vat Abb. 173).
34	58r	38	115v	72	4,10.11	*Das Löwengleichnis des Elifas:* »Die Unheilstifter brüllen wie die Löwen, doch Gott bricht ihnen alle Zähne aus. Sie gehen ein wie Löwen ohne Beute, und ihre Kinder werden weit zerstreut.« – Die Lesart der *Septuaginta* weicht hier ab: »Die Kraft des Löwen, die Stimme der Löwin, das Prahlen der *Drachen* wurden ausgelöscht. Der *Ameisenlöwe* ging zugrunde in Ermangelung der Beute. Die Löwenjungen verließen einander.« – Der genannte Ameisenlöwe (»Myrmeko-léon«) ist ein antikes Fabelwesen, zusammengesetzt aus dem Hinterleib einer Riesenameise und aus dem Vorderleib eines Löwen (wie im Pariser Hiob-Ms. 135, fol 56r) oder eines hundeähnlichen Tieres (wie im Zweiten Vatikanischen Hiob-Ms. 1231, fol 115v) oder eines nagetierähnlichen Mischwesens (wie im Jerusalemer Hiob-Ms. 5, fol 58r). Der Vergleich Vat Abb. 174 und 175 mit Jer Abb. 176 ist höchst interessant!
–	–	39	116r	–	4,10.11	*Deutung des Löwengleichnisses durch den Kirchenvater Dídymos den Blinden:* »Viele, die hochmütig waren und sich viel auf das menschliche Leben einbildeten, sind einem Schicksalsschlag zum Opfer gefallen. Der *Löwe* wurde wegen seiner wilden und stolzen Gesinnung (als Beispiel) genommen. Die *Schlangen (Drachen)* aber hat er (Elifas) erwähnt, um darauf anzuspielen, daß auch die schlangenartigen Menschen vernichtet werden, indem sie einem Schicksalsschlag anheimfallen« (Hiob-Kommentar des Dídymos nach dem Tura-Papyrus)[71]. Hiob empfindet diesen Vergleich als unverschämte Herausforderung: Vat. Abb. 175.
–	–	44	133v	89	6,5	*Das Gleichnis vom Esel und Ochsen:* »Der Wildesel wird doch nicht grundlos schreien, sondern nur, wenn er Nahrung sucht. Wird ein Ochse einen Laut von sich geben, wenn er Futter in der Krippe hat?« (LXX-Text). – Hiob schreit auch nicht grundlos, wenn er sein Leid klagen muß (Vat Abb. 177).

172

173

174

175

176

177

178

179

Jerusalemer Hiob		2. Vatikanischer Hiob		Patrologia Graeca	Bibelstelle	Darstellung
Miniatur Nr.	Folio	Miniatur Nr.	Folio	Migne, Band 93, Spalte	Hiob-kapitel	
42	73r	47	141v	93	6,18–20	*Das Gleichnis von den verdurstenden Karawanen:* »Die Karawanen biegen ab vom Weg und folgen ihnen (den versiegten Bächen) und sterben in der Wüste. Aus Tema und aus Saba kamen sie, sie spähten aus, sie wollten Wasser finden. Doch ihr Vertrauen wurde nicht belohnt: an leeren Flüssen endete die Hoffnung.« – Hiob vergleicht die drei herzlosen Freunde mit ausgetrockneten Wadis, die, anstatt Trost zu spenden, fruchtlos disputieren wollen (vgl. Jer Abb. 178 mit Vat Abb. 179).
46	78r	52	151r	100	7,9b.10	*Der Mensch eine Beute des Todes:* »Denn wenn ein Mensch hinuntersteigt ins Totenreich, kann er nimmermehr emporsteigen; er kann nicht mehr in sein eigenes Haus zurückkehren, und seine Stätte kennt ihn auch nicht mehr« (nach LXX). Vgl. Jer Abb. 180 mit Vat Abb. 181.
47	78v	53	152r	100	7,11b.12	*Hiob wirft Gott vor, ihn wie einen Meeresdrachen zu bewachen:* »Was mich so bitter macht, das muß heraus! Weshalb, Gott, läßt du mich so streng bewachen? Bin ich das Meer? Bin ich ein Ungeheuer?« In seiner Verzweiflung schreit sich Hiob sein ganzes Elend von der Seele: »Mir wär es lieber, wenn du mich erwürgtest; der Tod ist besser als ein solches Leben! Ich bin es satt, ich mag nicht weiter kämpfen. Mein ganzes Leben ist doch ohne Sinn« (7,15.16). Vgl. Jer Abb. 182 mit Vat Abb. 183.
49 50	83v 85v	55 57	160r 162v	109 109/112	8,11–15 8,16–19	*Das Gleichnis von der Gartenpflanze.* Hiobs zweiter Freund Bildad vergleicht das Schicksal des Gottlosen mit einer Pflanze: »Im Sonnenlicht wächst er wie eine Pflanze, die Ranken wuchern überall im Garten, die Wurzeln sind verflochten zwischen Steinen und bohren sich hinab bis zu den Felsen. Doch wenn sie einer aus dem Boden reißt, weiß niemand mehr, wo sie gestanden hat. Genauso sieht das Glück der Bösen aus! An ihrer Stelle kommen andre hoch« (Jer Abb. 184/Nr. 50 und Vat Abb. 185/Nr. 57).

180

181

182

183

184

185

Jerusalemer Hiob		2. Vatikanischer Hiob		Patrologia Graeca	Bibelstelle	Darstellung
Miniatur Nr.	Folio	Miniatur Nr.	Folio	Migne, Band 93, Spalte	Hiob-kapitel	
52	90r	62	173r	120	9,13	*Gott gebietet über die Urweltmächte:* »Nichts zwingt Gott, seinen Zorn zu unterdrücken; das mußten selbst die Helfer ›Rahabs‹ spüren.« Der griechische Hiobtext (LXX) ersetzt den ursprünglichen hebräischen Ausdruck »die Helfer der Rahab« (Masora) durch »die Ungeheuer unter dem Himmel« (griech. »tà kéte hyp' ouranón«). Denn ›Rahab‹ bedeutet hier ›Chaos-Ungeheuer‹ und ›Kêtos‹ heißt ›Seedrache‹. – Der Miniaturmaler fügt nun dem Meerungeheuer noch ein Landuntier mit Löwenkopf bei. Dadurch erinnert er den Betrachter an die beiden biblischen Urweltdrachen ›Leviatan‹ (Seeschlange, konkret Krokodil) und ›Behemot‹ (Untier, konkret Nilpferd), wie sie am Ende des Hiobbuches beschrieben werden (Kap. 40 und 41). Alle mythischen Mächte, auch die Teufel und Dämonen in der Luft, zwingt Gott (durch das blaue Himmelssegment angedeutet) in die Knie (Jer Abb. 186 und Vat Abb. 187).
54 55	96r 98v	– –	– –	133 136	10,8.9 10,18.19	*Hiobs Todesangst.* Der Aussätzige glaubt, Gott wolle ihn vernichten. Deshalb erinnert Hiob den Spender des Lebens an sein Schöpfungswerk, das dieser nicht zerstören möge: »Mit deinen Händen hast du mich gestaltet, und nun verschlingst du mich mit Haut und Haar. Vergiß es nicht: du formtest mich wie Ton. Willst du mich jetzt in Staub zurückverwandeln?« – Die byzantinischen Buchillustratoren deuten Gott meistens durch ein blaues Himmelssegment an. Hier aber erscheint der »Kýrios« als jugendlicher, bartloser Christus mit Kreuznimbus, was im Jerusalmer Hiob eine Ausnahme ist. Die folgende Miniatur im Jerusalemer Kodex zu Hiob 10,18.19 (Nr. 55, fol 98v, PG 136) sieht der beschriebenen sehr ähnlich mit der Ausnahme, daß die aus dem Felsen herausragende Halbfigur Christi dem üblichen bärtigen Pantokratortyp mit segnender Hand und Evangelienbuch entspricht. Im Zweiten Vatikanischen Hiob fehlen die beiden aus einem Felsen hervorgehenden Christusgestalten (Jer Abb. 188 und 189).
–	–	63	187r	136	10,16	*Das Gleichnis von der Löwenjagd.* Hiobs dritte Rede (Kap. 9 und 10) anerkennt Gottes Übermacht, nicht nur über die kosmischen Mächte, auch über das menschliche Leben. Unverständlich aber bleibt für Hiob Gottes Walten, wenn dieser ihm das Leben schenkt, um es ihm wieder wegzunehmen: »Das Leben gabst du mir und deine Liebe, dein Schutz bewahrte meinen Lebensgeist« (10,12). Doch nun tritt Gott als listiger Jäger auf, der Hiob wie ein Wild umlegen will: »Denn ich werde wie ein Löwe zur Erlegung gejagt« (nach LXX). – Vat Abb. 190.

186

187

188

189

190

191

192

Jerusalemer Hiob		2. Vatikanischer Hiob		Patrologia Graeca	Bibelstelle	Darstellung
Miniatur Nr.	Folio	Miniatur Nr.	Folio	Migne, Band 93, Spalte	Hiob-kapitel	
57	102r	65	193v	144	11,12	*Das Eselsgleichnis.* Hiobs dritter Freund Zofar tritt als vermeintlicher Anwalt Gottes auf, spricht Hiob schuldig und macht sich über dessen Starrsinn lustig: »Ein Dummkopf kommt erst dann zur Einsicht, wenn wilde Esel zahm geboren werden!« – Im Unterschied zum Illustrator der Zweiten Vatikanischen Hiob-Hs. hat der Miniator des Jerusalemer Kodex ein wildes Zebra zur Veranschaulichung des alten Sprichwortes vom Hohlkopf dargestellt (vgl. Jer Abb. 191 mit Vat Abb. 192).
59	105v	67	200r	152	12,7–10	*Gottes Walten in der Natur.* In seiner vierten Rede antwortet Hiob dem vorwitzigen Zofar: »Du kannst die Tiere und die Vögel fragen, du würdest einiges von ihnen lernen. Die Erde sagt es dir, wenn du sie fragst, die Fische wüßten vieles zu erzählen. Die ganze Schöpfung weiß es, spricht es aus: ›Dies alles hat die Hand des Herrn gemacht!‹ Von seiner Macht hängt jedes Leben ab, der Atem aller Menschen kommt von ihm« (vgl. Jer Abb. 193 mit Vat Abb. 194).
60	107r	68	203r	153	12,18.19	*Gottes Walten in der Geschichte.* Hiobs vierte Rede verweist auf die Vergänglichkeit der weltlichen und der religiösen Macht: »Die Fesseln harter Herrscher löst er auf und führt sie selber in Gefangenschaft. Sogar den Priestern nimmt er Amt und Würden; die ältesten Geschlechter löscht er aus« (vgl. Jer Abb. 195 mit Vat Abb. 196).
62	112v	71	213v	164	13,23–27	*Hiobs Anklagefragen an Gott:* »Wie viele Sünden habe ich begangen? Wie groß ist meine Schuldenlast bei dir? Weshalb siehst du mich nicht mehr freundlich an und tust, als wäre ich dein Feind geworden? Was bin ich denn? Ein abgefallenes Blatt, ein dürrer Strohhalm, fortgeweht vom Wind. Doch ständig scheuchst du mich und jagst mir nach! Zu harten Strafen hast du mich verurteilt, kein Fehler meiner Jugend ist vergessen!... Selbst meine Fußspur zeichnest du dir auf.« – Man beachte die textgebundene Buchmalerei: Im Himmel oben zeichnet ein Engel Hiobs Übertretungen auf, während der personifizierte Wind mit Blasrohr (am rechten Bildrand) die letzten Blätter vom kahlen Baume weht (Vat Abb. 197).

193

194

195

196

197

Jerusalemer Hiob		2. Vatikanischer Hiob		Patrologia Graeca	Bibelstelle	Darstellung
Miniatur Nr.	Folio	Miniatur Nr.	Folio	Migne, Band 93, Spalte	Hiob-kapitel	
65	122r	74	230v	176	15,23.24a	*Der Geierfraß.* Elifas weist in seiner zweiten Rede auf das schreckliche Ende des Frevlers hin, wobei er unausgesprochen an Hiob denkt: »Schon sieht er Geier seinen Leichnam fressen. Er weiß, der Untergang ist ihm gewiß; der Tag der Finsternis stürzt ihn in Schrecken; verzweiflungsvolle Angst rückt auf ihn zu« (Jer Abb. 198 und Vat Abb. 199).
–	–	79	242r	185	16,10–13	*Hiobs Anfechtung.* Nicht weniger als sieben Teufel bedrohen mit Speer und Pfeilen den Unglücklichen. Sie stiften Menschen an, die Hiob übel wollen: »Die Leute rotten sich um mich zusammen, sie reißen ihre Mäuler auf und spotten, sie schlagen mir voll Feindschaft ins Gesicht. Gott hat mich an Verbrecher ausgeliefert, mich schlimmen Schurken in die Hand gegeben.« Die schlimmste Anfechtung aber kommt von Gott: »Aus meinem Frieden riß er mich heraus, er packte mich im Nacken, warf mich nieder. Dann nahm er mich als Ziel für seine Pfeile, die mich von allen Seiten dicht umschwirren. Erbarmungslos durchbohrt er meine Nieren, läßt meine Galle auf die Erde fließen« (Hiobs Antwort an Elifas). – Der Miniator zeichnet Himmel (blaues Segment) und Hölle (Teufelsspuk), die sich gemeinsam wider Hiob verschworen haben (Vat Abb. 200).
–	–	81	244v	189	16,19	*Ein Anwalt im Himmel:* »Im Himmel muß doch einer für mich aufstehn, der dort mein Recht vertritt und für mich bürgt.« – Bibeltext und Miniatur bieten einen Vorgeschmack von der berühmten Stelle 19,25: »Doch nein, ich weiß, daß Gott, mein Anwalt, lebt!« – Trotz dieser Zuversicht steigt in Hiobs Seele eine Todesahnung auf: »Es eilt, denn meine Jahre sind gezählt, bald gehe ich die Straße ohne Rückkehr« (16,22). Hiobs Antwort an Elifas drückt den Zwiespalt zwischen Hoffen und Bangen aus (Vat Abb. 201).
71	133r	–	–	193	17,13–16	*Hiobs Todessehnsucht:* »Die Totenwelt allein bleibt mir als Hoffnung, im Dunkel dort kann ich mich niederlegen. Das kalte Grab – ich nenn es meinen Vater, die Maden meine Mutter, meine Schwestern. Soll da für mich noch eine Hoffnung sein? Kann jemand nur ein Fünkchen davon sehen? Sie steigt mit mir hinunter zu den Toten und wird dort mit mir in den Staub gelegt« (Hiobs Antwort an Elifas). – Jer Abb. 202.
–	–	83	251v	201	19,1–7	*Hiob beklagt sich bei den Freunden* über ihre Überheblichkeit und über Gottes Ungerechtigkeit: »Wie lange redet ihr noch auf mich ein? Wie lange wollt ihr mich mit Worten quälen? Ihr habt mich nun schon viel zu oft beschimpft und schämt euch nicht, mich zu beleidigen. Wenn ich unwissend einen Fehler machte, dann bin doch ich allein davon betroffen. Ihr aber spielt euch auf als meine Richter, nehmt meine Leiden als Beweis der Schuld. Seht ihr nicht ein, daß Gott mir Unrecht tut? Mit einem Netz sucht er mich einzufangen. Ich schrei um Hilfe, aber niemand hört. Ich will mein Recht, doch keiner steht mir bei.« – Die Miniatur leitet die Vorrede (»Protheoría«) zum 19. Kapitel ein, in welchem Hiobs Zeugnis vom »Erlöser« steht. Das Vatikanische Manuskript besitzt eine andere Kapiteleinteilung als unsere Bibel, daher die Beischrift »Kap. 13« unter dem Bild; denn Olympiodor teilt nach den Reden ein (Vat Abb. 203).

198

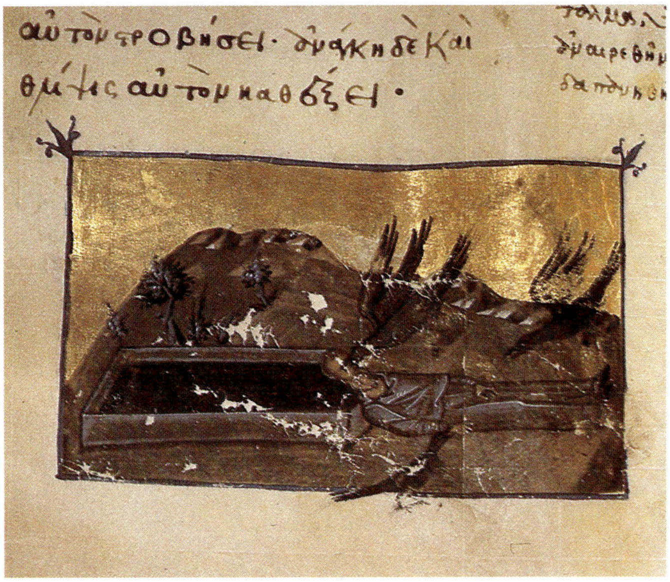

199

200

201

202

203

Jerusalemer Hiob		2. Vatikanischer Hiob		Patrologia Graeca	Bibelstelle	Darstellung
Miniatur Nr.	Folio	Miniatur Nr.	Folio	Migne, Band 93, Spalte	Hiob-kapitel	
75	142r	–	–	208	19,17.18	*Hiobs Frau wendet sich ab:* »Mein Atem ist für meine Frau Gestank, und meine Brüder ekeln sich vor mir. Selbst Kinder haben keine Achtung mehr« (Hiobs Antwort an Bildad; der verderbte Text fehlt in der Patrologia Graeca). – Jer Abb. 204.
–	–	–	–	208	19,23–27	*Hoffnung trotz allem:* »Ich wünschte, jemand schriebe alles auf, daß meine Worte festgehalten würden, mit einem Meißel in den Fels gehauen, mit Blei geschwärzt, damit sie ewig bleiben! Doch nein, *ich weiß, daß Gott, mein Anwalt, lebt!* Er spricht das letzte Wort hier auf der Erde. Jetzt, wo die Haut in Fetzen an mir hängt und ich kein Fleisch mehr auf den Knochen habe, jetzt möchte ich ihn sehn mit meinen Augen, ihn selber will ich sehen, keinen Fremden! Mein Herz vergeht in mir vor lauter Sehnsucht!« (Hiobs Antwort an Bildad). – Merkwürdigerweise fehlt dieses bekannte Hiobbekenntnis in der Patrologia Graeca von J.-P. Migne, nicht aber im Hiobmanuskript von Jerusalem. Es erstaunt ferner, daß diesem Kardinaltext keine Miniatur gewidmet ist.
78	149r	86	276r	216	20,12–16	*Das Gleichnis vom Schlangengift.* Hiobs dritter Freund Zofar beschreibt den Untergang des Übeltäters: »Für seinen Gaumen ist das Böse süß; er hält es unter seiner Zunge fest; ganz langsam läßt er es im Mund zergehen, um möglichst lang etwas davon zu haben. Jedoch im Magen wird die Speise bitter, verwandelt sich in schlimmes Schlangengift. Erbrechen muß er das geraubte Gut; Gott zwingt ihn, jeden Rest herauszuwürgen. Was er verschlungen hat, das wirkt wie Gift, es ist so tödlich wie der Biß der Viper.« – Das Erbrechen des Schlangengiftes wird auf der entsprechenden Vatikanischen Miniatur besonders ekelerregend dargestellt. Auf der Jerusalemer Miniatur erscheint an Stelle des Teufels der Todesengel (LXX: »ángelos«). Vgl. Jer Abb. 205 mit Vat Abb. 206.
79	151v	–	–	217/220	20,26b	*Das Gottesfeuer verzehrt den Frevler:* »Ein Feuer, das kein Mensch entzündet hat, frißt ihn und seine ganze Sippe auf.« Daß mit dem »nicht von Menschenhand entzündeten Feuer« (LXX: »pŷr ákauston«) Gottes flammender Zorn gemeint ist, zeigt auch der Schluß der scharfen Zofar-Rede: »Der Wohlstand seines Hauses wird vernichtet, wenn Gottes Zorn wie eine Sturzflut kommt. So sieht das Schicksal böser Menschen aus; Gott selbst hat ihnen dieses Los bestimmt!« (20,28.29). – Mit dem Stilmittel der intensiven Rotfärbung von Krankenlager und Häuserkulisse versteht der Miniator, die Wirkung der Gerichtsszene zu steigern (Jer Abb. 207).
–	–	94	318v	272	26,6	*Der Fürst der Unterwelt muß Gott gehorchen:* »Die Totenwelt liegt nackt vor Gottes Augen, kein Schleier deckt den Abgrund vor ihm zu.« – Die Septuaginta zitiert in diesem Zusammenhang den »Hades«, der gleich einem Menschenfresser Leiche um Leiche verschlingt (Vat Abb. 208). Hiobs Antwort auf Bildads dritte Rede ruft Gottes gewaltige Schöpfungsmacht in Erinnerung. Die Verse 5–14 des 26. Kapitels bilden einen Hymnus auf die Macht des Schöpfers: *»Das Wasser speichert er in seinen Wolken, die nicht zerreißen trotz der großen Last«* (V.8). Von diesem »Oberen Was-

204

205

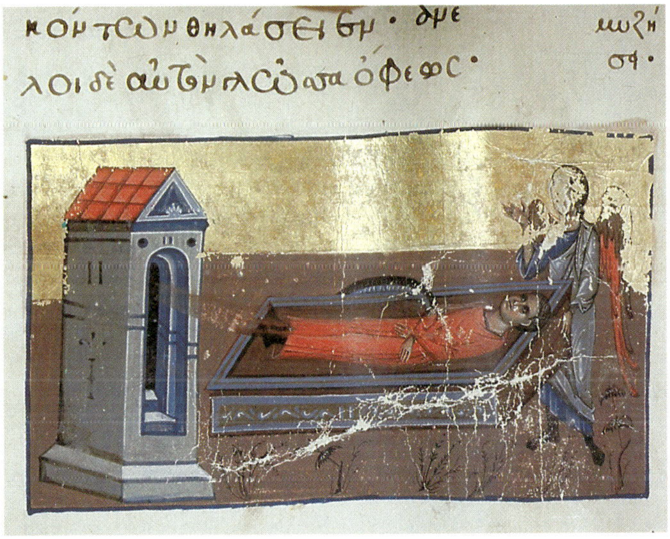

206

207

208

Jerusalemer Hiob Miniatur Nr.	 Folio	2. Vatikanischer Hiob Miniatur Nr.	 Folio	Patrologia Graeca Migne, Band 93, Spalte	Bibelstelle Hiob-kapitel	Darstellung
						ser«, dem Himmelsozean, der den Regen spendet, ist das »Untere Wasser«, die mythische Urflut, welche die verankerte Erde umspült, zu unterscheiden. Unterhalb dieses Urmeeres befindet sich das Totenreich: *»Sogar die Geister der Verstorbenen zittern dort in der Tiefe unterm Meeresboden«* (V.5). Hiobs eindrücklichem Schöpfungshymnus liegt das dreistöckige Weltbild zugrunde. Als einzigartig darf die Vorstellung von der schwebenden Erde gelten: *»Gott spannt das Zelt des Himmels aus im Leeren, und überm Nichts hängt er die Erde auf«* (V.7). Über »Das byzantinische Weltbild« s. *P. Huber,* Heilige Berge, 48–115.
86	176v	95	321v	277	26,12.13	*Den Urweltdrachen hat der Herr erlegt:* »Mit seiner Kraft hat er das Meer besiegt und ›Rahab‹ (mythische Meeresschlange) umgebracht mit seinem Können. Sein Atem (Sturmwind) hat den Himmel blankgefegt, den schnellen Drachen hat sein Arm durchbohrt.« LXX-Lesart: »Mit seinem Befehl tötete er den abtrünnigen Urweltdrachen.« – Die Jerusalemer Miniatur zeigt einen Feuerstrom, der von Gott ausgeht und der ein schwarzes Ungeheuer versengt. Die entsprechende Vatikanische Drachenszene ist weniger gekonnt entworfen (Jer Abb. 209).
90	193v	99	348r	312	30,9.10	*Neue Anfechtung durch Spötter:* Einst stand Hiob beim Volk in hohen Ehren. »Jetzt singen sie ihr Spottlied über mich, ich bin der Redestoff für ihren Klatsch. Sie ekeln sich und rücken von mir ab, sie haben keine Scheu, mich anzuspucken.« Der Angespieene sieht sich zusammen mit dem »leidenden Gottesknecht« in die Reihe der Verhöhnten verwiesen: »Ich habe mich von ihnen beschimpfen lassen und mein Gesicht nicht bedeckt, wenn sie mich anspuckten« (Jesaja 50,6b). – Obschon der Hiobtext ganz allgemein vom »Pöbelvolk, Gesindel ohne Namen« (30,8) spricht, beziehen die beiden Miniatoren im Jerusalemer und im Vatikanischen Manuskript die Verhöhnungsszene auf Hiobs sogenannte »Freunde« (vgl. Jer Abb. 210 mit Vat Abb. 211).
92	206r	–	–	340	32,2–4	*Hiobs vierter Freund Elihu tritt auf:* »Er war zornig auf Ijob, weil der sich im Recht sah und Gott die Schuld zuschob. Er war aber auch zornig auf die Freunde Ijobs, weil sie es nicht fertigbrachten, Ijob seine Schuld nachzuweisen. Weil Elihu jünger war als die anderen, hatte er sich zurückgehalten, solange sie mit Ijob redeten.« – Eigentlich erwartet der Betrachter der entsprechenden Miniatur eine vierte, jüngere Gestalt neben den drei bekannten Freunden. Doch der Illustrator hält sich an das ikonographische Dreierschema, wonach der greise *Elifas* das »dritte Lebensalter« vertritt, der zweite Freund *Bildad* (mit schwarzem Bart) die mittlere Generation, während der bartlose *Zofar* die Jugend verkörpert. Der vierte Freund *Elihu* wird allein mit Hiob erst auf der folgenden Miniatur Nr. 94 vorgestellt. – Hiob mit Dreiergruppe vor Stadttor: Jer Abb. 212.

209

210

211

212

213

Jerusalemer Hiob		2. Vatikanischer Hiob		Patrologia Graeca	Bibelstelle	Darstellung
Miniatur Nr.	Folio	Miniatur Nr.	Folio	Migne, Band 93, Spalte	Hiob-kapitel	
94	209v	103	371v	345	32,18.19	*Das Bild vom gärenden Wein im prallen Schlauch:* »Mein Herz ist randvoll angefüllt mit Worten; der Gottesgeist in mir drängt mich zu reden. Es gärt in mir wie eingeschlossener Wein; wenn ich nicht reden darf, dann platze ich!« – Nach altem Brauch wird das Wasser oder der in Gärung übergehende Wein in Ziegenbälgen aufbewahrt. In einer ähnlichen Rolle sieht sich der jugendliche Heißsporn Elihu, wenn sein heiliger Zorn wider den sich gegen Gott und die Freunde auflehnenden Hiob entbrennt (Jer Abb. 213).
96	225r	–	–	385/388	37,6–8	*Die Naturerscheinungen des Winters:* Wenn Gott Schneewolken schickt, dann ruht die Landarbeit, und wilde Tiere suchen ihren Unterschlupf. »Dem Schnee befiehlt er: ›Fall zur Erde nieder!‹ Den Regenwolken sagt er: ›Laßt es schütten!‹ So zwingt er uns, die Hände stillzuhalten und uns auf *seine* Arbeit zu besinnen. Sogar das Wild verkriecht sich im Versteck und muß in seinen Höhlen liegen bleiben« (Jer Abb. 214).
97	227v	110	397v	397	38,1	*Hiobs erste Gottesbegegnung im Sturm:* »Nachdem aber Elihu seine Rede beendet hatte, antwortete der Herr dem Hiob aus Sturmwind und Wolken« (LXX-Lesart). – Die langersehnte Theophanie wird nun Hiob gewährt. Die Gottesrede aus dem Sturm heraus bildet einen ersten Höhepunkt, die zweite Begegnung (Hiob 40) eine weitere Steigerung der dramatischen Dichtung. – Interessant sind die drei verschiedenen Miniaturen zum gleichen Hiobtext: Jer Abb. 215, Vat Abb. 216 und Athos Abb. 217 (Hiobkodex B/100, fol 165r, 13. Jh., im Athoskloster Große Lávra).
98	231r	111	403r	400	38,6–9	*Hiob erhält Einblick in die Weltordnung.* Anstatt auf Hiobs stürmische Fragen nach der göttlichen Gerechtigkeit im Unglück des Frommen einzutreten, öffnet Gott ihm den Weitblick für die Gesetzmäßigkeiten des Himmels und der Erde: »Auf welchem Sockel stehen ihre Pfeiler? Wer hat den Grundstein ihres Baus gelegt?« Gedacht ist hier an die kosmische Verankerung der Erde mittels Pfeiler, die von der mythischen Urflut umspült werden. Daher die weitere Frage: »Wer hat das Meer mit Toren abgesperrt, als es hervorbrach aus dem Schoß der Erde?« Als die Welt erschaffen wurde, »ja, damals sangen alle Morgensterne; die Gottessöhne jubelten vor Freude!« Diese mythische Anschauung im hebräischen Urtext schwächt die Septuaginta ab, indem sie – um jeden polytheistischen Schein zu vermeiden [Georg Fohrer] – die erwähnten *»Gottessöhne«* durch »alle meine *Engel*« ersetzt (Jer Abb. 218 und Vat Abb. 219).
99	232v	112	405r	404	38,14	*Die Erschaffung des Menschen.* Gott stellt dem Hiob die rhetorische Frage, ob er als Geschöpf die Rolle des Schöpfers übernehmen wolle: »Oder hast *du* etwa Lehmerde genommen und damit ein Lebewesen geformt und dasselbe, mit Sprache begabt, auf die Erde gesetzt?!« Wie kann überhaupt ein sterblicher Mensch mit dem Ewigen rechten?! – Die Miniatur folgt der LXX-Lesart, die vom Masoratext völlig abweicht. Dort lautet der 14. Vers: »In ihrem Licht (Morgenröte) erheben sich die Berge, wie Kleiderfalten treten sie hervor.« – Siehe Jer Abb. 220 auf Seite 228!

214

215

216

217

218

219

220

221
222a [

Jerusalemer Hiob		2. Vatikanischer Hiob		Patrologia Graeca	Bibelstelle	Darstellung
Miniatur Nr.	Folio	Miniatur Nr.	Folio	Migne, Band 93, Spalte	Hiob-kapitel	
Leningrader Fragment Nr. 382 [Jerusalemer Miniatur Nr. 99a zwischen Folio 232 und 233]		113	406r	404	38,16b.17	*Abstieg ins Totenreich:* »Den Grund des Meeres, hast du ihn durchstreift? Hast du am Tor der Totenwelt gestanden, dort, wo die ewige Finsternis beginnt?« Dieser rhetorischen Gottesfrage an Hiob liegt die altorientalische Vorstellung von der Urflut und vom Totenreich unterhalb der Erde zugrunde. Daher auch die Frage: »Warst du schon unten bei den Meeresquellen?« (Vers 16a). Die griechischen Ausdrücke »ábyssos« (Abgrund der Hölle), »pýlai thanátou« (Pforten des Todes) und »hádes« (Unterwelt) erhellen, wie stark der Bibeltext in der antiken Mythologie verankert ist. – Der byzantinische Künstler deutet diesen alttestamentlichen Text kühn auf *Christi Abstieg ins Totenreich* zwischen Karfreitag und Ostern. »Christi Höllenfahrt« und dessen Sieg über den »Hades« (hier personifiziert) und über den Satan bilden den Höhepunkt der ostkirchlichen Verkündigung. Diese findet ihren sichtbaren Ausdruck auf allen Oster- oder »Anástasis«-Ikonen und auf den entsprechenden Miniaturen. Aus theologischen und kunsthistorischen Gründen hat der russische Handschriftenforscher Porfirij Uspenskij die betreffende Osterminiatur aus der Jerusalemer Hiobhandschrift entfernt und sie Ende 19. Jahrhundert in seine griechische Fragmentensammlung von St. Petersburg aufgenommen. Es ist uns gelungen, eine Aufnahme vom betreffenden »Fragmentum Graecum« Nr. 382 aus der Öffentlichen Bibliothek in Leningrad zu bekommen, inklusive Bibeltext und Olympiodor-Kommentar auf der Vorder- und Rückseite des Pergamentblattes. Die entsprechende österliche Miniatur im Zweiten Vatikanischen Hiob zeigt noch deutlicher, wie der auferstandene Christus mit beiden Füßen auf »Hades«, dem Fürsten der Unterwelt, steht, wobei der Besiegte auf die zerbrochenen Flügel der Höllenpforte zu liegen kommt. Rechts davon flüchtet der überwundene Satan: Vergleiche Leningrader Fragment Abb. 222a mit Vatikanischer Miniatur Abb. 221.

ϛ Θ

Πολλὰ κατὰ τὰ βένθη κεῖνται ἐν τοῖς ἀβύσσοις· οὐδεὶς ἴσχυσε περιπατεῖν ἐν αὐτοῖς· ἀλλ' ὡς πεδινοῖς εἶναι· ἴσως μόνος ἡ ἄβυσσος ὁ περιπατήσας ἐλάθετο· ὅπου ἴχνη περιπατούντων οὐκ ἦν. εἰ κέκρυπται γὰρ θάνατον ἀγνῶ

πάθημος ὢν· ἵνα τοὺς ὑποκειμένους θανάτῳ λυτρώσηται· λέγων τοῖς ἐν δεσμοῖς ἐξέλθετε· καὶ τοῖς ἐν τῷ σκότει ἀνακαλύφθητε. καὶ τὰ ἑξῆς συμφώνως τῷ Ἡσαΐᾳ:

ϛ ἀβύσσου περιεπάτησας;·

ἀνοίγονται δέ σοι φόβῳ πύλαι θανάτου· πυλωροὶ δὲ ᾅδου ἰδόντες σε ἔπτηξαν;

Ταῦτα λέγομεν, ὅτι ὁ Κύριος εἰς ᾅδου κατελθὼν ἐκήρυξε τοῖς ἐκεῖ πνεύμασι. τὰ μέντοι ἀόρατα ταῦτα, ἀπὸ τῶν φαινομένων δῆλα· τουτέστιν, ὅτι ζωῆς καὶ θανάτου ἐξουσίαν ἔχων, δεσμωτήριον μὲν αὐτοῦ ἀνοίγει:

Ἐνταῦθα τῆς ἐπιφανείας αὐτοῦ τὴν παράδοξον τοῖς ψυχαῖς, καὶ σκιᾷ καθημένοις περιλάμψειν ἑρμηνεύει· καὶ τὸ ἔπτηξαν λέγων, σημαίνει τὸ θαῦμα· βασιλεὺς γὰρ ἦν οὗτος, καὶ ἐκεῖ φαινόμενος· καὶ τὸ σύνηθες χωρίον τῶν κατεχόντων μεγαλοπρεπείας ἀπεκάλυψε τῆς θεότητος φωτί. χεῦ

Ὀλ' Τουτέστι, συνῆκας· ἐμνημόνευσας· ἀκριβώθης τῆς γῆς τὸ πλάτος; φράσον αὐτῆς τὴν διάμετρον:-

νενουθέτησαι δὲ τὸ εὖρος τῆς ὑπ' οὐρανόν; ἀνάγγειλον δή μοι πόση τίς ἐστι· ποίᾳ δὲ γῇ αὐλίζεται τὸ φῶς· σκότους δὲ ποῖος ὁ τόπος· εἰ ἀγάγοις με εἰς ὅρια αὐτῶν; εἰ δὲ καὶ ἐπίστασαι τρίβους αὐτῶν; οἶδας ἄρα ὅτι τότε γεγέννησαι· ἀριθμὸς δὲ ἐτῶν σου πολύς· ἦλθες δὲ ἐπὶ θησαυροὺς χιόνος· θησαυροὺς δὲ χαλάζης ἑώρακας·

Χρ' Οὐ λέγω φησὶν ὅτι οὐ δύνασαι ποιῆσαι ἅπερ ἐποίησα· ἀλλ' ὅτι οὐδὲ οἶδας πῶς γέγονεν· οὐδὲ ἀθρῆσαι αὐτὰ δύνασαι· οὐδὲ θεωρῆσαι τοσαῦτα μεγάλα ἀκριβῶς· διὰ τούτων διδάσκει αὐτὸν τὸ μέσον αὐτοῦ καὶ ἐκείνου:

Οἱ ἄλλοι, σκηνοί· ἠρέμα:

Ὁ δὲ Σύμμαχος· ἀτραποὺς οἰκήσεως:-

Χρυ Ὀλ' Εἰπὲ δέ μοι φησὶ καὶ περὶ φωτὸς καὶ σκότους, ποῦ ἀποκλείονται· καὶ πόθεν ἐκπορεύονται· ἀνάγγειλόν μοι ποῦ τὸ φῶς καὶ ποῦ τὸ σκότος ἀπέρχεται· εἰ τούτων τὰς ὁδοὺς εἰδέναι φαίνῃ, λέγε ὅτι καὶ τότε ἐγεννήθης, ὅτε ταῦτα ὡροθετήθησαν· καὶ εἰ ταῦτα ἐπίστασαι, ἄρα καὶ πολυετής τις ὑπάρχων ὡς ἐκ τότε γενόμενος· διδάσκει δὲ ἐνταῦθα ὅτι τὸ ζῆν ἀνθρώπου ὀλιγόβιον, οὐδὲ γνῶναι αὐτῷ τὰ πολλὰ ἐπιτρέπει:

Χρυ Τί δέ φησι λέγω τὰ στοιχεῖα· αὐτὸν καὶ σαυτὸν εἰπὲ πότε ἐγεννήθης· καὶ μὴ νῦν ἤδη· ἀλλὰ παρ' ἑτέρων μαθών· ἀλλὰ πόσος ὁ χρόνος· τὰ κατὰ σαυτὸν οὐκ οἶδας· πῶς οὖν αἰτήσεις εἰδέναι τὰ ἐξ ἀρχῆς· Ὅρια δὲ φωτὸς καὶ σκότους, τὸ πρόσταγμα τοῦ θεοῦ ἀντὶ μεθορίου αὐτοῖς ὄν:

Χρυ Θησαυροὺς λέγει, οὐχ ὅτι ἀποθῆκαί εἰσιν· ἀλλ' ὅτι ἑτοίμως οὕτως ὥσπερ ἐκ θησαυρῶν ἐκβάλλων δείκνυσιν αὐτά, ὅταν βούληται.

Ὀλ' Οἶδας οὖν φησί, πῶς τὴν μὴ φαινομένην χιόνα καὶ χάλαζαν καὶ φαίνεσθαι παρασκευάζω; ἢ δύνασαι τοῦτο εἰς τοὺς καιροὺς πολεμίων χρήσασθαι· ὅπερ ἐγὼ ποιεῖν ἱκανός;

222b
223 ▷

Τίς δὲ ἔδωκε γυναιξὶν ὑφάσματος σοφίαν ἢ ποικιλτικὴν ἐπιστήμην:—

Π[illegible]σευηριανοῦ· Ὀλυμπιοδώρου· Χρυσοστόμου· Γρηγορίου τοῦ θεολόγου:—

Ἀπαριθμούμενος τὴν οὐρανοῦ καὶ γῆς ποίησιν, καὶ θαλάττης κλεῖθρα καὶ ἀστέρων θέσιν, καὶ ὑετοῦ φύσιν· καὶ τἄλλα δι' ὧν κυβερνᾷ τὴν ἡμετέραν ζωήν· τὸ φῦ(?) γυναῖκας καὶ τοι τὰ ἄλλα ἀσθενεστέρας οὔσας, ἐσόφισεν ὡς ὕφασμα πῶς κατασκευάζειν. καὶ ὡς τὸ ταῦτα καταποικίλλειν ταῖς τῶν ἐρίων ἁφαῖς τε καὶ χρώμασιν· ἀπαγ... μιμήμασι δὲ ἡ θεία γραφὴ τοῖς μεγάλοις τὰ μικρά· καὶ γυναικῶν θαυμάζει σοφίαν ἐν ὑφάσμασι· τίς ἔδωκε λέγουσα γυναιξὶ σοφίαν, καὶ ποικιλτικὴν ἐπιστήμην· [illegible] οἰκοῦ τοῦτο· καὶ περὶ τοῦ τὴν σοφίαν καὶ μέχρι τῶν [illegible] δόντος· οὐ γὰρ ἡ τυχοῦσα σοφία αὕτη ποικίλη τις οὖσα· οὐδὲ μικρὰ ἢ χρήσιμος. καὶ ῥᾳδίως ἂν τὴν ἔχουσι πρός· οὐ καταμελήται οὐδὲ περὶ τοὺς [illegible] σοφιλοτεχνίας οὐδὲ ἀπερ[illegible] ἀλλ' ἐν [illegible] τούτοις θεία σοφία· καὶ ἦν οὐ καὶ [illegible] ἰδίαν ἀποκαλεῖν. οὐ κάλλους ἁμαρτάνοντα τῆς δοτῆρα καὶ χορηγὸν ἀλλ' [illegible]:—

Τίς δὲ ὁ ἀριθμῶν νέφη σοφίᾳ:— Ὀλυμπιοδώρου:—

Ὁ δὲ σύμμαχος ἢ τίς ἔδωκε [illegible] ἔννοιαν· τίς θεὸς ὁ τῷ ἀριθμῷ καὶ [illegible] ἀλλὰ πρὸς τὴν χρείαν τὰ νέφη συνιστᾶσθαι παρασκευάζων:—

Οὐρανὸν δὲ εἰς γῆν ἔκλινε:— Χρυσοστόμου:—

Ὁρᾷς ὅτι τῆς γῆς αὐτῆς ἀπέτεινε· τοῦτο γὰρ [illegible] ἔκλινε:—

Κέχυται δὲ ὥσπερ γῆ κονία:— Ὀλυμπιοδώρου:—

Τὸ [illegible] λέγεται ὁ καὶ Ἠσαΐας φησὶν ὅτι ὡσπερ καπνὸς [illegible]:—

Πεῖ κέχυται γάρ φησι τῇ γῇ, μελαίνῃ, οἷον, ὁ οὐρανὸς ὥσπερ τις κονία διὰ τὸ [illegible]

Κεκόλληκα δὲ αὐτὸν ὥσπερ λίθῳ κύβον:— Χρυσοστόμου:—

Τὸ [illegible] καὶ βέβαιον καὶ τὸ σχῆμα παρ[illegible] ὥσπερ κύβον:—

Ὀλυμπιοδώρου:— Κύβος δέ ἐστιν ὁ ἑξάπλευρος κατὰ τὴν βάσιν ὀρθογώνιος· τὴν οὖν [illegible] τοῦ οὐρανοῦ φύσιν οὕτω στερεμνίαν ἀπεργασάμενον καθάπερ ἂν εἴ τις λίθῳ κύβον ἐναρμόσειεν· οἱ δὲ τὸ σχῆμα σκάφος εἶναί φασι:—

Jerusalemer Hiob		2. Vatikanischer Hiob		Patrologia Graeca	Bibelstelle	Darstellung
Miniatur Nr.	Folio	Miniatur Nr.	Folio	Migne, Band 93, Spalte	Hiob-kapitel	
100	234v	114	410r	[409]	38,36	*»Wer aber gab den Frauen Weisheit zum Weben oder Einsicht zur bunten Verzierung der Stoffe?«* Diese Septuaginta-Version weicht vollkommen vom hebräischen Urtext ab, der von zwei Wettervögeln handelt: »Wer sagt dem Ibis, daß der Nilstrom steigt? Wer sagt dem Hahn, daß Regenwetter kommt?« Mag auch die zweite Lesart dem Inhalt der Gottesrede aus dem Wetter besser entsprechen, so hält sich der Miniator doch an den überlieferten LXX-Text, indem er zwei emsig arbeitende Frauen, die eine (rechts) beim Spinnen des Garnes, die andere (links) am Webstuhl mit buntgemustertem Teppich malt. Daß hier ein verderbter Text vorliegt, der verschieden redigiert worden ist, zeigt auch die Patrologia Graeca, die Vers 36 kurzerhand überspringt. – Übereinstimmend sind jedoch die Miniaturen im Jerusalemer Kodex, im Zweiten Vatikanischen Hiob und im Parisinus Graecus Nr. 134 (fol 184v) der Bibliothèque Nationale, die alle dem 13. Jahrhundert angehören: Vergleiche Jer Abb. 224 mit Vat Abb. 225 und Parisinus Abb. 223 auf Seite 231!
–	–	115	411r	409	38,39–41	*Die Nahrung der Tiere.* Wiederum stellt Gott Hiob Fragen: »Treibst du der *Löwin* ihre Beute zu? Stillst du die heiße Gier der jungen Löwen, wenn sie sich in den Höhlen niederkauern, in dichten Büschen auf der Lauer liegen? Wer ist es, der den *Raben* Futter gibt, wenn ihre Jungen nichts zu fressen finden und mir laut schreiend ihren Hunger klagen?« In der LXX werden zudem gefräßige *Drachen* (Schlangen) erwähnt. Die Antwort ist eindeutig: Sowohl den wilden Tieren als auch den hungernden Raben verschafft Gottes Fürsorge die lebensnotwendige Nahrung (Vat Abb. 226).
101	236r	116	412r	412	39,1–4	*Die Wurfzeit des Wildes:* Wer anders als Gott, der Schöpfer, weiß Bescheid über Trächtigkeit und Wurf wilder Tiere? »Kannst du mir sagen, wann die *Gemse* wirft? Sahst du der *Hirschkuh* beim Gebären zu? Weißt du, wie viele Monate sie tragen? Wann kommt für sie die Stunde der Geburt? Sie kauern nieder, werfen ihre Jungen, und schnell sind sie den Schmerz der Wehen los. Die Jungen wachsen, werden groß und stark, sie laufen fort und kehren nicht zurück.« – Das als »Gemse« bezeichnete Wild (links) heißt wörtlich »Steinbockshindin« (Jer Abb. 227).
102	237r	118	415r	413	39,13–15	*Das Ausbrüten der Straußeneier überläßt die Henne der Sonne:* »Die Straußenhenne schlägt zwar mit den Flügeln; doch kann sie damit fliegen wie der *Storch?* Die *Eier* legt sie einfach auf die Erde und überläßt dem heißen Sand das Brüten. Sie denkt nicht daran, daß sie ein Fuß zertreten und *wilde Tiere* sie zerbrechen können.« – Trotz der Sorglosigkeit der Strauße sorgt Gott für die Erhaltung ihrer Gattung (vgl. Vat Abb. 228 mit Jer Abb. 229).

224

225

226

228

227

229

Jerusalemer Hiob Miniatur Nr.	 Folio	2. Vatikanischer Hiob Miniatur Nr.	 Folio	Patrologia Graeca Migne, Band 93, Spalte	Bibelstelle Hiob-kapitel	Darstellung
103	237v	119	416r	416	39,19–21	*Das Reitpferd scharrt voll Kampfeslust am Boden.* Frage an Hiob: »Gabst du dem Pferd die vielgerühmte Stärke und schmücktest seinen Hals mit einer Mähne? Läßt du es Sprünge machen wie ein Heuschreck? Wenn es so mächtig schnaubt, erschrickt der Mensch. Es scharrt im Tal den Boden voller Freunde und eilt mit aller Macht dem Kampf entgegen« (Jer Abb. 230).
–	–	120	417r	416	39,24.25	*Das Streitroß stürzt sich ins Getümmel:* »Mit dröhnendem Galopp fliegt es dahin. Beim Schall der Hörner steht es nicht mehr still, mit Wiehern gibt es Antwort aufs Signal. Schon aus der Ferne wittert es die Schlacht, hört die Befehle und das Kriegsgeschrei« (Vat Abb. 231).
104	239r (oben)	121	417v	417	39,26–28	*Falke und Adler folgen ihrem Instinkt.* Als letzte Tiergruppe nennt Gott die Raubvögel. Er fragt Hiob, ob er das Geheimnis des Vogelfluges kenne, wenn Greifvögel instinktmäßig südwärts ziehen: »Bist du vielleicht der einsichtsvolle Lehrer, bei dem der *Falke* seine Flugkunst lernte, wenn er nach Süden zu die Flügel breitet? Schickt dein Befehl den *Adler* hoch hinauf, dort in der Höhe seinen Horst zu bauen? Hoch in den *Bergen* baut er seine Wohnung, auf Felsenzacken und an steiler Wand.« – Jer: Fabeltier Greif und Riesenhuhn.
105	239r (unten)	123	419r	417/420	40,1.2	*Zweite Gotteserscheinung.* Nachdem Gott in seiner ersten Begegnung dem Hiob mit zahlreichen Gegenfragen geantwortet hat, findet in der zweiten Theophanie eine Wende in Hiobs Haltung statt: »Und der Herr fragte Ijob: ›Mit mir, dem Mächtigen, willst du dich streiten? Willst du mich tadeln, oder gibst du auf?‹« Hiob sieht das Unrecht seiner Auflehnung ein und antwortet: »Ich bin zu wenig, Herr! Was soll ich sagen? Ich lege meine Hand auf meinen Mund! Ich habe mehr geredet, als ich sollte, noch einmal tu ich es bestimmt nicht mehr!« (40,3–5). – In der Patrologia Graeca von J.-P. Migne wird die Gottesbegegnung noch dem 39. Kapitel als Verse 31–35 zugeordnet (vgl. Jer Abb. 232 mit Vat Abb. 233).
106	240r	125	420v	421	40,6.7	*Gott spricht mit Hiob aus der Wetterwolke:* »Da antwortete der Herr dem Hiob und sprach aus der Wetterwolke heraus: ›Gürte doch wie ein Mann deine Lenden! Ich will dich fragen, du aber gib mir Bescheid!‹« (LXX-Lesart). Die Aufforderung zu tapferem Verhalten soll Hiobs Konfrontation mit den beiden Chaosdrachen Behemot und Leviatan einleiten. – Auf der Miniatur hält Hiob ein rotes Seil in der Hand: einen Gürtel oder das »Fangseil« für den Drachen (V. 24 und 26).Vergleiche Vat Abb. 234 mit Athos Abb. 235 (Große Lávra, Hiobkodex B/100, fol 177v)!

230

231

232

233

234

235

Jerusalemer Hiob Miniatur Nr.	Folio	2. Vatikanischer Hiob Miniatur Nr.	Folio	Patrologia Graeca Migne, Band 93, Spalte	Bibelstelle Hiob-kapitel	Darstellung
107	243r	126	426v	429	40,20	*Gefangennahme Christi und Kreuzaufrichtung.* Der Septuagintatext weicht vom masoretischen Text völlig ab. Während die hebräische Fassung indirekt vom mythischen Landungeheuer Behemot und direkt vom Nilpferd spricht – »Das Gras zum Fressen liefern ihm die Berge, wo neben ihm die wilden Tiere spielen« –, handelt die griechische Version geheimnisvoll vom »Óros« (Berg) und vom »Tártaros« (Abgrund): »Er aber kam zum steilen Berg heran und machte den Vierfüßlern Freude im Tártaros.« Da der Urtext verderbt ist, haben der hebräische und der griechische Redaktor, jeder auf seine Weise, dem Vers 20 einen Sinn abzugewinnen versucht. Was die byzantinische *Miniatur* anbelangt, so kann der LXX-Text allein noch nicht die Christus-Passion in Erinnerung rufen. Doch der Maler hält sich an den entsprechenden *Hiobkommentar des Olympiódoros,* welcher den »steilen Berg« als Kalvarienberg deutet und die »Vierfüßler im Tártaros« den Dämonen aus der Unterwelt gleichsetzt, die ob der Kreuzigung Christi höllische Freude empfinden. [Man wird in diesem Zusammenhang an das Sprichwort erinnert: Wer zuletzt lacht, lacht am besten. Denn auf das »Höllenlachen« folgt das »Osterlachen« der Christengemeinde.] Die hier abgebildete Passionsminiatur hat Seltenheitswert: Der ikonographische Typus der sogenannten »Kreuzzeigung« oder Kreuzaufrichtung auf Golgota tritt nur sporadisch auf, da er in den Evangelien nirgends erwähnt wird. Trotzdem kommt dieser Passionstypus gelegentlich vor: Wir erwähnen die Staurothek in Esztergom/Gran (Erzbischofssitz in der Nähe von Budapest) sowie das Diptychon im Athoskloster Chalandári. Hinzu kommen nun der Hiobzyklus von Jerusalem und das Zweite Vatikanische Hiobmanuskript: Jer Abb. 236 und Vat Abb. 237.
–	–	127	427r	PG 425 (Große Lávra) PG 429 (Vatikan-II)	40,15–19	*Der Menschendrache Behemot.* Das mythische Landungeheuer wird in der Septuaginta »thería« (Mehrzahl von »theríon«, Untier) genannt. Es handelt sich um eine Mythologisierung des *Nilpferdes,* das Gott als mächtigstes Tier erschaffen hat und vor dem Hiob die Flucht ergreifen muß: »Sieh dir als Beispiel doch das Nilpferd an, das mein Geschöpf ist gradeso wie du!... Es ist ein Meisterwerk in meiner Schöpfung, und niemand als sein Schöpfer kann's bezwingen.« – Der Miniator der Zweiten Vatikanischen Hiobhandschrift sowie der Illustrator des Hiobmanuskriptes im Athoskloster Große Lávra zeichnen eine zweiköpfige Schlange mit einem dritten Menschenkopf, einen sogenannten »anthropó-morphos drákōn«, also einen Menschendrachen. Im Jerusalemer Hiob fehlt das Bild: Vergleiche Vat Abb. 238 mit Athos Abb. 239 (Große Lávra, Hiobkodex B/100, fol 180v) auf Bildseite 239!

236

237

Jerusalemer Hiob Miniatur Nr.	Jerusalemer Hiob Folio	2. Vatikanischer Hiob Miniatur Nr.	2. Vatikanischer Hiob Folio	Patrologia Graeca Migne, Band 93, Spalte	Bibelstelle Hiob-kapitel	Darstellung
108	243v	128	428r	PG 429 (Große Lávra) PG 432 (Jerusalem und Vatikan-II)	40,21–24	*Der zweiköpfige Menschendrache.* Es handelt sich um eine Variante des *Behemot* (mythisches Nilpferd) mit weißem Menschengesicht und mit schwarzer Teufelsfratze. Das zweiköpfige Ungeheuer (griech. »díkranos«, lat. »biceps«) speit Wasserfontänen und schlägt mit einem Schweif um sich, an dessen Ende ein dritter Drachenkopf droht. Der Drache »hat sein Lager unter Dornenbüschen und sein Versteck im Sumpf und Ried des Ufers ... Nur einer kann ihm gegenübertreten und ihm ein Fangseil durch die Nase ziehen!« Dazu wäre aber nur sein Erschaffer imstande: Vergleiche Vat Abb. 240 mit Athos Abb. 241 (Große Lávra, Hiobkodex B/100, fol 181v)!
109	248r	130	436v	441/444	41,10	*Die Menschenschlange Leviatan.* Als mythologisches Gegenstück zum Landungeheuer Behemot tritt in der Hiobdichtung der *Leviatan,* die urweltliche See- oder Meeresschlange, auf den Plan. Wie der Behemot im Nilpferd eine konkrete Verkörperung besitzt, so entspricht dem Leviatan faktisch das gefürchtete *Krokodil.* In Gottes Wetterrede wird es anschaulich geschildert: »Ich muß noch mehr vom Krokodil berichten, von seinen Gliedern, seinen Fähigkeiten: ... Wer dringt in seinen Doppelpanzer ein? Wer öffnet gar das große Tor des Rachens, bewacht von diesen fürchterlichen Zähnen? ... Auf Erden kann man nichts mit ihm vergleichen; so furchtlos ist kein anderes Geschöpf. Selbst auf die Größten blickt es stolz herab, es ist der König aller wilden Tiere« (41,4–6.25.26). Aus dieser farbigen Schilderung hat der Maler folgenden Vers ausgewählt und illustriert: »Das Licht sprüht strahlend hell bei seinem Niesen, und wie das Morgenrot glühn seine Augen« (41,10). Daß der Miniator nicht nur an ein Krokodil, sondern an ein vorsintflutliches Ungeheuer mit schwarzen Flügeln, mit einem von zwei mächtigen Schlangen umwundenen Menschenleib denkt, verstärkt das Unheimliche der Szene. So gesehen, repräsentiert das Krokodil nichts Geringeres als die mythische Leviatan-Schlange in der Gestalt des Teufels selbst, der im Begriff ist, einen Menschen umzubringen. Oder anders ausgedrückt: Das dämonische Mischwesen ist die Inkarnation des Bösen an sich (Vat Abb. 242).
110	249v	140	447v	445	41,18–20	*Der Bogenschütze und der Heilige.* Die Beschreibung des unbezwingbaren Krokodils wird mit dem Hinweis auf seinen undurchdringlichen Schuppenpanzer fortgesetzt: »In seinen harten Panzer dringt kein Schwert, kein Speer, kein Spieß, kein *Pfeil* kann es verwunden. Das Eisen ist bei ihm nicht mehr als Stroh, und Bronze ist soviel wie morsches Holz. Mit einem *Pfeil* kann niemand es verjagen, und Schleudersteine achtet es wie Stoppeln.« – Wiederum ist das Krokodil der Repräsentant des Leviatan-Teufels. Bogenschützen haben hier nichts zu bestellen. Hingegen der heilige *Euágrios von Antiochien* (4. Jh.), der hier zitiert wird, hat Macht, den Teufel zu entkräften (Vat Abb. 243).

238

239

240

241

242

243

Jerusalemer Hiob Miniatur Nr.	 Folio	2. Vatikanischer Hiob Miniatur Nr.	 Folio	Patrologia Graeca Migne, Band 93, Spalte	Bibelstelle Hiob-kapitel	Darstellung
111	252v	143	451v	453	42,7	*Gott tadelt Hiobs Freunde.* Nach der gewaltigen Theophanie im Sturm und der Unterwerfung Hiobs unter den göttlichen Willen rügt Gott die Selbstgerechtigkeit der Freunde: »Nachdem der Herr das alles zu Ijob gesagt hatte, wandte er sich an Elifas von Teman und sagte: ›Ich bin zornig auf dich und deine beiden Freunde; denn ihr habt nicht die Wahrheit über mich gesagt wie mein Diener Ijob.‹« Mit diesem Vers setzt der Epilog des Hiobbuches ein. Er gibt Gottes Urteil über die rechthaberischen Freunde bekannt. Der LXX-Text verstärkt noch die göttliche Rüge, wenn es wörtlich heißt: »Du (Elifas) hast *gesündigt* und deine beiden Freunde auch.« Im Epilog (Schlußteil 42,7–17) stehen zwei Hauptgedanken im Vordergrund, die *Sündenvergebung* und die *Wiederherstellung:* Hiob soll stellvertretend für die drei selbstgerechten Freunde ein Sühneopfer darbringen; »da vergab ihnen der Herr die Sünde um Hiobs willen« (42,9 nach LXX-Version). Hierauf folgt die Wiederherstellung, das heißt Hiobs Genesung, die Neugründung seiner Familie und die Verdoppelung des Reichtums. – Der betreffende Bibeltext wird durch zwei Kommentartexte aus der Feder von Theodotíōn und Sýmmachos erklärt (Vat Abb. 244).
117	257v (unten)	144	453r	464	42,17	*Hiobs Tod und Begräbnis:* »Er starb in sehr hohem Alter, nach einem reichen, erfüllten Leben.« – Mit 140 Jahren beschließt Hiob sein bewegtes Leben und wird von seinen Familienangehörigen zur letzten Ruhe gebettet (Vat Abb. 245).
117	257v (unten)	145	453v	464/465	42,17a	*Hiobs Auferstehung von den Toten.* Der apokryphe Zusatz in der Septuaginta lautet: »Es steht aber geschrieben, daß er (Hiob) wieder auferstehen wird zusammen mit denen, die der Herr auferweckt.« – Während der Illustrator von Jerusalem zwei Szenen (Hiobs Bestattung und Auferweckung) in einem Bild vereint (untere Miniatur auf fol 257v, linke und rechte Bildhälfte), widmet der Künstler im Zweiten Vatikanischen Hiob der *Totenauferstehung* ein besonderes Bild: Der auferstandene Christus streckt dem auferweckten Hiob die rechte Hand entgegen, und gleichzeitig winkt er mit der Linken zwei weiteren Gestalten – den »rechtschaffenen, großen Männern Noach und Daniel« (Ezechiel 14,14.20) – in ihrer Gruft. Der Septuagintatext und die daraus erwachsene Hiobminiatur gehen auf eine außerkanonische, hellenistische Überlieferung zurück, die sich sowohl im apokryphen »Testament Hiobs« (2./3. Jh.) als auch im sogenannten »Pseudo-Aristéas-Brief« (130/100 v. Chr., jüdische Legende von der Entstehung der Septuaginta) findet. Der alexandrinische Hiobkommentator Olympiódoros gibt eine weitere syrische Quelle (»Syriakè bíblos«) an, auf die das Zeugnis von *Hiobs Auferweckung* zurückzuführen sei: Vergleiche Jer Abb. 246 mit Vat Abb. 245 und 247!

244

245

246

247

Die Hiobhandschrift »Vatopédi 590« aus dem 12. Jahrhundert auf dem Athos

Aus der Fülle der byzantinischen Bilderhandschriften in der Turmbibliothek von Vatopédi greifen wir die drei wichtigsten Kodizes heraus:

– die *Strábon-Ptolemaîos-Geographie,* ein Kartenwerk vom Ende des 12. oder Anfang des 13. Jahrhunderts mit den ältesten erhaltenen Miniaturen von der berühmten Erdbeschreibung der antiken Geographen Strábon und Ptolemaîos[72],

– den byzantinischen *Oktateuch,* eine alttestamentliche Bilderhandschrift mit 164 Miniaturen aus dem 13. Jahrhundert[73],

– den illustrierten *Hiobkommentar des Olympiódoros* mit 48 Bildern, von denen etliche beschädigt sind; doch eine Auswahl von zehn guterhaltenen Miniaturen gibt Zeugnis vom Können des Vatopedinischen Malers. Die Pergamenthandschrift besitzt 168 Blätter von der Größe 28 mal 20 cm; sie datiert aus dem 12. Jahrhundert.

In der Fachliteratur wird dieser Hiobkommentar, der »Kodex Vatopedíou 590« (alte Registrier-Nr. 503), kaum erwähnt, da im großen zweibändigen Athos-Handschriftenkatalog von Spyrídōn P. Lámbros ausgerechnet die beiden wichtigen Klosterbibliotheken von Vatopédi und von der Großen Lávra nicht erwähnt werden; die Mönchsväter von damals (um 1900) waren wissenschaftsfeindlich und erlaubten nicht einmal ihrem griechischen Landsmann den Einblick in die streng gehüteten Bücherschätze . Erst eine Generation später (um 1924) gelang es dem Erzbischof von Leontópolis, Sophrónios Eustratiádes, mit Hilfe des Diakons Arkádios von Vatopédi, eine genaue Bestandsaufnahme aller Manuskripte anzufertigen[74]. Seit 1973 bringt das Patriarchale Institut für Patristische Studien in Thessaloniki ein mehrbändiges Werk mit sämtlichen Athosminiaturen heraus[75]. Doch der Band mit den Vatopédi-Bilderhandschriften ist noch nicht erschienen. Im Wissen darum danken wir sowohl dem Athoskloster als auch dem betreffenden Institut für ihr Entgegenkommen, die Erstveröffentlichung des Bilderzyklus in unserem umfassenden Hiobwerk ausführen zu dürfen.

Bibeltext und Bild im »Vatopedinischen Hiob«

Miniatur-Nr.	Folio	Patrologia Graeca (Migne, Bd 93, Spalte)	Bibeltext (mit Hiobkommentar)	Bildbeschreibung
4	5v	21	1,2	*Aufmarsch der sieben Söhne und der drei Töchter:* Der Miniator zeichnet Hiobs »Kinder« wortgetreu als Knaben und Mädchen (Abb. 248).
10	13v	32	1,17 (mit Hiobkatene des Kirchenvaters *»Polychrónios«* unterhalb des Bildes)	*Raubüberfall der Chaldäer:* Berittene Krieger treiben die Kamele weg und erschlagen Hiobs Knechte, von denen einer mit vorgehaltenen Armen zu Boden stürzt (Abb. 249).
21	23v	49	3,2 (mit Vorwort [= *»Protheoría«*] zum dritten Kapitel unterhalb des Bildes)	*Der aussätzige Hiob auf dem Müllhaufen:* Der Leprakranke verflucht den Tag seiner Geburt, während ihm die drei königlichen Freunde, ihre Diener und ein Stadtbewohner von Ausítis bestürzt zuhören. Die drei länglichen Gebilde (Mitte) deuten die abgelegten Königskronen samt Nackenschleier an (Abb. 250).

Miniatur-Nr.	Folio	Patrologia Graeca (Migne, Bd 93, Spalte)	Bibeltext (mit Hiobkommentar)	Bildbeschreibung
24	39v	69	4,1 bis 5,27	*Elifas von Teman,* der älteste der drei Freunde, hält seine erste Gegenrede: Er schilt Hiob wegen seines mangelnden Gottvertrauens, wobei ihm die beiden jüngeren Freunde *Bildad* (Mitte) und *Zofar* (links) lebhaft beipflichten. Die drei orientalischen Könige tragen seltsame konische Kronen, die sasanidischen Königskronen nicht unähnlich sind (Abb. 251).
25	50v	105	8,1–22	*Bildad von Schuach* setzt zu seiner ersten Gegenrede (»Antírrhesis«) an (Abb. 252).
26	63r	137	11,1–20	*Zofar von Naama* wendet sich an Hiob mit seiner ersten rechthaberischen Rede (Abb. 253).
27	143v	341	32,1 bis 37,24	*Elihu, Hiobs vierter Freund* (aus bürgerlichem Geschlecht), wirft dem Aussätzigen auf dem Misthaufen vor, er habe sein Unglück selbst verschuldet (Abb. 254).
28	144r	400	38,1 bis 39,30	*Hiobs erste Gottesbegegnung:* »Der Herr sprach selbst aus einem Sturm heraus.« In mancher Hinsicht gleicht dieses beeindruckende Pantokrator-Bild mit der dienenden Engelschar dem um 300 Jahre älteren Bildnis des »Alten der letzten Tage« im Hiobkodex von Patmos (vgl. Abb. 29). Offenbar geht der thronende Pantokratortypus im Patmischen und im Vatopedinischen Hiob auf eine gemeinsame Bildvorlage, vielleicht sogar auf die Urhandschrift, zurück (Abb. 255).
43	163v	449	40,6 bis 42,6 (griech. Beischrift *»Kephálaion KΘ«* [= Kapitel 29], weil die Hiobmanuskripte der byzantinischen Kapiteleinteilung folgen)	*Das Urwelttier »Behemot«:* In der zweiten Gottesrede verweist der Pantokrator auf das Landungeheuer, genannt »Behemot« (sein Abbild ist das mächtige Nilpferd, lies Hiob 40,15–24), sowie auf den urweltlichen Seedrachen, genannt »Leviatan« (sein Abbild ist das unbezwingbare Krokodil, lies Hiob 40,25 bis 41,26). Der byzantinische Miniator greift auf die Mythologie zurück und präsentiert hier einen fürchterlichen Menschendrachen, den Gott erschaffen hat. Wenn also der Schöpfergott solchen Ungeheuern gebietet, vor denen Hiob flieht, wie darf dieser es dann wagen, Gott selber herauszufordern?! – Der griechische Text über der Drachen-Miniatur gibt den Kommentar zu Hiob 41,26 wieder; die Überschrift »Kephálaion 29« leitet Kapitel 42 ein: Siehe Abb. 256 sowie byzantinische Textgliederung im Anhang Nr. 52!
47	166r	457	42,7–10	*Hiobs königliche Freunde bitten Gott um Verzeihung* für das Unrecht, das sie mit ihren lieblosen Reden dem Schwergeprüften in seinem unverschuldeten Leiden angetan haben. Nach Vollzug des Brand- oder Sühneopfers, von Hiob stellvertretend für seine reumütigen Freunde dargebracht, »ließ der Herr Hiob wieder gesund werden und gab ihm zweimal so viel, wie er vorher besessen hatte« (Abb. 257).

248

249

21
κεφαλαίου

251

252

253

254

IC
XC

256

257

Die Hiobhandschrift »Große Lávra B/100« aus dem 13. Jahrhundert auf dem Athos

Ein Forscherteam des »Patriarchal Institute for Patristic Studies« im Kloster Vlatádōn von Thessaloniki arbeitet zur Zeit, wie erwähnt, an einem mehrbändigen Werk, das den illuminierten Athoshandschriften gewidmet ist. Bis heute sind drei Bildbände erschienen mit den schönsten Miniaturen aus den folgenden Kirchen und Klöstern: »Protâton« (Hauptkirche der Mönchsrepublik Athos), Kloster Dionysíou, Kloster Koutloumousíou, Kloster Xeropotámou und Kloster Grigoríou (Band I: griech. Ausgabe 1973, engl. Ausgabe 1974); Kloster Ivírōn, Russenkloster Panteleïmonos, Kloster Esphigménou und Serbenkloster Chilandári (Band II: griech. und engl. Ausgabe 1975); Urkloster »Megísti Lávra« (Große Lávra), Kloster Pantokrátoros, Kloster Dochiaríou, Kloster Karakállou, Kloster Philothéou und Kloster Hagíou Pávlou (Band III: nur griech. Ausgabe 1979); es fehlen von den insgesamt zwanzig Athosklöstern noch Vatopédi, das Bulgarenkloster Zográphou, Símonos Pétra, Stavronikíta, Xenophôntos und Konstamonítou. Das älteste Athoskloster, die »Große Lávra« (Eremitenkolonie, gegründet 963), verwahrt einen illustrierten Hiobkodex mit dem bekannten Olympiodor-Kommentar. Aus dieser Handschrift bilden wir in Anbetracht der bereits erfolgten Veröffentlichung nur jene Bilder ab, die sich zum Vergleich mit den Jerusalemer und den Vatikanischen Hiobminiaturen besonders gut eignen. Sie betreffen die erste und zweite Gottesbegegnung im Sturmwind (Hiob 38,1 und 40,6.7): vgl. Abb. 215 und 216 mit 217 sowie Abb. 234 mit 235! Interessant ist auch der Vergleich der verschiedenen Varianten eines Menschendrachen: vgl. Abb. 238 mit 239 sowie Abb. 240 mit 241!

Die byzantinische Bilderhandschrift auf dem Athos, katalogisiert als Hiobkodex »Lávra B/100«, enthält 196 Pergamentblätter von der Größe 30 mal 22 cm, die einen einspaltigen, sorgfältig abgefaßten Minuskeltext aufweisen. Die Bibelverse sind mit roter Tinte geschrieben, von dem sich die schwarze Schrift des Hiobkommentares deutlich abhebt. Die ersten Kodexblätter sind verlorengegangen; der Text setzt erst beim 4. Kapitel ein. Infolgedessen fehlen die interessantesten Bilder, die Hiobs Glück und Unglück zum Inhalt hatten. Die erste erhaltene Miniatur illustriert den Text von Hiob 5,27, das heißt den Schlußteil der ersten Elifasrede. Die folgenden Bilder beziehen sich ebenfalls auf den Dialogteil des Hiobbuches und zeigen in monotoner Reihenfolge immer wieder Hiob vor einem dunklen Hintergrundberg (ähnlich wie im Zweiten Vatikanischen Hiobkodex), mit einem Freund oder mit der ganzen Freundesgruppe disputierend. Die Lávra-Handschrift enthält 16 solche Disputationsbilder, zwei Theophaniebilder, zwei Darstellungen von Menschendrachen, zwei Miniaturen, auf denen Gott von Hiob und den Freunden ein Sühneopfer verlangt, schließlich ein Bild von den Brüdern und Schwestern, die Hiob zu seiner Genesung gratulieren, und zuletzt noch Hiob auf dem Totenlager, von seinen Angehörigen beweint. Die erwähnten 24 Hiobminiaturen stammen wohl kaum von einem Künstler aus Konstantinopel; sie verraten eher provinziellen Charakter[76]. Doch ist ihre künstlerische Ausführung von wesentlich besserer Qualität als die der beiden noch zu beschreibenden Pariser Parallelhandschriften mit ihren zum Teil nur flüchtig entworfenen Hiobminiaturen.

Die Hiobhandschrift »Parisinus Graecus 134« aus dem 13. Jahrhundert in Paris

Die beiden Pariser Hiobhandschriften »Parisinus Graecus 134« und »Parisinus Graecus 135« (13. und 14. Jahrhundert) können hier nur kurz erwähnt werden. Ihre einfachen Miniaturen dienen uns lediglich zum Vergleich mit den älteren Bilderzyklen.

Der erstgenannte »Parisinus Graecus Nr. 134« ist überaus reich bebildert, weist doch fast jedes Blatt eine Miniatur oder Zeichnung auf. Obgleich diese Illustrationen keine große Kunst verraten, würde ich dem Verdikt des »Ehrenbibliothekars der Nationalbibliothek«, *Henri Bordier*, nicht beipflichten. Er bezeichnet die Malweise der Hiobminiaturen als von »barbarischer Grobheit« (wörtlich: »grossièreté barbare«[77]), was jedenfalls auf die Darstellung der Spinnerin und Weberin nicht zutrifft: Zum Vergleich mit den beiden ähnlichen Bildern im Jerusalemer Kodex und im jüngeren Vatikanischen Hiob bilden wir die entsprechende Parallelminiatur ab. Dabei ist uns aufgefallen, daß Bordier die senkrecht gespannten Fäden der Kette am mittelalterlichen Webstuhl mit den Saiten einer Harfe (franz. »harpe«) verwechselt, da er den betreffenden Septuaginta-Text (griech. »hyphásmatos sophía« = Kunstfertigkeit des Gewebes, Webekunst) nicht berücksichtigt hat: Vergleiche Abb. 223 mit Abb. 224 und 225!

Hier noch einige wissenswerte Daten über die miniierte Hiobhandschrift »Parisinus Graecus 134« aus dem 13. Jahrhundert in der Bibliothèque Nationale in Paris: Der Hiobkommentar des Olympiódoros umfaßt 210 Blätter von der Größe 29 mal 23,5 cm. Die Seiten sind mit Minuskeln auf langgezogenen Zeilen beschriftet, wobei der Hiobtext durch Zinnoberschrift ausgezeichnet wird, während der Olympiódoros-Kommentar mit schwarzer Tinte abgefaßt worden ist. Die Bilderhandschrift stammt aus der Privatbibliothek des französischen Staatsmannes und Kardinals *Jules Mazarin* (1602–1661).

Die Hiobhandschrift »Parisinus Graecus 135« aus dem 14. Jahrhundert in Paris

Eine ausführliche Beschreibung dieser illustrierten Hiobhandschrift bietet *Tania Velmans*, welche den Kodex als das Hauptwerk jener griechischen Manuskripte bezeichnet, die von der Gotik beeinflußt sind: »Le Job 135 est l'œuvre grecque la plus intimement touchée par le style gothique.«[78] Als Beispiel abendländischen Einflusses auf die Miniaturmalerei möge die Reitergruppe der drei Hiobsfreunde dienen: Im Gegensatz zu den vergeistigten, meist schmalen Figuren der palaiologischen Kunst zeichnen sich diese Gestalten durch gedrungenen Körperbau, breite Gesichter mit eckigem Bart und durch ihre abendländische Kleidung aus; man beachte insbesondere die Mütze des letzten Reiters: vgl. Abb. 167 mit Abb. 168. Eine Eintragung auf der letzten Manuskriptseite (fol 247v) besagt, daß dieser Hiobkodex von Emmanuél Tzykandýles aus dem Peloponnes im Jahr 1362 angefertigt worden sei. (Henri Bordier gibt irrtümlicherweise »1368« als Herstellungsjahr an[79]). Die erwähnte Notiz und die Verwendung gotischer Stilelemente läßt vermuten, der Maler habe zu jener Zeit das übernommene byzantinische Bildgut mit »franco-italienischen Elementen« durchsetzt und dadurch für seinen griechischen Auftraggeber einen bemerkenswerten Bilderzyklus mit dem neuartigen Mischstil geschaffen.

Folgende bibliographische Daten mögen die kurze Vorstellung des interessanten Folianten in der Bibliothèque Nationale von Paris abrunden: Es handelt sich wie beim »Parisinus Graecus 134« um einen bebilderten Olympiódoros-Kommentar. Er besitzt 247 Blätter von der Größe 39 mal 30,5 cm und enthält 198 kolorierte Zeichnungen auf Papier. Als Herstellungsort wird Mystrâs bei Sparta (Südgriechenland) angenommen, wo zur Zeit der Palaiologen-Kaiser (14. Jahrhundert und erste Hälfte 15. Jahrhundert) das byzantinische Geistesleben in hoher Blüte stand.

ANHANG

ANMERKUNGEN

Einführung: Auf den Spuren der ältesten Hiobhandschriften

11 [1] Paul Huber: *Das Buch Hiob.* Eine fortlaufende Auslegung für die Gemeinde. Christlicher Tonbandkassettendienst. Biel 1977 (Auslieferung: CH-2500 Biel 6).

1. *Hiobs Glück und erste Prüfung.* Der Prolog im Himmel und die vier Hiobsbotschaften (Hiob 1,1–22). Tonbandkassette Nr. 282.
2. *Der Satan in Gottes Heilsplan.* Hiobs zweite Prüfung (Hiob 2,1–10). Nr. 283.
3. *Wie spreche ich mit einem Kranken?* Besuch der drei Freunde Hiobs (Hiob 2,11–13). Nr. 288.
4. *Depressionen und Lebensverleider.* Hiob verwünscht den Tag seiner Geburt (Hiob 3,1–26). Nr. 289.
5. *Straft und belohnt Gott?* Erste Trostrede des Freundes Elifas (Hiob 4,1–21 und 5,1–27). Nr. 296.
6. *»Sterben ist doch ganz anders«.* Hiob antwortet seinem Freund Elifas (Hiob 6,1–30 und 7,1–21). Nr. 297.
7. *»Ich sehe alles schwarz«.* Hiob antwortet Bildad (Hiob 8 bis 10). Nr. 308.
8. *Ist der »liebe Gott« ein lieber Gott?* Hiob antwortet Zofar (Hiob 11 bis 14). Nr. 309.
9. *»Ich weiß, daß mein Erlöser lebt«.* Hiob antwortet nochmals den Freunden Elifas und Bildad (Hiob 15 bis 19). Nr. 321.
10. *»Er hängt die Erde auf über dem Nichts«.* Hiobs letzte Antwort an die drei Freunde (Hiob 20 bis 31). Nr. 322.
11. *Alt werden.* Elihus Trostreden (Hiob 32 bis 37). Nr. 325.
12. *Hiob und die Tiere.* Erste Gottesrede aus dem Sturm (Hiob 38 bis 39). Nr. 326.
13. *Von der Urgeschichte zur Heilsgeschichte.* Zweite Gottesrede aus dem Wetter (Hiob 40 bis 41). Nr. 327.
14. *Hiob wird rehabilitiert und geheilt.* Hiobs Buße und Dankbarkeit (Hiob 42,1–17). Tonbandkassette Nr. 328.

ERSTER TEIL: DAS BUCH HIOB

13 [2] Georg Fohrer: *Das Buch Hiob.* Kommentar zum Alten Testament, Bd. 16. Gütersloh 1963, 27.560.

14 [3] Paul Riessler: *Altjüdisches Schrifttum außerhalb der Bibel.* Sonderausgabe für die Wissenschaftliche Buchgesellschaft Darmstadt. Freiburg i.Br. und Heidelberg 1979 (4. Aufl.), 1104–1134.1333f.: apokryphes *»Testament des Job«.*

1. Kap. »Jobs Abschiedsrede«, 1104: Hiob bezeichnet sich selbst als »einer von den Söhnen Esaus«.
2. Kap. »Job und das Götzenbild«, 1104f.: Job wird mit »Jobab« gleichgesetzt, der ein Götzenbild zerstört, was Satans Zorn erregt.
7. Kap. »Satans Ankunft«, 1107f.: Satan will sich an Hiob rächen und diesen ins Unglück stürzen. *Satans Rachemotiv* ist ein völlig neues Element im Hiobdrama (es fehlt im Bibeltext).
27. Kap. »Satans Niederlage«, 1118f.
28. Kap. »Der Besuch der Freunde«, 1119f.: Diese treten als *morgenländische Könige* auf.
38. Kap. »Jobs Entgegnung«, 1125f.: Die drei königlichen Freunde bieten dem aussätzigen Hiob eine Therapie durch »die Ärzte unserer drei Königreiche« an. Doch Hiob lehnt dankend ab: *»Mich heilt und pflegt der Herr, der auch die Ärzte schuf«* (38,8).
40. Kap. »Jobs Weib stirbt«, 1127f.: Im apokryphen »Testament« heißt Hiobs Frau »Sitidos«; sie freut sich auf das Wiedersehen mit ihren Kindern, die »mit der Herrlichkeit des Himmlischen gekrönt« worden sind.
42. Kap. »Gott erscheint« dem Hiob in »Sturm und Wolken«, 1128f.
44. Kap. »Job im Glück«, 1130: Der Herr segnet Hiob und läßt ihn »zu doppeltem Besitz kommen«.
52. Kap. »Jobs Sterben«, 1133f.: Hiob – *Schutzpatron der Musiker* – »griff nach der Zither und gab sie seiner Tochter, die Hemera hieß« (52,3). »Darauf sahen sie leuchtende Wagen zu seiner Seele fahren. Dann stieg der Wagenlenker aus dem größten Wagen und grüßte Job. Er nahm die Seele Jobs, schloß sie in seine Arme und flog empor und brachte sie auf seinen Wagen und fuhr gen Osten. Sein Leichnam aber wurde eingehüllt und so zu Grabe getragen (52,6.8.10f.). Von *»Hiobs Himmelsreise«* steht im Bibeltext kein Wort.

15 [4] Georg Fohrer: a.a.O., 445.

[5] Othmar Keel: *Die Welt der altorientalischen Bildsymbolik und das Alte Testament.* Am Beispiel der Psalmen. Zürich, Einsiedeln und Köln 1980 (3. Aufl.), 41f.: Chaosdrache, Leviatan, Krokodil (Hiob 40,25), Fig. 45.

[6] Othmar Keel: *Jahwes Entgegnung an Ijob.* Eine Deutung von Ijob 38–41 vor dem Hintergrund der zeitgenössischen Bildkunst. Göttingen 1978, 143.155: Beschreibung der Urweltdrachen »Leviatan« und »Behemot«.

16 [7] (Heinrich) August Klostermann: *Hiob.* Artikel in: Realencyklopädie für protestantische Theologie und Kirche, Bd. 8. Leipzig 1900 (3. Aufl.), 97–126, Zitat 99.

[8] Victor Maag: *Hiob.* Wandlung und Verarbeitung des Problems in Novelle, Dialogdichtung und Spätfassungen. Göttingen 1982, 49–75: »Himmelsszenen – Jahwäs Hofstaat – Der Satan«.

[9] Hermann Gunkel: *Das Märchen im Alten Testament.* Religionsgeschichtliche Volksbücher für die deutsche christliche Gegenwart, 2. Reihe, 23./26. Heft. Tübingen 1921, 6f.: Mythus, Sage, Legende, Märchen. 84: »Vorstellung von einem bösartigen Wesen, namens Satan, die uns besonders aus dem Prolog des Hiob bekannt ist.« – Max Grünbaum: *Neue Beiträge zur semitischen Sagenkunde.* Leiden 1893, 240ff.: »Die Legende in der jüdisch-deutschen, der jüdisch-spanischen und der spanisch-arabischen Literatur« (bes. 262–271).

17 [10] Margarete Susman: *Das Buch Hiob und das Schicksal des jüdischen Volkes.* Zürich 1946, 25: »Wir wissen alle um letzte unbeantwortbare Fragen. Es sind die Fragen von Tod, Leid und Schuld.« 53: »Das Schicksal des jüdischen Volkes zeichnet sich rein im Lebenslauf Hiobs ab«.

[11] Claus Westermann: *Der Aufbau des Buches Hiob.* Calwer Theologische Monographien, Bd. 6. Stuttgart 1978 (3. Aufl.), Zitat: 7. – Derselbe: *Das doppelte Gesicht Ijobs,* in: »Concilium«, Internat. Zeitschrift für Theologie, 19. Jahrg., Heft 11. Zürich, Mainz und Nimwegen 1983, 679–686. – Derselbe: *Das Alte Testament und Jesus Christus.* Stuttgart 1968, 40–48: Klage und Lob; Weisheit. – Derselbe: *Struktur und Geschichte der Klage im Alten Testament,* in: Zeitschrift für die alttestamentliche Wissenschaft, Bd. 66 (Neue Folge Bd. 25). Berlin 1954, 44–80.

18 [12] Paul Volz: *Hiob und Weisheit* (Das Buch Hiob, Sprüche und Jesus Sirach, Prediger). Die Schriften des Alten Testaments, 3. Abt., Bd. 2. Göttingen 1921 (2. Aufl.), 16–79: »Hiobs Klage«, Zitate: 23.25.26.

[13] Hans-Joachim Kraus: *Psalmen.* Biblischer Kommentar, Altes Testament, Bd. 15/1. Neukirchen-Vluyn 1966 (3. Aufl.), Einleitung: §6. »Die Gattungen und ihr ›Sitz im Leben‹«, Zitat: S. XXXIX. S. XLV–LI: »Individuelle Klage-, Dank- und Vertrauenslieder«.

[14] Gustav Hermann Dalman: *Synagogaler Gottesdienst,* in: Realencyklopädie für protestantische Theologie und Kirche, Bd. 7. Leipzig 1899 (3. Aufl.), 7–19, Zitat: 16.

19 [15] Ismar Elbogen: *Der jüdische Gottesdienst in seiner geschichtlichen Entwicklung.* Frankfurt a.M. 1931 (3. Aufl.), Reprint Hildesheim 1967, Zitat: 186.

[16] Alfred Rahlfs: *Die alttestamentlichen Lektionen der griechischen Kirche,* in: Mitteilungen des Septuaginta-Unternehmens der Königlichen Gesellschaft der Wissenschaften zu Göttingen, Bd. 1, Heft 5. Berlin 1915, 119–230. 156–158: Hioblektionen in der Quadragesima-Fastenzeit, 158–160: Hioblektionen in der Karwoche, 220–230: Verzeichnis der Lesestücke, geordnet nach den biblischen [alttestamentlichen] Büchern, 225 f.: Verzeichnis aller Hioblesungen.

Verzeichnis aller Hioblesungen in der Passionszeit:

Bibelstelle	Fastenzeit	Wochentag	Liturgie
1,1–12	Karwoche	Montag	Jerusalemer Typikón
1,13–22	Karwoche	Dienstag	Jerusalemer Typikón
2,1–10	Karwoche	Mittwoch	Jerusalemer Typikón
6,2–7,13	Erste Fastenwoche	Freitag	Jerusalemer Typikón
9,2–10,2	Zweite Fastenwoche	Freitag	Jerusalemer Typikón
11,1–20	Zweite Fastenwoche	Freitag	Koptisches Lektionar
12,1–13,6	Dritte Fastenwoche	Freitag	Jerusalemer Typikón
12,1–14,22	Dritte Fastenwoche	Mittwoch	Koptisches Lektionar
15,1–35	Dritte Fastenwoche	Freitag	Koptisches Lektionar
16,1–17,16	Vierte Fastenwoche	Montag	Koptisches Lektionar
16,2–17,16	Vierte Fastenwoche	Freitag	Jerusalemer Typikón
18,1–21	Vierte Fastenwoche	Dienstag	Koptisches Lektionar
19,1–29	Vierte Fastenwoche	Mittwoch	Koptisches Lektionar
19,2–26	Zweite Fastenwoche	Dienstag	Koptisches Lektionar
19,2–29	Fünfte Fastenwoche	Freitag	Jerusalemer Typikón
19,25	ist Kernsatz für die christliche Gemeinde in der Passions- und Osterzeit: »Ich weiß, daß Gott, mein Anwalt (Erlöser), lebt!«.		
20,1–29	Vierte Fastenwoche	Donnerstag	Koptisches Lektionar
21,1–34	Vierte Fastenwoche	Freitag	Koptisches Lektionar
21,1–34	Sechste Fastenwoche	Freitag	Jerusalemer Typikón
22,1–30	Fünfte Fastenwoche	Montag	Koptisches Lektionar
23,1–24,25	Fünfte Fastenwoche	Dienstag	Koptisches Lektionar
25,1–26,14	Fünfte Fastenwoche	Mittwoch	Koptisches Lektionar
28	das »Lied über die Weisheit« ist nicht in das liturgische Vorlesebuch aufgenommen worden, da die Weisheitsrede als Fremdkörper in Hiobs Klage beziehungsweise in den Passions-Perikopen empfunden worden wäre.		
32,2–16	Fünfte Fastenwoche	Freitag	Koptisches Lektionar
36,1–37,24	Sechste Fastenwoche	Freitag	Koptisches Lektionar
32–37	die Reden des Elihu beschließen die Streitgespräche zwischen Hiob und den vier »Freunden«, die ihm harte Vorwürfe machen. In der Passionszeit werden die Reden der vier falschen Freunde mit der Verspottung Jesu und dem Judasverrat typologisch in Verbindung gebracht.		
38,1–21	Sechste Fastenwoche	Mittwoch	Koptisches Lektionar
38,1–36	Siebente Fastenwoche	Montag	Koptisches Lektionar
38,1–21	Karwoche	Donnerstag	Jerusalemer Typikón
38,1–28	Karsamstag		Jerusalemer Typikón
Man beachte:	Das Lektionssystem der Koptischen und der Konstantinopolitanischen Kirche erstreckt sich auf eine achtwöchige Fastenzeit (Butterwoche – nur noch Milchspeisen und Eier, aber kein Fleisch –, Quadragesima – vierzigtägiges Fasten, rund sieben Wochen –, und Karwoche). Die Jerusalemer Kirche kennt hingegen nur eine siebenwöchige Fastenpraxis (Quadragesima und Karwoche).		
38,2–39,30	Schriftlesung für Taufkandidaten nach dem Jerusalemer Typikón		
38,37–39,30	Siebente Fastenwoche	Dienstag	Koptisches Lektionar
40,1–41,26	Siebente Fastenwoche	Mittwoch	Koptisches Lektionar
38–41	Beide Gottesreden aus dem Sturm sind Heilsorakel, in denen Hiob neues Vertrauen zu Jahwe faßt. Die beiden Urweltdrachen »Behemot« und »Leviatan«, eigentlich nur »Nilpferd und Krokodil«, werden von der frühchristlichen Gemeinde typologisch auf die Mächte der Hölle gedeutet, die Christus an Karfreitag und Ostern besiegt hat.		
42,1–5	Karwoche	Donnerstag	Jerusalemer Typikón
42,1–6	Siebente Fastenwoche	Donnerstag	Koptisches Lektionar
42,7–17	Siebente Fastenwoche	Freitag	Koptisches Lektionar
42,12–17c	Karfreitag		Jerusalemer Typikón
42,17a–17e	Griechischer Nachtrag, der im hebräischen Urtext, in der Masora, nicht vorkommt. Vers 17a handelt von Hiobs Auferweckung nach dem Tod, was von der Christengemeinde als Hinweis auf Christi Auferstehung gedeutet wird.		

[17] PHILIPPE ROUILLARD: *Die Gestalt des Ijob in der Liturgie.* Empörung, Resignation oder Schweigen?, in: »Concilium«, Internat. Zeitschrift für Theologie, 19. Jahrg., Heft 11. Zürich, Mainz und Nimwegen 1983, 674–678, Zitat: 676.

[18] PHILIPPE ROUILLARD: a. a. O., 676.

[19] PHILIPPE ROUILLARD: a. a. O., 674: Verzeichnis der neun ausgewählten *vorkonziliaren Hioblesungen* in der römischen Totenliturgie (d. h. in der Matutin des Totenoffiziums), die in der nachkonziliaren Liturgie »eine Abschwächung und Entstellung der vollen Botschaft Ijobs« (677) erfahren hat:

Bibelstelle	Bibeltext
7,16–21	»Ich bin es satt, ich mag nicht weiter kämpfen. / Mein ganzes Leben ist doch ohne Sinn ...«
10,1–7	»Es ekelt mich vor diesem ganzen Leben, / drum halt ich meine Klage nicht zurück ...«
10,8–12	»Mit deinen Händen hast du mich gestaltet, / und nun verschlingst du mich mit Haut und Haar ...«
13,22–28	»... Was bin ich denn? Ein abgefallenes Blatt, / ein dürrer Strohhalm, fortgeweht vom Wind ...«
14,1–6	»Der Mensch ist von Geburt an schwach und hilflos, / sein Leben ist nur kurz, doch voller Unrast ...«
14,13–16	»Verbirg mich doch dort unten bei den Toten, / versteck mich, bis dein Zorn vorüber ist! ...«
17,1–3. 11–15	»Das Atmen fällt mir schwer, mein Leben endet, / der Docht verglimmt, mein Grab ist schon geschaufelt ...«
19,20–27	»Nur Haut und Knochen sind an mir zu sehen, / und mein Gesicht gleicht einem Totenkopf ...«
10,18–23	»Warum, Gott, hast du mich ans Licht geholt, / hervorgezogen aus dem Leib der Mutter? / Wär ich gestorben, eh' mich einer sah! ...«

Nur in der achten Hioblesung leuchtet ein Strahl der Hoffnung auf. Wir zitieren nach dem *Vulgatatext:* »Ich weiß, daß mein Erlöser lebt, / und daß ich am Jüngsten Tag auferstehen werde von der Erde; / und daß ich erneut bekleidet werde mit meiner Haut, / und daß ich in meinem Fleisch meinen Gott schauen werde. / Ihn werde ich selbst schauen, / und meine Augen werden ihn betrachten, und nicht einen anderen« (Hiob 19,25–27). Diese ältere Formulierung findet im Responsorium der Matutin folgende Modifikation: »Ich *glaube,* daß mein *Heiland* lebt«. In der neueren Auslegung macht sich auch eine Tendenz bemerkbar, welche anstelle der massiven Gottesschau »in meinem Fleisch« eine geistleibliche Gottesbegegnung bei der Totenauferstehung am Jüngsten Tag erhofft.

20 [20] CARL GUSTAV JUNG: *Antwort auf Hiob.* Zürich und Stuttgart 1967 (4. Aufl.), Zitate: 11.43.52.54.

[21] KARL BARTH: *Die kirchliche Dogmatik,* Bd. 4/3/1: Die Lehre von der Versöhnung. Zollikon-Zürich 1959, Hiobauslegungen: 443–448, 459–470, 486–499, 522–531, Zitat: 444. – DERSELBE: *Hiob,* hrsg. und eingel. von HELMUT GOLLWITZER. Schriftenreihe »Biblische Studien«, Heft 49. Neukirchen-Vluyn 1966.

[22] HANS WILDBERGER: *Das Hiobproblem und seine neueste Deutung,* in: Jahwe und sein Volk. Gesammelte Aufsätze zum Alten Testament. Zürich 1972, 9–27: Auseinandersetzung mit C. G. Jung.

21 [23] ERNST BLOCH: *Atheismus im Christentum.* Zur Religion des Exodus und des Reichs. Frankfurt a. M. 1968, 148–166: Kap. 24 »Grenze der Geduld, Hiob oder Exodus nicht in, sondern aus der Jachwevorstellung selber, Schärfe des Messianismus«, Zitate: 151.152.159.160; 156.157; 223. – Eine ganz andere Deutung des Begriffes »Goël« bietet JOHANN JAKOB STAMM: *Erlösen und Vergeben.* Eine begriffsgeschichtliche Untersuchung. Bern 1940, 34 f.: »Fest steht zunächst, daß mit dem ›Goël‹ wirklich Jahwe gemeint ist ... In welchem Sinne wird aber Jahwe ›Goël‹ genannt? Ist gemeint, Jahwe sei Hiobs Bluträcher oder einfach der Wahrer von dessen Recht? Gegen die erste Möglichkeit ist geltend zu machen, daß die einen Bluträcher erfordernde Situation durch die Lage Hiobs nicht gegeben ist. Daß Gott selber Hiob erschlägt (!) (so Procksch), steht im Buche Hiob nirgends ... Hiob weiß sich nicht als Ermordeten, sondern als einen seines Rechtes Beraubten (vgl. Hiob 19,7 ff. und 27,2.5). Was Hiob erstrebt, ist die Wiederherstellung seines Rechtes. Er hofft auf Jahwe nicht als auf seinen Bluträcher, sondern als auf seinen Anwalt und Sachwalter. Von den beiden an sich möglichen Auffassungen ist allein die zweite haltbar.«

[24] ERNST BLOCH: a. a. O., 159.160. – Eine sachliche Beurteilung der Blochschen Hiobdeutung bietet der Lyoner Philosophie-Professor FRANÇOIS CHIRPAZ in seinem Aufsatz *»Ernst Bloch und die Rebellion Ijobs«,* in: »Concilium«, Internat. Zeitschrift für Theologie, 19. Jahrg., Heft 11. Zürich, Mainz und Nimwegen 1983, 686–692, Zitat 687: »Die Interpretation, die Bloch in ›Atheismus im Christentum‹ dem biblischen Text gibt, ist von einer dreifachen These nicht zu trennen ...: Sein Denken ist entschieden atheistisch, aber es erkennt sich in der traditionellen atheistischen Theorie nicht. Es ist marxistisch, aber es will sich nicht mit dem vermischen lassen, was im noch halb zaristischen Sozialismus im Gang ist. Es beruht schließlich auf einer Lektüre des biblischen Textes und der Geschichte der messianischen Bewegung, aber diese Lektüre bezeichnet sich selbst vom Ausgangspunkt an als häretische Lektüre.«

22 [25] SÖREN KIERKEGAARD: *Die Wiederholung* (Briefe vom 19. September 1842 bis zum 13. Januar 1843 aus Kopenhagen an »Meinen verschwiegenen Mitwisser«, auszugsweise zitiert). Gesammelte Werke, 5./6. Abt. Düsseldorf 1955, 68–82.

23 [26] JOSEPH ROTH: Werke, hrsg. und eingel. von HERMANN KESTEN, Bd. 1 (erweiterte Neuausgabe). Amsterdam 1975, 847–980: *»Hiob. Roman eines einfachen Mannes«,* Zitate: 945–951.980.

[27] FRIEDRICH BAUMGÄRTEL: *Der Hiobdialog,* Aufriß und Deutung. Beiträge zur Wissenschaft vom Alten und Neuen Testament, hrsg. von ALBRECHT ALT und GERHARD KITTEL, 4. Folge, Bd. 9. Stuttgart 1933. 174–187: »Hiobs Kampf«, Zitate: 179.187. – Vgl. WOLFGANG WICHMANN: *Die Leidenstheologie.* Eine Form der Leidensdeutung im Spätjudentum. Beiträge zur Wissenschaft vom Alten und Neuen Testament, 4. Folge, Bd. 2, Stuttgart 1930, 1–97.

25 [28] JOHANN JAKOB STAMM: *Das Leiden des Unschuldigen in Babylon und Israel.* Abhandlungen zur Theologie des Alten und Neuen Testaments, hrsg. von WALTHER EICHRODT und OSCAR CULLMANN, Bd. 10. Zürich 1946, 9–32: »Das Leiden des Unschuldigen in der babylonischen Religion«, 33–75: »Das Leiden des Unschuldigen im Alten Testament«, 76–83: »Der Vergleich«.

[29] Johann Jakob Stamm: a.a.O., Zitate: 58.80.81. – Vgl. Hans Küng: *Gott und das Leid.* Theologische Meditationen, Bd. 18. Einsiedeln, Zürich und Köln 1980 (7. Aufl.), 27–43: »Glauben« [wie Hiob], 43: »Hinter dem leidenden Gottesknecht Hiob, der sein eigenes Leid getragen hat, erscheint die Gestalt jenes anderen leidenden Gottesknechtes, der das Leid der Welt getragen und Leid, Sünde, Tod definitiv überwunden hat.« – Ferner Dorothee Sölle: *Leiden.* Stuttgart 1984 (6. Aufl.), 136–148: »Hiob ist stärker als Gott«, 148: »... Dann aber ist der Ruf Hiobs nach dem Anwalt, dem Erlöser, dem Bluträcher und Blutstiller nur zu verstehen als der unbeantwortete Schrei der vorchristlichen Welt, die ihre Antwort findet in Christus. Hiob ist stärker als der alte Gott. Nicht der Leidmacher, nur der Leidende kann Hiob antworten. Nicht der Jäger, sondern das Wild.«

26 [30] Gertrud Schiller: *Ikonographie der christlichen Kunst,* Bd. 2: »Die Passion Jesu Christi«. Gütersloh 1968. »Christus im Elend«: 84.95f.185.216 und 430–433 (mit Abb.); »Hiob im Elend«: 14.83.96.138.141.298 (mit Abb.) und 408 (mit Abb.). Zitat: 96.

27 [31] Neophytos Edelby: *Liturgikon.* »Meßbuch« der Byzantinischen Kirche. Recklinghausen 1967, 884f.: »Gedächtnis des heiligen Hiob«.

29 [32] Carlo Cecchelli, Giuseppe Furlani und Mario Salmi: *The Rabbula Gospels.* Facsimile edition. Olten und Lausanne 1959, 13.58. – André Grabar: *Die Kunst im Zeitalter Justinians.* München 1967, 208–212: »... es ist hochinteressant zu verfolgen, wie die Bilder dieser syrischen Evangelienhandschrift dem Geschmack der damals geläufigen griechischen Malerei treu bleiben« (210).

32 [33] Paul Huber: *Bild und Botschaft.* Byzantinische und venezianische Miniaturen zum Alten und Neuen Testament. Zürich und Freiburg i.Br. 1984 (2. Aufl.), 25–28: »Der Oktateuch von Konstantinopel und der Aristéasbrief«, weitere Hinweise auf die Septuaginta: 18.22.38f.

[34] Gustav Hölscher: *Hiob 19,25–27 und Jubil 23,30–31,* in: Zeitschrift für die alttestamentliche Wissenschaft und die Kunde des nachbiblischen Judentums, Neue Folge, Bd. 12. Berlin 1935, 277–283. 279: »Der Gedanke auch nur an ein mögliches Wiederaufleben vom Tode spielt für Hiob keine Rolle. Was ihn allein beschäftigt, ist der Gedanke an die Rechtfertigung seiner Unschuld. Da er sie bei Menschen nicht findet, muß Gott sein Zeuge und Eideshelfer sein.« – Ähnlich Christoph Barth: *Die Errettung vom Tode in den individuellen Klage- und Dankliedern des Alten Testamentes.* Zollikon-Zürich 1947, 148: »Errettung [vom Tod] bedeutet hier, wie sich etwa am Fall Hiobs veranschaulichen läßt, Wiederherstellung einer glücklichen und gesegneten Existenz, Gutmachung der erlittenen Schande, Sicherung der Nachkommenschaft« [aber nicht ewiges Leben]. – Noch deutlicher wird Christoph Barth, a.a.O., 166: »Gibt es nach den Psalmen [und im Buch Hiob] keine Auferstehung der Toten? – Wenn mit diesem Begriff der Wiederaufbau des im Grabe zerfallenen Leibes gemeint sein sollte, so muß darauf mit nein! geantwortet werden. Gibt es nach den Psalmen kein ewiges Leben? – Wenn damit eine Fortsetzung des Lebens nach dem Tode, nämlich in der als ›unendliche Zeit‹ begriffenen Ewigkeit gemeint sein sollte, muß auch diese Frage negativ beantwortet werden.«

33 [35] Wilhelm Vischer: *Hiob ein Zeuge Jesu Christi.* Zollikon-Zürich 1947 (6. Aufl.), 34.

[36] Jacques-Paul Migne: *Patrologia Graeca.* Bd. 93. Paris 1865, Sp. 464/465: apokrypher Septuaginta-Anhang ›Hiob 42,17a‹ mit Kommentar des alexandrinischen Exegeten Olympiódoros.

34 [37] Frederic George Kenyon: *Der Text der griechischen Bibel.* London 1937. Zweite Aufl. überarbeitet von Arthur White Adams. Göttingen 1961, 53f.: »Die syrischen Übersetzungen [des Alten Testaments]«.

[38] Frederic George Kenyon und Arthur White Adams: a.a.O., 27–29: »Weitere griechische Übersetzungen des Alten Testaments«, 29–32: »Bearbeitungen des Septuagintatextes«.

[39] Olivier Odelain und Raymond Séguineau: *Lexikon der biblischen Eigennamen,* aus dem Französischen übersetzt von Franz Joseph Schierse. Düsseldorf und Neukirchen-Vluyn 1981, 76.

ZWEITER TEIL: DIE BYZANTINISCHEN BILDERHANDSCHRIFTEN

PATMOS

38 [1] Georgius Kaibel: *Epigrammata Graeca ex lapidibus conlecta* [= gesammelte griechische Inschriften auf Steinen]. Hildesheim 1965 (Reprint der Ausgaben Berlin 1878 und Frankfurt a.M. 1879), 358f.: N° 872 »Patmo in insula«.

47 [2] Bertold Spuler: *Die orthodoxen Kirchen,* in: Internationale Kirchliche Zeitschrift, Bd. 71. Bern 1981, 161: Die griechische Kirche in der Zwiesprache mit dem Staat.

[3] Edgar Hennecke und Wilhelm Schneemelcher: *Neutestamentliche Apokryphen in deutscher Übersetzung,* Bd. 2: Apostolisches, Apokalypsen und Verwandtes. Tübingen 1964 (3. Aufl.), 128f.: Johannesakten (überlieferter Bestand), 402f.: Próchoros-Legende nur kurz erwähnt. – Edgar Hennecke: *Handbuch zu den Neutestamentlichen Apokryphen.* Tübingen 1914, 492–543: »Johannesakten«.

48 [4] Ioánnis Sakkelíōn: *»Patmiakè Bibliothéke«.* Athen 1890 (nur griech. Ausgabe), 108f.: Kodex Nr. 188 mit dem apokryphen Johannes/Próchoros-Reisebericht.

[5] Theodor Zahn: *Acta Joannis.* Erlangen 1880, § 1–5: »Über Prochorus«, 1–165: »Die Erzählungen des Prochorus von den Thaten des Apostels Johannes« (griech. Text mit kritischem Apparat). – Ferner: Richard Adelbert Lipsius: *Die apokryphen Apostelgeschichten und Apostellegenden.* Ein Beitrag zur altchristlichen Literaturgeschichte, Bd. 1. Braunschweig 1883, 348–542: »Die Acten des Johannes«, 366–397: ausführliche Inhaltsangabe des Próchoros-Berichtes. – Wilhelm Michaelis: *Die Apokryphen Schriften zum Neuen Testament.* Sammlung Dieterich, Bd. 129. Bremen 1962 (3. Aufl.), 222–268: Johannes-Akten.

[6] Hans-Georg Beck: *Kirche und theologische Literatur im byzantinischen Reich.* Byzantinisches Handbuch im Rahmen des Handbuches der Altertumswissenschaften, Bd. 12/2/1. München 1959. »Christodulos von Patmos«: 212.226f.641.646f. [kurze Lebensbeschreibung]. 698 [Wunder des hl. Christodulos]. – Ferner Anna Chatzinikolaou: »Die Insel Patmos«, in: *Alte Kirchen und Klöster Griechenlands.* Ein Begleiter zu den byzantinischen Stätten, hrsg. und übertragen aus dem Griechischen von Evi Melas (DuMont Kunst-Reiseführer). Köln 1976 (4. Aufl.), 252–274. – Ferner Ernst Kirsten und Wilhelm Kraiker: *Griechenlandkunde.* Ein Führer zu klassischen Stätten, 2. Halbband: Die griechischen Randlandschaften und die Inseln. Heidelberg 1967 (5. Aufl.), 556–560: »Patmos«, 815 [Sporaden]. 837 [Fresken]. 892 [Bibliographie].

49 [7] Charles Diehl: *Le trésor et la bibliothèque de Patmos au commencement du 13e siècle,* in: Byzantinische Zeitschrift, hrsg. von Karl Krumbacher, Bd. 1. Leipzig 1892, 488–511 [Klosterschatz und Handschriften, franz. Text]. 511–525 [griech. Originaltext des Inventars von 1201 mit Aufzählung von Ikonen, Reliquien, Abendmahlsgeräten, Bischofsinsignien und Manuskripten]. 517: Erwähnung des Hiobkommentars [Kodex Pátmou N° 171].

[8] S. A. Papadopoulos: *Das Kloster Johannes des Theologen.* Historisch-archäologischer Führer. Patmos 1977, 5–64. Zitat: 45f. 49f. [kurze Beschreibung des Hiob-Kodex N° 171]. 50f. [kurze Beschreibung des Gregor-Kodex N° 33]. – Vgl. St. A. Papadopoulos: *Patmos.* Ein Führer für den Besucher. Athen 1967, 3–64.

51 [9] S. A. Papadopoulos: a. a. O., 37 [älteste Patmos-Fresken].

[10] Anastase C. Orlandos: *Fresques byzantines du Monastère de Patmos,* in: Cahiers Archéologiques. Fin de l'Antiquité et Moyen Âge, Bd. 12. Paris 1962, 285–302 [Beschreibung der Patmos-Fresken mit Abb. 1–17].

52 [11] Theodor Zahn: a.a.O., 163/5 bis 164/9 [Begräbnis des Johannes].

[12] Manólis Chatzidákis: *»Eikónes tês Pátmou«* (griech.) / [»Ikonen von Patmos«]. »Zetémata Byzantinês kaì Metabyzantinês Zographikês« / [»Forschungen auf dem Gebiet der byzantinischen und nachbyzantinischen Malerei«]. Athen 1977 [Sonderband der Griechischen Nationalbank].

58 [13] Godehard Schäfer: *Das Handbuch der Malerei vom Berge Athos* [griech. »Hermeneía tês zographikês«], aus dem handschriftlichen neugriechischen Urtext übersetzt, mit Anmerkungen von [Adolphe Napoléon] Didron dem Älteren. Trier 1855, § 197: »Job auf dem Misthaufen« [griech. »Ho Iòb epì tês kiprías«]. Maleranweisung: »Eine Stadt, und ausser derselben sitzt Job ganz mit Wunden bedeckt auf einem Misthaufen und drei Könige um ihn, welche mit ihm sprechen; und seine Frau, welche ihm sagt: ›Lobe Gott und stirb‹ ...«

60 [14] Paul Huber: *Heilige Berge.* Sinai, Athos, Golgota – Ikonen, Fresken, Miniaturen. Zürich, Einsiedeln und Köln 1982 (2. Aufl.), 118f.: »Der thronende Christus vom Sinai« mit Abb. 90 »Der kosmische Christus«.

61 [15] Ioánnis Sakkelíōn: *»Patmiakè Bibliothéke«* (griech.). Athen 1890, 90–92: »Kodex N° 171, Ende 7. oder Anfang 8. Jahrhundert«.

[16] Charles Diehl: *Le trésor et la bibliothèque de Patmos au commencement du 13e siècle,* in: Byzantinische Zeitschrift, Bd. 1. Leipzig 1892, 488–525, bes. 502.503.511ff. und 517.

[17] Kurt Weitzmann: *Die byzantinische Buchmalerei des 9. und 10. Jahrhunderts.* Berlin 1935, 49–51: »Der Hiob auf Patmos«. 52–55.77–82. – Derselbe: *Livre de Job avec commentaires,* in: L'art byzantin, art européen (Ausstellungskatalog). Athen 1964, 303: Patmischer Hiob »7e–8e siècle« [Frühdatierung]. – Derselbe: *Studies in Classical and Byzantine Manuscript Illumination.* Chicago und London 1971, 45ff.: »The Illustration of the Septuagint«, bes. 59f.

[18] André Grabar: *Les manuscrits grecs enluminés de provenance italienne (IXe–XIe siècles).* Paris 1972, Patmischer Hiobkodex: 9.24f.50.53.94. (Bibliothèque des Cahiers Archéologiques).

[19] Viktor Lazarev: *Storia della pittura bizantina.* Biblioteca di storia dell'arte, Bd. 7. Turin 1967, 123: »Probabilmente al IX secolo (e non al VII, come ritiene il Weitzmann), risale il Libro di Giobbe (n. 171). Le sue miniature di stile arcaico indicano nell'Asia Minore il luogo della sua esecuzione.«

[20] Giulio Jacopi: Le miniature dei codici di Patmo, in: »Clara Rhodos«, Bd. 6/7, Teil 3. Rhodos 1932/33, 584–591 sowie Fig. 91–125 und Taf. XV–XXII.

64 [21] Erwin Preuschen: Artikel über *Origenes,* in: Realencyklopädie für protestantische Theologie und Kirche, Bd. 14. Leipzig 1904 (3. Aufl.), 467–488, Zitat: 479.

68 [22] Paul Huber: a. a. O. [Heilige Berge], 119.

ROM/VATIKAN

79 [23] Andreas Beyer: Bedeutende Bibliotheken der Welt (32. Folge): *Apostolica Vaticana,* in: Börsenblatt (des Börsenvereins des Deutschen Buchhandels). Frankfurt a.M. 1985, 915–919: »Autographen, Wiegendrucke, Inkunabeln«. – Nello Vian: *La Biblioteca Apostolica Vaticana.* Rom/Vatikan 1970, 5–32.

82 [24] Robertus Devreesse: *Codices Vaticani Graeci,* Bd. 3: Codices N° 604–866. Rom/Vatikan 1950, 264f.: Kurze lateinisch/griechische Beschreibung des Job Vaticanus N° 749. – Derselbe: *Le fonds grec de la Bibliothèque Vaticane dès origines à Paul V,* in: Studi e Testi, Bd. 244. Rom/Vatikan 1965, Manuskript-Liste Vat. Graec. N° 3–1214 und N° 1376ss.; N° 749 (Job) kurz erwähnt auf S. 192.261.273.370. 390 und 494, N° 1231 (jüngere illustrierte Hiob-Hs.) auf der Liste nicht aufgeführt. – Paul Canart und Vittorio Peri: *Sussidi bibliografici per i Manoscriti Greci della Biblioteca Vaticana,* in: Studi e Testi, Bd. 261. Vatikan 1970, 480: ausführliche Bibliographie zu Vat. Graec. N° 749.

89 [25] Joannes Baptista Pitra: *Analecta Sacra Spicilegio Solesmensi* (= Heilige Auswahl [Brosamen] aus der Ährenlese von Solesmes [Benediktiner Abtei zwischen Angers und Le Mans]), Bd. 2: Patres Antenicaeni (= Vornizänische Kirchenväter), Hiobkommentar des Origénes, der im Vat. Graec. N° 749 häufig zitiert wird. Paris 1884, 393 (Kirchenväterliste). 393f. (griech./lat. Beschreibung der Miniaturen im Vat. Gr. 749. – Alfred Rahlfs: *Verzeichnis der griechischen Handschriften des Alten Testaments,* für das Septuaginta-Unternehmen aufgestellt, Bd. 2, Beiheft. Berlin 1914, 255: »Codex Vaticanus Graecus 749, Catena in Iob«.

[26] Christoph Eggenberger: *Mittelalterliche Miniaturen aus Rom zum Buch Hiob.* Sandoz Bulletin 51. Basel 1979, 23–31.

[27] Kurt Weitzmann: *Die byzantinische Buchmalerei des 9. und 10. Jahrhunderts.* Berlin 1935, 49.51.77–82: »Die Gruppe von Handschriften mit goldgewandeten Figuren« (ua. Vat. Graec. 749).

[28] André Grabar: a.a.O., 16–20: »Vatican. grec 749. Livre de Job avec commentaires. IXe siècle« und 94–98: »Problèmes byzantins«. – Derselbe: *L'Iconoclasme Byzantin.* Dossier archéologique. Paris 1957, 183ff.: »Après les Iconoclastes« (IXe siècle).

90 [29] Guglielmo Cavallo: *Funzione e strutture della maiuscola greca tra i secoli VIII-XI,* in: La paléographie grecque et byzantine. Colloques internationaux du Centre National de la Recherche Scientifique, N° 559. Paris 1977, 95–137 mit 50 Schriftbild-Tafeln.

[30] Kurt Weitzmann: Studies in Manuscript Illumination, Bd. 8: *The Miniatures of the Sacra Parallela, Parisinus Graecus 923.* Princeton/New Jersey 1979, 23: »If a particular locality in Palestine is thus to be proposed as the possible place of origin of the Paris Sacra Parallela [and of the Vatican Job], the Sabas monastery is the obvious first choice.« Book of Job: 111–119. – Derselbe: Kolloquium über Spätantike und frühmittelalterliche Skulptur, Bd. 2: *Ivory Sculpture of the Makedonian Renaissance.* Mainz a.Rh. 1971, 11: Sacra

Parallela palästinische Herkunft, erste Hälfte 9. Jh. (statt aus Italien und zweite Hälfte 9. Jh.; Weitzmann korrigiert sich selber).

[31] CHRISTOPH EGGENBERGER: a. a. O., 25.

[32] HANS BELTING: *Studien zur Beneventanischen Malerei,* in: Forschungen zur Kunstgeschichte und christlichen Archäologie, Bd. 7. Wiesbaden 1968, 242: »... intensiven Kontakt mit östlichen Werken setzen die [Fresken-]Fragmente ... des einst berühmten Griechenklosters San Saba auf dem Aventin voraus«. – DERSELBE: Dumbarton Oaks Papers, Bd. 28: *Byzantine art among Greeks and Latins in Southern Italy.* Washington 1974, 3–29 mit 43 Abb.

[33] ROLOFF BENY und PETER GUNN: *Die Kirchen von Rom.* Freiburg i. Br., Basel und Wien 1982, 64.74.119.278.

91 [34] HANS BELTING: a.a.O., 242: »Vergleich zwischen einem Fresko aus San Saba und dem illustrierten Job der Vaticana«.245–249: »Griechische ›Randpsalterien‹ und ›Handschriften mit goldgewandeten Figuren‹.« Zitat: 247.

[35] KURT WEITZMANN: a. a. O. [Die byz. Buchmalerei], Zitat: 79.

[36] KURT WEITZMANN: a. a. O. [Studies in Class. and Byz. Ms. Illum.], 56 mit Anm. 27: Weitzmann korrigiert seine frühere These von der italienischen Provenienz und schlägt neu für die »Sacra Parallela« wie für den Vat. Graec. 749 eine palästinische Herkunft vor: »probably originated in Palestine«. – DERSELBE: *The Place of Book Illumination in Byzantine Art* (in Zusammenarbeit mit William C. Loerke, Ernst Kitzinger und Hugo Buchthal). Princeton/New Jersey 1975, 1–60 mit Abb.: »The Study of Byzantine Book Illumination, Past, Present, and Future«, 17.21: Gegenüberstellung der Miniaturen in den »Sacra Parallela« und im Hiobbuch.

[37] VIKTOR LAZAREV: *Storia della pittura bizantina.* Biblioteca di storia dell'arte, Bd. 7. Turin 1967, 113: die drei Hss. des 9. Jh.'s – die »Sacra Parallela« (Paris, Bibl. Nat.), die Gregor-Homilien (Mailand, Ambrosiana) und der Vatikan. Hiob – stammen nach Lazarev nicht aus Italien, sondern aus dem Raum Syrien/Palästina: »... i manoscritti furono eseguiti da artisti della cerchia siro-palestinese.«

[38] BEAT BRENK: *Die Wandmalereien im Tempio della Tosse bei Tivoli,* in: Frühmittelalterliche Studien. Jahrbuch des Instituts für Frühmittelalterforschung der Universität Münster, Bd. 5. Berlin und New York 1971, 401–412 mit 16 Abb. Zitat: 406. Berührungspunkte zwischen den Malereien im »Tempio della Tosse« und den Miniaturen im älteren Vatikanischen Hiobkodex.

[39] HANS BELTING: a.a.O., 242: das »Pathosmotiv« mit Abb. 275–278.

92 [40] BERTHOLD ALTANER und ALFRED STUIBER: *Patrologie.* Leben, Schriften und Lehre der Kirchenväter. Freiburg i.Br., Basel und Wien 1966 (7. Aufl.), § 108: Papst Gregor I., der Große, 466–473 (»Moralia in Job« 468f.). – WALTER CAHN: *Die Bibel in der Romanik.* München 1982, 196 (mit Abb. 154). 198f.

[41] »*Moralia in Job*« von GREGOR DEM GROSSEN: a) Dreibändige illustrierte lateinische Handschrift in der Bibliothèque Municipale von Dijon, Kodizes 168–170, vollendet am 24. Dez. 1111. Kurzbeschreibung im Ausstellungskatalog der Bibliothèque Nationale »Les manuscrits à peintures en France du VIIe au XIIe siècle«, Paris 1954 (2. Aufl.), 98 (Ausstellungs-Nr. 282) und Taf. XXVII: Gregor d. Gr. mit Schwert und Schild im Kampf mit zweiköpfigem Drachen. – b) Zweibändige illustrierte Handschrift in der Bibliothèque Nationale von Paris, Kodex 2214,1.2, 12. Jh. Kurzbeschreibung in: »Catalogue général des manuscrits latins«, Bd. 2. Paris 1940, 367. – GÜNTHER DATZ: *Die Gestalt Hiobs in der kirchlichen Exegese und der »Arme Heinrich« Hartmanns von Aue.* Göppinger Arbeiten zur Germanistik, Bd. 108 (Münchner Dissertation). Göppingen 1973, 66–74: »Gregor der Große, ›Moralia‹ sive ›Expositio in Job‹.«

93 [42] CHRISTOPH EGGEBERGER: *Mittelalterliche Miniaturen aus Rom zum Buch Hiob.* Sandoz Bulletin 51. Basel 1979, 25f.

[43] WILHELM MESSERER: *Zum Juvenianus-Codex der Biblioteca Vallicelliana,* in: Römische Forschungen der Bibliotheca Hertziana, Bd. 16 (Festschrift zu Ehren von Leo Bruhns, Franz Graf Wolff Metternich und Ludwig Schudt). München 1961, 58–68 mit Abb. 31–39

[44] CHRISTOPH EGGENBERGER: *Eine spätantike Vergil-Handschrift.* Die Miniaturen des Vergilius Romanus (Codex Vat. Lat. 3867). Sonderdruck aus »Sandoz Bulletin 29«. Basel 1973, 21–40 mit 10 Farbtafeln. Das antike Hirtenidyll spiegelt sich in den byzantinischen Miniaturen von »Hiobs Reichtum« wider: s. unsere *Abb. 56, 101, 128* und *160!*

VENEDIG

131 [45] JACOBUS DE VORAGINE: *Die Legenda aurea.* Heidelberg (o. J., frühere Aufl. Jena 1925), 306–314: »Von Sanct Marcus dem Evangelisten«. Zitat: 309.

133 [46] JACOBUS DE VORAGINE: a.a.O., 309f.: »eine Kirche von wunderbarlicher Schönheit« für die Markus-Reliquie. – Weitere Literatur über »San Marco« und den »Tesoro«: HANS R. HAHNLOSER und 15 Mitautoren: *Il Tesoro e il Museo* [di San Marco]. Florenz 1971. – MARIANNE LANGEWIESCHE: *Venedig.* Geschichte und Kunst (DuMont Dokument). Köln 1973. – EBERHARD HORST: *Venedig.* Die Stadt im Meer (Walter-Reiseführer). Olten und Freiburg i.Br. 1982 (4. Aufl.). – Standardwerk über die Kunst in Venedig: MICHELANGELO MURARO und ANDRÉ GRABAR: *Venedig und seine Kunstschätze* (Kunstschätze der Welt, Bd. 1; aus dem Ital. und Franz. übersetzt). Genf 1963.

140 [47] ANDREAS BEYER: Bedeutende Bibliotheken der Welt (33. Folge): *Nazionale Marciana (Venedig),* in: Börsenblatt (des Börsenvereins des Deutschen Buchhandels). Frankfurt a.M. 1985, 950–954: »Schon 1603 die Pflichtexemplar-Praxis eingeführt. Als Gründer gilt Petrarca. Eine der reichsten und prächtigsten Sammlungen Italiens.« – ALFRED RAHLFS: *Verzeichnis der griechischen Handschriften des Alten Testaments,* für das Septuaginta-Unternehmen aufgestellt, Bd. 2, Beiheft. Berlin 1914, 310: »Codex Marcianus Graecus 538, Catena Olympiodori in Iob«. – VICTOR GARDTHAUSEN: *Sammlungen und Cataloge griechischer Handschriften.* Byzantinisches Archiv als Ergänzung der Byzantinischen Zeitschrift, hrsg. von Karl Krumbacher, Bd. 3. Leipzig 1903, 53–55: »Venedig. Biblioteca Nazionale Marciana«. – KIRSOPP LAKE und SILVA LAKE: *Dated Greek Minuscule Manuscripts to the Year 1200* [inkl. 10. und 11. Jh.]. Boston/Massachusetts 1945, 4ff.: »Olympiodor on Job« mehrmals zitiert als »Marc. 540« statt »Marcianus Graecus 538«. Taf. 78 und 79.

142 [48] PAUL HUBER: *Athos.* Leben, Glaube, Kunst. Zürich und Freiburg i.Br. 1982 (3. Aufl.), 235–240: »Der Zyklus der beweglichen und der unbeweglichen Feste und die Berechnung der Indiktion«. – Weitere Literatur über den Venezianischen Hiobkodex: VIKTOR LAZAREV: a.a.O. [Storia della pitt. biz.], 137. – KURT WEITZMANN: *Livre de Job avec commentaires,* in: L'art byzantin, art européen (Ausstellungskatalog). Athen 1964, 303f.: »Marcianus Graecus

538« um 905. – KURT WEITZMANN: a.a.O. [Die byz. Buchmalerei], 51–53: »Der Hiob in Venedig«. – J. J. TIKKANEN: *Studien über die Farbengebung in der mittelalterlichen Buchmalerei.* Helsingfors 1933, 82f.88.95–98.131.141.145. 158: Kolorit bei den Venezianischen Hiobminiaturen. – O. M. DALTON: *Byzantine Art and Archaeology.* Oxford 1911, 473f. mit Fig. 282.283.

SINAI

164 [49] PAUL HUBER: a.a.O. [Heilige Berge], 12–26: Das Katharinenkloster auf dem Sinai. 56–115: Die »Christliche Topographie« des Kosmâs Indikopleústes. 146–163: Die Kreuzfahrerkunst.

173 [50] GEORGIUS KARO und IOHANNES LIETZMANN: *Catenarum Graecorum Catalogus.* Aus den Nachrichten der Königl. Gesellschaft der Wissenschaften zu Göttingen, philologisch-histor. Klasse, Heft 1.3.5. Göttingen 1902, 87/319 bis 99/331: »Catenae in Iob«.

[51] ROBERT DEVREESSE: *Chaînes exégétiques grecques,* in: Dictionnaire de la Bible, Supplementsband 1, hersg. von Louis Pirot. Paris 1928, Spalte 1084–1233, bes. 1140–1145: »Les chaînes de Job«, Zitat 1141.

[52] DIETER HAGEDORN: *Der Hiobkommentar des Arianers Julian.* Patristische Texte und Studien, hrsg. von Kurt Aland und Wilhelm Schneemelcher, Bd. 14. Berlin und New York 1973. S. X–XVI: »Die Katenenüberlieferung«, bes. S. XIII mit Vorschlag eines Hiobhandschriften-Stammbaumes. – Wichtige Neuerscheinung von URSULA und DIETER HAGEDORN: *Olympiodor, Diakon von Alexandria.* Kommentar zu Hiob. Patristische Texte und Studien, Bd. 24. Berlin und New York 1984, S. LVII–LXXXII: »Quellen und Parallelen«. 1–398: vollständiger griech. Text des Olympiodor-Kommentars. Vorschlag eines Hiob-Hss.-Stammbaumes (»Stémma«): S. XX und XXXIV. Im Unterschied zu den frühchristlichen Hiobkommentatoren Dídymos, Chrysóstomos und Julianós, dem »Arianer«, gliedert Olympiódoros seinen Text nicht nach der heute üblichen Einteilung in 42 Hiobkapitel, sondern nur in 33 Kapitel, die den kurzen oder langen Reden des Hiob und seiner vier Freunde entsprechen. So wird in den Olympiódoros-Handschriften die äußerst lange vierte Hiobrede – in der Septuaginta und in unseren Bibeln als Kapitel 12–14 bezeichnet – als einziges Hiobkapitel Θ' (= »thêta«, entspricht dem Zahlenwert »neun«) aufgeführt. Die byzantinische Kapiteleinteilung kann anhand der untenstehenden Liste ohne Schwierigkeit der heute gültigen Septuaginta-Textgliederung angepaßt werden:

Olympiódoros:		*Septuaginta:*
»Hypóthesis«	[Inhaltsangabe]	–
Erstes Kapitel	[»Kephálaion álpha«]	Hiob 1,1–5
Zweites Kapitel	[»bêta«]	Hiob 1,6 bis 2,13
Drittes Kapitel	[»gámma«]	Hiob 3,1–26
Viertes Kapitel	[»délta«]	Hiob 4,1 bis 5,27
Fünftes Kapitel	[»épsilon«]	Hiob 6,1 bis 7,21
Sechstes Kapitel	[»stígma«]	Hiob 8,1–22
Siebentes Kapitel	[»zêta«]	Hiob 9,1 bis 10,22
Achtes Kapitel	[»êta«]	Hiob 11,1–20
Neuntes Kapitel	[»thêta«]	Hiob 12,1 bis 14,22
Zehntes Kapitel	[»iôta«]	Hiob 15,1–35
Elftes Kapitel	[»iôta álpha«]	Hiob 16,1 bis 17,16
Zwölftes Kapitel	[»iôta bêta«]	Hiob 18,1–21
13. Kapitel	[»iôta gámma«]	Hiob 19,1–29
14. Kapitel	[»iôta délta«]	Hiob 20,1–29
15. Kapitel	[»iôta épsilon«]	Hiob 21,1–34
16. Kapitel	[»iôta stígma«]	Hiob 22,1–30
17. Kapitel	[»iôta zêta«]	Hiob 23,1 bis 25,25
18. Kapitel	[»iôta êta«]	Hiob 25,1–6
19. Kapitel	[»iôta thêta«]	Hiob 26,1 bis 28,28
20. Kapitel	[»káppa«]	Hiob 29,1 bis 32,1
21. Kapitel	[»káppa álpha«]	Hiob 32,2–16
22. Kapitel	[»káppa bêta«]	Hiob 32,17 bis 33,33
23. Kapitel	[»káppa gámma«]	Hiob 34,1–37
24. Kapitel	[»káppa délta«]	Hiob 35,1–16
25. Kapitel	[»káppa épsilon«]	Hiob 36,1 bis 37,24
26. Kapitel	[»káppa stígma«]	Hiob 38,1 bis 40,2
27. Kapitel	[»káppa zêta«]	Hiob 40,3–5
28. Kapitel	[»káppa êta«]	Hiob 40,6 bis 41,26
29. Kapitel	[»káppa thêta«]	Hiob 42,1–6
30. Kapitel	[»lámbda«]	Hiob 42,7.8
31. Kapitel	[»lámbda álpha«]	Hiob 42,9.10
32. Kapitel	[»lámbda bêta«]	Hiob 42,11
33. Kapitel	[»lámbda gámma«]	Hiob 42,12–17 und Hiob 42,17a–17e [späterer Zusatz]

174 [53] HANS-GEORG BECK: *Kirche und theologische Literatur im Byzantinischen Reich.* Byzantinisches Handbuch (im Rahmen des Handb. der Altertumswissenschaft), 2. Teil, Bd. 1. München 1959, 414.

175 [54] FREDERIC GEORGE KENYON und ARTHUR WHITE ADAMS: *Der Text der griechischen Bibel.* Göttingen 1961 (2. Aufl.), 25–28.

176 [55] HANS LIETZMANN und HERMANN USENER: *Catenen.* Mitteilungen über ihre Geschichte und handschriftliche Überlieferung. Freiburg i. Br., Leipzig und Tübingen 1897, 34. – HANS BELTING und GUGLIELMO CAVALLO: *Die Bibel des Niketas.* Ein Werk der höfischen Buchkunst in Byzanz und sein antikes Vorbild. Wiesbaden 1979, 23f.: »Die Katenen. Merkmale des Inhalts und der Schreibform« (Job-Katene, Text-Abb. 11–19.37.38).

[56] DIETER HAGEDORN: a. a. O. [Hiobkomm. des Arianers Julian], Zitate: S. LIV–LVI. (Vollständiger griech. Text des Kommentars: 1–316).

[57] HANS-GEORG BECK: a. a. O., 652.

[58] ALBERT HENRICHS: *Didymos der Blinde.* Kommentar zu Hiob (Tura-Papyrus). Papyrologische Texte und Abhandlungen, hrsg. von Ludwig Koenen und Reinhold Merkel-

bach, Bd. 1, Teil I und II. Bonn 1968. Zitate: Bd. 1/I, 29.33.

177 [59] Murad Kamil: *Catalogue of all manuscripts in the Monastery of St. Catharine on Mount Sinai.* Wiesbaden 1970, 62. – Alfred Rahlfs: a. a. O. [Verz. der griech. Hss. des AT], 285: »Olympiodori commentarius in Iob«. – Victor Gardthausen: *Catalogus codicum Graecum Sinaiticorum.* Oxford 1886, 1.

178 [60] Paul Huber: *Bild und Botschaft.* Byzantinische und venezianische Miniaturen zum Alten und Neuen Testament. Zürich und Freiburg i. Br. 1984 (2. Aufl.), 17–108: Die byzantinischen Oktateuch-Illustrationen im Vatikan, in Konstantinopel, von Smyrna [verbrannt] und im Athoskloster Vatopédi mit 164 Abb. – Kurzbeschreibung der Miniaturen im Sinai: Kurt Weitzmann: *Illustrated Manuscripts at St. Catherine's Monastery on Mount Sinai.* Minnesota 1973, 1–34, bes. 16f.: »the miniature cycle of the Sinai Job« mit 2 Abb.

JERUSALEM

198 [61] Klaus Wessel: *Hiob*-Artikel, in: Reallexikon zur byzantinischen Kunst, Bd. 3. Stuttgart 1978, Sp. 131–152: kurze Vorstellung der wichtigsten illustrierten Hiobkommentare, Zitat: Sp. 133 (Kodex Hagíou Táphou 5); unerwähnt sind die Vatopédi-Hs. N° 590 und die jüngere Hiob-Hs. Vat. Graec. N° 1231, aufgeführt hingegen wird die von uns nicht bearbeitete Hiob-Katene der Bodleiana-Universitätsbibliothek in Oxford mit 21 Miniaturen (bis fol 118v, bzw. bis Hiob 15,32): *Ms. Barocci N° 201,* 13. Jh.

[62] William Henry Paine Hatch: *Greek and Syrian Miniatures in Jerusalem.* Cambridge/Massachusetts 1931, 113–120 mit Taf. LVI–LXIII: mehrheitlich Disputationsbilder. – Kirsopp Lake und Silva Lake: a. a. O. [Datet Greek Minuscule Mss.], S. XI: »Jerusalem, Library of the Greek Patriarchate«.

[63] Viktor Lazarev: *Storia della pittura bizantina.* Biblioteca di storia dell'arte, Bd. 7. Turin 1967, 281.335.472 und Abb. 380–383.

[64] Kurt Weitzmann: *Constantinopolitan book illumination in the period of the Latin conquest,* in: Gazette des Beaux-Arts, 6. Serie, Bd. 25. New York 1944, 193 214 mit 14 Abb. – Vgl. Hans Belting: *Das illuminierte Buch in der spätbyzantinischen Gesellschaft.* Abhandlungen der Heidelberger Akademie der Wissenschaften. Philosophisch-historische Klasse. Heidelberg 1970, 38 (Fußnote 122). 40f.

[65] Alfred Rahlfs: a. a. O. [Verz. der griech Hss. des AT], 224: Uspenskij-Sammlung von griech. Ms.-Fragmenten. – Vgl. Kurt Weitzmann: a. a. O. [L'art byz., art europ.], 304: »Jérusalem, Saint-Sépulcre 5«, 13. Jh. – Victor Gardthausen: *Sammlungen und Cataloge griechischer Handschriften.* Byzantinisches Archiv als Ergänzung der Byzantinischen Zeitschrift, hrsg. von Karl Krumbacher, Bd. 3. Leipzig 1903, 84f.: »Jerusalem«. – Athanásios Papadópoulos-Kerameús: »Hierosolymitikè Bibliothéke« [nur griech.]. St. Petersburg 1891, 15–19: Kodex Táphou 5 [nur bis fol 26v beschrieben]. – Albert Ehrhard: *Die griechische Patriarchal-Bibliothek von Jerusalem,* in: Römische Quartalschrift für christliche Alterthumskunde und für Kirchengeschichte, Bd. 6. Rom 1892, 339–365: »Die Bibliothek des hl. Grabes«, bes. 353.362: »Codex 5, saeculum XII« [= Táphou 5, Frühdatierung] / »Catena Patrum in Jobum 5«.

199 [66] Hans Belting: *Byzantinische Kunst als europäische Kunst* (IX. Ausstellung des Europarates in Athen vom 1. 4. bis 15. 6. 1964), in: Kunstchronik, 17. Jahrgang. Nürnberg und München 1964, 237–244.249–250, 243: »Wo diese Handschrift [Táphou 5] zu beheimaten ist und ob hier noch eine Tradition aus den Kreuzfahrer-Ateliers weitergelebt hat, wäre dabei ebenso zu untersuchen wie das Verhältnis zur Entwicklung in der Hauptstadt [Konstantinopel], für welche die zeitgleichen Euphemia-Fresken zu nennen wären.« – Ferner Rudolf Naumann und Hans Belting: *Die Euphemia-Kirche am Hippodrom zu Istanbul und ihre Fresken.* Istanbuler Forschungen, Bd. 25. Berlin 1966, 161–162.168–170 und Taf. 46c.47a.b.d: Verwandtschaft der »Euphemiafresken« mit dem »Jerusalemer Job, dessen Lokalisation noch offen ist« (169). – Hans Belting: *Das illuminierte Buch in der spätbyzantinischen Gesellschaft.* Abhandlungen der Heidelberger Akademie der Wissenschaften. Philosophisch-historische Klasse. Heidelberg 1970, 38: »Illuminierte Bücher religiösen Inhalts; das Buch Job; Cod. Taphu 5«.

[66a] Kenneth W. Clark: *Checklist of Manuscripts in the Libraries of the Greek and Armenian Patriarchates in Jerusalem.* Washington 1953, 25.

[67] Robertus Devreesse: *Codices Vaticani Graeci,* Bd. 3: Codices N° 604–866. Rom/Vatikan 1950 (Vat. Graec. N° 1231 nicht erwähnt). – Derselbe: *Le fonds grec de la Bibliothèque Vaticane dès origines à Paul V,* in: Studi e Testi, Bd. 244. Rom/Vatikan 1965, 483–500: »Liste des manuscrits cités« (Vat. Graec N° 3–1217 aufgeführt, Vat. Graec. N° 1231 unerwähnt). – Paul Canart und Vittorio Peri: *Sussidi bibliografici per i manoscritti greci della Biblioteca Vaticana,* in: Studi e Testi, Bd. 261. Rom/Vatikan 1970, 559f.: kurze Hinweise auf die Zweite Vatikanische Hiob-Hs. »Vat. Graec. 1231«.

[68] Alfred Rahlfs: a. a. O. [Verz. der griech. Hss. des AT], 260: »Codex Vaticanus Graecus 1231, Catena in Iob« (Frühdatierung: »12. Jh.«). – Joannes Baptista Pitra: a. a. O. [Analecta Sacra], 361: »Vat. Graec. 1231« (ebenfalls Frühdatierung: »saeculum XII«). 597: »Catenae in Job«. – Georgius Karo und Iohannes Lietzmann: a. a. O. [Catenarum Graecarum Catalogus], 329: Zuordnung des »Vat. Graec. 1231« zum zweiten Katenentyp, dem die jüngeren Hiob-Hss. angehören, Datierung »saeculum XIII«. – Viktor Lazarev: a. a. O. [Storia della pitt. biz.], 336: »Libro di Giobbe, gr. 1231«, 13. Jh. – Interessanter Hinweis auf die Herkunft des »Vat. Graec. 1231« bei Nikodim Pawlowitsch Kondakoff: *Histoire de l'Art byzantin,* considéré principalement dans les miniatures, Bd. 2. Paris 1891, 172: »Une suscription nous apprend que l'auteur de ce manuscrit (du Livre de Job, n° 1231) est un prêtre, Jean de Tarsite (?), dans l'île de Chypre, qui vivait sous le règne du grand-duc (d'Athènes) Léon Nicéréthas.«

208 [69] Paul Huber: a. a. O. [Bild und Botschaft], 9–14: Vorwort von Klaus Wessel: »Das Jahrhundert des großen Umbruchs« [13. Jh.].

[70] Irmgard Hutter: *Frühchristliche Kunst. Byzantinische Kunst.* Belser Stilgeschichte, Bd. 4. Stuttgart 1968, 153–165: »Die Kunst des 13. Jahrhunderts«.

212 [71] Albert Henrichs: *Didymos der Blinde.* Kommentar zu Hiob (Tura-Papyrus). Papyrologische Texte und Abhandlungen, Bd. 1, Teil I. Bonn 1968, 278–285: Kommentar zu Hiob 4,10.11.

242 [72] Paul Huber: a.a.O. [Athos], 18 und Abb. 1: »Die Strábon/Ptolemaîos-Geographie«. 69.70.72 und Abb. 23: »Großkloster Watopédi«.

[73] Paul Huber: a.a.O. [Bild und Botschaft], 33–40: »Der Oktateuch im Athoskloster Watopédi und die Haggada-Illustration« sowie Abb. 1–164.

[74] Sophrónios Eustratiádes und Arkádios [von Vatopédi]: *Catalogue of the Greek Manuscripts in the Library of the Monastery of Vatopedi on Mt. Athos.* Harvard Theological Studies, Bd. 11. Cambridge/Massachusetts, Paris und London 1924, 116: »Olympiodórou« (Hiobkommentar des Olympiódoros, nur griech. Ms.-N° 590, 12. Jh. 48 Hiobbilder). – Franz Dölger, Edmund Weigand und A. Deindl: *Mönchsland Athos.* München 1943, 184f. mit 2 Abb.: »Miniaturen/Hiobkommentarillustrationen, Watopédi N° 590, früher N° 503, 12. Jh.«. – Vgl. Viktor Lazarev: a.a.O. [Storia della pitt. biz.], 252.467: »Commentari sul Libro di Giobbe n° 590/503 del XII secolo«.

[75] Styl. M. Pelekanídis, Panag. K. Chrístou, Chrys. Maurópoulos-Tsioúmis, Sot. N. Kadâs und Kat. Katsaroû: *The treasures of Mount Athos.* Illuminated Manuscripts, Miniatures, Headpieces, Initial Lettres (bis heute 3 Bände erschienen, griech. und engl. Edition, Bd. 2 auch deutsch). Athen, Thessaloniki und Würzburg 1973–1979 (Fortsetzung geplant).

250 [76] Autoren: die gleichen wie oben. *»Hoi Thesauroì toû Hagíou Órous«* [= The treasures of Mount Athos]. Serie I: »Eikonographeména Cheirógrapha« [= Illustrierte Handschriften], Bd. 3: »MonèMegístes Laúras« [= Kloster der Großen Lávra auf dem Athos]. Athen 1979, 242–246: »Kôdix B/100. Hermeneía eis tòn Iób« [= Kommentar zum Buch Hiob] mit Abb. 81–104. – Spyrídōn [von der Lávra] und Sophrónios Eustratiádes: *Catalogue of the Greek Manuscripts in the Library of the Laura on Mount Athos.* Harvard Theological Studies, Bd. 12. Cambridge/Massachusetts, Paris und London 1925, 27: »Hermeneía eis tòn Iób« (Hiobkommentar des Olympiódoros, nur griech., Ms.-N° B/100, 13. Jh., 40 Bilder erwähnt). – Viktor Lazarev: a.a.O., 335.466; 13. Jh. – Kurt Weitzmann: *Aus den Bibliotheken des Athos.* Illustrierte Handschriften aus mittel- und spätbyzantinischer Zeit. Hamburg 1963, 29–31 mit 1 Abb.

251 [77] Henri Bordier: *Commentaire sur Job – Parisinus Graecus N° 134,* in: Description des peintures et autres ornements, contenus dans les Manuscrits Grecs de la Bibliothèque Nationale. Paris 1883, 223–225.311 (»XIIIe siècle«). Zitat: 223. – Georgius Karo und Iohannes Lietzmann: a.a.O. [Catenarum Graecarum Catalogus], 329: Zuordnung des »Parisinus Graecus 134« zum zweiten Katenentyp, dem die jüngeren Hiob-Hss. des 13. und 14. Jh.'s angehören, wobei sich dieser II. Typus schon vor dem 9. Jh. gebildet haben kann [wie mir der Skriptor der Vaticana, Mgr. Paul Canart, mitteilt]. – Alfred Rahlfs: a.a.O. [Verz. der griech. Hss. des AT], 199: »Catena in Iob« (210 Pergamentblätter, 13. Jh.). – Viktor Lazarev: a.a.O. [Storia], 336.478: »Libro di Giobbe con commentari – Par. gr. 134«.

[78] Tania Velmans: *Le Parisinus grecus 135 et quelques autres peintures de style gothique dans les manuscrits grecs de l'époque des Paléologues,* in: Cahiers Archéologiques. Fin de l'Antiquité et Moyen Âge, Bd. 17. Paris 1967, 209–235 mit 31 Abb. Zitat: 211 [ausführliche und beste Würdigung der jüngeren illustrierten Hiob-Hs. von Paris].

[79] Henri Bordier: *Commentaire sur Job – Parisinus grecus 135,* a.a.O. [Description des peintures], 235–238. Zitat: 311 [»an 1368« statt »an 1362« laut griech. Notiz auf der letzten Kodexseite]. – Georgius Karo und Iohannes Lietzmann: a.a.O. [Catenarum Graecarum Catalogus], 330: Zuordnung des »Parisinus Graec. 135« zum Katenentypus II. – Alfred Rahlfs: a.a.O. [Verz. der griech. Hss. des AT], 199f.: »Catena in Iob« (247 Papierblätter, datiert von 1362). – Kurt Weitzmann: a.a.O. [L'art byz., art europ.], 304f.: »Livre de Job avec commentaires. Paris, Bibliothèque Nationale, Gr. 135«. – Viktor Lazarev: a.a.O. [Storia], 379.478: »Libro di Giobbe con commentari. Parigi, gr. 135«.

VERZEICHNIS DER BILDERHANDSCHRIFTEN

ATHOS

- Kloster Dionysíou. Lektionar, 11. Jh. Dionysíou 587: Seite 42; *Abb. 11.*
- Kloster Vatopédi. Hiobkommentar, 12. Jh. Vatopedíou 590: Seite 10.174.242 f.; *Abb. 248–257.*
- Kloster Große Lávra. Hiobkommentar, 13. Jh. Lávra B/100: Seite 10.174.226.234.236.238.250; *Abb. 217.235.239.241.*
- Kloster Ivírōn. Evangeliar, 13. Jh. Ivírōn 5: Seite 198.

FLORENZ

Biblioteca Medicea-Laurenziana

- Rabula-Evangeliar (syrisch), 6. Jh. Plut. I, 56: Seite 26–29; *Abb. 1.*

JERUSALEM

Griechisch-orthodoxe Patriarchatsbibliothek

Hiobkommentar, 13. Jh. Hagíou Táphou 5: Seite 9 f.27.30.33.64.174.178.193.198–200.203–205.208–241; *Abb. 3.150–247* (vgl. »Vaticanus Graecus 1231«).

LENINGRAD

Öffentliche Bibliothek

- Pergamentblatt mit Auferstehungs-Miniatur aus dem obenerwähnten Kodex Táphou 5, 13. Jh. »Fragmentum Graecum« N° 382: Seite 9.198.228; *Abb. 222a.222b.*

MAILAND

Biblioteca Ambrosiana

- Homilien (Predigtsammlung) des Kirchenvaters Gregórios von Nazianz, 9. Jh. Codex Graecus E 49/50 inf.: Seite 91.

PARIS

Bibliothèque Nationale

- Evangeliar (griech./lat.), 13. Jh. Parisinus Graecus 54: Seite 198.
- Hiobkommentar, 13. Jh. Parisinus Graecus 134: Seite 10.173 f.232.251; *Abb. 223.*
- Hiobkommentar, 14. Jh. Parisinus Graecus 135: Seite 10.173 f.210.212.251; *Abb. 168.*
- »Sacra Parallela« des Johannes Damascenus, 9. Jh. Parisinus Graecus 923: Seite 90 f.; *Abb. 78.*

PATMOS

- Johanneskloster. Hiobkommentar, 9. Jh. Pátmou 171: Seite 9 f.29.49.61.65–73.109.173 f.178; *Abb. 21–40.*

SINAI

- Katharinenkloster. Hiobkommentar, 11. Jh. Sinaiticus Graecus 3: Seite 9 f.173 f.177–191; *Abb. 126–146.*

VATIKAN

Biblioteca Apostolica Vaticana

- »Vergilius Romanus«, 5./6. Jh. Vaticanus Latinus 3867: Seite 93.119.
- Hiobkommentar (ältere illuminierte Hs.), 9. Jh. Vaticanus Graecus 749: Seite 9 f.80.82.87.89–123.173 f.178.184.186–188.199; *Abb. 54–84.*
- Hiobkommentar (jüngere illustrierte Hs.), 13. Jh. Vaticanus Graecus 1231: Seite 10.30.33.63.82.173 f.178.193.199–241; *Abb. 4.150–247* (vgl. »Hagíou Táphou 5«).

VENEDIG

Biblioteca Nazionale Marciana

- Hiobkommentar, 10. Jh. Venetus Marcianus Graecus 538: Seite 9 f.64.89.141–144.173 f.178; *Abb. 99–115.*

Dankeswort

Mein herzlicher Dank gilt all denen, die mir während der sechs Jahre, da dieses Buch entstanden ist, in irgendeiner Weise geholfen haben. Sie mögen entschuldigen, wenn ich sie ohne Titel oder Charge schlicht in alphabetischer Reihenfolge aufführe:

Ellen J. Beer, Muri/Bern
Hans Belting, München
Benedettine di Priscilla, Rom
Martina und Stefano Berthold-Keller, Bolligen/Bern
Beat Brenk, Basel
Paul Canart, Vatikan
Chrysóstomos Pátmios, Johanneskloster
Damianós Sinaïtis, Katharinenkloster
Ivan Djordjević, Belgrad
Arthur Dürst, Zürich
Christoph Eggenberger, Zürich
Benjamin Fueter, Bern
André Grabar, Paris
Louis Hayoz, Fribourg
Heinrich Hess, Biberist
Robert Hotz, Zürich
Herbert Hunger, Wien
Katerína Kalamartzî-Katsaroû, Thessaloniki
Kállistos Hierosolymítis, Jerusalem
Albert Keel, Fribourg
Hans Kellerhals, Bremgarten/Bern
Martin A. Klopfenstein, Bern
Anastasía Ladous-Panagiotídou, Bad Krozingen-Hausen
Michael Lauble, Düsseldorf
Marcel R. Marcus, Bern
Timótheos Margarítis, Leningrad und Jerusalem
Kurt Messerli, Bern
Luc Mojon, Bern
Jásōn Nikolaïdis, Athoskloster Große Lávra und Jerusalem
Klaus Opitz, Bergisch-Gladbach
Panteleïmōn Pátmios, Johanneskloster
Pávlos Sinaïtis, Katharinenkloster
Verena Portner, Bern
Gian A. Ravalli-Modoni, Venedig
Willy Rordorf, Neuchâtel
Stefania Rossi, Venedig
Agnes Rutz, Zürich
Katharina Saurer-Moser, Amsoldingen/Bern
Anton Scherer, Brünisried/Fribourg
Emmanuél Simandirákis, Zürich
Johann Jakob Stamm, Wabern/Bern
Peristéra Stamoúli, Bern und Thessaloniki
Nikítas Stamoúlis-Huber, Bern
Alfons M. Stickler, Vatikan
Ioánnis Thomóglou, Bern und Athen
Dimítrios Velissarópoulos, Bern und Athen
Walter Voser, Zürich
Kurt Weitzmann, Princeton/New Jersey
Klaus Wessel, München

Folgende Stiftungen und Direktionen haben auf Empfehlung der unten genannten Persönlichkeiten die Herausgabe des Bildbandes in verdankenswerter Weise ermöglicht:

- Abegg-Stiftung Bern, Alain Gruber
- Burgerrat der Stadt Bern, Georges Thormann
- Direktion des Kirchenwesens des Kantons Bern, Ernst Blaser und Samuel Bühler
- Sandoz AG Basel, Hans Alfred Amsler
- Schweizerische Geisteswissenschaftliche Gesellschaft, Christina Scherer-von Waldkirch
- SEVA-Stiftung für Kulturelles, Hans Krähenbühl
- Stiftung der Schweizerischen Landesausstellung 1939 Zürich für Kunst und Forschung, Jürg Kaufmann
- Synodalrat der Evangelisch-reformierten Kirche des Kantons Bern, Hans Schindler
- Ulrico Hoepli-Stiftung Zürich, Rudolf Diggelmann

Bern, an Pfingsten 1986 *Paul Huber*

OCCIDENS
MARE MEDITERRANE
REGNUM TRIPOLITANUM
Desertum Barca
TERRA FEZZAN
Lemta Desertum
unde Lumptunæ, ex quibus Almoravidæ.
Desertum
Zala
Taourga
Sidre
Sinus
Desert. Ezzab
Terra Gadamis
Gadamis
Berdoa
SICILIA
Malta I.
La Valetta
CORSICA
SARDINIA
GOLFO de GENVA
GOLFO di VENETIA
Venedig
MOREA
CEPHALONIA
Candia
CANDIA
ROMANIA
BULGARIA
SERVIA
VALACHIA
TRANSILVANIA
MOLDAVIA
HVNGARIA
AVSTRIA
WIEN
Stiria
BOSNIA
DALMATIA
ALBANIA
MACEDONIA
Philippopoli
Adrianopel
Tripoli
Tunis
Bona
Palermo
Napoli
Roma
Genua
Marseille
Grenoble
Sophia
Ostia Nili
Pyramides
Patmos
Rhodus
Tarento
Trabuch
Bomba I.